产教融合·职业创新能力系列教材

网络整合营销

付珍鸿　主编

电子工业出版社
Publishing House of Electronics Industry
北京·BEIJING

内 容 简 介

本书从网络整合营销的角度，按照营销管理的实施过程（确定目标→制定策略→整合资源→达到目标）分为五大项目 17 个任务。项目 1 理解营销管理，以菲利普·科特勒的营销管理理论为基础，从品牌、价值、场景、用户增长的角度介绍营销知识；项目 2 确定营销目标，着重讲述营销过程及模型，以及如何按照 STP 战略确定营销目标；项目 3 制定营销策略，重点介绍事件营销、饥饿营销、口碑营销、病毒营销、免费营销五种营销策略的实施要点；项目 4 整合营销资源，重点讲述整合营销传播、新零售、流量池及社群运营等热门营销理论；项目 5 执行营销计划，从实际应用出发，着重讲述如何撰写年度策划案和商业计划书。

本书既可作为高等院校电子商务相关专业的"网络整合营销"课程教材，也可作为市场营销、网络新闻与传播、工商企业管理等专业的"网络营销"相关课程教材，还可作为电子商务企业新媒体运营、网络推广、文案策划及相关人员的培训、参考用书。

未经许可，不得以任何方式复制或抄袭本书之部分或全部内容。
版权所有，侵权必究。

图书在版编目（CIP）数据

网络整合营销 / 付珍鸿主编. —北京：电子工业出版社，2021.1
ISBN 978-7-121-37910-9

Ⅰ. ①网… Ⅱ. ①付… Ⅲ. ①网络营销－高等职业教育－教材 Ⅳ. ①F713.365.2

中国版本图书馆 CIP 数据核字（2019）第 253880 号

责任编辑：朱干支　　文字编辑：王宝熠
印　　刷：北京盛通商印快线网络科技有限公司
装　　订：北京盛通商印快线网络科技有限公司
出版发行：电子工业出版社
　　　　　北京市海淀区万寿路 173 信箱　　邮编 100036
开　　本：787×1 092　1/16　印张：16.5　字数：422.4 千字
版　　次：2021 年 1 月第 1 版
印　　次：2023 年 8 月第 4 次印刷
定　　价：56.00 元

凡所购买电子工业出版社图书有缺损问题，请向购买书店调换。若书店售缺，请与本社发行部联系，联系及邮购电话：(010) 88254888，88258888。
质量投诉请发邮件至 zlts@phei.com.cn，盗版侵权举报请发邮件至 dbqq@phei.com.cn。
本书咨询联系方式：(010) 88254573，zgz@phei.com.cn。

前　　言

移动互联网时代是一个充满机遇和挑战的时代，每隔一段时间，就会诞生一夜爆红的产品、现象级营销事件、刷屏 H5 或海报、疯狂转载的视频/文案。自媒体营销、社会化媒体营销、新媒体运营、社群运营、场景营销、裂变营销、新零售、用户增长、私域流量池……新的营销理念纷至沓来，让人目不暇接，无所适从。

网络营销，有变，也有不变。"变"的是营销理念，"不变"的是营销基本原理、底层逻辑和实施过程。本书以营销底层逻辑为基础，以营销实施过程为线索，结合全新的营销案例和营销理念，为营销从业人员搭建营销思维框架。

本书以菲利普·科特勒的营销管理理论为基础，即"市场营销是有利可图地满足需求"；营销管理的底层逻辑以"STP+4P+CRM"为架构，洞察需求，传递价值，从而实现企业目标。

本书以营销实施过程为干。按照"确定目标→制定策略→整合资源→达到目标"的营销实施过程，规划了五大项目 17 个任务，具体内容如下图所示：

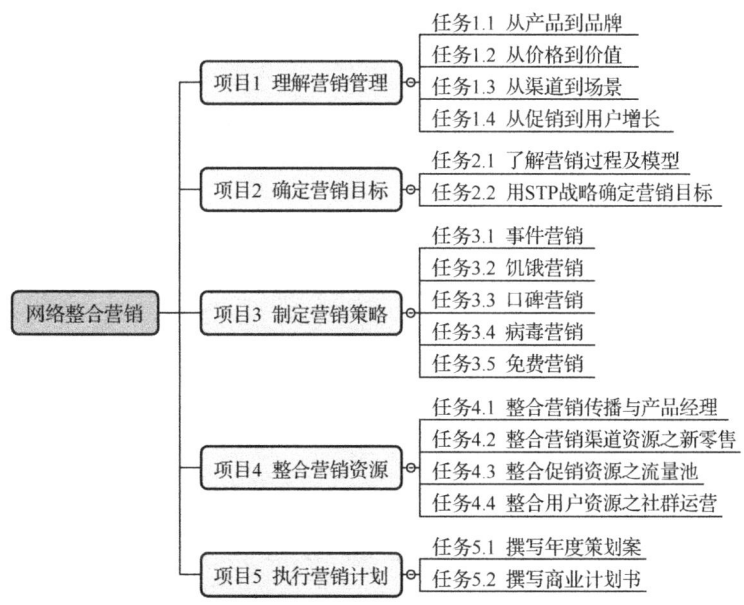

本书以流行的营销理念为枝。重点介绍价值与消费者赋能、场景营销、用户增长、裂变营销、流量池思维等目前流行的营销理念及其来龙去脉，并整合到营销实施过程的框架结构中。

本书以新颖的营销案例为叶。海底捞的危机公关、天猫的消费者赋能、潮牌 Supreme 的饥饿营销、小米的口碑营销、抖音的病毒营销、滴滴与摩拜等互联网产品的免费营销、盒马鲜生的新零售、某咖啡品牌的流量池构建……旨在用流行营销案例，加深对新营销理念的理解。

本书由付珍鸿担任主编，高等职业院校电子商务专职教师和企业专家参与编写。具体分工如下：邓莉平（广东岭南职业技术学院）编写任务 2.1、任务 2.2、任务 4.4；陈雪滢（广东岭南职业技术学院）编写任务 3.1、任务 3.2、任务 3.3；蔡楚如（广州市新恒通互联网科技有限公司）编写任务 5.1、任务 5.2；其余项目及任务由付珍鸿（广东岭南职业技术学院）编写。

本书提供丰富的教学资源包，包括教学大纲、教学课件和参考答案等，需要者可登录华信教育资源网（www.hxedu.com.cn）免费下载。为了拓展知识面和方便教学，本书提供部分案例和阅读材料，读者可以通过扫描书中二维码的方式进行在线阅读。

在本书的编写过程中，参考和借鉴了有关专著、教材、论文等资料，在此向各位作者表示由衷的感谢。

鉴于网络营销、网络推广、网络整合营销、新媒体运营涉及的内容具有可变性和时效性等特点，加之时间仓促，书中疏漏和不足之处在所难免，恳请同行和读者批评指正，以便再版时修订和完善。

编者联系方式：qfreda@163.com。

编　者

目　录

项目 1　理解营销管理 ··· 1

　任务 1.1　从产品到品牌 ··· 2

　　1.1.1　产品与品牌 ·· 2

　　1.1.2　如何建立品牌资产 ··· 7

　　1.1.3　怎样进行品牌管理 ·· 10

　　1.1.4　品牌危机公关处理流程 ·· 14

　任务 1.2　从价格到价值 ·· 19

　　1.2.1　价格与价值 ··· 19

　　1.2.2　消费者赋能 ··· 23

　　1.2.3　不损害产品价值的促销法 ··· 27

　任务 1.3　从渠道到场景 ·· 30

　　1.3.1　渠道与场景 ··· 30

　　1.3.2　场景和场景营销 ··· 35

　　1.3.3　场景营销四步法 ··· 42

　任务 1.4　从促销到用户增长 ·· 47

　　1.4.1　促销与用户增长 ··· 47

　　1.4.2　增长黑客 ·· 49

　　1.4.3　增长黑客的核心：海盗法则 ·· 53

项目 2　确定营销目标 ··· 62

　任务 2.1　了解营销过程及模型 ··· 63

　　2.1.1　市场营销过程 ·· 63

　　2.1.2　分析外部环境之波特五力模型 ··· 66

　　2.1.3　分析内部环境之波士顿矩阵 ·· 72

　　2.1.4　内外部环境相结合之 SWOT 分析模型 ·· 74

　任务 2.2　用 STP 战略确定营销目标 ·· 78

　　2.2.1　什么是 STP 战略 ·· 78

　　2.2.2　如何进行市场细分 ·· 79

　　2.2.3　如何选择目标市场 ·· 82

　　2.2.4　如何进行市场定位 ·· 85

　　2.2.5　STP 战略实施流程 ·· 90

项目 3　制定营销策略 ··· 94

　任务 3.1　事件营销 ·· 95

　　3.1.1　什么是事件营销 ··· 95

        3.1.2 事件营销的两种模式 97
        3.1.3 事件营销的八种内容策略 100
        3.1.4 事件营销的操作要点 103
    任务 3.2 饥饿营销 110
        3.2.1 什么是饥饿营销 110
        3.2.2 饥饿营销的三个实施前提 116
        3.2.3 饥饿营销的四大适用原则 117
        3.2.4 饥饿营销的实施过程 118
    任务 3.3 口碑营销 122
        3.3.1 什么是口碑营销 122
        3.3.2 口碑营销的动机 126
        3.3.3 口碑营销的5T要素 133
        3.3.4 口碑营销的传播机制 137
    任务 3.4 病毒营销 141
        3.4.1 什么是病毒营销 141
        3.4.2 病毒营销的形式与类型 144
        3.4.3 病毒营销的6P法则 148
        3.4.4 移动互联网背景下的病毒营销：裂变营销 150
    任务 3.5 免费营销 156
        3.5.1 互联网思维与免费营销 156
        3.5.2 免费营销的七种形式 159
        3.5.3 免费营销的六种盈利模式 161
        3.5.4 免费营销的冷思考 165

项目 4 整合营销资源 169
    任务 4.1 整合营销传播与产品经理 170
        4.1.1 从整合营销传播到整合营销 170
        4.1.2 整合营销实施主体之产品经理 175
        4.1.3 整合营销基础：商业模式画布 177
    任务 4.2 整合营销渠道资源之新零售 185
        4.2.1 什么是新零售 185
        4.2.2 新零售三要素 190
        4.2.3 新零售业态 192
    任务 4.3 整合促销资源之流量池 200
        4.3.1 促销与流量 200
        4.3.2 私域流量理论：流量池 203
        4.3.3 私域流量管理工具：DMP 与 SCRM 207
    任务 4.4 整合用户资源之社群运营 211
        4.4.1 从流量思维到超级用户思维 211
        4.4.2 社群与社群运营 214
        4.4.3 社交电商里的社群运营 219

项目 5　执行营销计划 ……………………………………………………………… 226

任务 5.1　撰写年度策划案 …………………………………………………… 227
5.1.1　年度营销策划案 …………………………………………………… 227
5.1.2　传统产品销售型企业年度营销策划案 …………………………… 231
5.1.3　电子商务企业年度运营策划案 …………………………………… 233
5.1.4　移动互联网产品年度策划案 ……………………………………… 237

任务 5.2　撰写商业计划书 …………………………………………………… 240
5.2.1　融资流程与商业计划书 …………………………………………… 240
5.2.2　如何制作 PPT 版商业计划书 ……………………………………… 242
5.2.3　如何撰写文字版商业计划书 ……………………………………… 253

参考文献 ………………………………………………………………………… 254

项目 1

理解营销管理

项目导入

君鹏在担任网络推广专员三年以后,因为网络推广经理岗位出缺,公司意向内部选拔,君鹏也想参与竞聘。那么,网络推广经理与网络推广专员的岗位职责有何不同?君鹏需要做好哪些准备呢?

项目分析

从网络推广专员到网络推广经理,从营销活动的执行到营销的管理,工作性质和内容将发生较大变化;工作内容和能力要求将进一步提升;知识储备也需要更加深入和全面。对于网络推广专员来说,可能只需要了解营销 4P 和"双微一抖"的具体运作就可以胜任自己的工作。但随着营销理论及互联网的发展,营销组合也从营销 4P 发展到营销 4C,再到今天的营销 4C+互联网。网络推广经理需要先结合网络营销的新发展,从营销结果的角度来进一步了解营销进阶知识。

对于网络推广经理来说,需要对营销有更深入的理解,需要对营销过程有更全面的把握。他不仅要知道怎么做,还需要给出这样做的原因和理由,需要有一个"确定目标→制定策略→整合资源→达到目标"的整体系统思考过程。

任务 1.1 从产品到品牌

任务导入

从营销结果来看，不管是研发产品或服务，还是关注消费者的需要和需求，最终目标是让产品能够根植于消费者的意识。所以说，产品生产于工厂，品牌打造于消费者意识。

任务导图

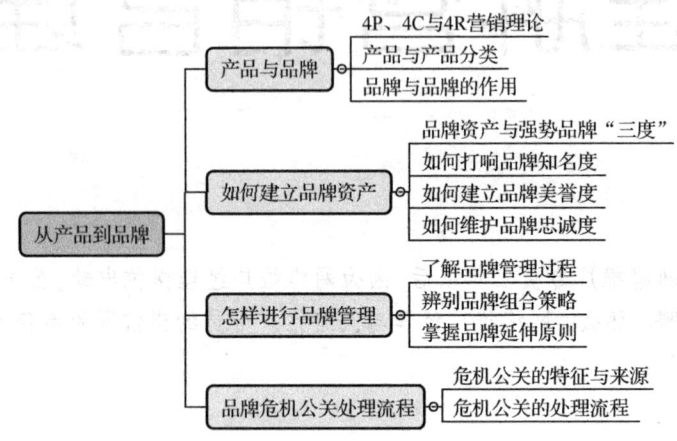

学习目标

知识目标	熟悉强势品牌"三度"
	辨别品牌组合策略
	掌握品牌与产品的关系
	了解品牌管理过程
能力目标	能够从品牌"三度"角度，制定品牌建立策略
	能够基于危机公关 5S 原则制定危机公关处理流程

任务实施

1.1.1 产品与品牌

1. 4P、4C 与 4R 营销理论

4P 营销理论产生于 20 世纪 60 年代的美国，是随着营销组合理论的提出而出现的。1960 年，杰罗姆·麦卡锡（Jerome McCarthy）在其《基础营销》（Basic Marketing）一书中将营销组合要素概括为产品（Product）、价格（Price）、渠道（Place）、促销（Promotion）四类，即著名的 4P 营销理论；1967 年，菲利普·科特勒在其畅销书《营销管理：分析、规划与控制》第一版进一步确认了以 4P 为核心的营销组合方法。4P 营销理论如图 1-1 所示。

4P 营销理论以单个企业作为分析单位，奠定了营销的基础理论和框架。菲利普·科特勒关于营销组合的分类如图 1-2 所示。

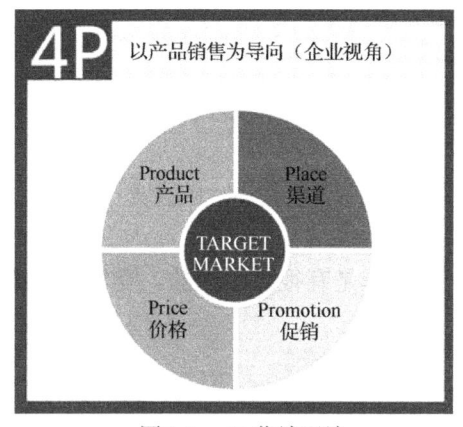

图 1-1　4P 营销理论

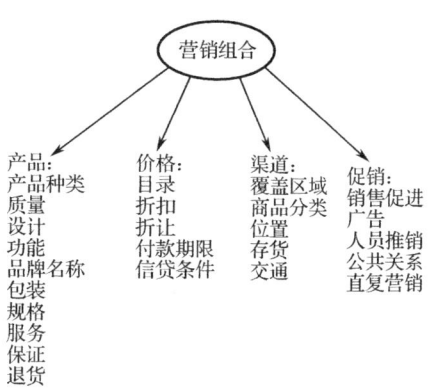

图 1-2　菲利普·科特勒关于营销组合的分类

4C 营销理论诞生于 1990 年。随着市场竞争日趋激烈，媒介传播速度越来越快，4P 营销理论越来越受到挑战。1990 年，美国学者罗伯特·劳特朋（Robert Lauterborn）教授在其《4P 退休 4C 登场》专文中提出了与传统营销 4P 相对应的 4C 营销理论。4C（顾客 Customer、成本 Cost、便利 Convenience、沟通 Communication）营销理论以消费者需求为导向，重新设定了市场营销组合的四个基本要素，瞄准了消费者的需求和期望。

4R 营销理论是美国整合营销传播理论的鼻祖唐·舒尔茨（Don E. Schuhz）在 4C 营销理的基础上提出的新营销理论。4R 分别指 Relevancy（关联）、Reaction（反应）、Relationship（关系）和 Reward（回报）。该营销理论认为，随着市场的发展，企业需要从更高层次上以更有效的方式在企业与顾客之间建立起有别于传统的新型的主动型关系。

4P、4C、4R 营销理论之间的关系如图 1-3 所示。

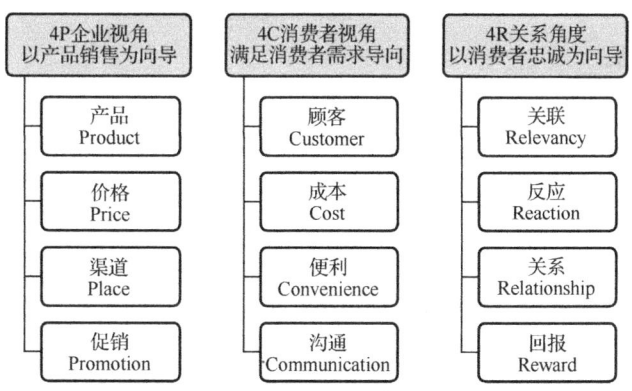

图 1-3　4P、4C、4R 营销理论之间的关系

2. 产品与产品分类

按菲利普·科特勒定义，产品指的是"任何一种能被提供来满足市场欲望或需要的东西，包括有形物品、服务、体验、事件、人物、地点、财产、组织、信息和想法等"。产品层次包括五层：核心利益、基本产品、期望产品、附加产品、潜在产品。

1) 传统产品的分类

按照产品的耐用性和有形性、用途，可以将产品按如图 1-4 所示进行分类。

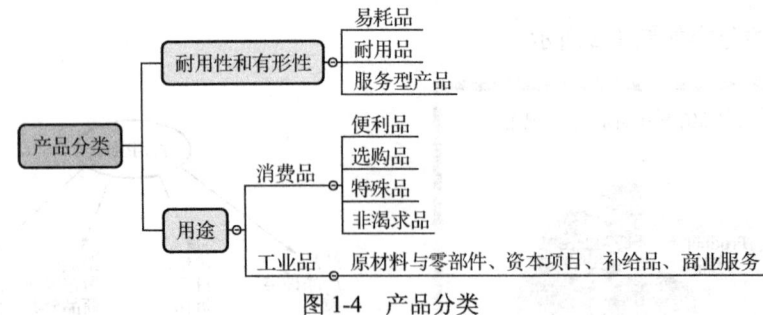

图1-4 产品分类

在实际营销管理中,消费品营销与工业品营销的运作是有很大不同的。我们平时所讲所学的营销,以耐用性和有形性消费品营销为主。

2) 互联网产品的分类

互联网产品按照用户的使用需求可以分为六类,即工具型产品、交易型产品、资讯型产品、游戏型产品、社交型产品及平台型产品,如图1-5所示。

图1-5 互联网产品的分类

(1) 工具型产品。

工具型产品主要是为了解决用户在某种特定环境下的即时性需求的产品,因而往往需求明确,产品逻辑比较简单。工具型产品的用户价值明确,用户使用目的性强,不用不来,用完即走,因此,用户数可能会很巨大但难于发掘商业价值、找到变现渠道,如导航、下载、杀毒、搜索、美颜等工具型产品。

(2) 交易型产品。

交易型产品主要是为了满足各类交易或服务行为线上化而衍生的产品形态。交易型产品包括商品交易型和服务交易型,其平台交易的产品内容包括买卖实体商品、虚拟商品及各类服务,业务模式有B2B、B2C、C2C及O2O等。

(3) 资讯型产品。

资讯型产品也指内容型产品,主要是解决用户对于信息获取的需求。与社交型产品淡化用户角色、强调信息交互所不同的是,资讯型产品通常存在明显的内容生产者和内容消费者。内容的产出方式一般分为OGC、PGC、UGC,内容专业深度依次递减,用户参与程度依次递增。

资讯型产品按传播形式可分为文字型、音频型、视频型、短视频型等。

(4) 游戏型产品。

游戏型产品所满足的用户需求是复杂而多面的,马斯洛需求层次中除吃饱穿暖的最基础

项目 1 理解营销管理

生理需求无法满足以外,其他都可以在游戏型产品中得到满足。可以说,游戏型产品创造了一个虚拟世界来满足玩家在现实世界中无法被满足的欲望。

基于上述原因,游戏也成为一个特殊而独立的产品类型。经过长期发展,游戏型产品衍生了许多子类型:按运行平台可分为端游、手游、页游;按内容类型可分为动作、冒险、休闲等。

(5)社交型产品。

社交型产品主要是满足人在社会生活中的社交需求而衍生的产品形态。广义的社交型产品包含社交、社区、社群等各类人与人之间、与信息交互相关的互联网产品。社交型产品的核心三要素为信息、关系链、互动。

社交型产品包括社区类、社交类、社群类等。其中,社区类产品又可按照不同维度进行细分,比如按是否相识可分为熟人类、陌生人类,按用户共性可分为地域类、人脉类、兴趣类等。

(6)平台型产品。

平台型产品通常是为了满足在某一大领域内用户多个方面需求的产品形态,是一个较为复杂的综合体。平台型产品是最典型的综合体,里面可能有工具、资讯、社交、交易、游戏等各种元素。

比如微信,它在满足一对一沟通或用来扫码时是工具,群、朋友圈是社交场景,公众号是资讯,微店是交易,还有微信游戏,整体自成生态圈,是个综合平台型产品。

不同的互联网产品,满足了不同人的不同需要。从马斯洛需求五层次来看,交易型产品主要满足人类的生理需要;工具型产品主要满足人类安全的需要,社交型和游戏型产品主要满足人类社交的需要;而资讯型产品,如自媒体、网红、大咖,主要是满足人类自我实现的需要。互联网产品的分类与马斯洛需求层次之间的关系如图1-6所示。

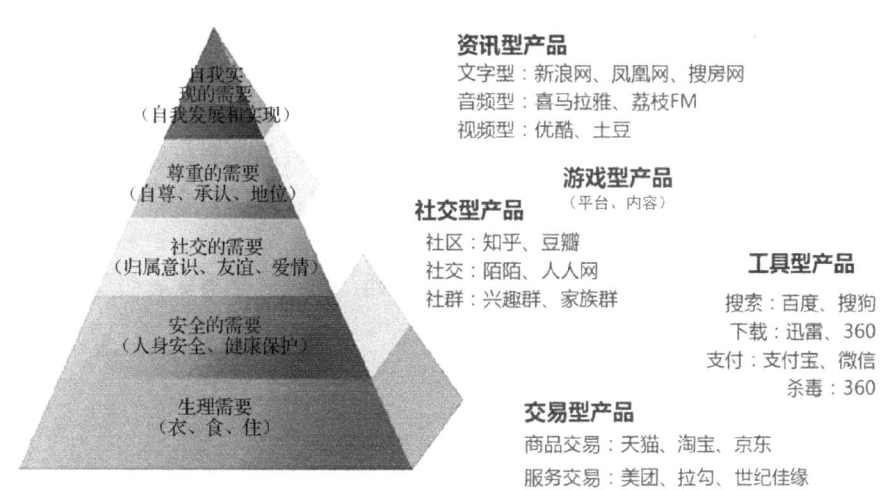

图1-6 互联网产品与马斯洛需求层次之间的关系

3)产品的刚需与高频

随着互联网产品的兴起,刚需、高频也成为产品分类考虑的重点。周鸿祎(360公司创始人)说:"产品满足需要的三个特点是刚需、痛点、高频。"

我们可以按照使用频次、受众面宽窄或购买频率高低,将产品分为四大类:刚性需求、小众需求、低频需求和罕见需求。

阅读材料1.1
好产品六字法则

刚性需求简称刚需，它有两层含义：第一层含义是相对弹性需求而言的，即这种需求的伸缩性不强，往往具有在一段时间内比较固定的特性，短期内其价值受价格的影响较小，价格变动的余地也不大；第二层含义可以理解为一种基本需求，即这种需求是每个人都离不开的，它不以个人的兴趣爱好为转移，如微信、手机、支付等，这些都是刚需高频产品。

小众需求是指产品的用户受众面窄、使用频次高的需求，如老年人的智能血压计、年轻人的游戏主机、音乐人士的智能钢琴等。

低频需求是指受众面广，但购买或使用频率低的需求，如拍立得、脸萌、证件照 App、手机照片打印机等。

罕见需求产品是指受众面窄，使用或购买频次低的产品，如防狼喷雾、荧光棒等。

需求与使用频次、受众面之间的关系如图 1-7 所示。

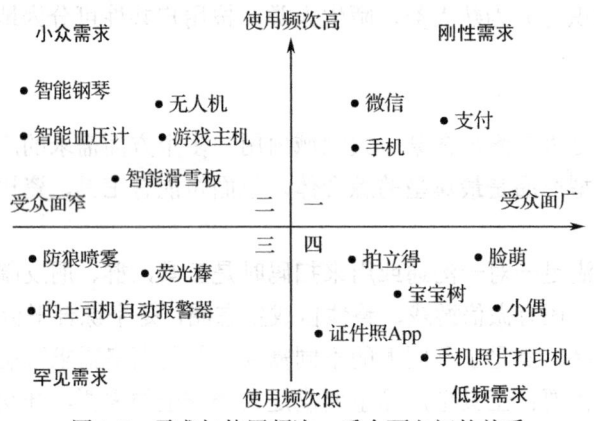

图 1-7　需求与使用频次、受众面之间的关系

3. 品牌与品牌的作用

根据美国市场营销协会（AMA）的定义，品牌指的是"一个名称、名词、符号、象征、设计或它们的组合，旨在标识某一卖方或一组卖方所销售的产品或服务，并把它们与竞争对手的产品或服务区分开来"。品牌的目的是与对手的产品相区分。

品牌定义分为狭义和广义两种：狭义品牌指的是商标、品牌名、标识、包装、广告等有形元素的总和，是看得到摸得着的；广义品牌是指在顾客（市场）心目中所形成的印象、感受和评价的总和，存在于消费者的意识中。

产品和品牌有何区别？产品是工厂所生产的东西，而品牌是消费者想要购买的东西。产品与品牌之间的区别如图 1-8 所示。

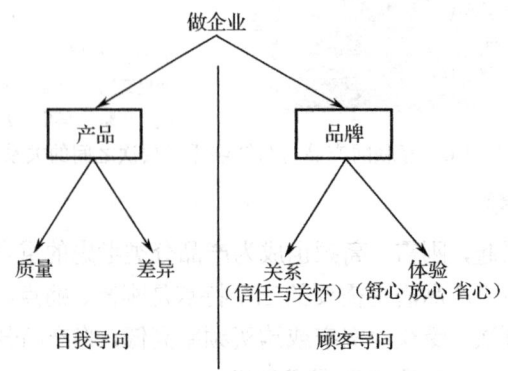

图 1-8　产品与品牌之间的区别

消费者为什么需要品牌？品牌意味着品质，可以节约消费者时间，比如"康师傅"与"康帅傅"、"红牛"与"红午"、"雪碧"与"雷碧"之间，我们会选择前者，因为品牌意味着品质；品牌还是身份的象征，能够彰显个性，比如"开宝马、坐奔驰"。

企业为什么需要品牌？品牌可以产生溢价，比如，没有 Logo 的 T 恤 10 元不一定有人买，但加上知名品牌 Logo 立马身价百倍；品牌可以抵御风险，如三聚氰胺事件让某品牌形象受损，但海底捞的老鼠门事件，不仅没有影响其生意，其危机公关还成为经典案例。

品牌按照本体特征，可以分为个体品牌、企业品牌、城市品牌、国家品牌、世界品牌。这里，我们主要研究的是企业品牌。

1.1.2 如何建立品牌资产

1. 品牌资产与强势品牌"三度"

在市场上，品牌是与特定企业和产品相关联的一组信息，品牌仅仅存在于客户的意识之中。当顾客对品牌有高度的认知和熟悉度，并在记忆中形成了强有力的、偏好的、独特的品牌联想时，就会产生基于顾客的品牌资产。

凯文·莱恩·凯勒在《战略品牌管理》一书中提出了基于顾客的品牌资产的金字塔模型，认为创建强势品牌需要经过以下四步：

（1）这是什么品牌（品牌识别）；
（2）产品用途，即这个品牌的产品有什么用途（品牌含义）；
（3）我对该品牌的感觉如何（品牌响应）；
（4）我与品牌的关系，即我们之间有多少联系（品牌关系）。

品牌创建步骤及每个阶段品牌建设目标如图 1-9 所示。

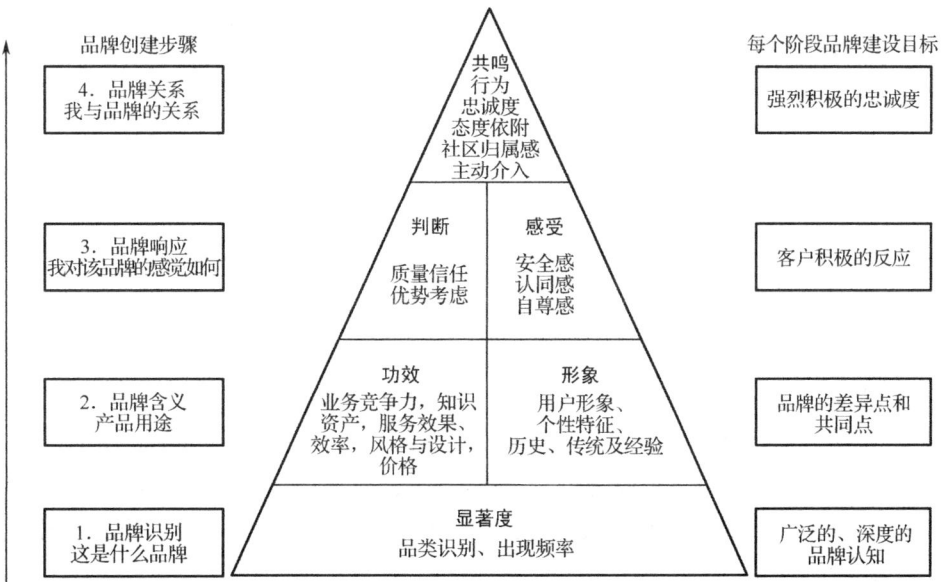

图 1-9　品牌创建步骤及每个阶段品牌建设目标

我们可以将品牌资产分为六个阶段：显著度、功效、形象、判断、感受、共鸣。其中，功效、形象、判断、感受共同作用，形成了品牌的美誉度。所以，我们判断一个品牌在消费者意识中的影响力到底怎样时,经常是从品牌知名度、品牌美誉度、品牌忠诚度三个方面考核的,称为强势品牌"三度",如图1-10所示。

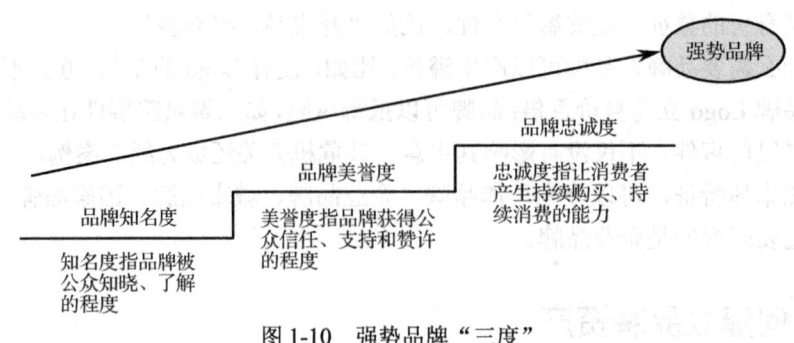

图1-10 强势品牌"三度"

1) 品牌知名度

品牌知名度指品牌被公众知晓、了解的程度,它涉及产品类别与品牌的联系。品牌知名度被分为三个明显不同的层次:最低层次是品牌识别;其次是品牌回想;最高层次是第一提及。

品牌知名度是不是越高越好?不一定,比如某奶粉、某白酒,当品牌知名度建立在其负面事件基础上,并给消费者带来负面印象时,高知名度就会变成企业负担,甚至导致品牌消亡。

2) 品牌美誉度

品牌美誉度指品牌获得公众信任、支持和赞许的程度,也指消费者对品牌的品质认知和喜好程度。其中,品质认知是消费者对品牌属于优质或劣质的印象;喜好程度是消费者对品牌的称赞、赞美程度。

按照品牌认知和喜好程度,可以将品牌美誉度分为四个区(以手机品牌为例),如图1-11所示。

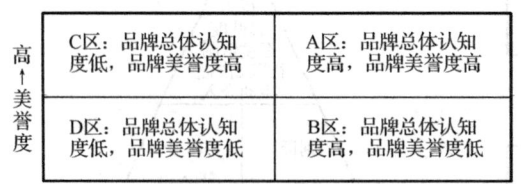

图1-11 品牌美誉度的分区(以手机为例)

D区:说明该品牌处于市场导入期,产品品质和品牌推广工作都做得还不够,例如,国产手机品牌有90多个,彩石、全普、百合、青葱等品牌你听说过吗?

C区:说明好产品"养在深闺人未识",如中兴、宏达HTC等品牌的手机。

B区:大部分人都知道,但就是销量不高,如波导、锤子等品牌的手机。

A区:该区是产品非常成熟、成功的表现,如vivo、华为、小米等品牌的手机。

3) 品牌忠诚度

品牌忠诚度指让消费者产生持续购买、持续消费的能力,也是衡量品牌忠诚的指标,由消费者长期反复地购买、使用品牌,并对品牌产生一定的信任、承诺、情感维系,乃至情感依赖而形成。品牌忠诚度高的顾客对价格的敏感度较低,愿意为高质量付出高价格,能够认识到品牌的价值并将其视为朋友与伙伴，也愿意为品牌做出贡献。

2. 如何打响品牌知名度

我们可以从造势和借势两个方面来创建品牌并迅速扩大其知名度。

造势的内容包括取个好名字、设计个好 Logo、有特色的外包装、有利于传播的广告语等，如图 1-12 所示。

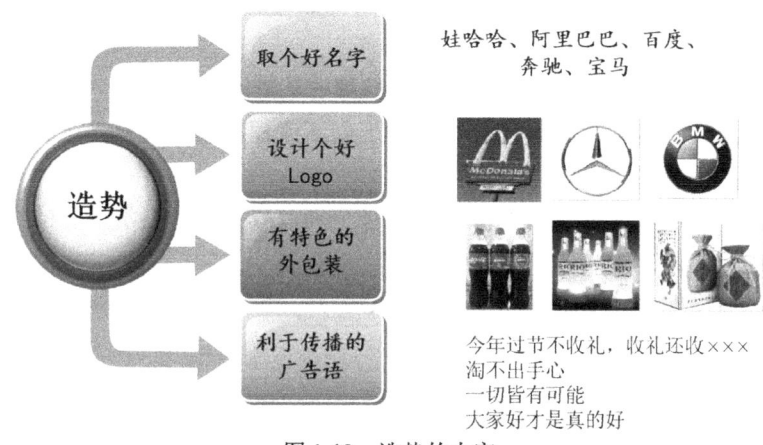

图 1-12　造势的内容

借势的内容包括借国家、地区的势（比如景德镇的陶瓷、茅台镇的酒、新疆的干果等更容易得到消费者的认可），借已有品牌的势（品牌授权的各行业品类也是迅速拓展品牌知名度的方法之一），借名人名星的势（明星代言），借媒体的势（栏目赞助、电视广告等），如图 1-13 所示。

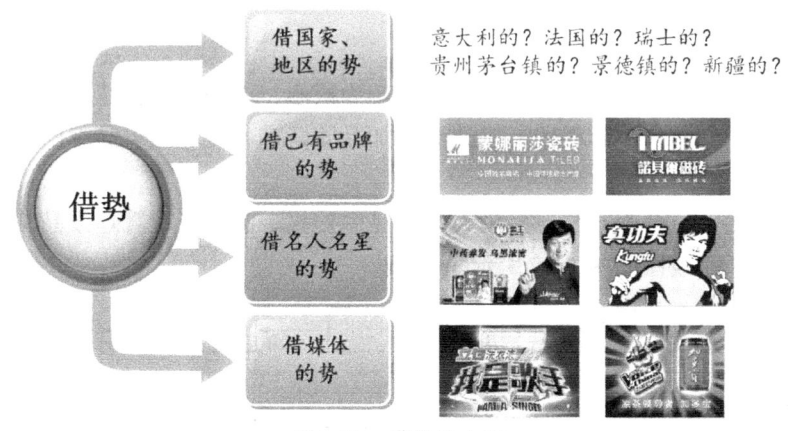

图 1-13　借势的内容

3. 如何建立品牌美誉度

如果说创建品牌知名度有诀窍可言，那么提升品牌美誉度的确需要企业实实在在、长期卓越的努力，需要在品牌功效、品牌形象、品牌判断、品牌感受等方面激发客户的积极反应。

- ➢ **品牌功效**：满足消费者对实用、美学和经济方面的要求。
- ➢ **品牌形象**：满足消费者对形象、购买体验、个性与价值、历史传统等方面的要求。
- ➢ **品牌判断**：满足消费者对质量、信誉、优势等方面的要求。
- ➢ **品牌感受**：包括消费者对品牌的温暖感、乐趣感、兴奋感、安全感、社会认同感、自尊感六个方面。

4．如何维护品牌忠诚度

维护品牌忠诚度的方法如下：

（1）为顾客提供更多让渡价值。企业不能仅仅制造和出售产品，还要能够为顾客提供解决问题的整体方案。

（2）倾听顾客意见，妥善处理投诉。著名的里兹酒店集团有一条"1∶10∶100"的黄金管理定律，即如果问题在客人提出的当天解决，所需成本为 1 元；拖到第二天解决，则需成本 10 元；再拖几天解决，则成本可能需要 100 元。

（3）对品质的控制制定具体标准。品质是品牌的基础。

（4）对产品进行技术创新。迭代思维是关于创新流程的思维，允许产品出现缺点，不断试错，不断优化，在持续的迭代中完善产品。

（5）保证产品品质和消费者的期望一致，甚至高过或大大超出消费者的期望，给消费者一种意想不到的惊喜。

维护品牌忠诚度的具体要求如图 1-14 所示。

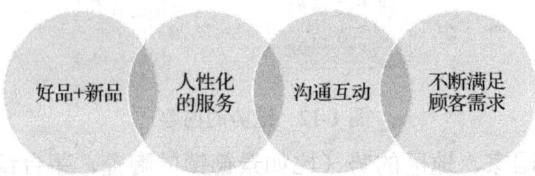

图 1-14　维护品牌忠诚度的具体要求

1.1.3　怎样进行品牌管理

1．了解品牌管理过程

品牌管理是以企业战略为指引，以品牌资产为核心，围绕企业创造、维护和发展品牌这一主线，综合运用各种资源和手段，以达到增加品牌资产、打造强势品牌的目的的一系列管理活动的统称。

品牌管理需要经过品牌定位、品牌设计、品牌传播、品牌资产管理或品牌战略规划等成长过程。品牌成长路线图如图 1-15 所示。

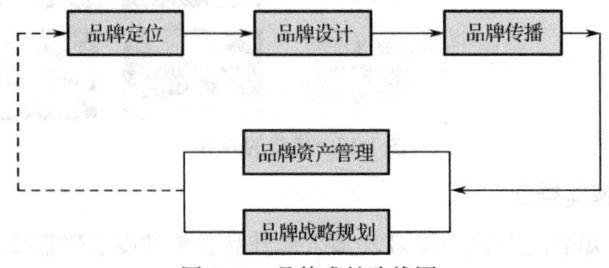

图 1-15　品牌成长路线图

品牌定位既是确立品牌形象和个性的必要条件，也是创造品牌差异、形成竞争优势的必要条件。品牌定位需要遵循顾客导向、个性化、差异化、长期性四个原则。例如，同样是汽车，宝马强调驾驶的乐趣，沃尔沃突出安全，奔驰聚焦舒适豪华感，法拉利强调速度快及运动感，特斯拉强调节约能源等。品牌定位不同，品牌形象、目标客户、传播策略等都会不同。

项目 1　理解营销管理

有八种不同的品牌定位方法，如表 1-1 所示。

表 1-1　八种不同的品牌定位方法

品牌定位策略	说　　明	举　　例
强势定位策略	适合行业巨头	去屑实力派，当然海飞丝 微信，是一种生活方式
优势分类策略	找到有利于自己商品的分类	透心凉，心飞扬（雪碧） 红牛，你的能量超乎你想象
独特分类策略	创造一个细分市场	七喜，非可乐 特斯拉（Tesla）电动车
使用场景分类策略	场景营销	小饿小困喝点香飘飘 怕上火，喝王老吉
细分分类策略	单点突破，细分、专注	沃尔沃：安全 宝马：驾驶的乐趣
功能定位策略	功能上有特殊性或有优势	抖音短视频，记录美好生活 陌陌，总有新奇在身边
使用感觉定位策略	产品会给你带来什么感觉	农夫山泉，有点甜 雀巢咖啡，味道好极了
销量定位策略	从众心理，羊群效应	拼多多，3 亿人都在用 我们是"老二"，所以我们更努力（艾维斯）

2．辨别品牌组合策略

■案例赏析

宝洁是全球较大的日用消费品公司，经营美容美发、居家护理、家庭健康、健康护理、食品及饮料等品类，拥有六十多个领先品牌，其中年销售额十亿美元以上的品牌有二十多个。

美的是一家领先的提供消费电器、暖通空调、机器人及工业自动化系统、智能供应链（物流）的科技集团，旗下产品包括厨房家电、冰箱、洗衣机、小家电、家用空调、中央空调等。

康师傅控股有限公司主要在中国从事生产和销售方便面、饮品及方便食品。2018 年 1—12 月，该集团的方便面、即饮茶及蛋卷的市场占有率分别为 43.3%、47.1%及 18.3%，稳居市场领导地位。

宝洁为什么旗下要有六十多个品牌？统一用宝洁不好吗？美的集团旗下有多少个品牌？康师傅的即饮茶用的是什么品牌？康师傅蛋卷叫康师傅吗？

试问，这三家公司使用了哪三种不同的品牌组合战略呢？

回答上述问题，需要了解品牌组合策略。

品牌组合策略是指一个组织对其拥有或者有权使用的多个品牌进行系统化的思考和管理的策略。品牌策略一般分为单一品牌策略、多品牌策略、主副品牌策略、联合品牌策略四种，如图 1-16 所示。

1）单一品牌策略

单一品牌策略就是一个企业的所有产品都使用同一品牌的策略。比如，电器行业的美的、海尔、格兰仕、华帝等。

图1-16 四大品牌策略

实施单一品牌策略的好处如下：有利于树立产品的专业化形象；有利于新产品的推出；有利于彰显品牌实力。

实施单一品牌策略的弊端是一荣俱荣，一损俱损，不容有差错产生。

2）多品牌策略

多品牌策略是一个企业发展到一定程度后，利用自己创建起来的一个知名品牌延伸开发出多个知名品牌的策略，并且多个品牌相互独立。比如，阿里巴巴集团旗下品牌包括淘宝网、天猫、聚划算、速卖通、1688、阿里妈妈、飞猪、阿里云计算、万网、高德、UC、友盟、虾米、钉钉等。宝洁在洗发水行业就拥有飘柔、潘婷、海飞丝、伊卡璐和沙宣五大品牌，飘柔主打"柔顺优雅"，潘婷主打"修护滋养"，海飞丝主打"清爽去屑"，伊卡璐主打"草本天然"，沙宣主打"专业时尚"，五个品牌各显神通，让宝洁一家公司就占据了国内洗发水数百亿市场的半壁江山。

多品牌策略的好处如下：可以多占货架面积；给低品牌忠诚度者提供更多的选择；降低企业风险；鼓励内部合理竞争，激扬士气；吸引不同的消费者。

3）主副品牌策略

主副品牌策略是指同一产品使用一主一副两个品牌的策略。在主副品牌策略下，以涵盖企业全部产品或若干产品的品牌作为主品牌，同时，给各个产品设计不同的副品牌，用副品牌来突出不同产品的个性。

比如饮品行业的康师傅，在"康师傅"主品牌旗下，又有"茉莉清茶""冰红茶""冰绿茶""冰糖雪梨""优悦""经典奶茶"等多个副品牌。"康师傅"主品牌旗下的部分副品牌如图1-17所示。

图1-17 "康师傅"主品牌旗下的部分副品牌

4）联合品牌策略

联合品牌策略是指两个或更多品牌相互联合、相互借势，使品牌本身的各种资源达到有效整合，从而创造双赢的营销局面的策略。例如，汽车行业的一汽大众、华晨宝马，使用的就是联合品牌策略。

3. 掌握品牌延伸原则

品牌延伸（Brand Extensions）是指利用现有品牌名进入新的产品类别，推出新产品的做法。品牌延伸能够让企业以较低的成本推出新产品，因而它成为企业推出新产品的主要手段。

1）品牌延伸的作用

（1）利用原有品牌，提升新品认知度。例如，美的以生产电风扇起家，现在产品延伸至洗衣机、空调、冰箱、洗碗机、微波炉、电饭煲、抽油烟机等领域。如果美的推出扫地机器人，我们也不会感到意外。

（2）满足不同需求，提供更多选择。例如，伊利集团拥有液态奶（原奶）、酸奶、奶粉、冷饮四大事业部，旗下有纯牛奶、乳饮料、雪糕、冰激凌、奶粉、酸奶、奶酪等多个产品和品种，知名品牌包括伊利金典牛奶、伊利纯牛奶、伊利安慕希、伊利谷粒多、伊利 QQ 星等，满足不同人群对牛奶的不同需求。

（3）增加市场占有率。大众汽车的德语是 Volkswagen，意思即"国民的汽车"。大众乘用车业务分为奥迪品牌群和大众品牌群：奥迪品牌群包括奥迪（Audi）、兰博基尼（Lamborghini）等 4 个品牌；大众品牌群包括大众商用车、大众乘用车、斯柯达（Skoda）、宾利（Bentley）、保时捷（Porsche）等 8 个品牌。众多品牌成就了大众作为全球四大汽车生产商之一的地位。

2）品牌延伸的原则

迪士尼作为全球知名的娱乐品牌，不仅拥有电影、动画、游戏、主题乐园等娱乐内容，其品牌也以授权形式延伸至服装鞋帽、书包文具、公仔玩具、家具家居、母婴用品等日用消费品牌领域。但我们在市场上并没有见过迪士尼电视机、迪士尼药品、迪士尼洗发水和护发素，这是为什么呢？因为品牌延伸必须遵循一定的原则。

（1）匹配性是品牌延伸的基础。迪士尼品牌的核心是欢乐，所以它不会将品牌延伸至药品、医疗器械等领域。品牌匹配性不强，这是霸王洗发水延伸至霸王凉茶失败的原因之一。

（2）品牌延伸需要考虑延伸品类的生命周期。例如，迪士尼、Hello Kitty 品牌纵使强大，但也没有延伸至电视机、电冰箱、空调等领域。因为该类产品已进入成熟期，在消费者心目中已被认定为强势品牌，从而留给授权品牌的市场空间并不大。相较于成熟期和衰退期的产品，处于导入期或成长期的品类，更容易获得成功。

（3）声望品牌比功能性品牌更能够进行延伸。唯品会的"限时折扣"电商特卖策略成功后，京东有了"闪团"，当当推出了"尾品汇"，凡客主推了"特卖汇"，但都不如唯品会的"限时折扣"成功，为什么？一般人心目中认为：京东是卖 3C 数码产品的，当当是卖图书的，凡客是卖 T 恤的，如果将品牌延伸至服装尾货特卖，就不如唯品会"一家专做特卖的网站"来得自然。

3）品牌延伸的缺点

（1）消费者困惑。例如，云南白药是什么？药品？牙膏？还是护肤品？

（2）横向延伸太多，将会失去与某一品类的特定联系。例如，娃哈哈是什么？从果奶起家，围绕着"喝"延伸至水、碳酸饮料、果汁饮料、茶饮料时，消费者是可以接受的，但做保健食品、罐头食品、休闲食品呢？你会喝"娃哈哈平安感冒液"吗？

（3）损害母品牌形象。例如，2011年11月起，广药集团宣布开始实施"大健康产业"战略，拟计划将"王老吉"品牌向药酒、药妆、保健品、食品、运动器械等多个领域扩张。后来因为官司缘故未能实施。

（4）稀释品牌含义。例如，苹果是什么？小米是什么？如果过度延伸，都将稀释品牌的原有含义。

1.1.4　品牌危机公关处理流程

1. 危机公关的特征与来源

危机公关是指企业为避免或减轻危机所带来的严重损害和威胁，有组织、有计划地学习、制定和实施一系列管理措施和应对策略的过程，包括危机的规避、控制、解决，以及危机解决后的复兴等不断学习和适应的动态过程。

1）危机公关中危机的四大特征

危机公关中危机的四大特征包括意外性、聚焦性、破坏性和紧迫性，如图1-18所示。

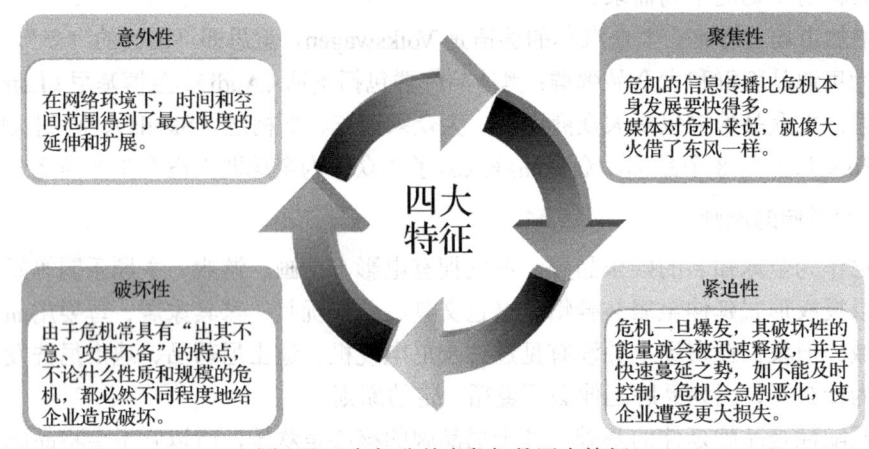

图1-18　危机公关中危机的四大特征

2）危机公关中危机的来源

危机公关中危机的来源如图1-19所示。

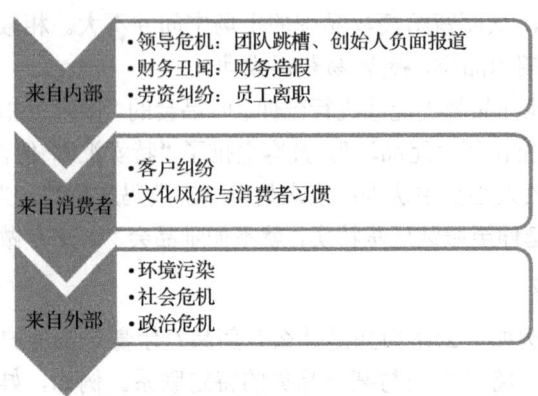

图1-19　危机公关中危机的来源

3）危机公关的 5S 原则

危机公关的 5S 原则，是指危机发生后为解决危机所遵循的原则，包括承担责任（Shoulder the matter）、真诚沟通（Sincerity）、速度第一（Speed）、系统运行（System）和权威证实（Standard），如图 1-20 所示。

图 1-20　危机公关的 5S 原则

■ 案例赏析

海底捞的危机公关

2017 年 8 月 25 日，《法制晚报》发表了题为《记者暗访海底捞后厨：老鼠爬进食品柜 漏勺掏下水道》的报道。随后，海底捞在官方微博连发通告，进行诚恳道歉、停业整改、全面彻查，并组织所有门店排查，以负责、恳切的态度令舆情迅速发生反转，可谓三封信扭转舆论风向，被评价为"上午，海底捞沦陷；下午，海底捞逆袭"，甚至有专业人士为其危机公关打"满分"，成为危机公关的经典案例。

（1）承担责任。危机发生之后，一般有两个问题会成为公众关注的核心：一个是利益问题，一个是情感问题。只有涉事单位勇于承担责任，才有可能赢得公众的信任。

海底捞在首次回应中，开篇便承认问题属实，允诺在所有门店进行整改，并愿意承担相应的经济责任和法律责任，这些做法体现了担责的态度。一方面，海底捞并没有按照"惯例"，用责任切割方式将事情缩小在问题门店，而是坦然承认："每个月我公司也会处理类似的食品安全事件。"还告知了通过官网或微信查询此类信息的详细方式，让公众在涉及自身利益问题方面进行核实。另一方面，海底捞并没有将问题推给个别员工，而是将事件归因为管理制度问题，并告知"涉事停业的两家门店的职工无须恐慌"，主要责任由公司董事会承担，在舆论面前竭力保全员工，这种被舆论称为"这锅我背、这错我改、员工我养"的态度，赢得了多数网民的好感。

（2）真诚沟通。企业处于危机旋涡中时，是公众和媒介的焦点，一举一动都将接受质疑。因此，千万不要有侥幸心理，企图蒙混过关。危机事件中，涉事单位应第一时间拿出诚意，主动、全方位地与公众沟通，说明事实真相，促使双方互相理解，消除可能存在的疑虑与不安。

在此次舆情处置中，海底捞始终保持诚恳、认真、负责的姿态，在公开信中多处表示"十分愧疚""十分惭愧和自责"，并且以谦卑的口吻，感谢媒体和公众帮助自己发现问题，希望大家监督自己的工作，不断传递正面积极的处理态度。纵观海底捞发布的三封公开信，没有任何言语闪躲和煽情段落，做到了内容直击要点、措辞不偏不倚，体现了海底捞勇敢承认错误、真诚道歉的处置基调。

除言语方面以外，海底捞在行动方面也迅速做出了处理、应对和反馈，如发表处理细则、明确相关责任人、公开监督电话等，一连串动作都有力彰显了海底捞痛改前非的决心，有利于公司信誉的重建。

（3）速度第一。新媒体时代，信息呈现裂变式传播，涉事单位越早介入危机，就越能把握话语权。所以，在舆情处置的时间要求上，一直都有"黄金 6 小时""黄金 12 小时"等提法。这也说明在充分准备的前提下，最大限度地缩短回应时间，以最快速度与舆论场对接，就能起到更好的应对效果。

此次海底捞快速处理、化解危机,是对"速度第一原则"的再一次佐证。2017 年 8 月 25 日 11 时,《法制晚报》报道揭发海底捞的食品卫生问题,并且信息扩散程度呈现铺天盖地之势。面对严峻局面,海底捞在最短的时间内发现问题并采取实际行动,在事发后 3 个小时即进行了首次回应,以道歉为主旨,成为迅速止损的第一步。紧接着又在 20 分钟后发布了处理方案,面面俱到地详细罗列了七条后续举措,为危机处置搭起了整体框架,其速度不可谓不快。

(4)系统运行。危机妥善过渡的关键,在于建立全面有效的协调机制,通过系统运作控制住事态,使其不扩大、不升级、不蔓延。

海底捞训练有素、自成章法的应对,正是其危机公关机制系统性运作的结果。在信息发布方面,三份通报依次为道歉信、处理通报、整改声明。先是态度上认错,再是问题纠正,最后是制度完善,遵循了舆情处置规律。在实体处置方面,海底捞接连公布了一系列整改措施,从新技术的运用到门店设计,再到社会监督方式等,并且注重从细节入手,提升可操作性,如公布了整改具体负责人的职位、姓名甚至联系电话,让一场浮于表面的"危机公关"变为有迹可循的"公关管理"。整体来看,海底捞应对危机时的系统部署和周密策划,不仅稳住了阵脚,也增加了公众的信赖感。

(5)权威证实。"他山之石可以攻玉",危机面前切忌孤军奋战,要善于援请权威或中立的第三方代言,破除公众的不信任心理。

此次事件中,海底捞多次提及"聘请第三方公司在卫生死角排查除鼠""与第三方虫害治理公司合作"等,表示对暴露问题的处理决心。海底捞还充分利用权威第三方表明积极处理危机的态度,比如表示将主动向政府主管机关汇报,与政府和媒体积极配合,从而增强了公司的公信力和影响力。此外,海底捞还擅于利用媒体为己宣传,在其发布公开声明与处理方案之后,便有大量正面跟进报道,一时之间,《三小时内火线回应,海底捞危机公关高在哪里?》《为什么那么多人选择原谅海底捞?》等文章纷纷被载出,公众视线也随之转向海底捞的正面报道。

2. 危机公关的处理流程

一个品牌的建立,往往需要耗费很多资源,但外部环境的变化,或者企业在经营中的失误,可能会使辛辛苦苦创建的品牌毁于一旦。因此,在品牌管理过程中,品牌维护与危机管理是非常重要且必不可少的,需要企业高层领导和品牌管理人员给予足够的重视。

危机公关,不是危机发生后才面临的问题,而是危机发生前、发生时、发生后一整套系统性的处理流程。危机公关的处理流程如图 1-21 所示。

图 1-21 危机公关的处理流程

1)危机发生前

(1)成立危机管理委员会。未雨绸缪,每家企业都需要成立危机管理委员会,其成员包括企业 CEO、品牌负责人、生产负责人、销售负责人、媒体对接人等。危机管理委员会责任包括：全面、清晰地对危机发展趋势做出准确预测；确定有关处理策略和步骤；安排、调配、组织现有的人、财、物力，明确责任，落实任务；启动信息沟通网络，与传媒及目标公众保持顺畅联络；对危机处理过程中的各项工作提供指导和咨询。

（2）对员工进行培训。将危机预测、危机情况和相应的措施以通俗易懂的语言编印成小册子，可以配一些示意图，然后将这些小册子发给全体员工。还可以通过多种形式，如录像、卡通片、幻灯片等，向员工全面介绍应对危机的方法，让全体员工对出现危机的可能性及应对办法有足够的了解。

2) 危机发生时

（1）调研分析。虽然危机公关 5S 原则中要求速度第一、真诚沟通，但并不意味着企业在没有了解清楚情况下草率发声。企业的危机管理委员会需要在对事情的来龙去脉有相对清晰的认知后再表态，避免因言辞不当引发第二轮危机。调研分析的内容如图 1-22 所示。

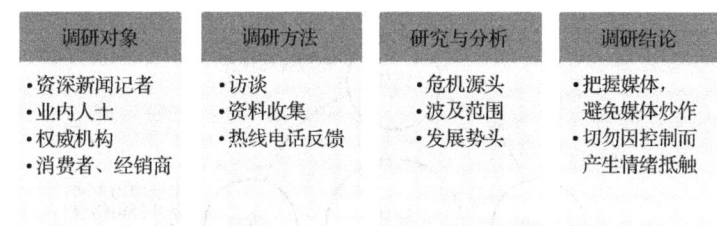

图 1-22　调研分析的内容

（2）系统运作。危机发生时的处理，需要确定目标、锁定目标受众、制定策略和采取战术配合。应对危机发生时的系统运作如图 1-23 所示。

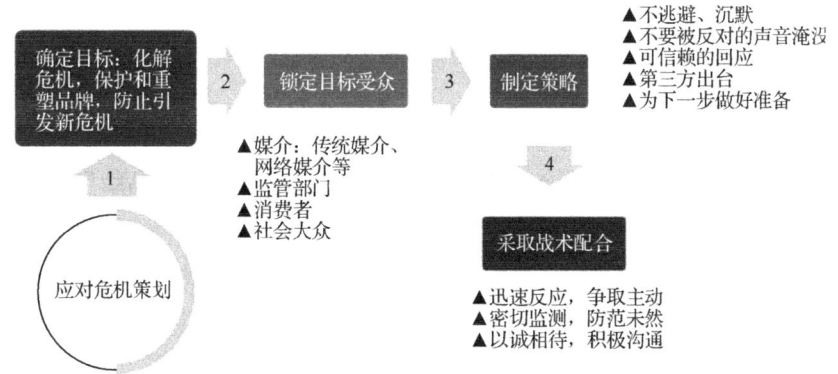

图 1-23　应对危机发生时的系统运作

3) 危机发生后

危机发生后将触及各类公众的利益，对此应分别处理。

（1）对内部公众。首先，应将事故情况及组织对策告诉全体员工，使员工同心协力共渡难关。其次，如有人员伤亡，应立即通知家属，并提供条件满足家属探视、吊唁的要求，组织周到的医疗和抚恤工作，由专人负责；如果有设备损失，应及时清理。

（2）对事故受害者。首先，对受害者应明确表示歉意，慎重地同他们接触，冷静地倾听受害者的意见和他们提出的赔偿要求，即使他们的意见并不完全合理，也不要马上与之辩论、讨论；即使受害者本身要对事故负有一定责任，也不应马上予以追究或推出门了事，或者立刻诉诸法律。其次，应该同他们坦诚、冷静地交换意见，同时谈话中应避免给受害者造成推卸责任的印象。最后，在处理事故的过程中，没有特殊情况不要随便更换负责处理事故的人员和探望受害者的人员，以便保持处理意见的一致性和操作的连续性。

（3）对新闻传播媒介。公开、坦诚的态度和积极主动的配合是处理媒体关系的关键。日常注重媒体公关，以便关键时能取得媒体的支持。

（4）对上级领导部门。应及时向组织的直属上级领导汇报情况，不能文过饰非，不允许歪曲真相、混淆视听。在处理过程中应定期将事态发展、处理、控制的情况，以及善后的情况陆续向上级报告。

（5）对企业所在社区。如果是火灾、毒物泄漏等给当地居民确实带来了损失的，组织公关部门应向当地居民登门道歉，根据事故的性质也可以挨门挨户道歉。必要时可以在全国性或地方性报纸上刊出致歉广告，直到给予经济赔偿。这种致歉广告应该面向有关公众，明确表示组织敢于承担责任、知错必改的态度。

最后进行评估，化危为机。评估危机的内容如图1-24所示。

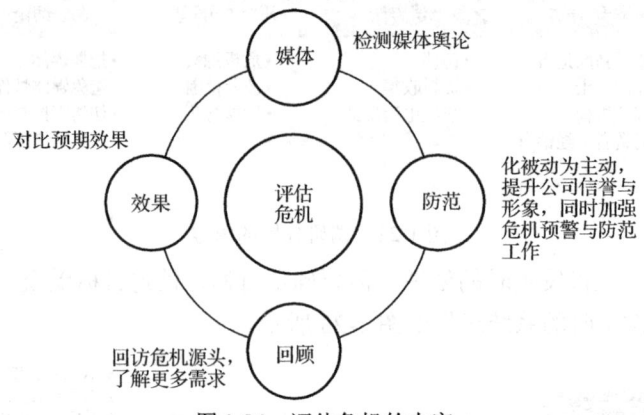

图1-24 评估危机的内容

任务实训

【实训1】 通过百度、搜狗、今日头条、微信等应用软件，用"品牌"关键词进行查询，写出品牌的定义，最后阐述产品与品牌的关系。

【实训2】 分析百度、阿里巴巴集团、京东、北京字节跳动科技有限公司旗下产品构成，并指出它们分别实施的是哪种品牌组合策略。

【实训3】 扫码并阅读案例《周杰伦道歉了》，回答如下问题：
(1) 为什么说周杰伦已经做出了最正确的危机公关？
(2) 请用5S原则分析周杰伦是如何处理此次公关危机的。
(3) 分析此次危机公关的处理流程及对策。

阅读材料1.2
周杰伦道歉了

任务 1.2　从价格到价值

📒 任务导入

消费者内心所需要的并不是价格上的便宜，而是价值上的优势。

📒 任务导图

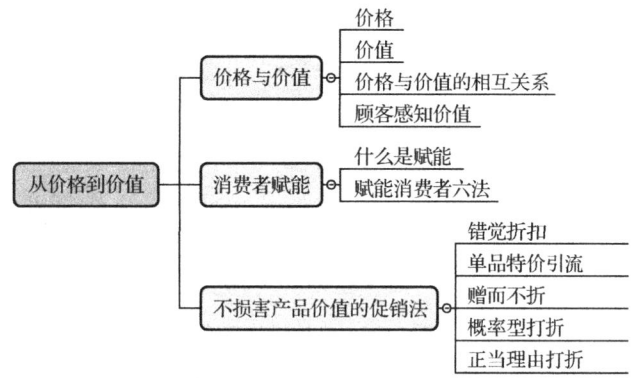

📒 学习目标

知识目标	熟悉定价的几种策略
	了解价值的几种说法
	掌握顾客感知价值的内容
	辨别价格与价值之间的异同
能力目标	能够利用消费者赋能六法，提升产品或品牌价值
	能够利用不同的促销方法，既达到产品销售目的，又不损害品牌价值

📒 任务实施

1.2.1　价格与价值

■ 案例赏析

"你这件衣服不太衬你哦。"
"不会吧，这个可是名牌货，2000 多元呢！"

你一定已经对这样的对话习以为常了吧！衣服穿在身上，就是为了好看的，为什么不好看你也穿？后面的人说了：价格 2000 元！名牌呢！

这个逻辑非常野蛮，因为 2000 元，所以应该好看吗？因为贵，所以就应该好么？那么，我们该如何理解价格与价值呢？

1. 价格

1) 价格的定义

价格是 4P 营销理论中对销售量影响最大、唯一能带来收益的因素，而其他因素则会耗费成本。价格有狭义和广义的区分：狭义的价格是指为了取得产品所付出的金额；广义的价格是指取得产品的代价（包括金钱、精力、时间）。

2) 五种定价策略

企业如何制定价格？一般来说有三种办法和五种策略。企业定价的三种办法是成本导向定价法、竞争导向定价法、需求导向定价法。五种定价策略如图 1-25 所示。

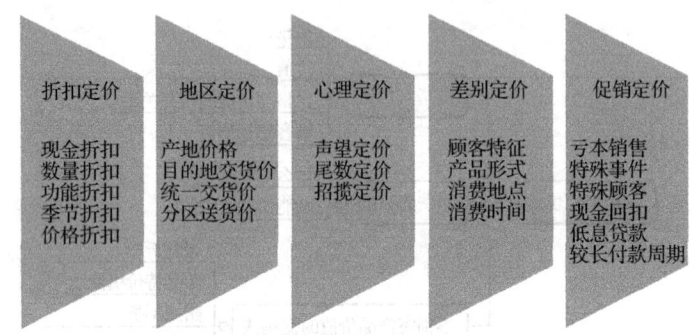

图 1-25 五种定价策略

思考：下列电子商务常用定价法分别属于哪种定价策略？

包邮、"双 11"全场五折、限时折扣、9.9 元起、家具送货到楼下、分期付款、花呗。

3) 新产品上市的两种定价策略

新产品上市一般采用两种定价策略：渗透定价策略和撇脂定价策略。

渗透定价策略是指在产品导入期以低价销售，甚至免费推出，以便尽快占有市场的策略。

撇脂定价策略是指一推出就定高价，以便从愿意付出高价的消费者中赚取高额利润，或者当销售额下降时，降价以吸引愿意以较低价格购买的消费者的策略。渗透定价策略和撇脂定价策略的特点如表 1-2 所示。

表 1-2 渗透定价策略和撇脂定价策略的特点

项 目	渗透定价策略	撇脂定价策略
市场需求水平	低	高
与竞争产品的差异性	不大	较大
价格需求弹性	大	小
生产能力扩大的可能性	大	小
消费者购买力水平	低	高
市场潜力	大	不大
仿制的难易程度	易	难
投资回收期长度	较长	较短

思考：苹果手机及 3C 数码产品新上市时，采用的是哪种定价策略？滴滴出行和摩拜单车刚上市时，采用的是哪种定价策略？为什么？

2. 价值

什么是价值？关于价值的本质有许多种说法。

"情感说"：这种观点认为价值的源泉在于情感。例如，你的日记本、旧衣物对你是无价之宝，对他人却可能毫无价值。

"关系说"：这种观点认为价值是一种关系范畴，表明客体能够满足主体需要的效益关系。菲利普·科特勒认为价值是买家选择产品时能感知到的有形利益、无形利益和成本的总和，其价值公式如图 1-26 所示。

图 1-26　价值公式

"劳动量说"：这种观点认为价值就是劳动价值，它由劳动者所付出的劳动量来决定。飞机比自行车贵，因为制造飞机所付出的劳动量比自行车多。

"价值链说"：价值链是哈佛大学商学院教授迈克尔·波特于 1985 年提出的概念，企业的价值创造是通过一系列活动构成的，这些活动可分为基本活动和辅助活动两类。基本活动包括来料储运、生产作业、成品储运、市场营销、售后服务等；辅助活动则包括采购、技术开发、人力资源管理和企业基础管理等。基本活动和辅助活动，表明了企业创造价值的动态过程，即价值链。价值创造的动态过程如图 1-27 所示。

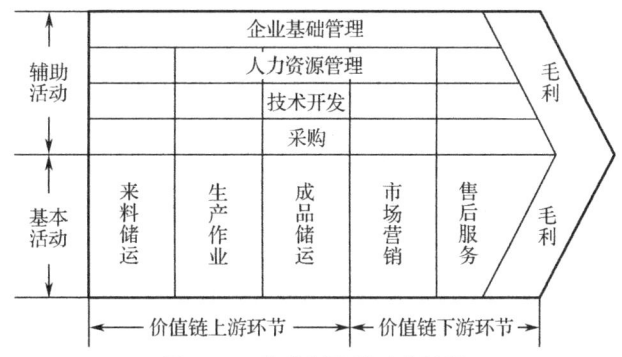

图 1-27　价值创造的动态过程

3. 价格与价值的相互关系

1) 产品价格与商品价值

产品讲的是价格，由企业制定。

商品讲的是价值，由消费者感知。

当对商品有需求，并且价格与消费者感受到的价值对等时，就有可能达成交易；当对商品有需求，并且价格与消费者感受到的价值不对等时，要么不满意，要么超乎预期。所以，市场会出现两种现象："有价无市"和"有市无价"。

2) 价格与价值的相关因素

为什么自行车与飞机的价格不一致？一般来说，价格既与投入的生产资料、社会平均劳动力时间相关，也与社会供需情况相关。

什么情况下自行车与飞机的价格有可能相同？例如，人类历史上第一台自行车，某位名人骑过的自行车,就有可能与某架报废的飞机价格相同。价值来自内心感受,与个人兴趣爱好、可支配收入相关,比较极端的例子如奢侈品、古董和字画等。

3) 价格源于社会系统,价值属于关系范畴

为什么青岛天价海鲜爆出后,会有纠纷和物价局的介入?而上亿的天价字画拍卖后,物价局却不会干预?

价格源于社会系统,商品价格由物价局批准、监督、监测。公共产品的定价,有时还需要由物价局举行价格听证会。

价值属于关系范畴,值与不值,大部分是个人感知,如"卖肾买苹果手机""不吃不喝几个月,买个 LV 包包挤地铁"等,再如拍卖行卖出的商品。

价格与价值的关系如图 1-28 所示。

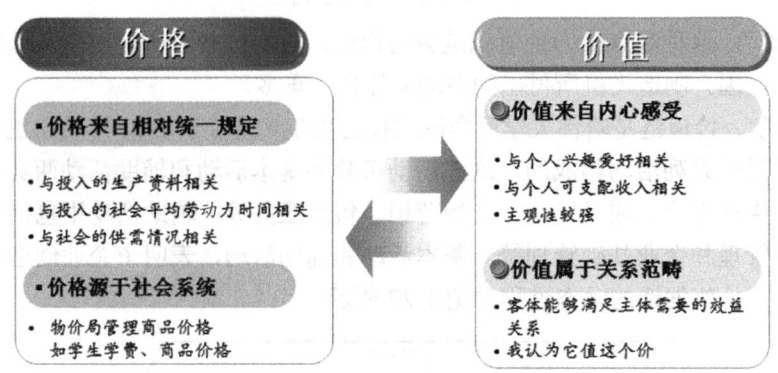

图 1-28　价格与价值的关系

4. 顾客感知价值

商品价值和品牌一样,存在于消费者的认知和感知中。

顾客感知价值源于顾客让渡价值。在菲利普·科特勒第 11 版的《营销管理》一书中,提到顾客让渡价值由顾客总价值和顾客总成本组成,如图 1-29 所示。

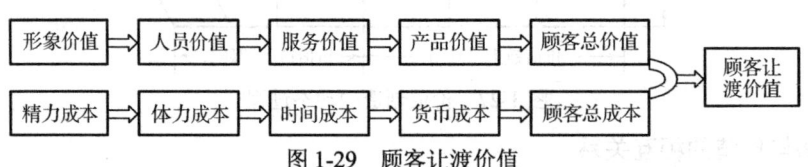

图 1-29　顾客让渡价值

在菲利普·科特勒和凯文·莱恩·凯勒合著的第 15 版的《营销管理》一书中,将顾客让渡价值变成了顾客感知价值。顾客感知价值等于潜在顾客对特定的供应物及感知的替代物的总体顾客利益减去总体顾客成本。顾客的感知价值如图 1-30 所示。

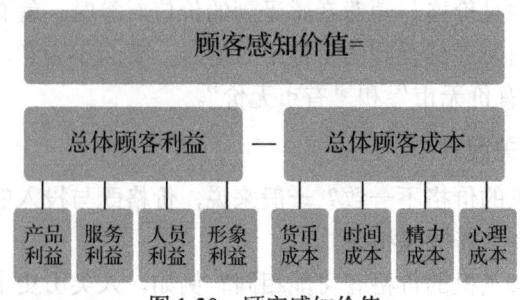

图 1-30　顾客感知价值

也可以这样理解，顾客感知价值是基于顾客对不同选择上所获得的整体利益与所支付的整体成本之差。营销人员能够通过提高供应物在经济、功能或情感方面的利益，或者减少一种或多种成本的支出来增加供应物的价值。

思考：为什么越来越多的人喜欢网络购物？与线下购物相比，它为顾客增加了哪些利益？降低了哪些成本？

在国内，小米手机为什么能在短时间内销量第一？为什么又被OPPO和vivo超越？为什么华为手机能成为后起之秀？它们是增加了总体顾客利益，还是降低了总体顾客成本？

1.2.2 消费者赋能

■案例赏析

营销活动中，经常有些奇怪的现象：洗衣服和洗碗都是日常生活中需要耗费大量时间和精力的重复劳动，洗衣机和洗碗机价格也差不多，但为什么洗衣机成为家庭标配，洗碗机却很难普及？为什么美国、日本咖啡年人均消费量约为350杯，而中国不到10杯？旅游市场火爆，但为什么房车旅游在中国就是流行不起来？为什么Photoshop功能那么强大，绝大部分人都选择了美图秀秀？为什么大家都说锤子科技的坚果手机好，但最终却买了小米或OPPO等其他品牌的手机？

要实现营销目标，我们根据成本导向、竞争导向、需求导向制定价格后，还需要让顾客感知商品价值。如何能让顾客感知商品价值呢？可以用提升总体顾客利益和降低总体顾客成本的方式，让顾客感觉物超所值。但顾客感知商品价值后，就一定会为商品买单，或者使用商品吗？为什么很多商品，顾客不缺消费能力，也不缺价值感知，但就是没有购买行动？如何才能让消费者采取行动呢？价格、价值与行动之间的关系如图1-31所示。

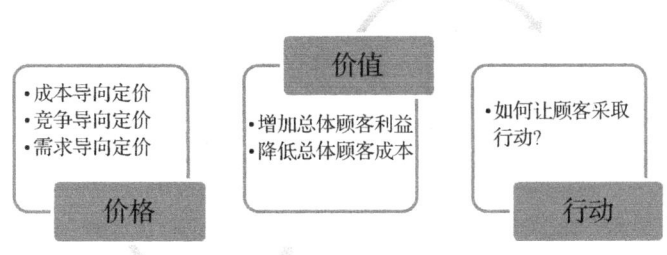

图1-31 价格、价值与行动之间的关系

许多商品，消费者虽然心动，却最终没有购买的原因，不是因为不需要，也不全部是因为价格，而是因为消费者改变成本太高，超出了意愿。如何能让消费者心动呢？借用百度前副总裁李靖的话："需要为消费者赋能。"

1. 什么是赋能

■案例赏析

近年来，赋能成为互联网行业的热词。

谷歌创始人之一拉里·佩奇说："未来组织中最重要的功能已经越来越清晰，那就是赋能，而不再是管理或激励。"

马云说:"阿里巴巴是一家赋能公司,阿里巴巴赋能其他企业做电商,但我们不是电商公司。"

马化腾说:"希望腾讯也能成为一家赋能公司,帮助其他公司发展。"

什么是赋能?顾名思义,就是给谁赋予某种能力和能量。通俗来讲就是"你本身不能,但我使你能"。它最早是心理学中的词汇,旨在通过言行、态度、环境的改变给予他人正能量。

2. 赋能消费者六法

李靖倡导的"赋能消费者",提出能力不仅仅指经济上的支付能力,还有消费者支付学习成本、健康成本的能力等。总之,营销人员要做的是降低消费者采取行动的成本,给消费者赋能,让消费者最终形成购买。六种消费成本如图 1-32 所示。

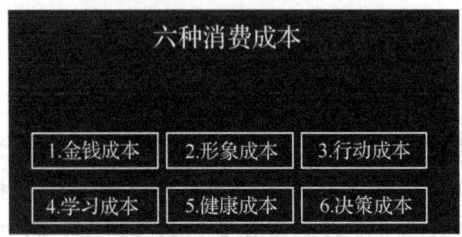

图 1-32 六种消费成本

1)如何降低金钱成本

假如有种商品你心仪已久,那么必须要存到足够的钱后才能拥有吗?如果没有足够的钱,你或商家会怎样做呢?你可以有许多种解决方案:网络贷款、分期付款、花呗支付、大促降价时购买、以旧换新、在闲鱼等二手交易平台购买等。对于商家而言,可以采取以下措施,以降低消费者的金钱成本。

(1)按揭分期付款。对于商家,比如房地产和汽车企业来说,按揭分期付款几乎成为促使消费者采取行动的标配措施,有的甚至是 0 首付、免息贷款。商家对汽车消费者实行的分期付款示例如图 1-33 所示。

图 1-33 商家对汽车消费者实行的分期付款示例

(2)通过金融产品鼓励消费者提前消费。电子商务行业,互联网在线消费金融产品,比如蚂蚁花呗、京东白条、苏宁任性付等,当月购物不需要付款,等确认收货后次月再付,鼓励消费者提前消费。互联网在线消费金融产品如图 1-34 所示。

图 1-34 互联网在线消费金融产品

（3）各种促销方式。例如，消费品行业的打折、买赠、抽奖、优惠券、折扣券、代金券、抵用券、包邮券、店铺优惠券等降低消费者金钱成本的促销方式，其目的就是让消费者尽快采取购买行动。

（4）免费或补贴的方式。例如，滴滴快车、摩拜单车采取补贴的方式，美图秀秀等软件采取免费的方式，都是鼓励用户尽快采取行动，持续使用。

2）如何提升品牌形象

（1）从"爱"的角度提升品牌形象。洗衣机作为新产品，刚上市时是"懒人牌"洗衣机好卖，还是"爱妻号"洗衣机好卖？卖洗衣机不会说因为你懒，不愿干家务活，而是你希望家里另一半干家务活更轻松；同理，卖纸尿裤不会说为了方便、解放父母，只会从对宝宝"爱"的角度说干爽、舒适、好睡眠，对宝宝好。

（2）用创新提升品牌形象。主打陌生人社交的陌陌 App，从 2015 年开始的直播到短视频，再到狼人杀游戏，从"总有新奇在身边"的品牌宣传到"视频社交，就在陌陌"，再到今天的"用视频认识我，进入陌陌的世界，去结识那些陌生而有趣的人"，用创新的方式致力于打造陌陌的"泛社交娱乐平台"。

（3）化劣势为优势，塑造品牌正面形象。例如，百事可乐作为碳酸饮料的挑战者，1961 年的广告口号是"这就是百事，它属于年轻的心"；1962 年广告口号是"奋起吧，你就属于百事新一代"，强调自己是"新一代的选择"，言下之意即竞争对手已经过时。而可口可乐的诉求却是"只有可口可乐，才是可口可乐，永远只买最好的"，强调自己才是正宗的、经典的。

（4）从提升企业形象来塑造品牌。顺丰工作服采用了价格为 2099 元/件耐克黑款 Nike Shield 运动服，除防水抗雨实际效用外，也提升了品牌形象。空姐为什么必须挑漂亮的？公司为什么需要配备工服？专卖店为什么必须不定期装修？产品为什么要请明星代言？这些都是企业为了提升形象，以促进消费者采取购买行动的表现。

3）如何降低行动成本

帮你做、分步骤、有奖励，都是降低消费者行动成本的办法。

2017 年母亲节前，百雀羚一组长达 4.27 米的长图广告《一九三一》刷遍了朋友圈，短短几个小时就达到了 10 万+的阅读量，不到一周时间阅读量超过 3000 万次。这个为母亲节特别定制款"月光宝盒"制作的神奇广告，虽然传播效果惊人，但实际销售转化率却非常低。有自媒体发表《哭了！百雀羚 3000 万+阅读转化不到 0.00008》文章后，引发了大家的思考：问题出在哪里？长图广告《一九三一》（节选）如图 1-35 所示。

图 1-35　长图广告《一九三一》（节选）

假设看到《一九三一》广告，我们想给母亲买套"月光宝盒"礼物，那么需要有如下步骤：

- 返回广告，找到"百雀香粉"广告牌（4米多长的广告中寻找）；
- 截图"百雀香粉"广告牌；
- 打开百度，找到天猫网址；
- 打开天猫；
- 搜索"百雀羚天猫旗舰店"（相信我，"雀羚"两字很难打）；
- 进入百雀羚天猫旗舰店，找到客服；
- 兑换优惠券；
- 店内搜索"月光宝盒"产品；
- 浏览商品；
- 加入购物车；
- 扣除优惠券后结算；
- 付款成功。

你会坚持到第几步？又有多少意向购买的消费者能坚持到"付款成功"这一步呢？

再比如，你想吃火锅，为什么最终没有成行？除兜里没钱以外，还有可能是火锅店离得太远，外面太阳很晒或下雨，火锅店人太多要等位……这时，美团或大众点评等外卖平台，就降低了你的行动成本，增加了你消费火锅的概率。

线上电子商务发展迅猛，除了价格原因，包邮、送货上门、包安装、无理由退换货，都降低了我们的行动成本，促进了消费行为的实现。

微信小程序为什么流行？它的"触手可及、用完即走、无须安装卸载"的特点降低了我们的行动成本；共享单车为什么成为中国"新的四大发明"之一？原来我们骑自行车，需要购买、存放等系列动作，非常不方便，但现在一个小程序就能实现"随取随走，用完即走"的效果，主要也是降低了消费者的行动成本。

4）如何降低消费者的学习成本

如何降低消费者的学习成本呢？有简单化、增加趣味性、迭代三种办法。

原来许多产品，必须通过额外学习，或者改变已有的习惯才能享受，是专业人士的"特权"，如摄影、设计、视频拍摄等。

傻瓜相机、手机拍照、美图秀秀、快手、抖音等硬件、软件的出现，不需要通过长时间专业训练，我们也可以拍出好看的作品、有趣的视频，设计出有销售力的海报。借助这些产品，人人都可以变成生活的"导演"。

用户都比较喜欢方便、好用的产品。现在好的互联网产品或移动互联网产品，之所以能够流行，都有一个共同特点：无须学习即可轻松使用。例如，微博、微信、天猫、淘宝网、携程网、支付宝、美颜相机、美图秀秀等，你可曾看过这些产品说明书，或者学习过使用方法？人人似乎天生就会。英孚教育的学英语广告如图1-36所示，该产品体现了方便、轻松学习的特点。

5）如何改变健康成本

健康成本，是指使用产品时不得不忍受消费者感知带来的负面影响。例如，广东凉茶，原来一直走不出广东省、福建省，因为在大众心目中，凉茶是药品。常言道"是药三分毒"，能不喝就尽量不喝。后来，王老吉告诉大家，凉茶也是饮料，是预防上火的饮料，"怕上火，就喝王老吉"的重新定位，让凉茶成为饮料行业中的需要品类之一。

如何降低消费者健康成本呢？例如，吸烟有害健康，于是商家推出了过滤嘴香烟、烟斗；

巧克力吃多了会发胖，于是商家说黑巧克力能减肥；可口可乐的高热量不利于健康，于是推出了低热量的健怡可乐；牛奶也推出了低脂牛奶、脱脂牛奶。

图 1-36　英孚教育的学英语广告

整体来说，技术研发、改变说法是改变消费者健康成本的办法，能促进消费者更快采取行动。

6）如何降低决策成本

可以通过增加结果（如满足消费者购买目的）的确定性（如购买名牌、购买高价产品），或者降低结果损失的程度（如退款保证）来减少感知风险。当感知风险降低到顾客可以接受的程度或完全消失时，顾客就会决定购买。那么，如何降低决策成本呢？可以从如下几个方面切入：

背书保证：购买广告中有名人或专家推荐的品牌。

品牌忠诚：购买过去曾使用、感觉满意的品牌。

主要的品牌印象：购买主要的、有名的品牌，依赖该品牌的声誉。

私人或机构检验：购买经私人检验、机构检验并认可的品牌。

政府检验：购买政府部门曾检验并认可的产品。

商店印象：在顾客认为可信赖的商店购买，依赖于该品牌的信誉。

免费样品：在购买前先试用免费的样品。

退款保证：购买附有退款保证的产品。

选购：多看几家商店，比较几种不同品牌的特性。

昂贵的产品：购买较贵的产品。

口碑：探寻朋友对产品的看法。

通过以上六种赋能消费者的方法，我们可以总结其化动机为行动的方法，如图 1-37 所示。

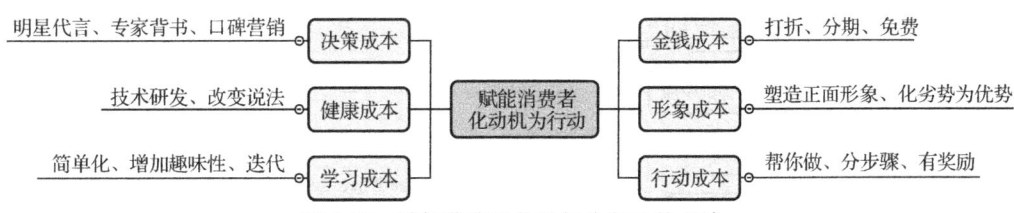

图 1-37　赋能消费者化动机为行动的方法

1.2.3　不损害产品价值的促销法

■案例赏析

我们经常会听到如下对话：

某商场在做促销活动。都是骗人的!

这个品牌优惠力度很大。都是骗人的!

这家航空公司服务很好。都是骗人的!

某航空公司广告中有这样一个情节:漂亮的空姐会为熟睡的客人温柔地盖上毯子。但你某次乘坐该航空公司的飞机时,却没有空姐为你盖毛毯,于是得出了结论——都是骗人的!航空公司的广告调高了消费者的服务预期,当没有兑现时,消费者的满意度和美誉度因此而降低。这样,有广告还不如没有广告。

以上案例中的这些现象,在营销学上叫作过度营销。

过度营销是指企业过分依赖或使用商业手段,获取商业利润或经营业绩的一种短期营销行为。例如,频繁使用概念战、价格战,投放大量的广告,不间断地执行各种促销战术等,常常导致大量资金投入营销活动中,但取得的效果却没有达到预期的水平,甚至大大低于计划的目标。

过度营销往往表现为重视营销的技巧或手段,而忽视了消费者的利益和价值,忽视了企业在产品质量、服务水平及品牌内涵等方面的提升,其手段又明显带有虚假、夸大、诱导甚至强加的成分,结果导致消费者的心理不适、反感甚至排斥的情绪。从营销4P角度看,其主要表现在以下几个方面:

(1)从产品上看,主要表现为假冒伪劣产品、安全隐患产品、环境污染产品、资源浪费产品、过分包装产品、迎合不当需求产品、概念过度开发产品、过度品牌延伸产品、品牌泛滥产品等;

(2)从促销上看,主要表现为夸大产品特性功能、混淆产品概念、虚假欺骗性广告、广告轰炸、恐吓诱惑广告、品牌过度炒作、电话与上门推销、终端拦截等;

(3)从价格上看,主要表现为过度涨价、倾销价格、价格歧视、虚假折扣等;

(4)从渠道上看,主要表现为非法营销、窜货乱价、销售回扣、行贿受贿、拖欠赖账等。

过度营销会导致负面口碑传播和客户流失,影响企业形象、声誉和品牌忠诚度。尤其是促销,在成为企业营销的标配时,如何才能够做到既能吸引目标客户,又能维持企业利润、不损害品牌价值呢?

"人人都是产品经理"网站发布了"怪兽先森"的《这五种打折促销的技巧,可实现销量提升又不贬低产品的价值》一文,提出了不影响价值的折扣促销的五种方法,如图1-38所示。

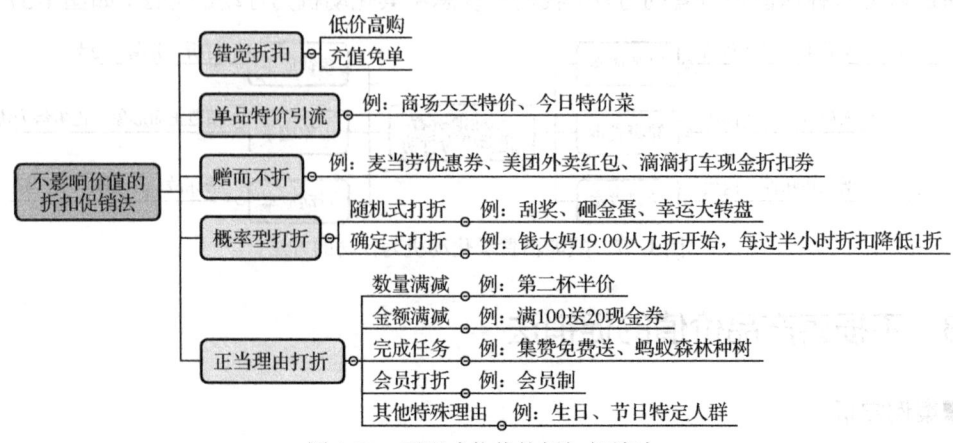

图1-38 不影响价值的折扣促销法

项目 1 理解营销管理

任务实训

【实训 1】 举例说明什么是"有价无市",什么是"有市无价",用你自己的话说明价格与价值的联系与区别。

【实训 2】 按照赋能消费者六法,以天猫平台为例,每种办法找出两个以上的例子。

【实训 3】 "弹个车"的海报如图 1-39 所示,该产品采用了赋能消费者六法中的哪几种?

图 1-39 "弹个车"的海报

【实训 4】 扫描二维码并阅读《这五种打折促销的技巧,可实现销量提升又不贬低产品的价值》一文,完成下面的任务。

(1)用思维导图软件画出不降低产品价值的五种促销法的思维导图。

(2)请根据这五种促销法,各举两个例子。

阅读材料 1.3
这五种打折促销的技巧,可实现销量提升又不贬低产品的价值

任务 1.3　从渠道到场景

📓 任务导入

场景营销为什么火爆？场景既是连接器，也是放大器，它能最大化地体现产品的价值，给消费者愉悦体验，让消费者愿意为场景体验买单。所以，产品要有场景，才能实现场景价格；销售要有场景，才能将"人、货、场"连接起来；服务要有场景，才能增加用户黏性。

——《场景营销》作者　崔德乾

📓 任务导图

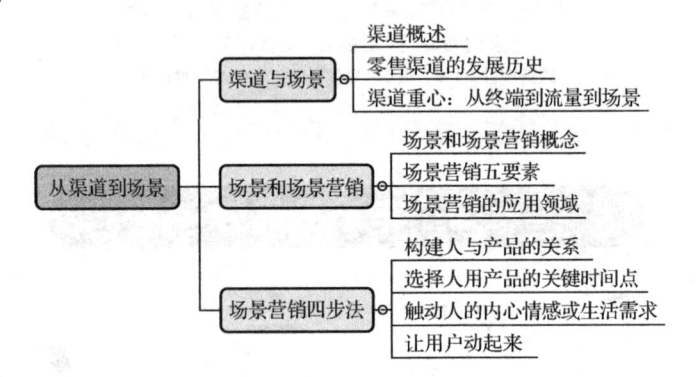

```
                    ┌─ 渠道与场景 ─┬─ 渠道概述
                    │              ├─ 零售渠道的发展历史
                    │              └─ 渠道重心：从终端到流量到场景
                    │
从渠道到场景 ───────┼─ 场景和场景营销 ─┬─ 场景和场景营销概念
                    │                  ├─ 场景营销五要素
                    │                  └─ 场景营销的应用领域
                    │
                    └─ 场景营销四步法 ─┬─ 构建人与产品的关系
                                       ├─ 选择人用产品的关键时间点
                                       ├─ 触动人的内心情感或生活需求
                                       └─ 让用户动起来
```

📓 学习目标

知识 目标	了解什么是场景营销
	掌握场景营销五要素
	了解实施场景营销四步法
能力 目标	能够辨识场景营销各要素
	能够按场景营销四步法的要求设计海报
	能够根据营销目标策划场景及实施场景营销

📓 任务实施

1.3.1　渠道与场景

1. 渠道概述

1) 渠道的基本概念

菲利普·科特勒认为："营销渠道是指某种货物或劳务从生产者向消费者移动时，取得这种货物或劳务所有权或帮助转移其所有权的所有企业或个人。简单说，营销渠道就是商品或服务从生产者向消费者转移过程的具体通道或路径。"

渠道是取得产品或服务的地方。那么，消费者可以在哪里取得想要的产品或服务呢？请看笔者真实案例。

项目 1　理解营销管理

■ 案例赏析

小时候家在农村，帮爸爸买酒、帮妈妈买盐、给自己买笔记本和糖等商品时，到村上供销社就可以。但要扯布做衣服、买床上用品，或者买化肥、农药时，则需要到小镇的百货商店，这时，爸妈会挑个赶集的日子到镇上集中购买。这些是线下渠道。

20 世纪 90 年代，离家到城市去读大学。购买牙膏、牙刷、信纸、信封，大学的小卖部就有；书、衣服，会到市中心的书店、百货公司或服装批发市场挑选。

21 世纪初到广州，有家有孩子后，每周到好又多（后被沃尔玛收购）、卜蜂莲花等一站式购物超市购物，这是孩子最喜欢的事情，超市有专车接送，超市里有各式试吃，亲子休闲购物为一体，一次性购齐下周所需日用品。

孩子长大后，不愿再逛超市，几个大购物袋从下车点拎回小区也很辛苦，肉食存放一周也不新鲜，于是超市购物改为线上购物。天猫超市和京东超市，当天下单第二天送货，便利快捷，于是成了天猫超市常客。为什么是天猫超市而非京东超市？因为天猫超市收货后有个翻牌功能，每次可抽三次奖，于是网络购物习惯就养成了。

某天业主群里某邻居加我微信，自我介绍说在做团购，想拉我入她的团购群，问我是否介意。因为是邻居，所以加入了"你我您团购群"（现与"十荟团"合并），团长每天在群里发布团购清单，点击图片即可进入"你我您社区"小程序，直接下单购买，收到到货通知后去团长家里取货即可。于是家里就有了新疆哈密瓜、吐鲁番葡萄、南非西柚、福建红糖、江西土豆、四川红萝卜等各地土特产。这是社区团购渠道。

某天同学群里高中同学加我微信，寒暄过后说，她开了家网络超市，介绍拉我进她组建的"优惠商品分享群"。于是群里每天发布促销商品信息，点击后下载贝店App，即可在同学的贝店购买。维达纸巾、蓝月亮洗衣液、蒙牛牛奶、华为手机、膜法世家面膜……同样的知名品牌，同样是生活所需的家居用品，能帮助同学的业务，也就不必在天猫超市下单了。这是社群电商渠道。

上面案例中所提及的供销社、百货商店、百货公司、好又多超市、天猫超市、京东超市、"你我您社区"小程序、贝店 App，均是我们取得产品或服务的地方，是渠道。

2）渠道的类型

下面以服装销售渠道为例，看看渠道是如何划分的。

（1）线下渠道和线上渠道。例如，您想要买件衣服，可以去购物中心、品牌专营店或旗舰店、小区服装店、地摊……这些是线下渠道；可以去天猫或淘宝网搜索，可以去唯品会或朋友的微店……这些是线上渠道。

（2）国内批发渠道或国内零售渠道。假若你家开设了服装厂，如何把产品销往全国各地呢？除了可以在上述的线上线下渠道开店进行零售，还可以在服装批发市场租个门面或开订货会招全国代理商，或者将产品放到 www.1688.com 网站去进行批发。从这些渠道方式来看，渠道可以分为国内批发渠道和国内零售渠道。

（3）国际批发渠道或国际零售渠道。假若你家服装想销往国外呢？你可以通过国内广交会或全球类似的展览会寻找线下批发商，或者入驻 www.alibaba.com 等线上平台寻找线上批发商；你可以在 eBay、速卖通、敦煌网等跨境电商平台开店，将服装零售给国外消费者。因此，渠道可分为国际批发渠道或国际零售渠道。

服装销售渠道如图 1-40 所示。

```
                    批发/零售        线上/线下        国内/国际

                                   线上批发  ┌─ 国内线上批发渠道    比如：1688.com
                                   渠道      └─ 国际线上批发渠道    比如：Alibaba.com
                     批发渠道
                                   线下批发  ┌─ 国内线下批发渠道    比如：服装批发市场、服装展览会、厂家订货会
                                   渠道      └─ 国际线下批发渠道    比如：广交会
服装销售渠道
                                   线上零售  ┌─ 国内线上零售渠道    比如：天猫、淘宝网、唯品会、美丽说、蘑菇街
                                   渠道      └─ 国际线上零售渠道    比如：eBay、速卖通、亚马逊
                     零售渠道
                                   线下零售  ┌─ 国内线下零售渠道    比如：自营旗舰店、加盟连锁店、商场专卖店、步行街服装店、地摊
                                   渠道      └─ 国际线下零售渠道    较少
```

图 1-40 服装销售渠道

3）渠道长度和宽度

为什么我们购买优衣库服装的渠道非常有限，但购买牛奶、凉茶的渠道非常多？这涉及一个渠道长度和宽度的问题。渠道长度是指产品分销所经中间环节的多少及渠道层级的多少；渠道宽度是指企业在某一市场上并列地使用中间商的多少。渠道的分级如图 1-41 所示。

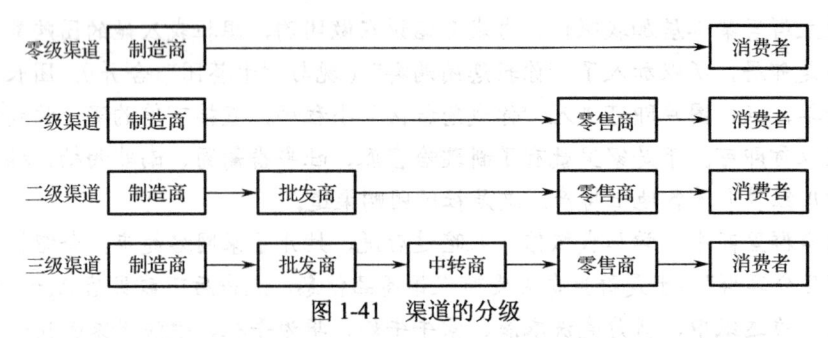

```
零级渠道   制造商 ─────────────────────────────────────→ 消费者

一级渠道   制造商 ──────────────────────→ 零售商 ──→ 消费者

二级渠道   制造商 ──→ 批发商 ──────────→ 零售商 ──→ 消费者

三级渠道   制造商 ──→ 批发商 ──→ 中转商 ──→ 零售商 ──→ 消费者
```

图 1-41 渠道的分级

渠道长度和宽度与产品特色、顾客需求、企业本身能力、竞争对手等相关。不同的渠道长度和宽度，采取的分销方式也不一样：长而宽的渠道适合采取密集分销的方式；较短而窄的渠道适合采取选择分销的方式；短而窄的渠道适合采取独家分销的方式。例如，汽车、房地产、奢侈品等高价低频耐用品，一般采用零级渠道或一级渠道，进行独家分销或选择分销；而洗护用品、牛奶饮料等低值高频易耗品，一般采用二级、三级甚至更多层级的渠道，进行密集分销。

不同的渠道长度和宽度，其分销方式、中间商数量、销售成本、宣传任务承担者、商品类别也不相同。不同渠道的销售特点如图 1-42 所示。

渠道的长度、宽度	长而宽	较短而窄	短而窄
分销方式	密集分销	选择分销	独家分销
中间商数量	尽可能多的中间商	有限中间商	一个地区一个中间商
销售成本	高	较低	低
宣传任务承担者	生产者	生产者 中间商	生产者 中间商
商品类别	便利品 消费品	选购品 特殊品	高价品 特色商品

图 1-42 不同渠道的销售特点

2. 零售渠道的发展历史

零售是指将产品或服务直接卖给最终消费者以满足其个人和非商业性使用目的的所有活

动。2017 年 3 月，阿里研究院发布的《C 时代新零售——阿里研究院新零售研究报告》中，将人类零售演进史分为两种类型和五个阶段。零售的两种类型是传统零售和新零售。零售五个阶段出现的时间及特点如图 1-43 所示。

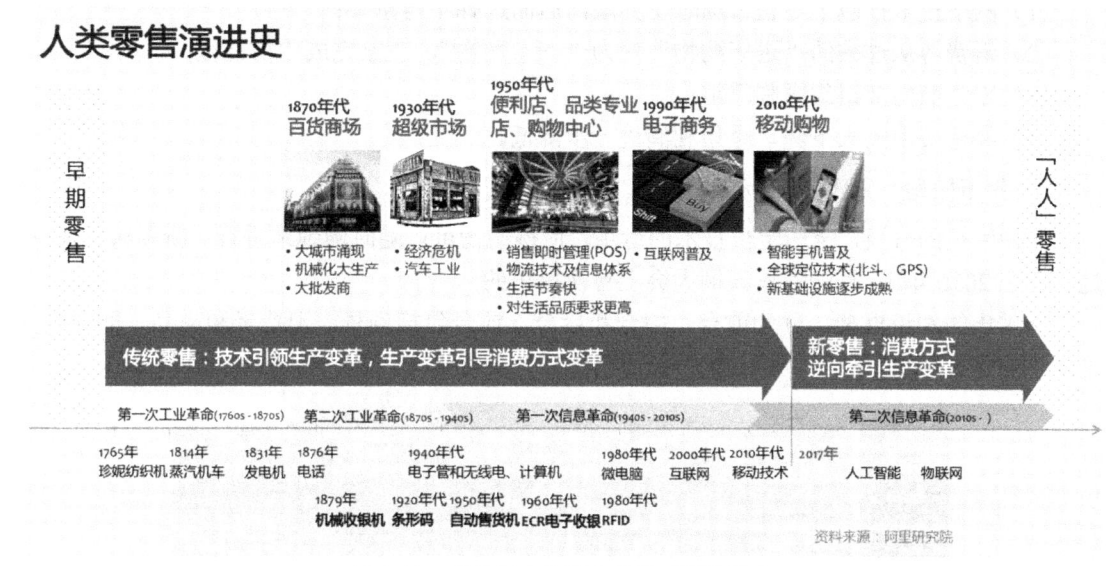

图 1-43　零售五个阶段出现的时间及特点

1）第一阶段：1870 年代百货商场

百货商场是世界商业史上第一个实行新销售方法的现代大量销售组织。其新型销售方法概括如下：

（1）顾客可以毫无顾忌、自由自在地进出商店；

（2）商品销售实行明码标价；

（3）陈列大量商品，便于顾客任意挑选；

（4）顾客购买的商品，如果不满意就可以退换。

2）第二阶段：1930 年代超级市场

以沃尔玛为代表的超级市场，标志着零售革命的爆发，它为零售业态带来了如下变革：

（1）开架售货方式流行；

（2）大大节省了人们的购物时间；

（3）舒适的购物环境；

（4）促进了商品包装的变革。

3）第三阶段：1950 年代便利店、品类专业店、购物中心

连锁商店是该阶段的典型代表。连锁商店是现代大工业发展的产物，是与大工业规模化的生产要求相适应的，其实质就是通过社会化大生产的基本原理应用于流通领域，达到提高协调运作能力和规模化经营效益的目的。连锁商店的基本特征表现在以下四个方面：

（1）标准化管理；

（2）专业化分工；

（3）集中化进货；

（4）简单化作业。

4) 第四阶段：1990 年代电子商务

网络技术引发了零售业的第四次变革，它甚至改变了整个零售业。这种影响具体表现在以下几个方面：

（1）网络技术打破了零售市场时空界限，店面选择不再重要；

（2）消费者从过去的"进店购物"变为"在家购物"，在家完成购物过程；

（3）零售商内部组织面临重组；

（4）经营费用大大下降，零售利润进一步降低。

5) 第五阶段：2010 年代移动购物

智能手机的普及，全球定位技术的运用，使得购物可以随时随地地进行。新零售的概念，是马云在 2016 年 10 月的阿里云栖大会上首次提出的。

新零售的知识框架，分为前台、中台和后台，前台包括场景、消费者和商品，即业内人士常说的"人""货""场"三要素。新零售知识框架如图 1-44 所示。

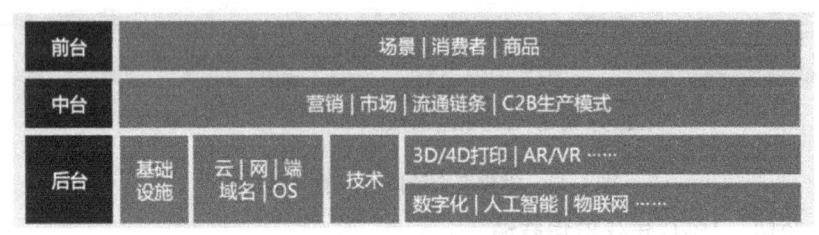

前台			场景 | 消费者 | 商品
中台			营销 | 市场 | 流通链条 | C2B生产模式
后台	基础设施	云|网|端 域名|OS	技术	3D/4D打印 | AR/VR ……
				数字化 | 人工智能 | 物联网 ……

图 1-44 新零售知识框架

具体什么是新零售，我们将在本书项目 4 的任务 4.2 中进行讲解。

3. 渠道重心：从终端到流量到场景

传统零售渠道时代，营销讲求的是"渠道为王，终端制胜"，即谁抢占了更多的与消费者接触的机会，谁就更可能占有最大市场份额。终端就是消费者可以看到、拿到、买到商品的地方，是将产品转化为商品的地方，是公司通过宣传、陈列产品，与消费者进行有声和无声的沟通，告知、说服消费者购买产品的地方。

电子商务时代，商业核心始终围绕的是流量，即"流量为王，抢夺入口"。无论是四大门户时代的阅读量、搜索引擎时代流量的竞价排名，还是淘宝电商时代流量转化为订单的模式，商业思考出发点是流量。最典型的就是电子商务客户转化漏斗模型，即

$$网店销售额＝流量×转化率×客单价$$

移动购物时代，争夺的是场景。随着消费者可以在任何时间、任何地点，通过任何方式购买他们所喜欢的产品，随着消费地点的碎片化、消费时间的碎片化、消费需求的碎片化，营销要触动消费者，一定要有匹配的情景。场景是建立在移动智能设备、社交媒体、大数据、传感器、定位系统等之上的整合式体验，它重构了人与人、人与市场、人与世间万物的联系方式。场景可以是一个产品，可以是一种服务，也可以是无处不在的身临其境的体验。

从传统零售渠道时代，到电子商务时代，再到移动购物时代，渠道重心发生变化，渠道运营重点也随之改变。不同时代渠道重心的变化如图 1-45 所示。

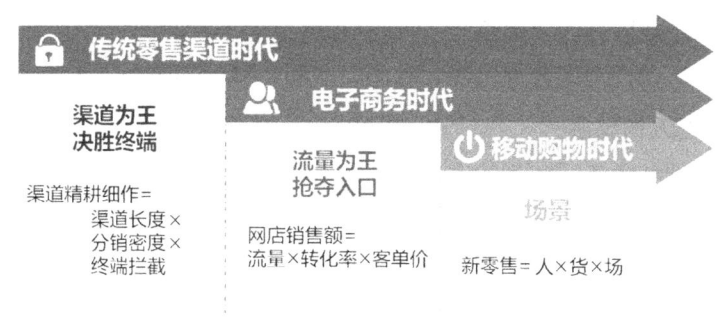

图 1-45 不同时代渠道重心的变化

1.3.2 场景和场景营销

1. 场景和场景营销概念

场景，原指戏剧、电影中的场面，泛指小说或影视剧中在一定的时间、空间内发生的一定人物的行动，或者因人物关系所构成的具体生活情景画面。这里的"场景"，是场合（社会环境）与风景（自然环境）的叠加，相当于场面。

营销界认为的场景是指在特定的时间、特定的空间内，发生的人与人之间关系的集合。这其中包含五个要素：人物（People）、时间（Time）、空间（Space）、事件（Event）及这四者之间的关系。其核心是给用户提供更加贴心的解决方案。

场景营销的概念，营销界有许多不同的说法。

艾瑞咨询发布的《2016 年中国场景营销市场研究报告》中的定义是：场景营销是指基于用户的时间、地点、行为及连接场景，挖掘、追踪和分析用户线上线下数据，理解并判断用户情感、态度、兴趣和需求，为用户提供实时、精准、创意的信息和内容服务体验，为广告主实现全数据、全渠道、全时段、全覆盖的智能营销。

向世康在 2017 年出版的《场景式营销：移动互联网时代的营销方法论》一书中指出，"场景营销就是借助消费者所处的场景及特定的时间和空间，营造特定的场景，与消费者形成互动体验、完成消费行为的过程"。场景营销的构成包括要素、关系和目的，如图 1-46 所示。

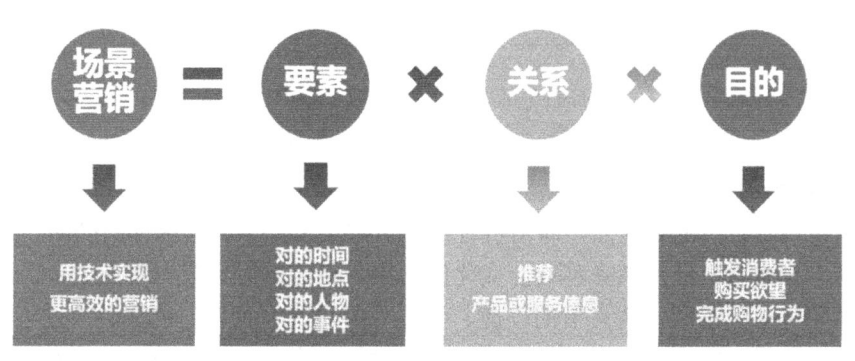

图 1-46 场景营销的构成

2. 场景营销五要素

对"场景"这个词来进行解释，其实就是什么"人"、在什么"时间"、在什么"空间"、做了"什么事"，以及它们之间的关系是怎样的。人、时间、空间、事件及它们之间的关系这些元素组成了一个具体的画面，这个画面就是场景。而场景营销是要找出"人"、"时间"、"空间"、"事件"和产品或服务的"关系",以达到营销目的。

所以,我们将场景营销细分为人物、时间、空间、事件和关系五要素。

1) 场景营销之人物要素

人物是场景营销的主体,即你的产品想要卖给什么样的人群。

过去,我们在探讨营销主体时,给这些人群进行画像——从年龄、性别、喜好、性格特征等维度来勾勒一个宏观的群体画像。现在,在场景化思维的影响下,我们更倾向以个体为中心来勾勒消费者画像——用情绪、消费心理、环境联想等来勾勒一个微观的个性画像。场景营销中的用户标签如图 1-47 所示。

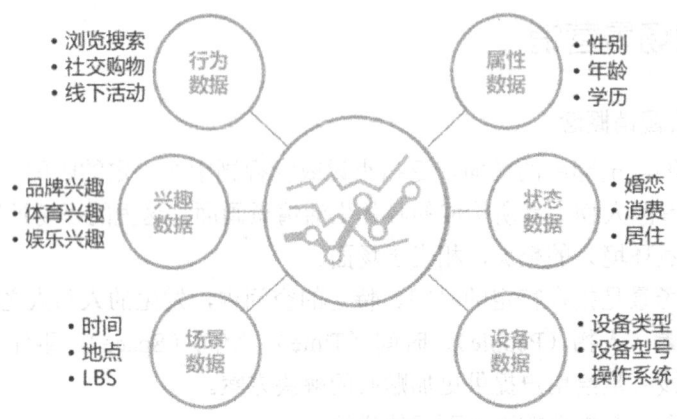

图 1-47 场景营销中的用户标签

人物即确定产品的使用人群,比如江小白,根据喝酒的人群数量,推出了 100mL 的表达瓶、750mL 的三五挚友、2L 的拾人饮等不同规格的白酒,如图 1-48 所示。

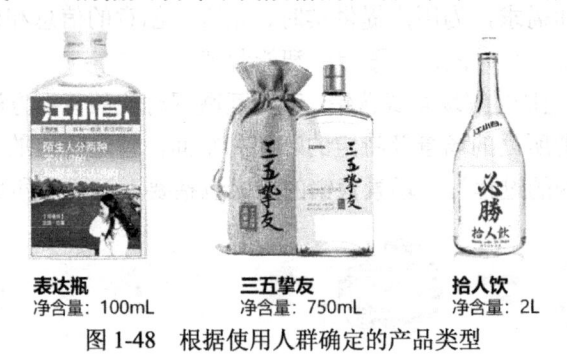

图 1-48 根据使用人群确定的产品类型

2) 场景营销之时间要素

时间是指消费发生的时间点,即消费者在什么时候来体验、消费你的产品。

从时间本身来看,经过商家和社会文化的渲染,特定的时间段与特定的商品已有了现成的连接,如元宵节的汤圆、情人节的玫瑰、中秋节的月饼、黄金周的旅游、过年的红包、天冷时的火锅等。聪明的商家就人为造节,将特定时间节点变成购物节,如京东 6·18、聚划算 99 大聚汇、天猫"双 11"、淘宝"双 12"等。聪明的商家会想办法,将自己的产品或服务与特定的时间点结合在一起。营销场景与特定的时间点相结合的示例如图 1-49 所示。

由场景触发个人情绪以带动消费,存在很多不确定因素,但通过特定场景去制造一个相对稳定的时间点也是可行的。

某品牌咖啡把特定场景选在了下午茶、会议(多发生在下午)等时间点,为产品消费制造了一个时间记忆点,也让门店经营有了高峰期,有助于门店人员调配等。

图 1-49 营销场景与特定的时间点相结合的示例

3) 场景营销之空间要素

空间是指消费发生的地点(既可以是线上的,也可以是线下的),即消费者在什么地方体验、消费你的产品。消费者的很多需求往往是被外部环境"激发"的。场景营销中的空间进化,以刺激消费者的精神情绪,是当前场景营销最常见的手法。例如,通过灯光、音乐、气味、装饰、道具、服务等空间元素去刺激感官、刷新体验,以"约会"式表达,塑造产品与消费主体的交流空间。所以,近年来我们看到"种草"的、排队的、打卡的"空间网红"层出不穷。

艾瑞咨询按照用户、基础设施、线下商家三大要素的完善程度,将空间要素细分为核心场景、外围场景和边缘场景,如图 1-50 所示。核心场景中用户流量更加充足,基础设施较为完备,线下商家的营销意识也更强烈,餐饮、购物、休闲等场景属于核心场景。

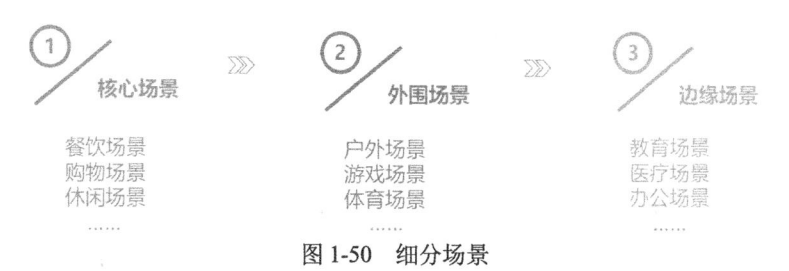

图 1-50 细分场景

4) 场景营销之事件要素

事件(What)是指在一定时间、空间内发生的,人与人或人与环境的互动关系。营销中的事件,就是指人在什么时间、什么地点,做了什么事情。

例如,农夫山泉推出运动盖水,主要卖点是"单手开盖,倒瓶不洒"。什么场景下,运动盖水的价值能够得到充分体现,带给消费者更多便利,消费者愿意为此买单呢?所以,农夫山泉提炼了五个活动场景:游戏场景、健身场景、带娃场景、挤地铁场景和骑自行车场景。

高德地图为什么要列出公交、步行、专车、出租车、飞机、火车等许多交通工具的选择权?这是因为消费者从甲地到乙地可以有这么多的场景选择,而每一种选择的成本不一样。消费者会根据自己的情况来选择不同的交通工具。

5）场景营销之关系要素

关系是时间、空间、事件和人的关联和反应。不同时间、空间可以构建不同的场景，比如同样一个人，在写字楼是职员，在商场是消费者，在机场是旅客，在家里是爸爸……在不同场景下，这个人扮演不同的角色，对应不同的消费需求。对于商家来说，也产生了不同的营销机会。关系与其他要素的联系如图1-51所示。

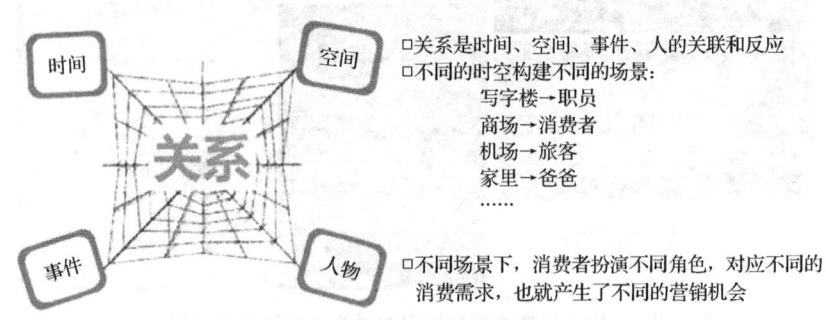

图1-51 关系与其他要素的联系

如何让商家的产品或服务能够吸引消费者的注意力，从而达到企业营销的目的呢？可以按循序渐进的方式，将场景营销的基本动作分为连接、体验、分享和行动。即首先让消费者愿意和我们产生连接（物理的或情感的），然后是花时间体验，接着是愿意分享，最后才是付诸行动。场景营销的四个基本动作如图1-52所示。

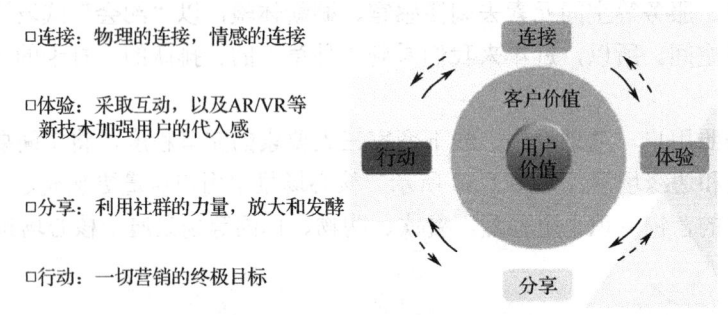

图1-52 场景营销的四个基本动作

（1）连接。场景营销的目的是连接用户，连接的是不是精准客户，客户愿不愿意参加，这是场景设置要考虑的首要问题。场景设置不是自嗨，而是让用户嗨！好的场景设置，一定会让精准的目标客户争相参与，参加后愿意向亲友推荐、利用社交媒体传播。这才是最佳的连接质量。新营销专家崔德乾说："连接分为强连接与弱连接。强连接是指被连接的个体和单位心甘情愿地连接在一起，前期是因为便利和智能，后期是双方均得到益处，高度认可并形成依赖。强连接就是在消耗用户的时间，形成使用习惯，如微信、支付宝、天猫、京东、抖音、快手等。而弱连接是指没有形成高度认可，没有形成依赖的连接。"

（2）体验。顾客要亲自参与才有超级体验性。让客户体验什么？不管是产品或品牌特性，还是情绪、情谊、情趣和文化，一定要有超级体验性。值得注意的是，在场景活动中，用户的围观与亲自参与获得的体验性和情感输出结果差距是很大的。

（3）分享。分享注定成为场景红利的神经中枢。分享更多时候是基于人格的背书，这意味着可以长久收获越来越多的信用。对商家来说，消费者的正向分享，意味着对你的认可，意味着零成本的推广，意味着潜在目标用户的形成。

（4）行动。触发消费者购买欲望，最终实现购买行为，这是一切营销的目的和终点。

比如，场景营销的典范——宿务航空的"雨代码"案例。它的逻辑就是人的某些需求，要在特定的场景下才会被激发，找到这些场景，就找到了机会。该营销案例如下：中国香港（场景要素：地点）的季风气候令人头疼，少见晴天，多是阴雨天（场景要素：时间），让人心情持续低落。宿务航空却抓住"下雨"这个场景，吸引大家（场景要素：人）到阳光明媚的地方旅游。"雨代码"即利用防水喷漆（场景要素：事件）在大街（场景要素：地点）上喷二维码广告，平时隐形，一下雨就冒出来诱惑人——下雨太烦人？快扫二维码（场景要素：关系），来菲律宾跟阳光玩游戏！

看起来是简单的想法，但效果相当好，网上订票量增长 37%！宿务航空"雨代码"广告图片如图 1-53 所示。

图 1-53　宿务航空"雨代码"广告图片

3．场景营销的应用领域

场景营销的应用领域包括广告中的场景营销、线下的场景营销、线上的场景营销和线上线下相融合的营销，如图 1-54 所示。

图 1-54　场景营销的应用领域

1）场景营销在广告中的应用

生理场景：发掘客户已有的生理痛点，直接准确地告诉客户在这种场景下，产品能帮助他们。例如，"困了累了喝红牛""状态不好，脉动回来""肚子胀、不消化，找江中""凉露，吃辣喝的酒""怕上火，就喝王老吉"等，都是以生理场景为诉求的广告。

心理场景：抓住客户的心理预期，为他们提供一种满足自我的感受。例如，今麦郎冰红茶抓住了当下年轻人想红、想出众的心理，诉求"想红你就来一瓶"。

时机场景：创造一种消费时机，把产品的价值点和时机进行绑定，借"机"推广。例如，六个核桃将健脑的价值点与高考的时机场景进行绑定，诉求"这段时间，孩子特别用脑，多喝六个核桃"；田七牙膏在拍照时"大家一起田七"，将牙膏亮白的价值点与拍照要露出笑容的场景绑定；还有感冒药"白加黑"；脑白金的"今年过节不收礼，收礼还收脑白金"。

行为场景：洞察客户需要消费产品或服务的具体场景，为处于这种场景下的顾客提供解决痛点的方案。场景越具象、细化，越能促成购买决策。例如，滴滴打车"对自己好一点"的概念推广中，将诉求的场景具体到"下雨天不想在路边淋雨""老婆即将产检""加班深夜没有地铁"等。

2）场景营销在线下的应用

深谙女性爱美心理的高端服装店有智能试衣镜、搭配妆容体验，这是在打造"变美"的场景。

健身房有专门测量人体脂肪的体脂秤、减脂餐，这是在打造"变瘦"的场景。

新型母婴店不仅卖母婴用品，还给妈妈培训，给新生婴儿洗澡、按摩等，都是在打造"健康成长"的场景。

沃尔玛在货架下面构造啤酒的场景，当一个爸爸去超市买尿不湿时，就会顺手买一些啤酒回家。

宜家、迪卡侬是场景营销的典范。宜家搭建了一个涵盖产品展示、产品购买、产品物流、吃喝玩乐周边等的家居生态圈。在宜家，用户不仅能够购买家具，而且能够随时随地体验家具产品，真正做到可见、可触碰、可下单、可提货等。宜家真实的场景氛围布置，让消费者禁不住亲身体验一回。宜家场景营销案例如图1-55所示。

图1-55 宜家场景营销案例

迪卡侬是一家创立于1976年的法国体育用品公司。迪卡侬按运动种类分为羽毛球、篮球、航海、马术、荒野探险、舞蹈、健身、高尔夫球、攀岩、轮滑、户外山地、射箭、冲浪等60多个领域，按照顾客的购物习惯和运动类别分为11个区域，从初学者入门级产品到职业运动员的专业级产品一应俱全。超市中央设体验区，运动爱好者可以戴头盔和全套护具去运动。

3）场景营销在线上的应用

典型场景营销及代表平台如图1-56所示。

项目 1　理解营销管理

购物场景	娱乐场景	旅游场景	游戏场景
……	……	……	……

图 1-56　典型场景营销及代表平台

Uber、Airbnb 作为分享经济的代表，它们瞄准的是用户出行叫车的场景和旅游中房间的场景，也就是通过移动互联网、大数据及消费者文化的融合，重新组织社会资源和流程满足用户的需求场景。

随着大数据时代的来临，越来越多的平台开始结合平台上积累的数据进行"千人千面"的推荐配置，以满足用户的个性化需求。

春节红包是互联网巨头抓住消费者（人）春节（时间）团聚在家中（地点）共同观看春晚（事件）的场景，采用发红包方式，获取消费者关注（关系）的营销活动。2015 年，腾讯依靠春晚红包，让用户心甘情愿地在微信中绑定了银行卡，并在一段时间内养成了使用习惯，成功抢占移动支付市场；2016 年和 2018 年，阿里巴巴依靠春节红包，进一步提升了用户活跃度，拓展支付宝和淘宝网新用户。春季红包模式引入春晚后，增强了与观众的互动，实现了实时的跨屏趣味互动，取得了双赢成果，春节红包也由此成为春晚"最火节目"。2019 年，更是引发数十家互联网企业抢夺春节红包场景。2019 年春节红包攻略如图 1-57 所示。

参与方	玩法	金额（元）
微信	企业定制红包、表情红包	未公布
QQ	QQ春节游园会，玩游戏领红包	未公布
支付宝	集福卡、花花卡	5 亿
百度	集好运、团圆红包、春晚摇红包	10 亿
抖音	集音符	5 亿
快手	看直播、拍视频领红包	7 亿
腾讯微视	红包雨、万元锦鲤、红包彩蛋	5 亿
今日头条	集金卡、钻卡红包、红包雨	10 亿
多闪	发视频、邀好友领红包	1 亿
微博	锦鲤红包、福气扭蛋机	未公布

图 1-57　2019 年春节红包攻略

4）场景营销线上线下融合的应用

场景营销线上线下融合应用的典型代表是快闪店。快闪店是一种不在同一地久留，俗称 Pop-up Shop 或 Temporary Store 的品牌游击店（Guerrilla Store），2003 年诞生于纽约，指在商业发达的地区设置临时性的铺位，供零售商在比较短的时间内（若干星期）推销其品牌，抓住一些季节性的消费者。Pop-up Shop 在英语中有突然弹出之意，类似于网页的弹窗广告。原是零售品牌通过个性的店铺形象吸引消费者的活动，在 2016 年以后的中国，"饿了么""知乎""京东白条"等互联网品牌也加入快闪店场景营销行列。

丧茶快闪店是网易新闻和饿了么策划的一次线下活动的产物，其最初创意源于网友的玩笑，只营业四天（2017 年 4 月 28 日至 5 月 1 日），销售火爆，成为媒体竞相关注的热点事件。丧茶快闪店活动图片如图 1-58 所示。

丧茶快闪店成立之后，饿了么以每月一家店的速度，快速开出了 10 多家快闪店。把饿了

41

么的场景、服务、30分钟速达、品牌特质、会玩、有意思等信息都传递给用户。饿了么品牌负责人认为:"线下场景所承载的功能不再单纯以销售为主导,而是具有场景营造、流量引导、口碑激发、体验升级等多重价值。"

图1-58 丧茶快闪店活动图片

饿了么还在北上广深和杭州的地铁站选取了10个点,与知名餐饮企业必胜客、海底捞、汉堡王、真功夫等联手,合作打造"饿了门"连锁分店小场景,与消费者体验互动。通过KOL直播,赠送奶茶、蛋糕等商品,以覆盖不同的消费群体;借用社交平台造势,将活动影响由一线、准一线城市推向全国。

1.3.3 场景营销四步法

场景营销四步法如图1-59所示。

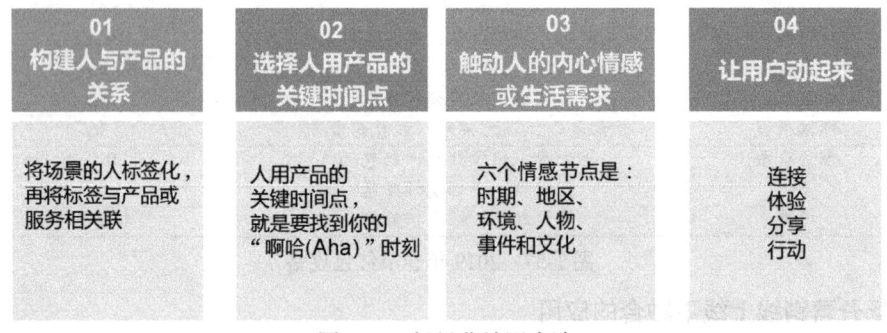

01 构建人与产品的关系	02 选择人用产品的关键时间点	03 触动人的内心情感或生活需求	04 让用户动起来
将场景的人标签化,再将标签与产品或服务相关联	人用产品的关键时间点,就是要找到你的"啊哈(Aha)"时刻	六个情感节点是:时期、地区、环境、人物、事件和文化	连接 体验 分享 行动

图1-59 场景营销四步法

1. 构建人与产品的关系

构建人与产品的关系是指将场景的人标签化,再将标签与产品或服务相关联。

用户购买产品,是为了解决问题、满足需求。需求按强度分,有强、中、弱三级:强需求是痛点(问题长期得不到解决而痛苦);中需求是痒点(问题不大不小,解决更好,不解决也会淡忘);弱需求是盲点(不认为是问题或认为解决成本太高,需求在沉睡)。

需求按形态分,有物质需求和精神需求。物质被满足会产生一定的愉悦感,精神被满足则会产生价值感、成就感。如果物质需求和精神需求同时被满足,用户就获得了最佳解决方案和良好的品牌体验。

在物质满足层面，场景可以：
- 刺激盲点，强化产品价值，唤醒用户沉睡的需求；
- 消除痒点，需求立即被满足，产生一定的愉悦感；
- 解决痛点（产品是最佳解决方案），提供超级愉悦感。

在精神满足层面，场景可以：
- 提供品牌识别点，改变用户认知，满足情感、情绪、情谊的表达；
- 提供甜点（新体验），好玩有趣，引发免费传播；
- 提供尖叫点（超爽体验），满足价值感与成就感，获得新口碑、新推荐。

开展场景营销，在产品层面就是要提供"愉悦体验、个性化"的产品，让产品替消费者表达。

有人说，我的产品是工业化大规模生产出来的标准化产品，也是普通的产品，如何能变成"愉悦体验和个性化"的产品呢？可以有以下三种方法。

方法1：可以在产品包装上做文章，利用产品标签来提供个性化的体验。例如，快消品类，可口可乐的昵称瓶、江小白的表达瓶、香蕉牛奶的搞笑包装，都是这种做法。产品还是那个标准化的产品，但是加上昵称标签、情绪标签，就有了愉悦感和个性化的体验。

方法2：将产品分解成半成品，由消费者自己组装变成个性化的成品。例如，珠宝行业的潘多拉手链，每一颗珠子就是一个场景、一个故事、一个寓意，不同的消费者有不同的选择，然后再穿起来就变成自己喜欢的个性化手链。再如，一些主打青春派的木门，也可以利用不同的面板来做个性化的产品。

方法3：先与用户沟通，为其量身定做，然后再利用流水线作业实现个性化生产。例如，丰田汽车、红领服装和珠宝业的Beloves，就是个性化定制或个性化的柔性生产。随着3D打印技术的成熟，量身定做个性化的产品就更加容易。

■ 案例赏析

如何将场景的人标签化，再将标签与产品或服务相关联呢？以南孚糖果装电池为例，他们聘请李靖团队做新产品上市策划案，希望达到如下目标：

（1）知道新产品的发布。
（2）感受品牌年轻化，即针对"85后"经常上网的群体，塑造年轻化的产品形象。
（3）提升对电池的关注度。
（4）更想买高质量电池，而不是便宜电池。
（5）强化南孚电池市场领导者的形象。
（6）减少用户顾虑。用户看到糖果装产品，产生的第一顾虑可能是质量怎么样。既然是彩色，会不会是减配版啊？毕竟小米、苹果的彩色外壳手机，可都是减配低端版。
（7）刺激用户的关注、分享。

从营销目标可以看出，南孚糖果装电池的目标是"85后"经常上网的群体。"85后"有什么标签？喜欢发朋友圈，喜欢晒自拍、晒旅行、晒美食、晒人脉，关注"婚恋""吐槽""回忆童年"等。"85后"使用电池场景有哪些？体重秤、收音机、无线鼠标等。南孚电池构建的营销场景如图1-60所示。

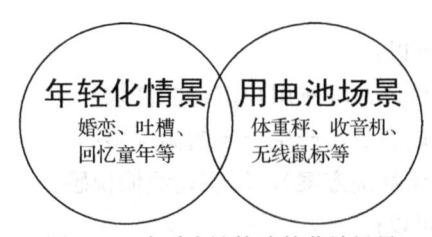

图 1-60　南孚电池构建的营销场景

2．选择人用产品的关键时间点

产品开发时要考虑消费者的购买场景、使用场景、工作场景和生活场景。

小罐茶之所以流行，是因为他们发现消费者在"买、携带、喝、送"四个场景的痛点，然后用"买茶的标准感、包装的档次感、携带的方便感和送礼的价格感"来解决这些痛点，从而实现了场景的高价格。

只要结合消费者的"买、用、送"的场景给消费者提供体验感，你的产品就可以进行场景定价，实现场景价格，即产品既有较高的毛利，又能让用户买得起，乐意买。品牌或产品的溢价部分就是场景，这个场景可能是 IP、款式、产品工艺、文化寓意或仪式感与体验感。

人用产品的关键时间点，就是要找到你的"啊哈（Aha）"时刻。

"啊哈"时刻最初出现在《增长黑客》一书中，书中提到 Yelp 的创始团队在即将放弃产品开发时，通过分析用户数据发现，相当多的用户在使用网站上隐藏很深的一个功能——用户可以发布对当地商家的评论。为此，他们将"评论"置顶并居中显示网站访客的反应。当看到不错的效果后，他们调整了商业模式，从最初向他人推荐商家的模式转变为以评论为核心的用户体验模式。自此，增长一触即发。Yelp 找到了它的"啊哈"时刻，就是产品使用户眼前一亮的时刻，是用户真正发现产品核心价值的时刻，也是产品为何存在、他们为何需要以及他们能从中得到什么的时刻。

对于南孚糖果装电池来说，什么是它的"啊哈"时刻呢？电量持久？电量强劲？无污染，可以随生活垃圾一起丢？安全，不会漏液？保存时间长（超过 7 年）？颜值高（糖果装独有）？对的，还是它的电量持久！因此，如图 1-61 所示广告，一定让用户有惊喜感觉！

图 1-61　南孚电池广告

3．触动人的内心情感或生活需求

场景中的各种因素都会影响用户的内心情感或生活需求。

如何通过场景去触动人的内心情感或生活需求？首先我们要了解人的七情六欲。七情指的是喜、怒、忧、思、悲、恐、惊；六欲是指人的眼、耳、鼻、舌、身、意的生理需求或愿望。

人的七情是怎么来的呢？七情来自人身体的六种感觉，包括视觉、听觉、触觉、嗅觉、味觉和感觉，接收外界信息之后产生的情绪反应。例如，你赞美客户，他会产生喜悦的情绪；你打压客户，他会产生沮丧的情绪。

人对外界一切信息的反应，首先通过感官接收，然后通过神经系统传递给情绪脑做情感反应。所以，如果你能通过感官刺激客户的某种情绪，就会让他产生相应的情感。

六个可能引起用户普遍共鸣的情感节点是时期、地区、环境、人物、事件和文化。

时期：如学生时代、童年、大学、求职找工作之类的特殊经历时期。

地区：如故乡、家，大多数人都认为它们是一种情愫。

环境：这也是个非常好的切入点，我们通常说触景生情，月亮的阴晴圆缺，雨天、晴天等不一样的天气环境，都能触发不一样的情绪，撩拨内心多样的情感记忆。

人物：有数据显示，"90后""00后"的用户更喜欢娱乐和互动相结合的营销模式，这些年轻人对广告有天生的"免疫力"，想要利用传统的广告形式来打动年轻用户群体基本是不可能的。而趣味性、互动性、体验式的娱乐营销活动更有吸引力，更能让用户产生强烈的记忆。

事件：浪漫的、喜悦的、悲伤的、搞笑的等不同的事件，都能引发情感共鸣，如"你是我的优乐美"。

文化：文化通常与节日相关，节日营销最容易引发普遍的情感共鸣。

南孚糖果装电池该如何体现它的电量持久？场景营销，最重要的是引发情绪而不是传递信息。电池如何触动消费者的内心情感？从如图1-62所示的营销场景中就能找到答案。

图1-62　南孚糖果装电池设计的营销场景

4. 让用户动起来

让用户干点什么成为激发用户需求的关键环节。

例如，购买场景有一个付款环节，有的商场就设置了互动设备，你冲机器挥挥手，机器给你一个反馈，你是帅哥或美女，颜值分是多少，可以享受多少优惠；或者设置挑战门，穿过不同的门享受不同的折扣，身材就是优惠特权；等等。这些场景带有娱乐性，好玩有趣，会引发自动传播。

盒马的服务内容就是根据消费者的购买场景和使用场景来设置的。线上购买，盒马30分钟内给你送货上门；线下进店购买，自助付款；如果想回家烹饪，付款后自行离店；如果不想自己烹饪，可以在盒马选择烹制方法，有西餐、中餐供你选择。

南孚糖果装电池是利用"戏剧化冲突+情感附着+日常用语"来进行场景设计的，接下来问粉丝"一节南孚的时间，你可以做什么"，引发粉丝的二次创作和传播。

■ **案例赏析**

我们用腾讯 QQ 的一个弹窗广告,来看它是如何使用场景营销四步法的。腾讯 QQ 的弹窗广告构建的场景营销四步法如图 1-63 所示。

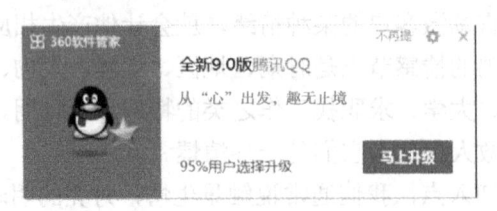

第一步:细分目标人群
构建人与产品关系　　我在开电脑时收到的弹窗广告,电脑使用人群可能用 QQ

第二步:确定人使用产品的
关键时间点　　我在用电脑的时候弹出

第三步:触动人内心情感
或生活需求　　"从'心'出发趣无止境""95%用户选择升级""有趣,大家都在用"

第四步:让用户动起来　　"马上升级"按钮

图 1-63　腾讯 QQ 的弹窗广告构建的场景营销四步法

任务实训

【实训 1】 扫码并阅读《场景营销六条实操干货》,从场景五要素的角度,分析"遇见 20 年后的妈妈"场景营销的要素。

人/时间/地点/事件/关系:_____

阅读材料 1.4
场景营销六条
实操干货

【实训 2】 假若一款补水防晒面膜将在你们学校进行推广,你能为其策划三个使用场景吗?将策划的内容填写在下表中。

	场景一	场景二	场景三
目标客户(人群画像)			
产品与客户的关系			
目标客户用产品的时间点			
内心需求或情感需求			
如何让用户动起来			

【实训 3】 某个以日出为特色,类似黄山的新开发旅游景点,现在进行旅游配套设施规划。计划建一个礼品商场、一个餐厅、一个带餐厅的酒店,分别开在山脚、半山腰和山顶。请问,哪个项目应开在哪个位置比较合适?请从场景营销的角度说明原因。

(1)你的建议是:_____

(2)原因是:_____

任务 1.4　从促销到用户增长

📒 任务导入

增长黑客是一群以数据驱动营销、以市场指导产品,通过技术化手段贯彻增长目标的人。

——范冰《增长黑客》

📒 任务导图

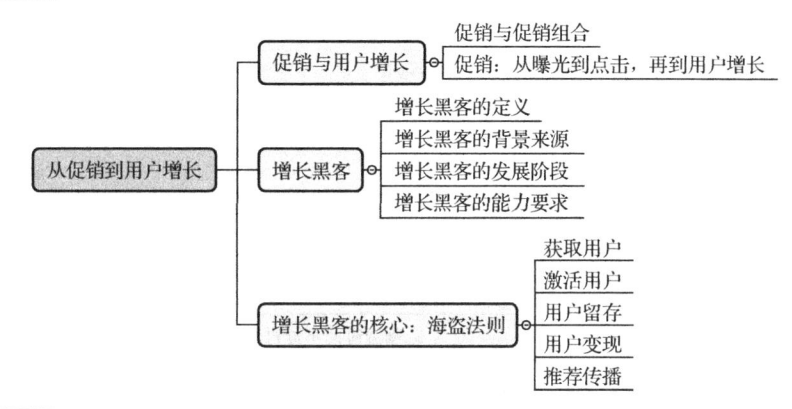

```
                    ┌── 促销与用户增长 ──┬── 促销与促销组合
                    │                   └── 促销:从曝光到点击,再到用户增长
                    │
                    │                   ┌── 增长黑客的定义
从促销到用户增长 ────┼── 增长黑客 ──────┼── 增长黑客的背景来源
                    │                   ├── 增长黑客的发展阶段
                    │                   └── 增长黑客的能力要求
                    │
                    │                             ┌── 获取用户
                    │                             ├── 激活用户
                    └── 增长黑客的核心:海盗法则 ──┼── 用户留存
                                                  ├── 用户变现
                                                  └── 推荐传播
```

📒 学习目标

知识目标	熟悉促销与促销组合
	了解营销三个阶段的发展轨迹
	辨别传统营销与互联网运营的异同
	了解增长黑客的发展历程
能力目标	能够利用思维导图画出 AARRR 模型并了解其实施方法
	能够利用增长黑客思维策划活动

📒 任务实施

1.4.1　促销与用户增长

1. 促销与促销组合

1)促销的概念

促销(Promotion)是指企业通过人员和非人员的方式,沟通企业与消费者之间的信息,引发、刺激消费者的消费欲望和兴趣,使其产生购买行为的活动。促销包含如下三方面的含义:

- 促销的核心是沟通信息。
- 促销的目的是引发、刺激消费者产生购买行为。
- 促销的方式有人员促销和非人员促销两大类。

2) 促销组合

促销组合是指企业根据促销的需要，对广告宣传（Advertising）、销售促进（Sales Promotion）、公共关系（Public Relation）、人员推销（Personal Selling）、直销等各种促销方式进行的适当选择和配合。按菲利普·科特勒的定义，促销组合包括五大方面内容（亦称促销工具），五大促销工具如图1-64所示。

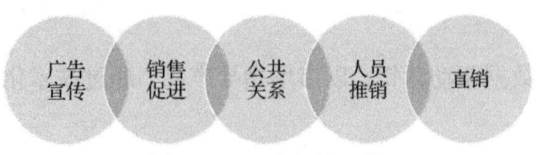

图1-64 五大促销工具

3) 各种促销工具的优势和劣势

各种促销工具的优势和劣势如表1-3所示。

表1-3 各种促销工具的优势和劣势

促销工具	优势	劣势	场景举例
广告宣传	辐射面广，可根据产品特点和消费者情况灵活选择广告媒体，并可多次重复宣传	信息量有限，说服力较小，消费者对产品的反馈情况不易掌握，购买行为滞后	广播广告、包装广告、宣传册、海报和传单、广告牌等
销售促进	刺激强烈、迅速，吸引力大，能起到改变消费者购买习惯的作用	刺激时间不能过长，有时会导致消费者的不信任，不宜建立长期品牌策略	商品折扣、商品赠品、节假日商场活动、优惠券、展览会、招待会、商品搭配等
公共关系	可信度很高，便于建立企业和产品的形象及信誉	见效缓慢，应与其他工具配合	演讲会、研讨会、捐赠活动、慈善捐款、公司杂志宣传、公司事件宣传等
人员推销	直接面对顾客，有利于交流与沟通，便于解答顾客提出的各种问题，及时成交	成本高，对推销人员的素质要求高	推销展示、销售会议、激励方案、样品、试吃、商品贸易展会等
直销	跳过中间环节，直接面对目标人群，可实现量身定制，信息准备可非常快捷，内容可根据个人反应而改变	信任度较低	目录销售、直邮广告、电话营销、电视购物、会员俱乐部等

2. 促销：从曝光到点击，再到用户增长

2017年3月底，可口可乐在其官方网站宣布了一则关键的人事任命：可口可乐宣布将取消设立了24年的首席营销官（CMO）一职，把全球市场营销、客户及商务领导战略整合成一个职能，由新创立的职位CGO（Chief Growth Officer，首席增长官）领导。CGO将直接向CEO汇报。CGO负责把增长黑客引入传统业务中，在可口可乐公司具体包括战略、市场营销、客户及商务业务，三位一体，目的是帮助可口可乐转型为一家"以用户为中心，以增长为目标，以数据为驱动"的新零售公司。

放眼硅谷，增长黑客已经成为互联网公司的标配，而国内率先组建增长团队的头条号已经大杀四方。BAT、字节跳动、京东、小米、滴滴、美团等互联网公司，都开始设立增长岗位。企业对"增长岗位"类需求呈现爆发式增长的趋势。

增长、增长团队是近年来互联网、移动互联网、运营及市场营销领域兴起的一个概念，源自"增长黑客"。

传统广告行业有一句名言："我知道这条广告有 50%是浪费的，但我永远不知道是哪 50%。"这是传统营销最大的痛点。传统营销是工业化时代的以产品为中心的营销，信息传播倚重传统媒体（报纸、杂志、广播、户外、电视等）的宣传。传统媒体以 CPM（Cost Per Mille，千人成本）的计价方式为主，侧重品牌或产品的曝光量。因为技术的限制，传统营销只能关注过程，侧重"怎么做"，至于结果如何、能够做到什么程度、投入产出比如何，都无法精准统计。

随着互联网技术的发展，电子商务时代促销或信息传播的效果可统计、可衡量。营销以用户需求为导向，实施搜索营销。搜索营销如百度竞价排名、淘宝直通车等计费方式是以 CPC（Cost Per Click，点击付费）为主，浏览者看到广告没有点击，广告主不需要付费。只有浏览者看到广告并点击后，广告主才需要付费。这种方式大大提升了广告效果，广告效果可以用 ROI（Return on Investment，投入产出比）来衡量。

大数据和移动互联网时代，消费者在互联网上留下的"足迹"可以用大数据技术收集起来，及时高效地进行分析利用。在一切都可以数据化的背景下，企业的促销投入，也可以依托数据做出精准统计。终于，营销有了数据的支撑，实现了从关注过程到关注结果的转变。营销进入到"以人为本，量身定制"的时代，注重的是用户增长数量，效果精确到 DAU（Daily Active Users，日活跃用户数）或 MAU（Monthly Active Users，月活跃用户数）。不同时代营销的特征如图 1-65 所示。

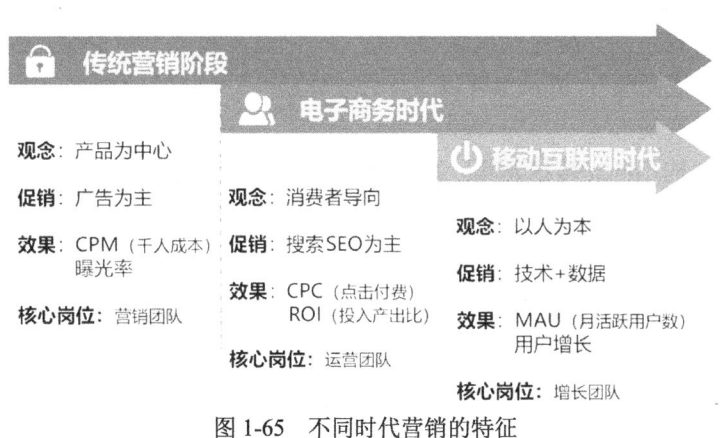

图 1-65　不同时代营销的特征

1.4.2　增长黑客

1. 增长黑客的定义

增长黑客（Growth Hacker）这一概念近年来兴起于美国互联网创业圈，最早由互联网创业者 Sean Ellis 于 2010 年提出："A growth hacker is a person whose true north is growth."它最初的定义指的是"一群以数据驱动营销、以市场指导产品方向，通过技术化手段贯彻增长目标的人"。"增长黑客"概念于 2015 年引入我国，相关书籍陆续出版，如图 1-66 所示。

《增长黑客》 范冰/著　　《首席增长官》 张溪梦等/著　　《增长黑客》 Sean等/著　　《硅谷增长黑客实战笔记》 曲卉/著

图 1-66　有关增长黑客的书籍

增长黑客就是初创企业找到的更便宜的市场营销方式。增长黑客的核心，是以更快的方法、更低的成本、更高效的手段获取大量的增长，是一个介于技术和市场之间的新角色，主要依靠技术和数据的力量达成营销目标，而非传统意义上靠"砸钱"来获取用户。

增长黑客与传统营销有如下六点不同：

第一，实施重点不同。传统营销是以信息为中心的广告轰炸，事后复盘；增长黑客是以用户为中心的双向筛选，全程量化。

第二，实施过程不同。传统营销中的好产品是商家宣传出来的，强调"简单重复，直到你吐"；增长黑客中的好产品是用户体验出来的，强调"步步'Aha'，诱你深入"。"Aha"时刻就是产品使用户眼前一亮的时刻，用户真正发现了产品核心价值的时刻。

第三，流量导入不同。传统营销重拉新，重销售毛利率，重投入产出比；增长黑客重留存，重客户复购率，重低成本获客。

第四，用户触点不同。传统营销是中心化辐射；增长黑客是碎片化触点。

第五，需求管理不同。传统营销以"注意力—记忆—欲望"为主线，最终激发用户产生强欲望，实现"欲望变现"；增长黑客以"行为—体验—'Aha'"为主线，可以在用户弱欲望状态下实现"时间变现"。

第六，组织架构不同。传统营销，对营销与销售、运营等概念的划分比较清晰；增长黑客，把战略、运营、营销、销售、产品、数据等融为一体。

传统营销与增长黑客的区别如图 1-67 所示。

传统营销	增长黑客
中心化辐射（主媒体营销）	碎片化触点（主媒体营销）
广而告之	双向筛选
购买渠道	购买流量
强欲望消费	弱欲望消费
功能营销、价值营销	重度运营、认知营销

图 1-67　传统营销与增长黑客的区别

2. 增长黑客的背景来源

市场上增长黑客的背景，主要分为三个派系。

"市场系"增长。这类增长黑客偏重用户生命周期的早中期，即重视用户获取的同时，兼顾用户激活和病毒式传播，通过各种渠道运营和转化率优化、A/B 测试，达到用户数量最大化的效果。

"产品系"增长。这类增长黑客偏重用户生命周期的中后期,即重视用户的激活和留存,通过产品内嵌入增长和病毒传播机制,A/B 测试优化关键路径,提高功能的使用率,从而达到活跃用户的最大化。

"工程系"增长。和"产品系"类似,但这类增长黑客由于自身的工程师背景,对技术手段的了解更加深入,用起来也更为便捷,如 SEO、API、Integration、UGC、大数据、病毒传播、A/B 测试等,规模化地推动增长。

3. 增长黑客的发展阶段

从 2010 年 Sean Ellis 首次提出到现在,虽然只有短短十年时间,"增长黑客"的内涵和定义也一直在演化更新,总体来说大概经历了三个阶段。

1)阶段一:量化营销结果,关注北极星指标

一直以来,传统的市场营销偏重于品牌、活动、公关和广告等,这些手段有些性价比很低,有些则干脆很难衡量。"增长黑客"在这种环境下应运而生,"增长黑客" 就是一套精细化结果导向、数字导向的思维模式,它和传统营销的一大区别就是一切量化,结果导向。

北极星指标,又称 OMTM。之所以叫"北极星指标",是因为这个指标就像北极星一样,高高闪耀在天空中,指引着全公司上上下下,向着同一个方向迈进。这个指标应该是一个全公司统一的指标,同时它应该对应你的产品给用户传输的价值。不同类型的企业,其商业模式和核心价值不同,北极星指标也是不同的。不同企业的北极星指标如表 1-4 所示。

表 1-4 不同企业的北极星指标

案 例	商 业 模 式	核 心 价 值	北极星指标
阿里巴巴	电商	快捷的网上购物	总销售额
知乎	社区	知识传播	文章发布数
摩拜单车	共享经济	自行车资源共享	月活跃用户数

增长黑客的目标一定是定量的。对于增长黑客来说,"让用户对首页更加满意"并不是一个很好的目标。而"让用户对首页的满意度提高 1%"这就是一个非常好的"增长黑客"目标。例如,对于 Airbnb,就是订房天数;对于淘宝网,就是总销售额。

一门生意,可以用简单的数学模型来描述。SaaS 软件增长、电商网站增长的模型如图 1-68 所示。

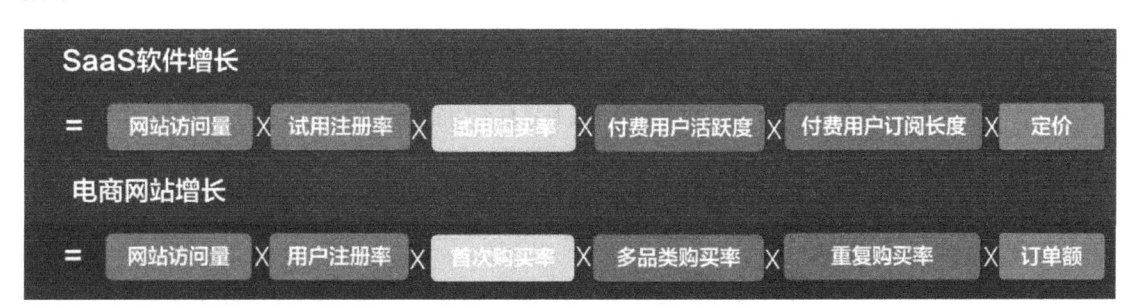

SaaS软件增长 = 网站访问量 × 试用注册率 × 试用购买率 × 付费用户活跃度 × 付费用户订阅长度 × 定价

电商网站增长 = 网站访问量 × 用户注册率 × 首次购买率 × 多品类购买率 × 重复购买率 × 订单额

图 1-68 SaaS 软件增长、电商网站增长的模型

2)阶段二:市场营销技术化

增长黑客是营销人员和程序员的混合体,他们不是仅仅依赖于传统的营销策略,而是通过 A/B 测试、着陆页、病毒式传播等各种技术手段来为产品招揽用户。

■ 案例赏析

增长黑客领域里第一个真正有纪念性的案例：Growth Hacking 想在 1996 年用户都习惯用 Outlook 的时候推广 hotmail，这在当时被认为"概念太新了"，不会有用户。

hotmail 当时是创业公司，只拿到天使投资，并没有钱投广告，怎么办呢？他们用了一个很可爱的办法：在所有用 hotmail 发出去的邮件最后（其实是在正文的最后）追加了一行签名，这行签名仅有一句话："我爱你！快来 hotmail 申请你的免费邮箱。"

就这么简单的一句话，它取得了怎样的效果呢？当时是 7 月份上线，到了次年的 10 月份，用了近一年半时间，获得了 1200 万用户。两三行代码，比砸了几十万、几百万美金效果还要好！

下面以 A/B 测试为例，来看看如何让市场营销技术化。

A/B 测试，简单来说，就是为同一个目标制定两种方案（如两个页面），让一部分用户使用 A 方案，另一部分用户使用 B 方案，记录下用户使用情况，看哪个方案更符合设计。

使用 A/B 测试首先需要建立一个测试页面（Variation Page），这个页面可能在标题字体、背景颜色、措辞等方面与原有页面（Control Page）有所不同，然后将这两个页面以随机的方式同时推送给所有浏览用户，接下来分别统计两个页面的用户转化率，即可清晰地了解两种设计方案的优劣。

3) 阶段三：从增长黑客到增长团队

随着市场上同质产品越来越多，增长越来越难，而增长又越来越重要，所以单独设立这样一个部门，整合营销、产品、工程、数据等团队资源，既有足够的人手支持，又将增长作为主要目标来驱动，这是聚焦的需要。

但是全才难求，增长必然需要各个职能部门的合作，而不仅仅是传统市场部门所负责的用户获取。增长团队与市场部门的区别如图 1-69 所示。

传统市场部门只注重用户获取环节
增长团队按照AARRR模型关注用户生命周期的各个环节

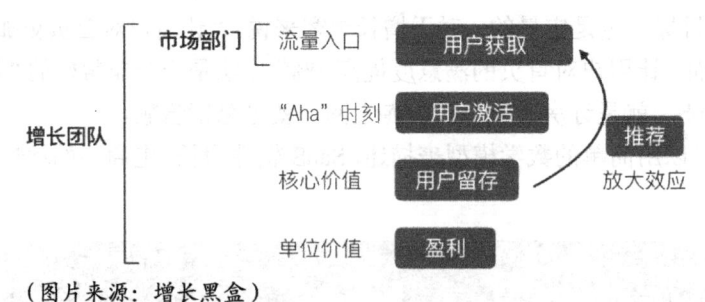

市场部门：流量入口 → 用户获取
增长团队："Aha"时刻 → 用户激活 → 推荐
核心价值 → 用户留存 → 放大效应
单位价值 → 盈利

（图片来源：增长黑盒）

图 1-69 增长团队与市场部门的区别

增长团队成员组成包括产品、工程、分析、市场、设计等五方面工作人员。相应地，增长团队的职位有市场渠道专家、增长产品经理、增长设计师、增长工程师、用户研究员和数据科学家等，如图 1-70 所示。

例如，某培训网站，对于市场渠道专家（增长营销师）的岗位职责规划如下：

负责线上渠道的选择和优化，包括付费用户获取、用户推荐、邮件营销等。通过数据分析、用户研究、A/B 测试，实现高效率大规模增长。

可以看到，市场渠道专家的职能比较侧重于外部渠道。但是从方法论的角度来看，其定量和定性数据分析、A/B 测试职能一个不少，也是通过一种数据和实验驱动的方式来不断提高渠道的运营效率。对于增长营销来说,需要持续监测和优化各个渠道的投资回报率及获客成本,并不断开发战略性的新渠道。

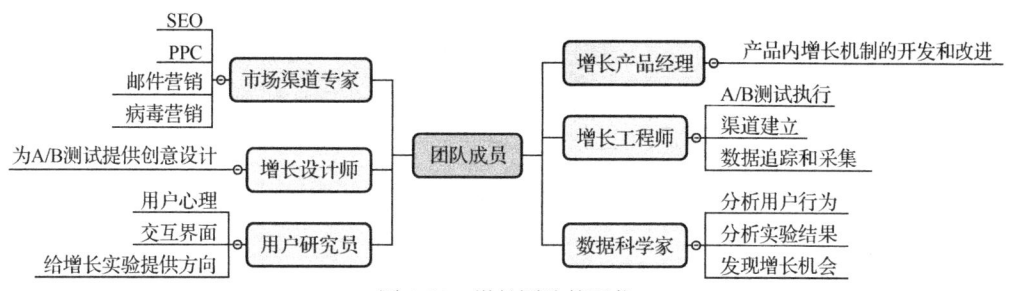

图 1-70 增长团队的职位

4. 增长黑客的能力要求

无论是增长营销师、增长产品经理、增长工程师,还是增长数据分析师、设计师,都需要具备基础层、专长层和渠道层的硬性能力。增长黑客的技能要求如图 1-71 所示。

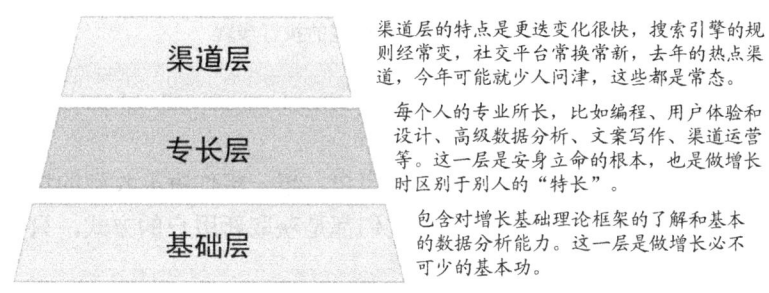

图 1-71 增长黑客的技能要求

增长基础层包括如下六项理论:海盗法则(Pirate Metrics)、北极星指标(North Star Metric)、增长模型(Growth Model)、用户心理学(User Psychology)、增长流程(Growth Process)和数据分析。

增长专长层,特指每个人的专业所长,如编程、用户体验和设计、高级数据分析、文案写作、渠道运营等。这一层是安身立命的根本,也是做增长时区别于别人的"特长"。

增长渠道层,包含了在做增长时,对所能用到渠道的具体实战经验。渠道层的特点是更迭变化很快,搜索引擎的规则经常变化,社交平台常换常新,去年的热点渠道,今年可能就少人问津,这些都是常态。

下面,我们来重点了解增长黑客的核心体系:海盗法则。

1.4.3 增长黑客的核心:海盗法则

经典的增长黑客体系,叫作"海盗法则",亦称 AARRR 模型,由硅谷投资人大卫·麦克卢尔(Dave McClure)提出,指的是一种以用户(顾客)为中心的着眼于转化率的漏斗型的数据收集测量模型,AARRR 是其首字母缩写。AARRR 模型如图 1-72 所示。

现在流行的海盗法则 AARRR 模型则将增长黑客落地成五个可以执行的步骤,分别是获取用户(Acquisition)、激活用户(Activation)、用户留存(Retention)、用户变现(Revenue)和推荐传播(Referral),如图 1-73 所示。

AARRR Metrics Funnel Diagram

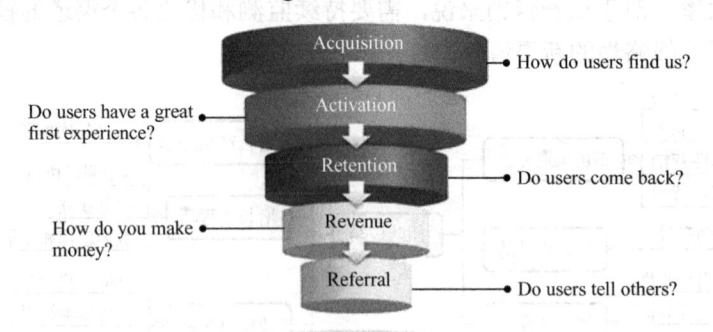

图 1-72　AARRR 模型

图 1-73　AARRR 模型的执行步骤

1．获取用户

1）获取用户的方式

获取用户，即通过各种各样的方式获取新用户。想一想你每天收到的垃圾短信、垃圾邮件和骚扰电话，虽然这些有时令人反感，但它们都是获取新用户的方式，只是这些方式不太礼貌而已。

常见的获取新用户的方式如表 1-5 所示。

表 1-5　常见的获取新用户的方式

类　　型	常用的方式
广撒网型	电视广告、活动赞助、邮件推送、短信推送、电话推销、地面推广（简称地推）、地铁推广
技术型	搜索引擎优化 SEO、搜索引擎营销 SEM（最常见的如百度广告）
软文型	通过社交媒体进行软文推广，如知乎、微博、公众号互推、公关稿等
增长黑客型	通常是结合营销和产品进行的病毒式推广，比如滴滴打车分享得优惠券、饿了么分享得红包、支付宝支付红包，以及截图发群获得参加某课程权益等

范冰在《增长黑客：创业公司的用户与收入增长秘籍》一书中，列举了 12 种获取用户的办法，如表 1-6 所示。

表 1-6　12 种获取用户的办法

用　户　获　取	解释或案例
筛选种子用户	Facebook 最初仅对常青藤大学的学生开放 知乎走精英路线，邀请李开复、徐小平、雷军等成为其种子用户 小米手机推出前的"100 个梦想的赞助商"参与研发
寻找超级粉丝	寻找超级粉丝的办法：如果明年该产品不存在了，你的感觉如何？超级粉丝的回答是：自己工作或生活将受到很大影响，愿意付费支持

续表

用 户 获 取	解释或案例
社交红利	拼多多、贝店、小红书等
数据抓取	网易博客的"一键搬家" QQ邮箱的第三方邮件代收功能 微信以推荐好友方式，通过手机通信录、腾讯微博、QQ好友、QQ邮箱等关系链为自己"输血"
内容营销	吸引流量、培养潜在用户、劝诱转化，如"罗辑思维"（节目）等
搜索引擎与应用商店优化营销	提高评分，置顶好评，优化好评率等
捆绑下载	杀毒软件、软件下载
饥饿营销	苹果手机上市时让用户排队购买
嵌入式代码与小挂件	一键分享按钮、分享领红包
宣传报道文案	软文营销、公关稿件、干货文章、知乎问答等
从线下到线上	用扫二维码的方式实现用户获取
海外扩张	小米手机进入全球七十多个国家

2）裂变营销

裂变营销是目前较常用的一种低成本获取客户的方法。裂变的方式方法有很多种，可以按动力、模式、平台三种进行分类，如图 1-74 所示。

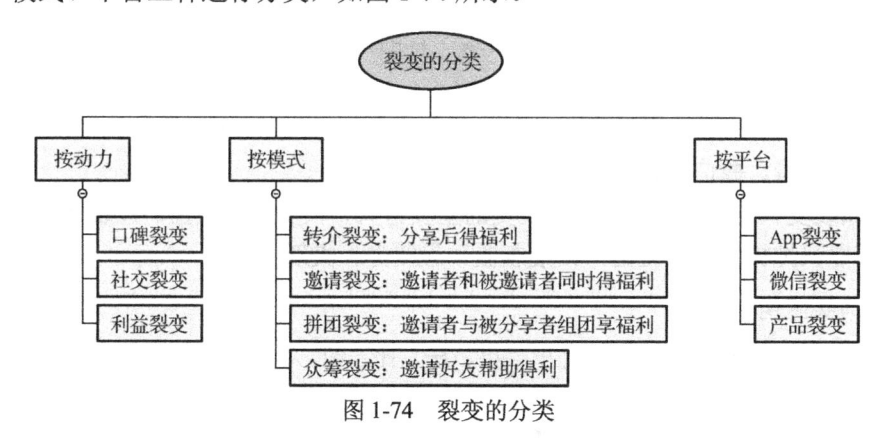

图 1-74 裂变的分类

（1）按动力分类。

让用户参与裂变是需要动力的，而最根本的动力则来自用户的需求，根据这一点，可以把裂变分为三类。

① 口碑裂变。用户因为需要或影响而体验产品、使用产品，当产品或服务超出预期时，用户会自发推荐，产生口碑。

② 社交裂变。用户因为好奇心参加有趣、创意十足的活动，当活动满足社交需要时，用户会自发传播。

③ 利益裂变。用户因为一些诱人的利益，比如红包、优惠等，被迫或主动地分享。

（2）按模式分类。

裂变也可以按模式进行划分，之所以会有不同模式，是由于分享者和被分享者之间存在利益分配问题，据此可以分为四种。

① 转介裂变。即分享后得福利。此裂变方式适用于单次体验成本较高的产品，尤其是虚拟产品，如知识付费产品、线上教育课程等。最常见的方式就是分享免费听课，通过分享来抵消实际价格，同时触达更多潜在用户。例如，有书的社群裂变、喜马拉雅的分享免费听等。

② 邀请裂变。即邀请者和被邀请者同时得福利。"老拉新"是裂变的本质，而要老用户愿意拉新人，见效最快的就是给老用户拉新奖励，同时也给新用户奖励，这已经是标配玩法，尤其适合App和微信公众号。例如，神州专车的邀请有礼、品牌咖啡的赠一得一等。

③ 拼团裂变。即邀请者与被分享者组团享福利。这已经是比较基本的玩法，用户发起拼团，利用社交网络让好友和自己以低价购买产品，从而起到裂变效果，基本逻辑是通过分享获得让利。例如，拼多多、千聊等电商平台和知识付费平台。

④ 众筹裂变。即邀请好友帮助得利。众筹也是比较流行的玩法，主要是利用好友间的情感认同，加上福利的外在形式来实现的。这个福利主要是优惠、产品等。例如，社交电商的砍价活动，各类小程序的助力解锁等。

（3）按平台分类。

有时候，多数人认为裂变只会发生在微信平台上，其实不然，任何平台都可以开展裂变营销。按照平台分类的裂变主要有三种。

① App裂变。即裂变手段基于App实现，目的是推动App的下载量，分享渠道是微信、QQ、微博等平台。

② 微信裂变。目前多数裂变都是在这个平台上进行的，已经出现较为完善的裂变产业链，工具主要有公众号、微信群、个人号和小程序。

③ 产品裂变。该裂变方式是线下裂变的主要方式，很少有人关注。该裂变既可以与线上结合，也可以只纯粹做线下促销，如集瓶盖、集瓶身、集纸卡等。

3）如何实施用户获取

如何实施用户获取呢？网友提炼出"拼、送、比、帮、砍、返、换"七字法则，如图1-75所示。

图1-75 用户获取七字法则

2. 激活用户

《第 43 次中国互联网发展状况统计报告》数据显示，截至 2018 年 12 月，我国市场上监测到的移动应用程序（App）在架数量为 449 万款。App 应用规模前三类是游戏类、生活服务类和电子商务类。移动应用程序（App）分类占比如图 1-76 所示。

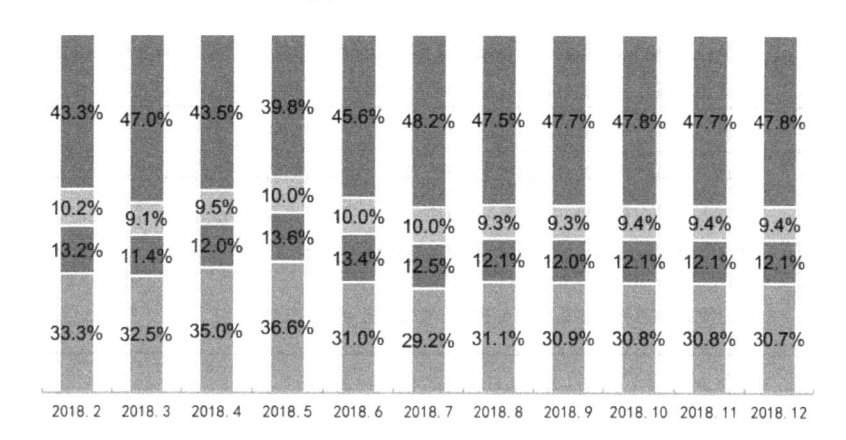

图 1-76 移动应用程序（App）分类占比

根据极光大数据发布的《2018 年第二季度移动互联网行业数据研究报告》，2018 年第二季度中国移动网民手机中人均安装 App 总量为 43 个。每月网民安装和卸载的 App 数量分别为 3.8 款和 3.3 款，如图 1-77 所示。即对于 App 产品，我们有 449 万个选择，而一般人平均只会装 43 款，并且每月新装 3.8 款，卸载 3.3 款。怎样才能确保用户安装了我们的 App 后，愿意使用，不会卸载呢？这就需要激活用户。

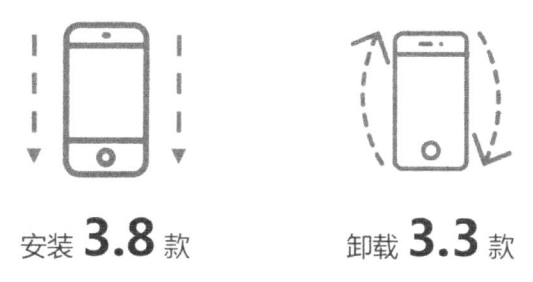

图 1-77 2018 年第二季度平均每月移动网民人均安装及卸载 App 的数量

如何激活用户？通常有七种激活用户的方法，如表 1-7 所示。

表 1-7 七种激活用户的方法

激活用户方法	解释或案例
双重病毒循环	LinkedIn：新注册用户到达邀请好友页面时，建议数量为 4 人。新用户带来更多用户，老用户不时回来处理请求，或主动发起好友邀请。用邮件的方式，将活跃者和非活跃者联系起来
A/B 测试	针对想调研的问题提供两种不同的备选方案，最终通过数据观察对比确定最优方案。常用于减少页面障碍、提升转化率、确定改版方案、新功能的小范围测试等。主要有文案测试、功能 MVP、设计测试、路径测试

续表

激活用户方法	解释或案例
移动应用的 A/B 测试	摩拜新用户注册流程里,经过测试,把之前四步的手机验证、押金、身份证、邀请改成三步。押金放在身份证验证之前是一个非常妙的设计:对用户来说,几百块押金都交了,隐私还算啥?所以这一步转化率非常高
降低用户活跃门槛	Wi-Fi 万能钥匙能自动从云端获取由海量用户主动上传分享的无线热点密码,然后建立连接,让用户随时随地接入身边的免费无线网络,降低了用户记忆和手动输入热点名称的门槛
补贴大战	滴滴打车的服务补贴,司机每天能从打车软件获得 150 元的额外补贴
游戏改变世界	游戏化策略的目的是通过改造接触、沟通与参与的过程,产生具有吸引力的、持续的外在激励,诱发参与者的内在激励,提升参与者的参与度,实现态度和行为的转变。每日签到、会员制、VIP 成长体系、数据统计报表等,是游戏化策略最常见的表现
我,机器人——脚本自动化运营	招聘网站有神秘猎头或用人单位发来的私信等

(资料来源:范冰.增长黑客.北京:电子工业出版社,2015.)

3. 用户留存

1) 用户留存及留存率

很多人认为增长等于低成本获客。事实上,很多知名增长黑客都认为"留存"才是最重要的增长环节。花钱可以买来新用户,但是买不到用户留存。也没有一个商业模式,让你一直给用户钱,让他持续使用你的产品。据美国贝恩公司的调查,在商业社会中 5%的客户留存率的增长意味着公司会有 30%的利润增长,而把产品卖给老客户的概率是卖给新客户的 3 倍。

比如 2019 年春节,百度和今日头条各投入 10 亿元给国民发红包,据国金证券研究所统计,手机百度新增用户数约 1 亿人,今日头条新增用户数量约 0.6 亿人;但 7 天后,手机百度新用户留存率是 2%,约 208 万人,今日头条新用户留存率是 25%,约 1524 万人。谁的留存做得好?2019 年春节期间百度和头条新用户留存情况如图 1-78 所示。

	百度						头条	
	手机百度	百度钱包	百度贴吧	百度网盘	全民小视频	好看视频	今日头条	抖音
新增用户数(万)	10438.67	412.28	280.03	253.29	1572.83	537.82	6098.27	3063.47
2月4日	98%	79%	97%	98%	91%	98%	98%	97%
2月5日	35%	99%	70%	83%	39%	39%	68%	54%
2月6日	16%	54%	33%	64%	30%	36%	45%	41%
2月7日	9%	36%	27%	55%	25%	27%	38%	35%
2月8日	5%	22%	19%	17%	19%	21%	31%	34%
2月9日	2%	16%	11%	13%	8%	14%	25%	26%

来源:国金证券研究创新中心,国金证券研究所,注:标黄日期分别除夕或春节。新增用户数统计周期为2月4日24:00前7天

图 1-78 2019 年春节期间百度和头条新用户留存情况

衡量产品留存率的常用指标包括次日留存率、7 日留存(周留存)率、30 日留存(月留存)率。根据埃里克斯·舒尔茨的经验,对于移动应用,留存率最高的三种类型分别是资讯阅读类、社交沟通类和系统工具类,在 4 个月后的留存率能稳定在 10%左右。

造成留存率低的原因有存在程序漏洞或性能瓶颈、用户被频繁骚扰、话题产品的热度减退(比如你画我猜)、有更好的替代品或需求不存在、产品生命周期终结等。

《硅谷增长黑客实战笔记》作者曲卉女士,将用户留存分为四个阶段:新用户激活、中期用户留存、长期用户留存、流失用户唤回。用户留存阶段如图1-79所示。

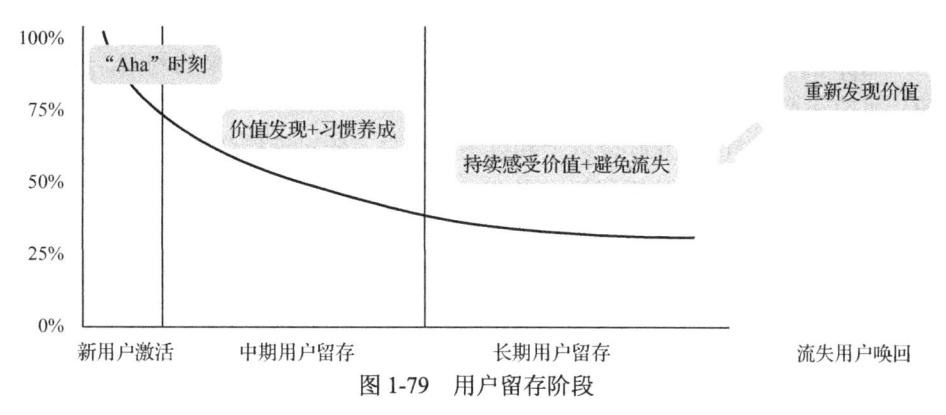

图1-79 用户留存阶段

2)提高用户留存的手段

提高用户留存有很多种不同的手段,每个手段适用的时期也不一样。这里面涉及公司的方方面面,有产品、渠道、促销、客服等,提升用户留存的八种武器如图1-80所示。

图1-80 提升用户留存的八种武器

如何留存用户?一般来说有三种留存用户的方法,如表1-8所示。

表1-8 三个留存用户的方法

留存用户方法	解释或案例
优化产品性能	产品性能优化应从一开始就纳入考量,建立良好的框架结构,并在后续持续维护、迭代改善;实施有损服务,即发生问题时,优先保证核心功能的运转,非核心功能不可以影响核心功能,比如:完善应用商店的App描述、启动页的用户引导、站内的活动策划等
引导新用户快速上手	必须在第一时间呈现最优秀的一面,让用户迅速上手,有事可做,否则用户的注意力很快会被其他更加简单有趣的东西吸引走
设计唤醒机制	电子邮件唤醒,包括提供奖励、告知进展、个性化推荐、用户社交提示;消息推送通知,包括使用推送通知的应用(日启动率可提升540%);推送授权、徽章通知、本地通知、地理围栏通知、图片推送通知、表情文字等;网页内唤醒移动应用

(资料来源:范冰. 增长黑客. 北京:电子工业出版社,2015.)

比如阿里巴巴的88会员制度,就是一个很好的用户留存案例。阿里巴巴88会员的权益主要包括四项:① 淘气值1000分以上的用户88元购买,1000分以下的用户888元购买;② 天猫国际、品牌直营店、超市精选95折,可与其他优惠叠加;③ 优酷、饿了么、淘票票、虾米四大App全年VIP;④ 其他专享商品折扣。

阿里巴巴 88 会员制度的规则，巧妙地利用了用户的两点心理：

（1）锚定效应。优酷、饿了么、淘票票、虾米都属于用户刚需，四个 App 的 VIP 市场价加起来要 400 元以上，这就在用户心里锁定的锚定价格，凸显出 88 会员的价格优势。但实际上，这四个 App 的 VIP 边际成本都远低于市场价格，再加上复购带来的利润，88 元打包出售四个 VIP，可能并不一定亏损。

（2）损失厌恶。淘气值 1000 分以上和以下的用户，购买价格分别为 88 元和 888 元，差了 10 倍以上。一方面，再次体现了锚定效应，88 元购买的用户对比之下觉得自己占了大便宜，不买简直浪费了辛辛苦苦攒下的淘气值；另一方面，有很多 1000 分以下的用户咬牙切齿，认为错失了福利，怎么办？以后多在阿里巴巴购买东西、写评价，一定要把淘气值攒起来，反向促进了各项数据的留存。

3）留住核心用户的 7 种方法

（1）帮核心用户做内容推荐。

（2）多对一运营。多对一运营会给用户留下尊享 VIP 的感觉。对于线上服务，最简单的方式是将用户拉进一个群，加入几个工作人员进行对接，当用户有问题的时候，能够第一时间解决他们的问题。

（3）情感关怀。比如 PMcaff、人人都是产品经理、馒头商学院等，新年都会给核心用户寄送定制的新年礼物，非常温馨，也间接提高了用户的忠诚度。

（4）马甲互动。刚起步的社区或社群，通过马甲互动提高人气，一来营造热闹氛围，二来与种子用户及时互动，避免因用户受到冷漠而流失。

（5）线下体验日。比如饿了么、知乎、京东白条等在线下开的快闪店。

（6）个人品牌推荐。比如知乎的"职人介绍所"。

（7）标识/证书。现在流行各种××专栏作家、××特邀讲师等，给用户提供身份上的标识，可以满足用户的虚荣心。

对于用户留存情况的分析，可以使用友盟、Talking Data，以及无须买点即可实现数据统计分析的 GrowingIO 等常用的留存率数据分析工具。

4．用户变现

互联网时代，免费模式大行其道，并被认为是互联网行业的通识、颠覆性的商业力量。QQ 的聊天、360 的杀毒、淘宝网的电商平台、百度的搜索，都是免费模式的成功案例。关于如何通过免费营销实现用户变现，我们将在本书项目 3 的任务 3.5 中详细讲述。

5．推荐传播

如何实现用户的自发传播？除奖励外，口碑营销和病毒营销是两种非常有效果的方法。如何实施口碑营销和病毒营销，我们将在本书项目 3 中任务 3.3 和任务 3.4 里详细讲述。

总之，从用户的获取、激活、留存、推荐到最终产品的盈利有许多方法和途径，常见的方法和途径如图 1-81 所示。

项目 1　理解营销管理

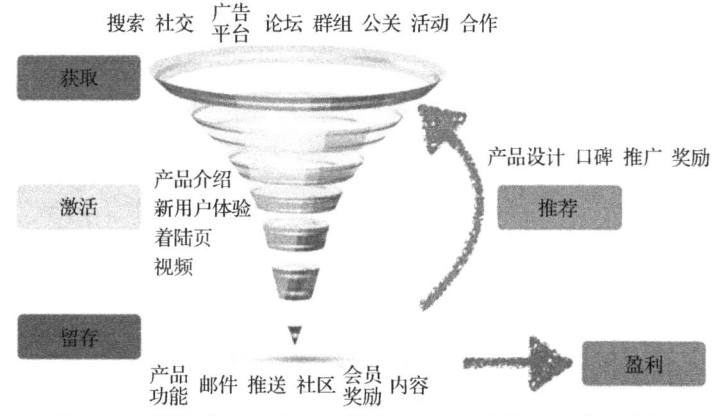

搜索　社交　广告平台　论坛　群组　公关　活动　合作

获取

产品介绍
新用户体验
着陆页
视频

激活

产品设计　口碑　推广　奖励

推荐

留存

产品功能　邮件　推送　社区　会员奖励　内容

盈利

图 1-81　常见的用户获取、激活、留存、推荐的方法和途径

任务实训

【实训 1】　根据你对增长黑客的了解，制作出 AARRR 模型。

【实训 2】扫码并阅读《18 个用户增长的案例》一文，就用户获取、激活、留存的各种方法，各列举两个例子。

【实训 3】　扫码并阅读《用增长黑客思维做校园招聘》一文，假设夏天来了，你需要为某防晒霜品牌做一场校园活动，请用增长黑客思维 AARRR 模型，做一个策划草案。

阅读材料 1.5
18 个用户增长的案例

阅读材料 1.6
用增长黑客思维做校园招聘

项目 2

确定营销目标

项目导入

经过考核和选拔,君鹏顺利竞聘为公司的网络推广经理。新官上任,君鹏想好好表现。他在竞聘的时候对网络推广经理的工作内容有了初步了解,上岗后的第一个工作任务就是要根据市场总监的战略目标,制订部门年度营销计划。

项目分析

从专员到经理,从营销执行人员到营销管理人员,工作性质和内容将发生较大变化。经理级别的工作人员,为执行总监或老板的战略目标,需要了解营销的整个过程,系统思考和把握"做什么""怎么做""如何做"。

"做什么"属于营销战略范畴,即确定营销目标,一般由营销总监或老板制定,在创业计划书或企业三年规划里体现。

"怎么做"属于营销战术范畴,由营销经理来制定,体现在年度营销计划里。营销经理的职责,就是根据营销目标,组织团队整合企业内外部人、财、物资源,多快好省地实现企业目标。

"如何做"属于营销执行范畴,责任到人,各司其职,制定 KPI,监督执行。

制定营销战略和确定营销目标,是战略决策人的工作。但作为营销经理,为了更好地执行公司战略,我们需要了解营销战略制定的过程。

如何制定营销战略?如何借助战略分析工具分析营销机会,确定营销目标?这些是项目 2 需要学习的内容。

战略分析工具有很多,我们将在任务 2.1 重点了解三个:外部环境分析工具波特五力模型、内部环境分析工具波士顿矩阵、内外部环境分析工具 SWOT 分析模型。

如何确定营销目标?这是我们在任务 2.2 将要学习的内容。

任务 2.1　了解营销过程及模型

任务导入

作为营销人员,需要明白什么是市场营销。市场营销是怎样运作的,由谁来执行,以及营销什么。

——菲利普·科特勒

任务导图

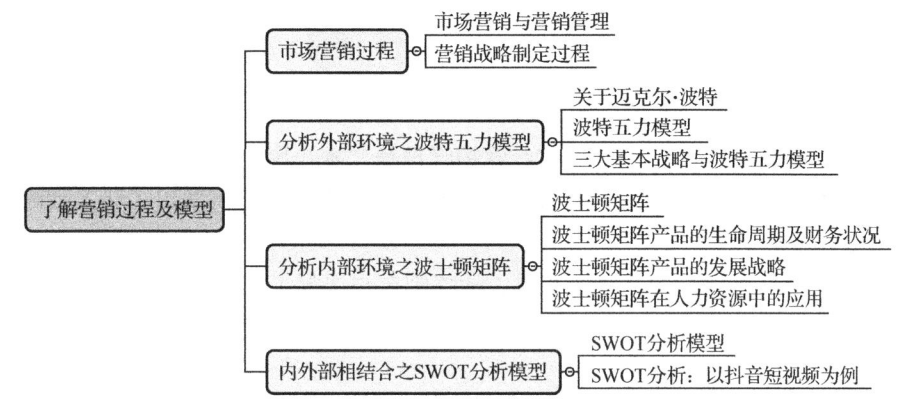

```
                    ┌─ 市场营销过程 ─┬─ 市场营销与营销管理
                    │                └─ 营销战略制定过程
                    │
                    │                        ┌─ 关于迈克尔·波特
                    ├─ 分析外部环境之波特五力模型 ─┼─ 波特五力模型
了解营销过程及模型 ─┤                        └─ 三大基本战略与波特五力模型
                    │
                    │                        ┌─ 波士顿矩阵
                    ├─ 分析内部环境之波士顿矩阵 ─┼─ 波士顿矩阵产品的生命周期及财务状况
                    │                        ├─ 波士顿矩阵产品的发展战略
                    │                        └─ 波士顿矩阵在人力资源中的应用
                    │
                    └─ 内外部相结合之SWOT分析模型 ─┬─ SWOT分析模型
                                                  └─ SWOT分析:以抖音短视频为例
```

学习目标

知识目标	了解市场营销过程
	了解波特五力模型
	了解波士顿矩阵的四种产品类型
	了解 SWOT 分析模型的组成
能力目标	掌握用波特五力模型分析外部环境的方法
	能够用 SWOT 分析模型分析项目

任务实施

2.1.1 市场营销过程

1. 市场营销与营销管理

什么是市场营销?美国市场营销协会(American Marketing Association,AMA)的定义是:市场营销是创造、传播、传递和交换对顾客、客户、合作者和整个社会有价值的市场供应物的一种活动、制度和过程。

什么是营销管理?菲利普·科特勒的定义是:选择目标市场并通过创造、传递和传播卓越顾客价值来获取、维持和增加顾客的艺术和科学。这里有以下三个要点:

(1)营销管理的主要对象是顾客价值。菲利普·科特勒和凯文·莱恩·凯勒著的《营销管理》第 15 版（2016 年 7 月出版）一书中，提出营销管理就是围绕顾客价值来规划营销管理的过程，如图 2-1 所示。

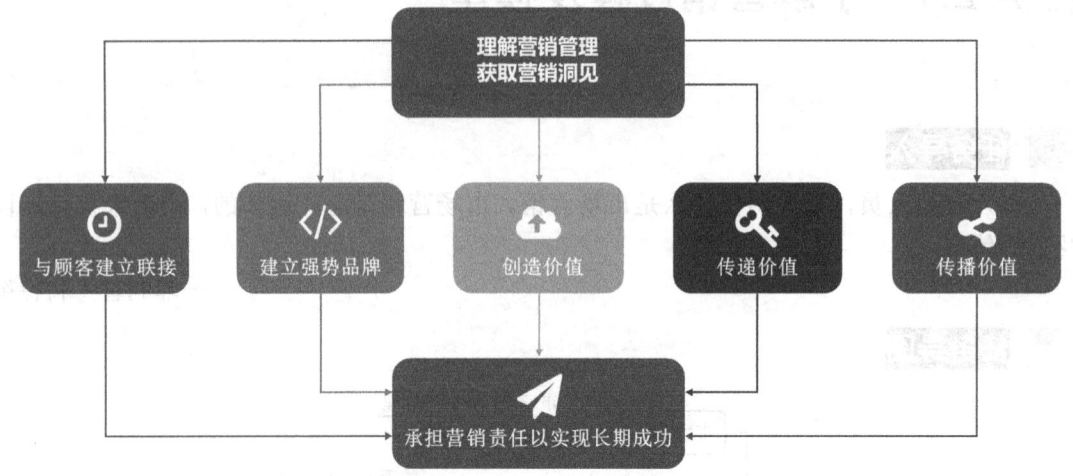

图 2-1　围绕顾客价值来规划营销管理的过程

（2）营销管理既是艺术，也是科学。营销管理是艺术，因为每家企业都需要创造产品创意传播；营销管理是科学，因为它有道可循，比如众多营销专家研发出了诸多战略工具、营销策略模型来指导营销实践。

常用战略工具分三类：战略分析工具、战略制定与选择工具、战略实施工具。

战略分析工具主要包括七种：PEST 分析、波特五力模型、利益相关者分析、竞争者分析、价值链分析、雷达图、因果分析。

战略制定与选择工具主要包括七种：SWOT 分析模型、战略地位和行动评估矩阵（SPACE）、波士顿矩阵、通用矩阵、V 矩阵 52、EVA 管理、定向政策矩阵。

常用战略实施工具有两种：平衡计分卡和差距分析。

（3）营销管理是选择目标市场来获取顾客的一种活动。从战略角度来讲，是一个战略分析、战略选择和战略实施的过程，即是一个分析营销机会、选择营销目标、实施营销战略的过程。营销管理的战略分析、战略选择、战略实施过程如图 2-2 所示。

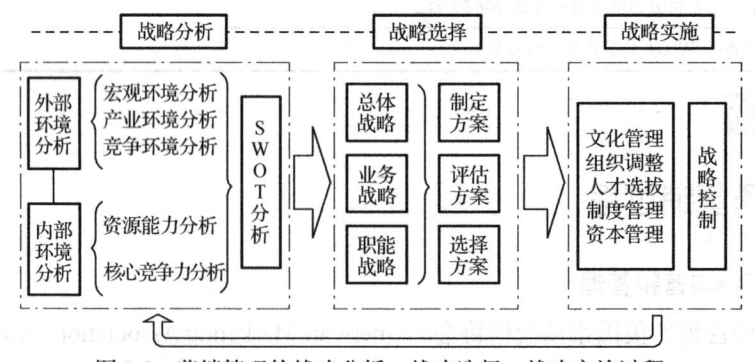

图 2-2　营销管理的战略分析、战略选择、战略实施过程

2. 营销战略制定过程

营销战略制定过程属于公司整体战略的一部分，是在公司整体战略的指导下进行的，可分四步进行：分析营销机会、确定营销目标、制定营销策略和管理营销过程，如图 2-3 所示。

项目 2 确定营销目标

图 2-3 营销战略的制定过程

1) 分析营销机会

营销机会是买方存在需求且感兴趣的一个领域，一旦进入，公司就可以很容易在满足市场需求的同时赚取利润。我们认为，以下三种情况存在营销机会：

第一，现有的产品供不应求。

第二，用一种新的或优良的方式提供现有的产品或服务，例如，手机的不断升级和迭代——华为折叠屏 5G 手机，小米 CC9 美图定制版"小仙女"手机等。

第三，开发一个全新的产品或服务。如 AR 手机、人工智能手机等。

营销机会从何而来？从市场中来，从市场调研中来。所以营销战略制定的第一步，是进行市场调研，是对企业的营销环境进行分析，并建立市场营销信息系统。

营销环境是指与企业营销活动有潜在关系的内部和外部因素的集合。营销环境分为外部环境和内部环境。

外部环境又分为宏观营销环境和微观营销环境。宏观营销环境是指组织活动所处的大环境，主要由政治法律、社会文化、经济、技术、自然等因素构成；微观营销环境主要由供应商、顾客、竞争对手、政府机构和特殊利益团体等组成。

内部营销环境是指从内部影响营销的环境因素。内部环境可以归纳为"五个 M"，即员工、资金、设备、原料、市场。

外部环境分析可以用 PEST 分析法、波特五力模型进行分析；内部环境分析一般采用波士顿矩阵进行分析。

一般而言，对市场营销环境进行内外部相结合分析，可以采用 SWOT 矩阵分析模型，具体步骤如图 2-4 所示。

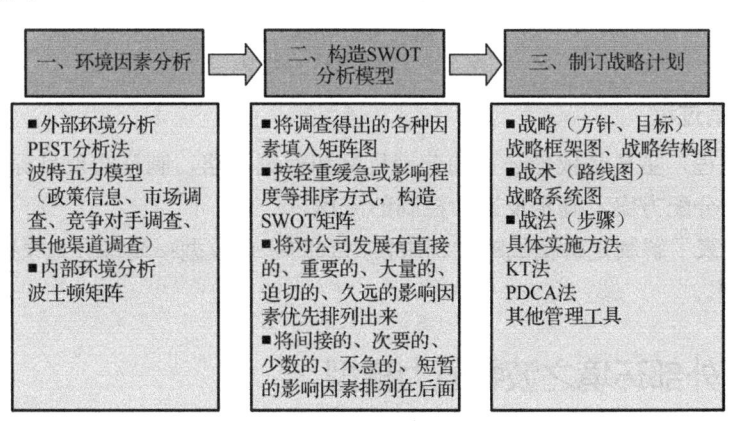

图 2-4 市场营销环境的分析方法

2) 确定营销目标

如何用 STP 战略来确定营销目标，我们将在本项目的任务 2.2 中进行讲述。

3) 制定营销策略

营销战略和营销策略是两个不同的概念，它们需要解决的问题是不一样的。营销战略解决的问题是"市场上需要什么？我们需要往哪个方向看？"；营销策略解决的问题是"如何满足这些需求？这些做法如何落地？"。

成本领先、差异化、聚集是波特提出的三种竞争战略；STP 是温德尔·史密斯提出的营销战略。

2019 年，雷军表示将实现"All in IoT"，小米计划五年投入 100 亿元，发展 IoT（Internet of Things，物联网），"手机+All in IoT"是小米未来五年的战略；"粉丝经济""口碑营销"是小米的营销策略。

"商业操作系统"是阿里巴巴集团的战略，其目标是"在数字经济时代，让天下没有难做的生意"，帮助企业实现"商业要素的全覆盖"，即"品牌、商品、销售、营销、渠道、制造、服务、金融、物流供应链、组织、信息技术"11 大商业要素的在线化和数字化。云计算（阿里云）、物流（菜鸟）、营销（阿里妈妈）、支付金融（蚂蚁金服）、企业管理（钉钉）等共同构成了阿里"商业操作系统"中的基础设施。

"夯实移动基础，决胜 AI 时代"是百度的整体战略。"搜索+百家号+短视频""搜索+小程序""小度智能音箱+百度 Apollo 自动驾驶+百度智能城市+百度云+百度大脑"是百度的策略。

营销策略，可以分为对内的运营策略、对外的传播策略和整合内外部资源的营销策略，如图 2-5 所示。

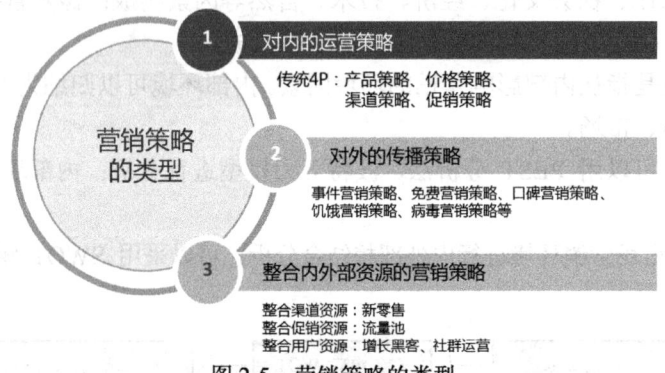

图 2-5 营销策略的类型

4）管理营销过程

管理营销过程，主要是依据公司的营销目标和营销策略，制订实现目标的营销计划，规划人、财、物的分配方案，确定反馈和控制的流程。

下面，我们来了解制定营销战略过程中常用到的三个模型：波特五力模型、波士顿矩阵、SWOT 分析模型。

2.1.2 分析外部环境之波特五力模型

1. 关于迈克尔·波特

迈克尔·波特（Michael E. Porter）是哈佛商学院的大学教授，在世界管理思想界里是"活着的传奇"。他是当今全球第一战略权威人物，是商业管理界公认的"竞争战略之父"。在 2005 年世界管理思想家 50 强排行榜上，他位居第一。他的主要理论有五力模型、三大竞争战略、价值链理论，并著有作品《竞争战略》《竞争优势》《国家竞争优势》。迈克尔·波特简介如图 2-6 所示。

项目 2 确定营销目标

职位　哈佛商学院的大学教授

主要理论
- 五力模型：同行业竞争；供应商的议价能力；购买商的议价能力；潜在进入者威胁；替代品威胁
- 三大战略：总成本领先战略；差异化战略；目标聚集战略
- 价值链理论：企业的任务是创造价值

主要作品　《竞争战略》《竞争优势》《国家竞争优势》

图 2-6　迈克尔·波特简介

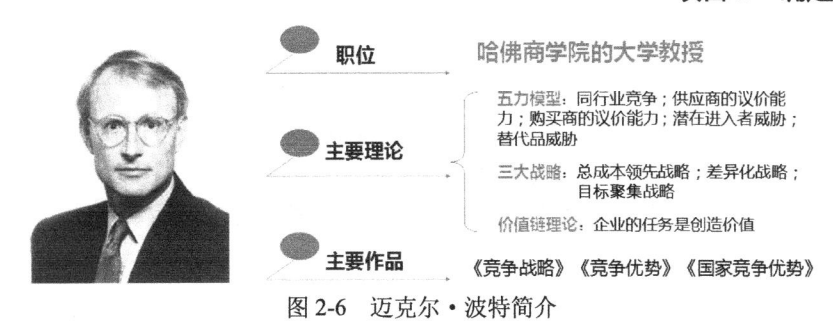

2. 波特五力模型

波特五力模型又称波特竞争力模型，是迈克尔·波特于 1979 年创立的，用于行业分析和商业战略研究的理论模型。

该模型在产业组织经济学基础上推导出决定行业竞争强度和市场吸引力的五种力量：供应商的议价能力、购买商的议价能力、潜在进入者威胁、替代品威胁、同行业竞争。波特五力模型如图 2-7 所示。

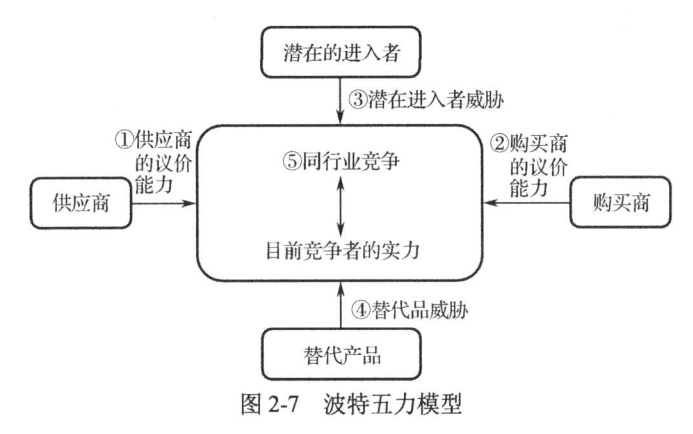

图 2-7　波特五力模型

这里我们将以某外卖咖啡品牌为例，用波特五力模型的五种力量对其进行分析。

1）供应商的议价能力

供应商（供方）议价能力是指供方主要通过其提高投入要素价格与降低单位价值质量的能力，来影响行业中现有企业的盈利能力与产品竞争力。供方力量的强弱主要取决于他们所提供给买方的是什么投入要素，当供方所提供的投入要素其价值构成了买方产品总成本的较大比例、对买方产品生产过程非常重要，或者严重影响买方产品的质量时，供方对于买方的潜在讨价还价力量就大大增强。

例如，小米手机曾经有一段时间供不应求，被消费者视为饥饿营销。雷军表示："饥饿营销是很多用户对我们巨大的误解……饥饿营销背后的核心是供货能力不足。"比如，小米 9 的代工厂是富士康和比亚迪，富士康代加工的手机品牌包括苹果、华为、小米、联想等。对小米手机来说，供方有着很强的议价能力。

某咖啡品牌的供应商主要包括商业店铺供应商、装修供应商、设备及原物料供应商、第三方配送供应商、入口供应商和广告供应商。相对于星巴克等企业，该品牌由于采取的是外卖模式，所以对店铺的选择更加灵活，这也增加了该品牌在店铺供应商方面的议价能力，可以有效地降低房租成本。同样，因为这个原因，装修方面的议价能力也得到了提升。而设备及原物料采购则更多地取决于销售规模及供应链管理系统的成熟程度，显然这并不是该品牌的特长。

第三方配送应该是该品牌最大的软肋,如果顺丰和美团最终无法成为该品牌的投资人,那么顺丰和美团可以轻而易举地利用配送过程中掌握的数据在短时间内再造一个类似的品牌。因此,第三方配送的模式不仅使该品牌在配送供应商方面缺乏足够的议价能力,而且会在事后的融资市场造成极大的负面影响,乃至于使其失去核心竞争力。

2) 购买商的议价能力

购买商(买方)议价能力是指购买者的总数较少,但每个购买者的购买量较大,占了卖方销售量的较大比例。卖方行业由大量相对来说规模较小的企业组成,购买者购买的基本上是标准化的产品,同时向多个卖主购买产品在经济上也完全可行。购买者有能力实现后向一体化,而卖主不可能前向一体化。

根据国家统计局的数据分析,咖啡消费的总体特征是消费低频次、市场高集中度,以及一、二线城市与三、四线城市的消费能力差异较大。上述这些都会造成买方议价能力的提升。从咖啡产品特性看,咖啡作为一种嗜好品,有一定的上瘾性和明显的功能性,会降低买家议价能力。从消费需求出发,消费者对于咖啡的消费需求除了功能性需求,还包括空间、文化和身份认同等,外卖咖啡毫无疑问削弱了咖啡除功能性需求外的其他需求,这将会大大增加买家的议价能力。某外卖品牌咖啡的用户结构如图2-8所示。

综合来说,外卖咖啡针对特定地区、特定人群有较强的议价能力。除此之外,议价能力明显较低,其商业模式能否成功在于这个特定市场的市场规模和成长性。

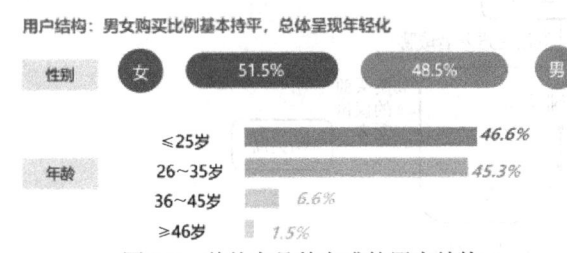

图 2-8 某外卖品牌咖啡的用户结构

3) 潜在进入者威胁

潜在进入者是指新进入者在给行业带来新生产能力、新资源的同时,将希望在已被现有企业瓜分完毕的市场中赢得一席之地,这就有可能会与现有企业发生原材料与市场份额的竞争,最终导致行业中现有企业盈利水平降低。潜在进入者造成威胁的严重程度取决于两方面的因素:进入新领域的障碍大小与预期;现有企业对于进入者的反应情况。

以上面提到的某外卖品牌咖啡为例,潜在进入者主要来自智能化自动贩卖咖啡机、公司茶水间全自动咖啡机、便利咖啡店、星巴克等。另外,公司茶水间免费咖啡的品质提升将是该品牌另外一个不能忽视的挑战。由于覆盖客户的高度重叠,加上茶水间咖啡为公司福利及其便利性等特征,导致了该品牌面对更便宜、更便捷,并且同样是用全自动咖啡机做出来的茶水间咖啡挑战时,会显得毫无竞争力。

进入障碍主要包括规模经济、产品差异、资本需要、转换成本、销售渠道开拓、政府行为与政策、不受规模支配的成本劣势(如商业秘密、产供销关系、学习与经验曲线效应)、自然资源、地理环境等方面。

4) 替代品的威胁

替代品的威胁是指现有企业随着产品售价及获利潜力的提高,用户容易接受替代品,从而对企业造成威胁。由于替代品生产者的侵入,现有企业必须提高产品质量,或者通过降低成本来降低售价，或者使其产品具有特色，否则，其销量与利润增长的目标就有可能受挫。还有源自替代品生产者的竞争强度，受产品买主转换成本高低的影响。

仍以某外卖品牌咖啡为例，咖啡和可乐一样，如果作为一种饮料来说，它几乎没有任何替代性的壁垒。咖啡因和茶碱、可可碱并没有太大的区别，也就是所谓的咖啡瘾完全可以通过喝茶、热可可或其他含有咖啡因的饮料，如红牛、可乐等获得满足。那么，让咖啡变得与众不同的毫无疑问就是其传递的生活方式和文化。星巴克在中国获得成功的关键是它代表了中国新生代中产阶级的特征——高效、洋气和精致。所以，对于某外卖品牌咖啡来说，如果它无法找到自己所代表的生活方式和文化，那么它将迅速被淹没在各式各样的替代品中间，陷入一个不促不销的销售怪圈，使得其销售报表中的复购率和增长率的数据极其难看。不同档次咖啡的代表品牌的售价如图2-9所示。

图2-9 不同档次咖啡的代表品牌的售价

5）同行业竞争

同行业竞争是指现有企业之间的竞争，常常表现在价格、广告、产品介绍、售后服务等方面，其竞争强度与许多因素有关。一般来说，出现下述情况将意味着行业中现有企业之间竞争的加剧：

① 行业进入障碍较低，势均力敌的竞争对手较多，竞争参与者范围广泛；
② 市场趋于成熟，产品需求增长缓慢；
③ 竞争者企图采用降价等手段促销；
④ 竞争者提供几乎相同的产品或服务，用户转换成本很低。

对于咖啡饮品行业及大部分餐饮行业来说，其核心竞争力在于持续创新力和供应链管理。前者决定了产品的竞争力和品牌的生命周期，后者则决定了品质和成本的稳定性及可控性。中国目前主要的咖啡消费品牌及消费场景如图2-10所示。

在餐饮外卖行业，上文提到的外卖品牌咖啡采取了第三方合作的方式，这就使得其在这个行业内形成了复杂的合作竞争关系。

综上所述，波特五力模型中，"五力"越强，则产业盈利机会越小，企业的竞争优势越小。所以，企业需要采取不同的策略创造产品盈利机会和提升自身的竞争优势。

咖啡消费品牌（部分）	速溶	即饮	现磨
	雀巢 中原G7（越南） 麦斯威尔（Maxwell House） 悠诗诗UCC（日本） 旧街场OLDTOWN（马来西亚） 零涩（马来西亚） 益昌老街（马来西亚） 东西麦馨（韩国） 奢斐CEPHEI（马来西亚） 果咖FRUTTEE（泰国） 猫头鹰（OWL）	雀巢 三得利利趣拿铁 伯朗咖啡 星巴克 统一雅哈咖啡 麒麟火咖 5100UTB冰滴 BOYLE'S COFFEE 麦隆咖啡 蓝岸 NEVER COFFEE	星巴克 漫咖啡 动物园咖啡 太平洋咖啡 上岛咖啡 咖啡陪你 两岸咖啡 猫屎咖啡 麦咖啡 Costa 瑞幸咖啡

咖啡消费场景：
- 零售渠道（超市、便利店、电商平台多销售速溶和即饮咖啡）
- 连锁咖啡店（外资品牌、本土品牌）
- 精品咖啡店、区域性咖啡店
- 餐饮店里的咖啡消费（快餐品牌咖啡：麦当劳麦咖啡、肯德基咖啡、汉堡王咖啡、德克士咖啡；餐饮店咖啡：咖啡之翼等餐厅）
- 饮品店里的咖啡消费
- 便利店咖啡（全家湃客咖啡、便利蜂咖啡等）
- 自动咖啡机、无人贩售机

图2-10 中国目前主要的咖啡消费品牌及消费场景

很多人喜欢创业，不是开服装店（线上或线下），就是开餐厅，而往往成功概率并不高。但不知你发现没有，像烟酒专卖店，平时看不到多少顾客，其存活时间却比服装、餐饮店的存活时间长。原因何在，其实可以在波特五力模型中找到答案。

总之，我们可以把影响波特五力的要素进行归纳总结，如图2-11所示。

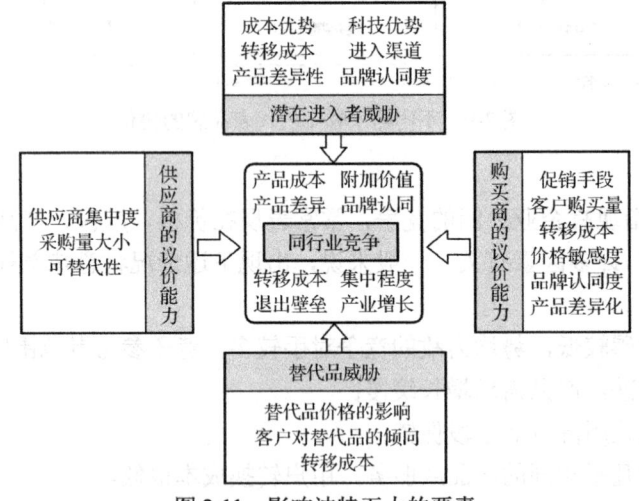

潜在进入者威胁：成本优势、科技优势、转移成本、进入渠道、产品差异性、品牌认同度

供应商的议价能力：供应商集中度、采购量大小、可替代性

同行业竞争：产品成本、附加价值、产品差异、品牌认同、转移成本、集中程度、退出壁垒、产业增长

购买商的议价能力：促销手段、客户购买量、转移成本、价格敏感度、品牌认同度、产品差异化

替代品威胁：替代品价格的影响、客户对替代品的倾向、转移成本

图2-11 影响波特五力的要素

3. 三大基本战略与波特五力模型

1）三大基本战略

企业在与五种竞争力量的抗衡中，面临三种战略选择。这三种战略分别是总成本领先战略、差异化战略和目标聚焦战略，如图2-12所示。

（1）总成本领先战略。该战略要求企业必须建立规模化、高效率的生产设施，

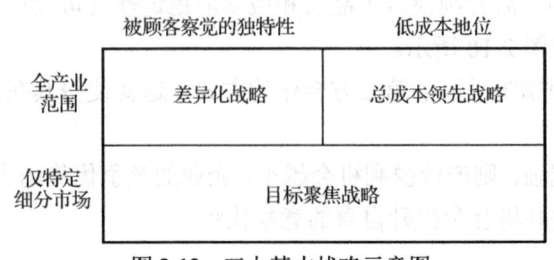

	被顾客察觉的独特性	低成本地位
全产业范围	差异化战略	总成本领先战略
仅特定细分市场	目标聚焦战略	

图2-12 三大基本战略示意图

全力以赴地降低产研、供应、营销、销售及服务等方面的成本与费用。为实现这些目标,企业管理者要对成本控制给予高度重视,保证自己的总成本低于竞争对手的总成本。

例如,沃尔玛是成本领先战略实施的成功典范。沃尔玛从以下几个方面实施成本领先战略:一是贯彻节约开支的经营理念;二是控制物流成本;三是使用发达的高科技信息处理系统;四是与供应商建立战略合作伙伴关系。"坚持做感动人心、价格厚道的好产品""只赚取5%的利润"的小米手机及其旗下产品,也是实施成本领先战略的成功案例。

(2)差异化战略。该战略主要是保证企业提供的产品或服务具有差异化,在消费者的心中建立起与竞争对手有所不同的认知。实现差异化战略有许多方式,如建立高端品牌形象,或者保持技术、性能、渠道布局、客户服务及其他方面的差异化。最理想的是企业能在几个主要方面实施差异化战略。

例如,宝马汽车以更新的科学技术、更先进的理念满足顾客的更大愿望,其"品质、效率和专业化"的品牌价值理念造就了它特殊的社会象征意义。自"一战"开始,象征着飞机螺旋式推进器的蓝白色的标志就一直流传至今,"BMW"的符号在现在已经代表了汽车制造技术的精湛。"唯一的不同,是处处都不同"的苹果手机,实施的也是差异化战略。

(3)目标聚集战略(亦称集中化战略)。该战略是企业聚焦某个特殊的客户群体、某个细分产品线或某一细分区域,为其提供产品或服务。企业采取总成本领先或差异化战略,都要在更广阔的全行业范围内竞争。而集中化战略却是围绕"如何很好地为某一特殊目标客户服务"建立的,企业所制定与执行的每一项核心策略都要紧紧围绕这一核心思想展开。

例如,格力空调实施集中化战略,即将空调作为主要经营业务,而且限于只做家用空调,不生产中央空调、汽车空调等。又如美图公司,以"让世界变得更美"为使命,围绕"美"创造了美图秀秀、美颜相机、BeautyPlus(美颜相机海外版)、潮自拍、美妆相机、美拍、美图手机等一系列软、硬件产品。

2)波特五力模型与三大基本战略之间的关系

实际上,关于波特五力模型的实践运用一直存在许多争论。目前较为一致的看法认为该模型更多是一种理论思考工具,而非可以实际操作的战略工具。波特五力模型的竞争力的意义在于,五种竞争力的抗争中蕴含着三类成功的基本战略思想,它们的关系如图2-13所示。

波特五力模型与三大基本战略的关系			
波特五力	三大基本战略		
	总成本领先战略	差异化战略	目标聚焦战略
潜在进入者威胁	具备杀价能力,以阻止潜在对手的进入	培育顾客忠诚度,以挫伤潜在进入者的信心	通过集中战略建立核心能力,以阻止潜在对手的进入
购买商的议价能力	具备向大买家提供更低价格的能力	因为选择范围小而削弱了大买家的谈判能力	因为没有选择范围,致使大买家丧失谈判能力
供应商的议价能力	更好地抑制大卖家的议价能力	更好地将供方的涨价部分转嫁给买方	进货量低,供方的议价能力就高,但集中差异化的公司能更好地将供方的涨价部分转嫁出去
替代品威胁	能够利用低价抵御替代品	顾客习惯于一种独特的产品或服务,因而降低了替代品的威胁	特殊的产品和核心能力能够防止替代品的威胁
同行业竞争	能更好地进行价格竞争	品牌忠诚度能使顾客不理睬你的竞争对手	竞争对手无法满足集中差异化顾客的需求

图2-13 波特五力模型与三大基本战略的关系

2.1.3 分析内部环境之波士顿矩阵

在企业内部往往存在以下现象：有的事业部很赚钱，但老板好像并不器重，只会把赚到的钱抽走，支持其他事业部的发展；有的事业部年年亏损，但老板还是要人给人、要钱给钱地大力扶持；有的事业部，说没就没了。原因何在？我们可以在波士顿矩阵里找到答案。

1. 波士顿矩阵

波士顿矩阵，又称销售增长率—相对市场份额矩阵、波士顿咨询集团法、四象限分析法、产品系列结构管理法等，由美国著名的管理学家、波士顿咨询公司创始人布鲁斯·亨德森于1970年首创。

波士顿矩阵认为一般决定产品结构的基本因素有两个：销售增长率和市场占有率。通过以上两个因素相互作用，会出现四种不同性质的产品类型，形成不同的产品发展前景，即明星类产品、瘦狗类产品、问题类产品和金牛类产品，如图2-14所示。

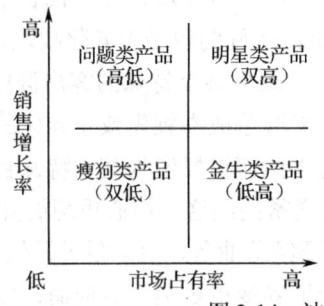

图2-14　波士顿矩阵的产品结构及产品类型

2. 波士顿矩阵产品的生命周期及财务状况

我们可以用产品生命周期来理解波士顿矩阵中的四类产品群。

明星类产品是指处于高销售增长率、高市场占有率象限内的产品群。该类产品处于产品的成长期，有可能成为企业的准金牛产品，需要加大投资力度以支持其迅速发展。

瘦狗类产品也称衰退类产品，它是指处在低销售增长率、低市场占有率象限内的产品群。该类产品处于产品的衰退期，其财务特点是利润率低、处于保本或亏损状态，负债比率高，无法为企业带来收益。

问题类产品是指处于高销售增长率、低市场占有率象限内的产品群。高销售增长率说明市场机会多、前景好，低市场占有率则说明在市场营销上存在问题。该类产品处于产品的导入期，其财务特点是利润率较低，所需资金不足，负债比率高。

金牛类产品又称厚利产品。它是指处于低销售增长率、高市场占有率象限内的产品群，是成熟市场中的领导者。该类产品处于产品的成熟期，其财务特点是利润丰厚。该类业务享有规模经济和高边际利润的优势，因而能给企业带来大量财源。企业往往用金牛类产品业务来支付账款并支持其他三种需大量资金的业务。

波士顿矩阵产品的生命周期及财务状况如图2-15所示。

当然，将四类产品群与产品生命周期放在一起，是为了便于理解和记忆。但是，二者的联系并不是绝对的。比如，有的企业某类产品，从行业来看处于导入期，但因其在市场竞争中处于劣势，相对市场占有率不高，该产品对于该企业来说，还是属于瘦狗类产品。

项目 2　确定营销目标

```
         高 ┌─────────────────────┬─────────────────────┐
            │      问题类产品      │      明星类产品      │
            │                     │                     │
            │  生命周期：导入期    │  生命周期：成长期    │
         销 │                     │                     │
         售 │  财务状况：资金不足， │  财务状况：微薄盈利  │
         增 │           负债比率高 │           或持平     │
         长 ├─────────────────────┼─────────────────────┤
         率 │      瘦狗类产品      │      金牛类产品      │
            │                     │                     │
            │  生命周期：衰退期    │  生命周期：成熟期    │
            │                     │                     │
            │  财务状况：保本或亏  │  财务状况：销售量大， │
            │           损状态     │           利润丰厚   │
         低 └─────────────────────┴─────────────────────┘
             低           市场占有率              高
```

图 2-15　波士顿矩阵产品的生命周期及财务状况

3. 波士顿矩阵产品的发展战略

明星类产品应采用的发展战略是积极扩大经济规模和市场机会，以长远利益为目标，提高市场占有率，加强竞争地位。明星类产品的管理与组织最好采用事业部形式，由对生产技术和销售两方面都很内行的经营者负责。

瘦狗类产品，对这类产品应采用撤退战略：首先，应减少批量生产，特别是对那些销售增长率和市场占有率均极低的产品，应立即淘汰；其次，将剩余资源向其他产品转移；最后，整顿产品系列，最好将瘦狗类产品所在的事业部与其他事业部合并，统一管理。

问题类产品应采取选择性投资战略。对问题类产品的改进与扶持方案一般均应列入企业长期计划中。对问题类产品的管理组织，最好采取智囊团或项目组织等形式，选拔有规划能力、敢于冒风险、有才干的人负责。

金牛类产品，由于市场已经成熟，企业不必大量投资来扩大市场规模。对于销售增长率仍有所增长的产品，应进一步进行市场细分，维持现存市场占有率或延缓其下降速度。对于金牛类产品，适合于用事业部制进行管理，其经营者最好是市场营销型人员。

波士顿矩阵产品的发展战略如图 2-16 所示。

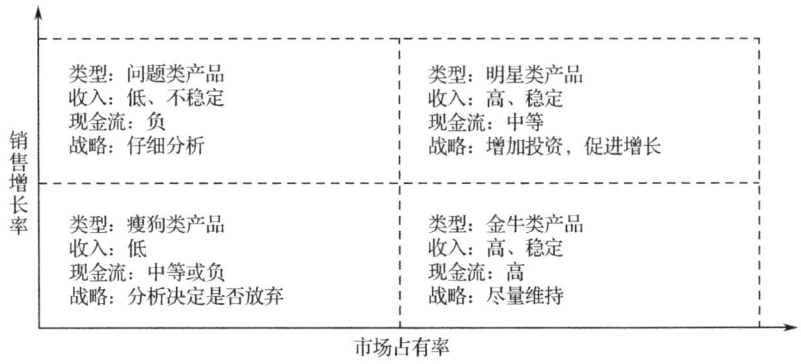

```
         ┌─────────────────────┬─────────────────────┐
         │ 类型：问题类产品     │ 类型：明星类产品     │
         │ 收入：低、不稳定     │ 收入：高、稳定       │
     销  │ 现金流：负           │ 现金流：中等         │
     售  │ 战略：仔细分析       │ 战略：增加投资，促进增长│
     增  ├─────────────────────┼─────────────────────┤
     长  │ 类型：瘦狗类产品     │ 类型：金牛类产品     │
     率  │ 收入：低             │ 收入：高、稳定       │
         │ 现金流：中等或负     │ 现金流：高           │
         │ 战略：分析决定是否放弃│ 战略：尽量维持       │
         └─────────────────────┴─────────────────────┘
                        市场占有率
```

图 2-16　波士顿矩阵产品的发展战略

你现在能够理解，为什么腾讯要把旗下电商资产 QQ 网购和拍拍电商部门于 2014 年整合给京东了吧！

请思考：QQ 网购和拍拍电商对于腾讯而言，是它的什么业务？腾讯对它采用的是什么战略？

4．波士顿矩阵在人力资源中的应用

我们可以从阿里巴巴集团的绩效管理中，看看波士顿矩阵是如何在人力资源中应用的。

在阿里巴巴集团的绩效管理中涉及两项考评，即业绩和价值观。该集团把员工的管理划分成五类：工作业绩好、价值观好的是"明星"类；工作业绩差而价值观好的是"兔子"类；工作业绩好但是价值观差的是"野狗"类；工作业绩差并且价值观也差的是"狗"类。另外，还有一块细分叫作"牛"类，处于四类的交汇点，属于价值观和工作业绩都不错的中坚骨干力量。阿里巴巴集团的绩效管理模型如图2-17所示。

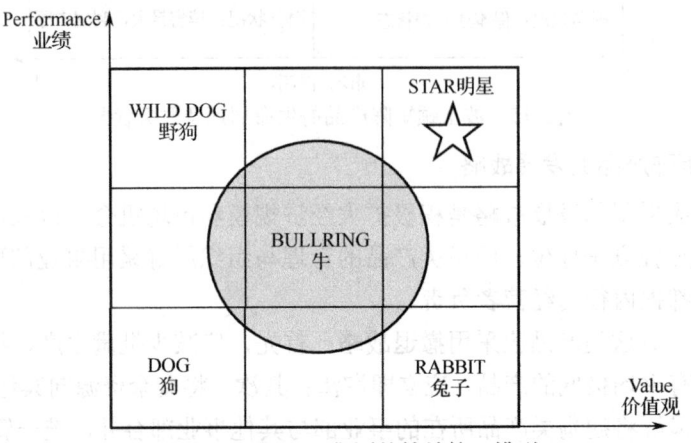

图2-17　阿里巴巴集团的绩效管理模型

2.1.4　内外部环境相结合之SWOT分析模型

1．SWOT分析模型

SWOT分析模型，又称态势分析法。在战略规划报告里，SWOT分析模型算是一个众所周知的分析工具。

SWOT分析模型主要分析企业的竞争优势（Strengths）、竞争劣势（Weaknesses）、机会（Opportunities）和威胁（Threats），如图2-18所示。因此，SWOT分析模型实际上是对企业内外部因素进行综合和概括，进而分析组织的优劣势、面临的机会和威胁的一种方法。

图2-18　SWOT分析模型

S（Strengths）是竞争优势，也是组织机构的内部因素，具体包括有利的竞争态势、充足的财政来源、良好的企业形象、技术力量、规模经济、产品质量、市场份额、成本优势、广告优势等。

W（Weaknesses）是竞争劣势，也是组织机构的内部因素，具体包括设备老化、管理混

乱、缺少关键技术、研究开发落后、资金短缺、经营不善、产品积压、竞争力差等。

O（Opportunities）是机会，也是组织机构的外部因素，具体包括新产品、新市场、新需求、外国市场壁垒解除、竞争对手失误等。

T（Threats）是威胁，也是组织机构的外部因素，具体包括新的竞争对手、替代产品增多、市场紧缩、行业政策变化、经济衰退、客户偏好改变、突发事件等。

2. SWOT 分析：以抖音短视频为例

2016 年，随着直播行业的快速发展，短视频出现；2017 年，短视频快速发展，快手、美拍、秒拍形成三足鼎立；2018 年，抖音像一匹黑马杀出来，直逼行业老大快手；与此同时，腾讯微视在 2018 年再次上线，并斥资 20 亿元对产品进行大改，初期基本功能和抖音基本吻合，但随着功能迭代，用户体验甚至已经超过抖音。

随着直播行业的发展，短视频平台将开放大量的商业化机会，流量变现带来较大的市场规模增长，并且随着短视频内容营销质量的不断提升，内容变现也将出现较大机会。预计 2020 年短视频市场规模将超 300 亿元。2019 年短视频行业关键数据如图 2-19 所示。

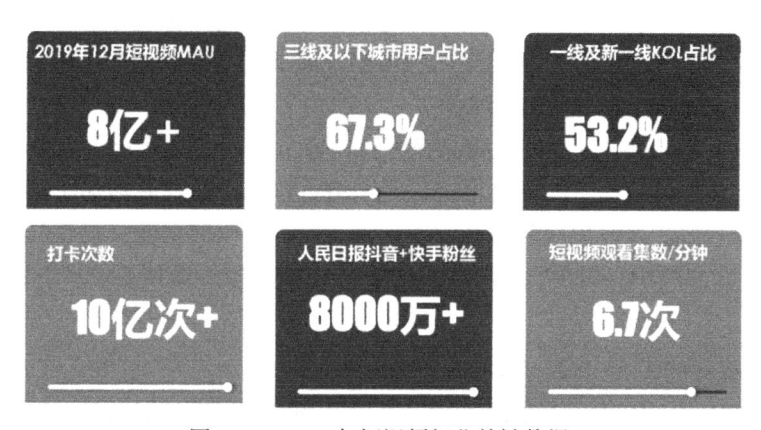

图 2-19 2019 年短视频行业关键数据

抖音的核心竞争力一方面在于头条强大的推荐算法，能够精准抓住用户的兴趣，加上全屏模式下抹去时间的显示，使用户模糊时间观念。15 秒钟的短音乐视频内容很容易对用户进行洗脑，使用户对几乎每一条都是自己感兴趣的内容的短视频上瘾。另一方面是抖音先入为主，截至 2018 年 12 月份已经拥有 3.02 亿用户（数据来自速途研究院），庞大的用户量占据了市场，使微视这种定位类似的产品步步艰难。

微视的核心竞争力在于腾讯广阔的推广渠道和海量的用户资源，在 10 亿月活跃用户数（简称月活）的微信和 6 亿月活的 QQ 的强势推广下，相信微视这个"富二代"在拥有优势资源的情况下，能够冲出重围。抖音短视频与微视的图标如图 2-20 所示。

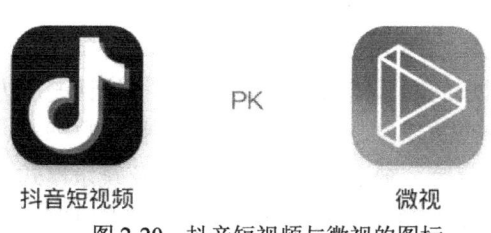

图 2-20 抖音短视频与微视的图标

1) 抖音短视频的优势（S：Strengths）

抖音 App 融合了社交、资讯、音乐、电商等多个领域，并相互交叉渗透。据 Trust Data 统计的数据，88%的网络用户会使用短视频进行社交，79%的网络用户会使用短视频获得新闻，70%的网络用户会使用短视频观看音乐 MV。抖音短视频平台作为一个多领域的短视频社区，深度广大网络用户的欢迎。

抖音短视频聚集了优质的 UGC。UGC 是 "User Generated Content（用户原创内容）" 的缩写，是一种用户使用互联网的新方式。它解决信息实时更新问题的同时，提供了一种以"兴趣爱好"为纽带扩展人际关系的可能。如西安的摔碗酒、重庆的洪崖洞、海底捞火锅新吃法等。

抖音短视频推荐算法一直以来都是今日头条系列的强项，抖音与其他短视频不同之处在于其大量运用算法给用户推荐内容。用户所关注和点赞的一定会更多地呈现给用户。这样用户就会看到更多自己喜欢的内容，从而不断对内容上瘾。

2) 抖音短视频的劣势（W：Weaknesses）

抖音达人发布创意视频后，平台会通过运营吸引普通用户模仿创作。但大量的短视频都以搞笑和模仿的形式呈现，缺少优质创新的内容，简单通俗的短视频不断刷新，致使作品内容和形式单一，容易让用户产生疲惫心理。

由于时长限制，导致抖音上的短视频在深耕内容上只能浅尝辄止，无法深度思考和输出，只能走泛娱乐化的路线。单一的内容模式，无疑给抖音未来的发展增加了瓶颈。

在抖音火爆之后，其他短视频也开发了各种与抖音相似的功能。抖音与其他短视频 App 功能上相差无几，并没有新的产品优势。这使得竞争门槛不断降低，未来的发展局势并不明朗。

3) 抖音短视频的机会（O：Opportunities）

自 2017 年以来，短视频行业快速发展，移动互联网用户对短视频的热情和消费能力均在不断提升。巨大且稳步增长的用户数量和消费量意味着短视频行业存在广阔的市场空间。短视频降低了表达成本，增强了观看体验和视频的传播效应，所以在移动互联网中成为主流媒体消费形态之一，消费频次达到较高水平，发展前景广阔。

越来越多品牌开始入驻抖音，开通官方账号，逐步把抖音纳入新媒体矩阵的重要地位。不仅有品牌入驻，更多的官方政府机构也入驻，无疑为抖音做了强有力的品牌支持。目前入驻抖音的政府机构和媒体数量超过 500 家，其中包括人民网、央视新闻、国资委等权威媒体及政府机构。截至 2018 年 6 月，抖音上政务号相关的视频播放量已经超过 16 亿次。

4) 抖音短视频的威胁（T：Threats）

目前，短视频市场竞争激烈，应用软件众多，如快手、秒拍、西瓜视频、火山小视频等，抖音在众多大同小异的短视频软件当中，需要扬长避短，找准定位，避免同质化。

抖音短视频面向年轻用户的娱乐需求，目前通过"挑战话题"方式制造热点主题，这不可避免地会造成作品千篇一律的现象。由于处于极度依赖用户创新、生产作品的境地，抖音短视频会面临诸如用户审美疲劳、缺乏多元化内容生产及娱乐模式、新兴娱乐产品争夺用户等多方面的挑战。面对腾讯出资 20 亿元打造微视，邀请大量明星、网红引入流量，且初期完全照搬抖音基本功能，这些举措致使抖音存在着被微视超越的威胁。

综上所述，SWOT 分析模型的优点在于考虑问题全面，是一种系统思维，而且可以把对问题的"诊断"和"开处方"紧密结合在一起，条理清楚，便于检验。SWOT 分析模型的战略如图 2-21 所示。

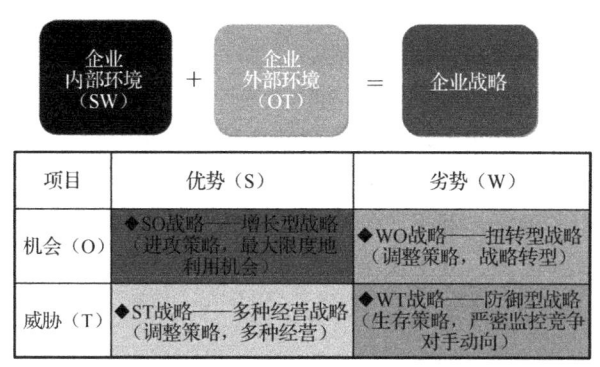

项目	优势（S）	劣势（W）
机会（O）	◆SO战略——增长型战略（进攻策略，最大限度地利用机会）	◆WO战略——扭转型战略（调整策略，战略转型）
威胁（T）	◆ST战略——多种经营战略（调整策略，多种经营）	◆WT战略——防御型战略（生存策略，严密监控竞争对手动向）

图 2-21 SWOT 分析模型的战略

就抖音短视频而言，其当前策略应是 SO 战略——增长型战略（优势—机会），即现阶段抖音应该抓住自己的优势，利用短视频爆炸式增长的趋势，乘风头而上，树立自己的产品文化，增强用户黏性，提高用户留存率。

下阶段抖音短视频的战略应是 ST 战略——多种经营战略（优势—威胁），即对于抖音短视频这类工具型产品来说，核心竞争力是使用体验。但这几乎是无止境的，因为在工具层面总会有新的产品带着强大的功能来代替你。想要通过延长用户使用时长来增加自己的价值，就只有以下两条路：

（1）沉淀社交关系，强化社区属性；
（2）提高内容输出的稳定性，拓展更丰富、专业的内容生产线，成为内容分发平台。

任务实训

【实训 1】 苹果、小米、阿里巴巴、京东旗下有哪些产品。它们分别属于波士顿矩阵的哪类业务。

【实训 2】 用波特五力模型分析为什么大多数人创业开服装店和餐厅容易失败。

【实训 3】 扫码并阅读《美团上市与王兴的野望》一文，用波士顿矩阵分析美团旗下业务。你认为摩拜单车（现已改名为美团单车）对于美团来说，是它的什么类型的业务？试用 SWOT 分析模型进行分析。

阅读材料 2.1
美团上市与王兴的野望

任务 2.2 用 STP 战略确定营销目标

任务导入

企业面对着成千上万的消费者,他们的消费心理、购买习惯、收入水平、所处的地理环境和文化环境等都存在着很大的差别。对于这样复杂多变的大市场,任何一个企业,不管它的规模多大、资金实力多雄厚,都不可能满足整个市场上全部顾客的所有需求。在这种情况下,企业只能根据自身的优势,从事某方面的生产经营活动,选择力所能及的、适合自己经营的目标市场,开展目标市场营销。

——菲利普·科特勒

任务导图

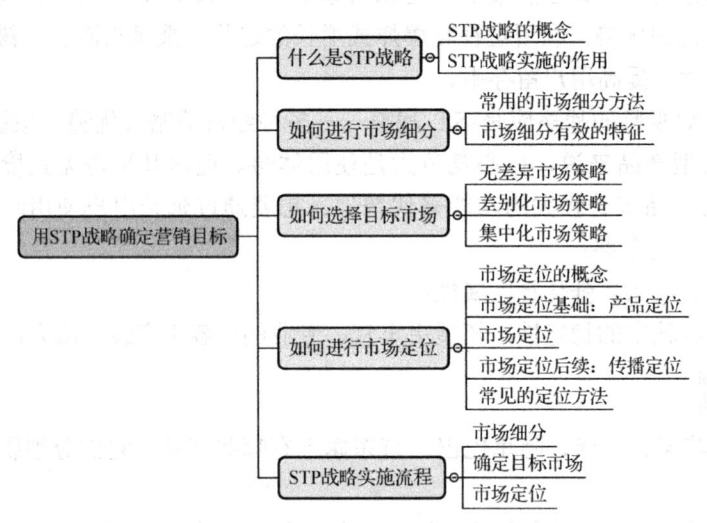

```
                              ┌─ STP战略的概念
         ┌─ 什么是STP战略 ─────┤
         │                    └─ STP战略实施的作用
         │
         │                    ┌─ 常用的市场细分方法
         ├─ 如何进行市场细分 ──┤
         │                    └─ 市场细分有效的特征
         │
         │                    ┌─ 无差异市场策略
用STP战略 ├─ 如何选择目标市场 ─┤─ 差别化市场策略
确定营销目标                   └─ 集中化市场策略
         │
         │                    ┌─ 市场定位的概念
         │                    ├─ 市场定位基础:产品定位
         ├─ 如何进行市场定位 ──┤─ 市场定位
         │                    ├─ 市场定位后续:传播定位
         │                    └─ 常见的定位方法
         │
         │                    ┌─ 市场细分
         └─ STP战略实施流程 ──┤─ 确定目标市场
                              └─ 市场定位
```

学习目标

知识目标	了解 STP 战略的具体内容
	熟悉市场细分的四个维度
	掌握选择目标市场的三种策略
能力目标	能够利用 STP 战略的实施步骤,确定营销目标

任务实施

2.2.1 什么是 STP 战略

1. STP 战略的概念

1967 年,"现代营销学之父"菲利普·科特勒出版了《营销管理》一书。书中解释了什么是营销。科特勒说:"营销就是管理消费者的需求。"它的策略体系,用公式表示就是 STP 战略+4P 战术。

STP 战略是现代市场营销战略的核心。STP 是战略,包括细分市场(Market Segmentation)、选择目标市场(Market Targeting)、市场定位(Market Positioning)三个步骤,如图 2-22 所示。

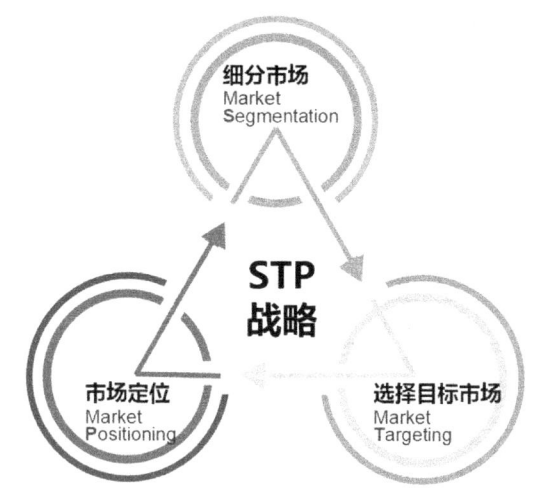

图 2-22　STP 战略的三个步骤

4P 是战术,包括产品(Product)、价格(Price)、渠道(Place)和促销(Promotion)。

2．STP 战略实施的作用

STP 战略实施的作用如下:
(1)有利于企业发现新的营销机会及定位新的营销方向,实现市场的开拓创新;
(2)有利于中小企业开拓市场;
(3)有利于发挥本企业优势,提高竞争能力和应变能力。

2.2.2　如何进行市场细分

市场细分的概念是由美国市场学家温德尔·史密斯(Wendell R·Smith)于 20 世纪 50 年代中期提出来的。市场细分以消费需求的某些特征或变量为依据来区分具有不同需求的顾客群体。市场细分以后所形成的具有相同需求的顾客群体称为细分市场。

比如酒类市场,按照制造方法,细分为酿造酒、蒸馏酒、配制酒三个细分市场,中国白酒属于蒸馏酒范围。酒类市场的细分市场如表 2-1 所示。

表 2-1　酒类市场的细分市场

酒类细分市场	说　明	举　例
酿造酒	指以水果、谷物等为原料,经发酵后过滤或压榨而得的酒,其酒精浓度一般在 20 度以下,刺激性较弱	葡萄酒、啤酒、黄酒等
蒸馏酒	又称烈性酒,是指以水果、谷物等为原料,先进行发酵,然后将含有酒精的发酵液进行蒸馏而得的酒,蒸馏酒酒精浓度较高,一般在 20 度以上,刺激性较强	中国白酒、白兰地、威士忌、伏特加、金酒、朗姆酒等
配制酒	指以发酵原酒或蒸馏酒为基础,配以一定的物料呈现不同的色、香、味,它是经过规定的工艺过程调配而成的	鸡尾酒、利口酒、药酒等

■ 阅读材料

中国白酒是全球六大蒸馏酒（中国白酒 Spirit、白兰地 Brandy、威士忌 Whisky、伏特加 Vodka、金酒 Gin、朗姆酒 Rum）之一。2017 年，纳入国家统计局范畴的规模以上白酒企业 1593 家，中国白酒销售额为 5531 亿元，行业前三名是贵州茅台、五粮液和洋河股份，它们的营业收入占白酒行业的 19.66%，行业集中度较低。上市酒企在白酒行业主营业务收入中的占比情况如表 2-2 所示。

表 2-2　上市酒企在白酒行业主营业务收入中的占比情况

（单位：亿元）

排　名	上市公司	2016 年营业收入	2017 年营业收入
1	贵州茅台	401.55	610.63
2	五粮液	245.44	301.87
3	洋河股份	171.83	199.18
合计	—	818.82	1111.67
占有率情况	—	16.57%	19.66%

中国白酒按照香型分为五大类型，如表 2-3 所示。

表 2-3　中国白酒按照香型的分类

序　号	香型类别	代表品牌
1	酱香型	茅台、郎酒
2	浓香型	五粮液、剑南春、沱牌、洋河、双沟、古井
3	清香型	汾酒
4	凤香型	西凤酒
5	芝麻香型	景芝、芝麻香

市场细分的作用有两方面：一是分析机会，选择市场；二是规划战略，提高效益。可根据具体市场的变化及时调整产品，调整相应价格、分销和促销手段，可集中人、财、物力将有限资源合理用于前景不一的细分市场。

市场细分的前提是做好市场调研。基于市场细分的市场调研的核心内容，是对消费者的研究与洞察，包括对顾客需求的差异性的分析等。那么，要从哪些方面对消费者群体进行细分呢？可以从地理因素、人文因素、心理因素、行为因素等方面进行。市场细分的标准如表 2-4 所示。

表 2-4　市场细分的标准

标　准	细分因素举要
地理因素	地区、气候、人口密度
人文因素	年龄、性别、收入、家庭、职业、教育、宗教信仰、民族、社会阶层
心理因素	生活方式、个性、自我形象、价值观念、追求的利益
行为因素	消费者对产品进入市场程度的了解、使用频率、偏好程度

1. 常用的市场细分方法

（1）地理因素市场细分法。地理因素市场细分法就是根据顾客所在的地理区域进行的市场细分，如按地区、气候、人口密度等细分市场。例如，酒类市场，北方人喜欢喝高度白酒，南方人喜欢喝低度啤酒，一、二线城市喜欢喝葡萄酒，这些都是按地理因素进行的市场细分。我国著名的白酒及其产地如图 2-23 所示。

（2）人文因素市场细分法。人文因素市场细分法则是根据顾客的社会特征，如性别、年龄、收入、家庭、职业等进行的市场细分。用不同的社会特征去细分市场，采取的营销策略也是不一样的。

■ 阅读材料

中国白酒按居民收入及价格，分为高端（集中在三大高端白酒茅台、五粮液、国窖 1573）、中高端、中端、低端四个档次。其中，价格每瓶在 100 元以下的低端白酒，占据了 53.17%的市场份额。2017 年中国白酒行业细分产品结构对比如图 2-24 所示。

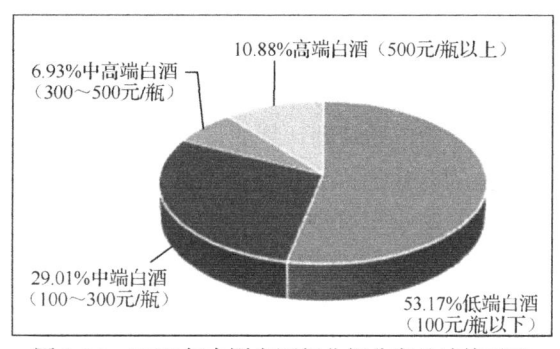

图 2-23　我国著名的白酒及其产地

☐ 贵州	☐ 山西
茅台　习酒 国台酒　贵州醇	汾酒　杏花村 竹叶青
☐ 四川	☐ 北京
五粮液　剑南春 泸州老窖　郎酒	牛栏山　红星 紫禁城
☐ 江苏	☐ 安徽
洋河　双沟	古井贡酒
☐ 河北	☐ 江西
衡水老白干	四特酒

图 2-24　2017 年中国白酒行业细分产品结构对比

从年龄角度看，中国的白酒消费群体存在严重的年龄结构问题。"70 后"占整个消费群体的 40%，"80 后""90 后"仅占 26%，主要消费年龄是 45 岁。"80 后""90 后"的年轻消费者对于白酒的消费在不断减少，对白酒的品牌认知度不够，而此类人群约有 4 亿人，是决定未来白酒市场竞争格局的关键因素。

（3）心理因素市场细分法。心理因素市场细分是按照顾客的生活方式、个性、自我形象、价值观念、追求的利益等细分的市场。

■ 阅读材料

高端白酒按照消费者的生活方式，分为商务消费、政务消费和个人消费三类。其中占比最大的是商务消费（50%）。高端白酒消费结构（2015 年）如图 2-25 所示。

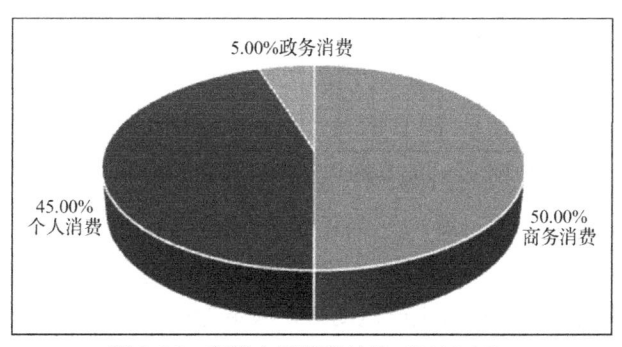

图 2-25　高端白酒消费结构（2015 年）

（4）行为因素市场细分法。营销者根据消费者对产品进入市场程度的了解、使用频率、偏好程度等将他们分为不同群体。

比如，人们在一个购物决策中扮演五种角色：发起者、影响者、决定者、购买者和使用者。

又如，AC 尼尔森公司按照消费者的偏好、购物态度、价格观念，将消费者分为五类：敢于冒险者（占 14%）、努力耕耘者（占 22%）、价格至上者（占 28%）、潮流追随者（占 26%）和时代落伍者（占 10%）。

2．细分市场有效的特征

要使市场细分真正对企业有用，细分市场必须具有以下特征：

（1）可衡量性。就是指各个细分市场的购买力和规模大小能被衡量的程度。有些细分市场购买力和规模是很难衡量的。

（2）可进入性。就是企业有能力进入所选定的细分市场的程度。假设一个生产香水的企业，发现它的品牌的主要使用者是一些晚上出门的独身女子，除非这些使用者群居住在一定的地点、在一定的地方选购，否则，要进入这个细分市场是比较困难的。

（3）可盈利性。是指企业所选定的细分市场的规模足以使企业达到有利可图的程度。一个细分市场应该是适合设计独立的市场营销计划的最小单位。

（4）可行动性。就是企业的有效的市场营销计划可以用来系统说明细分市场的可行性和符合细分市场的程度。例如，一家小型航空公司，虽然可以细分出七个分市场，但是该公司的组织规模有限，职工太少，不足以为各细分市场制订个别的市场营销计划。

2.2.3 如何选择目标市场

著名的市场营销学者麦卡锡提出了应当把消费者看作一个特定的群体，称为目标市场。通过市场细分，有利于明确目标市场；通过市场营销策略的应用，有利于满足目标市场的需要。一旦识别出细分市场的机会，我们必须决定到底针对多少细分市场及哪些细分市场，最后将所有因素结合在一起，识别出更小、更明确的目标群体。

有五种目标市场可供选择，即产品和市场集中化、产品专业化、市场专业化、产品和市场专业化和完全市场覆盖，如图 2-26 所示。

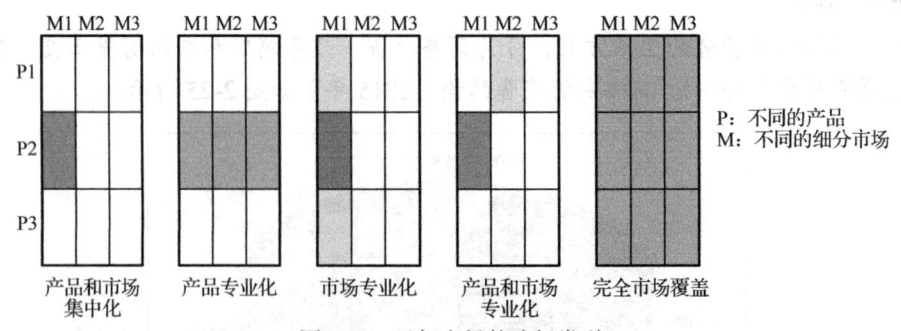

图 2-26 目标市场的选择类型

P：不同的产品
M：不同的细分市场

例如，鞋类产品有旅游鞋、运动鞋、皮鞋三种，有儿童、青年、老人三个细分市场，如图 2-27 所示。那么我们可以选择只生产运动鞋，满足青年这一细分市场的需求，这是产品和市场集中化，如图 2-28 所示。

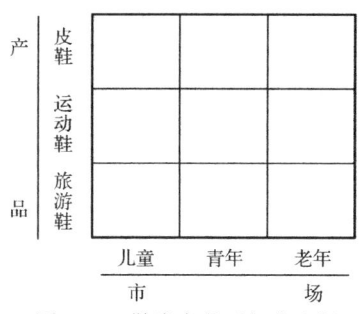

图 2-27　鞋类产品及细分市场　　　　图 2-28　产品和市场集中化

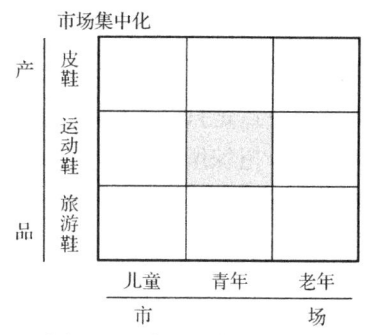

此外，我们可以选择产品和市场专业化，每一类鞋只做一个细分市场，如图 2-29 所示；或者选择产品专业化，只做运动鞋，如图 2-30 所示；或者选择市场专业化，即只做青年市场的所有鞋类，如图 2-31 所示；当然，我们也可以做所有的鞋类产品满足所有细分市场的需求，即完全市场覆盖，如图 2-32 所示。

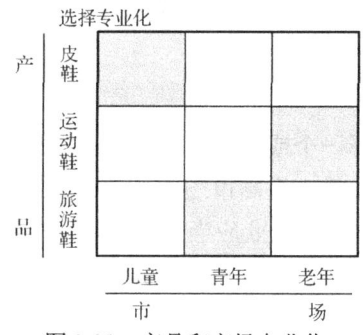

图 2-29　产品和市场专业化　　　　图 2-30　产品专业化

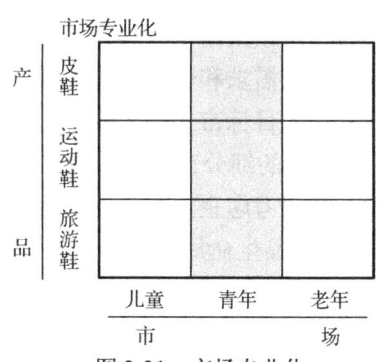

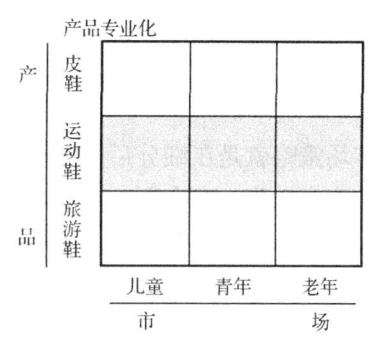

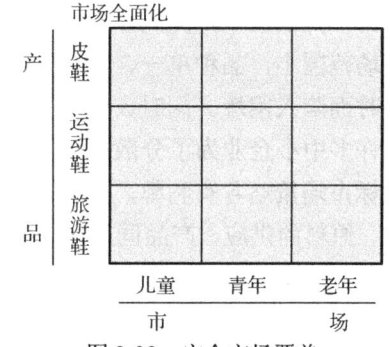

图 2-31　市场专业化　　　　图 2-32　完全市场覆盖

因此，选择目标市场，应明确企业为哪一类用户服务，满足他们的哪一种需求。这是企业在营销活动中的一项重要策略。企业选择的市场不同，选择的市场营销策略也不一样，如图 2-33 所示。

企业在选择目标市场的过程中，一般运用下列三种策略。

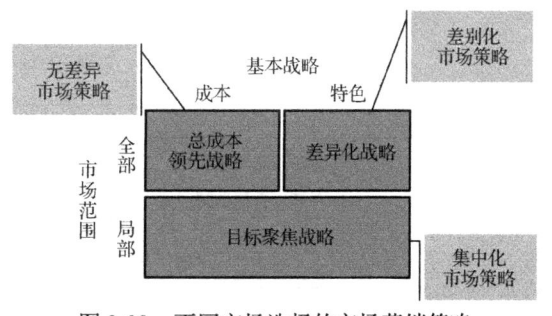

图 2-33　不同市场选择的市场营销策略

1. 无差异市场策略

无差异市场策略就是企业把整个市场作为自己的目标市场，只考虑市场需求的共性，而不考虑其差异，运用一种产品、一种价格、一种推销方法，吸引尽可能多的消费者。例如，保健品酒业的劲酒、竹叶青酒等。

这种策略的特点是只注重细分市场的共性而忽略它们之间的差异性，只推出单一产品，用单一的营销组合招徕所有顾客。公司通过产品的大量销售和广泛宣传，争取在人们心目中树立最佳的产品形象。

2. 差别化市场策略

差别化市场策略就是把整个市场细分为若干子市场，针对不同的子市场，设计不同的产品，制定不同的营销策略，满足不同的消费需求。

比如，贵州茅台集团，在中高端市场针对不同的用户需求，开发出贵州茅台酒、茅台酱香系列酒、习酒、茅台葡萄酒、茅台保健酒、茅台白金酒等六大系列产品。

针对每个子市场的特点，制定不同的市场营销组合策略。这种策略的优点是能满足不同消费者的不同要求，有利于扩大销售、占领市场、提高企业声誉。其缺点是由于产品差别化、促销方式差别化，增加了管理难度，提高了生产和销售费用。目前，只有实力雄厚的大公司采用这种策略。

3. 集中化市场策略

集中化市场策略就是在细分后的市场上，选择一个或少数几个细分市场作为目标市场，实行专业化生产和销售，在个别少数市场上发挥优势，提高市场占有率的策略。采用这种策略的企业对目标市场有较深的了解，这是大部分中小型企业应当采用的策略。

比如，江小白选择了低端白酒的光瓶酒市场，定位年轻人，根据年轻人小饮或团聚的消费场景，推出了表达瓶、三五挚友、拾人饮等产品。

采用集中化市场策略，只做一个或少数几个市场或产品，这样能集中优势力量，有利于产品适销对路，降低成本，提高企业和产品的知名度。但该策略也有较大的经营风险，因为它的目标市场范围小，品种单一，如果目标市场的消费者需求和爱好发生变化，企业就可能因应变不及时而陷入困境。同时，当强有力的竞争者打入目标市场时，企业就要受到严重影响。因此，许多中小企业为了分散风险，仍选择一定数量的细分市场作为自己的目标市场。

三种目标市场策略各有利弊。选择目标市场时，必须考虑企业面临的各种因素和条件，如企业资源、原料的供应、产品同质性、市场同质性、产品生命周期阶段、竞争对手强弱等。企业和产品的特点不同，采用的市场策略也不一样，如图 2-34 所示。

企业资源 { 资源雄厚：差别化市场策略
　　　　　 资源薄弱：无差异市场策略、集中化市场策略

产品同质性 { 同质产品：无差异市场策略
　　　　　　异质产品：差别化市场策略、集中化市场策略

市场同质性 { 同质市场：无差异市场策略
　　　　　　异质市场：差别化市场策略、集中化市场策略

产品生命周期阶段 { 介绍期、成长期：无差异市场策略、集中化市场策略
　　　　　　　　　成熟期：差别化市场策略

竞争对手强弱 { 对手强大：和竞争对手采取不一样的市场策略
　　　　　　　对手较弱：和竞争对手采取相同的市场策略

图 2-34　不同企业和产品特点采用的市场策略

项目 2　确定营销目标

选择适合本企业的目标市场策略是一项复杂多变的工作。企业内部条件和外部环境在不断发展变化，经营者要不断通过市场调查和预测，掌握和分析市场变化趋势与竞争对手的条件，扬长避短，发挥优势，把握时机，采取灵活的适应市场态势的策略，去争取较大的利益。

2.2.4　如何进行市场定位

1. 市场定位的概念

1981 年，两个年轻的美国人 Jack Trout（杰克·特劳特）和 Al Ries（艾·里斯）写了一本改变传播和营销的书——《定位》。

定位从产品开始，可以是一件商品、一项服务、一家公司、一个机构，甚至是一个人，也许就是你自己。但是，定位不是围绕产品进行的，而是围绕潜在顾客的心智进行的。也就是说，将产品定位在顾客的心智中。定位的定义是如何让你在潜在顾客心中与众不同。

每一产品不可能满足所有消费者的要求，每一家公司只有以市场上的部分特定顾客为其服务对象，才能充分发挥其优势，提供更有效的服务。

市场定位是指企业为在目标顾客心目中确定独特地位而进行的活动过程。这一过程有利于树立企业和产品的鲜明特色，有利于满足顾客的需求偏好，有利于取得目标市场的竞争优势。市场定位并不是你对一件产品本身做些什么，而是你在潜在消费者的心目中做些什么。市场定位的实质是使本企业与其他企业严格区分开来，使顾客明显感觉和认识到这种差别，从而在顾客心目中占有特殊的位置。在做市场定位之前，我们需要先明确产品定位。确定市场定位之后，为确保效果，需要进行传播定位。产品、市场、传播在定位中是相辅相成的，前一步是后一步的基础，后一步是前一步的延伸。产品定位、市场定位与传播定位三者的关系如图 2-35 所示。

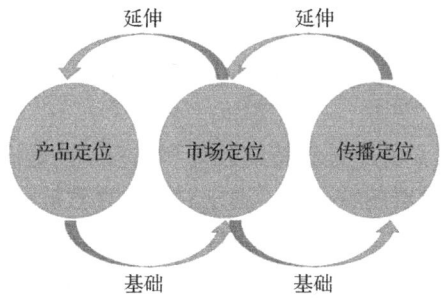

图 2-35　产品定位、市场定位与传播定位三者的关系

产品定位、市场定位和传播定位，除出现的顺序有先有后以外，侧重点也不相同。产品定位是从厂商的角度思考的，市场定位是从消费群体角度思考的，传播定位是从广告文案的角度切入的。产品定位、市场定位、传播定位不一定完全吻合。比如脑白金，产品定位为保健品类目下的礼品，市场定位的消费群体为关注健康的中老年人，但传播定位则为孝顺父母的儿女。

2. 市场定位基础：产品定位

产品定位的内容就是对谁而言、我是什么、给你什么，如图 2-36 所示。

产品定位阶段的"对谁而言"，一般都是通过统计学来描述的，比如年龄、性别、职业、收入等可以被统计的数据。例如，江小白白酒的目标消费者，很明显是 20~30 岁的年轻人，

85

男性为主，由于年龄偏小，在收入方面普遍为中低等收入。

那么"我是什么"，则是定义品类，描述属于什么类别，比如酒水类、服饰类、家具类等。定义品类是所有市场推广的第一步，不定义品类就没有办法定义市场。很明显，江小白属于"酒水类"的低端白酒。

"给你什么"，则是定义产品本身的特点，即你和市场上的同类产品有什么不同。例如，江小白发现，小曲清香型白酒存在了那么多年，但是没有哪个品牌真正做深、做透，并且它还有极大的优势就是：手工精酿，纯天然，口感柔和，更加适合年轻人饮用。因此，江小白就决定深耕这种白酒，这也是产品的不同。江小白的产品定位如图 2-37 所示。

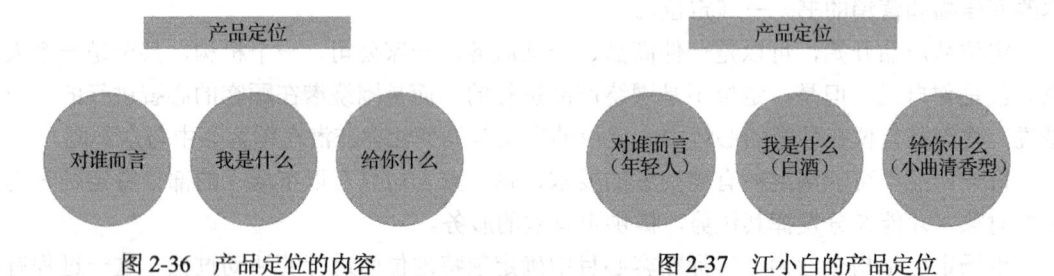

图 2-36　产品定位的内容

图 2-37　江小白的产品定位

在产品定位确定之后，就有了市场定位的基础。

3. 市场定位

在产品定位的基础上，市场定位也需要解决三个问题：针对什么族群、想要的用途是什么及购买理由是什么，如图 2-38 所示。

图 2-38　市场定位要解决的三个问题

首先，在针对什么族群方面，跟产品定位中的"对谁而言"有很大区别。针对什么族群并不是根据统计学来界定的，而是根据族群的特质来界定的。要定义族群特质，需要找到类别的"制高点"，也就是产品可以满足人们的哪些高级情感。

例如，LV 的衣服，其卖点并不是独特的设计和材料，而是满足部分人们追赶潮流的"虚荣心"。根据这一点，LV 的族群的特质是：追求时尚、喜欢被瞩目等。那么对于江小白来说，它找到了白酒品类的"制高点"之一——人们有"情绪宣泄"的欲望。由这一个白酒品类的制高点，可以反推出目标人群的特质是：在城市打拼的文艺青年。因为这类人的情绪宣泄欲望最为强烈。这就是江小白在市场定位中的目标族群。

市场定位的第二问题：想要的用途是什么？

白酒品类的用途广泛，有商务社交、喜庆婚宴、抵御寒冷、宣泄情绪等。根据对制高点"宣泄情绪"的理解，那么我们可以得出结论，什么场合下人们才容易吐露心声，说出心底的秘密呢？是在工作应酬中，或者是在 20 人以上的大聚餐吗？肯定不是。

人们吐露心声的最多场合，就是在"三五知己小聚的时候"，而这个时候一般都是需要一些酒来助兴的。因此，江小白的用途就是"为三五个好友小聚所打造的白酒"，而各种有特色的小瓶装，也就是基于这种用途的。

市场定位的第三问题：购买理由是什么。比如，茅台是"国酒"、国窖 1573 是"历史"、舍得酒是"智慧"、劲酒是"关心"、孔府酒是"家"。因此，江小白最强的购买理由，就是在

项目 2　确定营销目标

传播定位中的"懂我"。

江小白的市场定位如图 2-39 所示。

关于传播定位，后面会详细介绍。但是，这里需要说明一点：白酒产品有一个特点就是可替代性极高。比如，你和几个好朋友去餐厅小聚，跟服务员说你要江小白，但是服务员告诉你没有的时候，多数人不会因此换一家餐厅，而是会换一种酒。因此，除了推广能力强，江小白的渠道能力也足够强悍。如果你仔细观察，在很多大小餐馆都会发现江小白的身影。

4. 市场定位后续：传播定位

有了产品和市场定位的基础，那么就可以考虑传播定位了。文案是传播定位的实现方式。传播定位依然要解决三个问题：对谁而言、我是谁、给你什么。传播定位如图 2-40 所示。

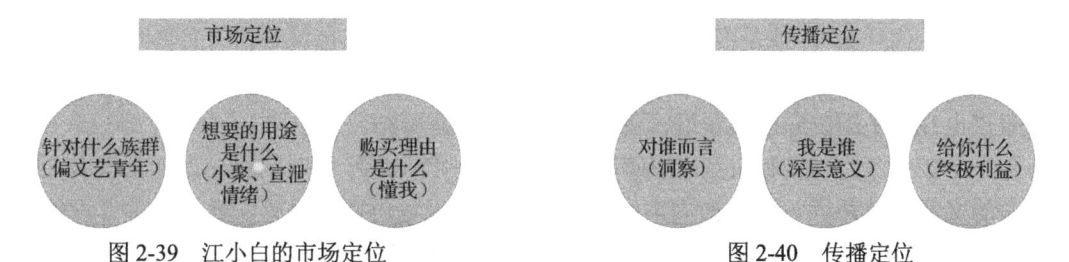

市场定位：针对什么族群（偏文艺青年）、想要的用途是什么（小聚、宣泄情绪）、购买理由是什么（懂我）

传播定位：对谁而言（洞察）、我是谁（深层意义）、给你什么（终极利益）

图 2-39　江小白的市场定位　　　　图 2-40　传播定位

首先，在传播定位上依然要先弄清楚对谁而言。

根据市场定位中的族群定位，我们要再深入地体会这个族群使用这个商品的深层次原因是什么，也就是说一定要对消费者有深入的洞察。

这个对谁而言中的"谁"，并不是一个具体的人，而是一种洞察。

前面已经分析过，江小白的族群定位是"城市打拼的文艺青年"，用途是"三五好友小聚时的饮品"。那么，这个时候为什么要喝江小白呢？因为这个时候有很多心底的情绪需要表达。所以这个"谁"（洞察），就是要满足消费者的表达欲，这也是江小白系列表达瓶的深层逻辑。江小白的促销文案（1）如图 2-41 所示。

图 2-41　江小白的促销文案（1）

其次，要弄清楚第二个问题：我是谁？

想要解决"我是谁"这个问题，首先要思考族群使用产品背后，更深层次的意义是什么。在这里需要注意区分目的和意义的不同。

比如，一个有钱人在上海买了座豪宅，他购买产品的目的是让孩子在上海学习与拓展自己的人脉，但是更深层的意义是在上海更好地发展壮大自己的企业；再比如，一个人办理健身馆的 VIP 会员卡，他购买产品的目的是让自己的身体更加强壮，但是更深层的意义是让自己的生活更加美好。

那么，消费者购买江小白的目的，是更好地抒发自己心底的情绪，而更深层次的意义是什么呢？其实，年轻人在跟好朋友吐槽现实生活、倾诉自己苦闷的时候，他们心底里有一种对美好生活的向往，这种向往就是期待一种理想的生活，一种年轻人都在寻找的生活。而大部分年轻人，喜欢的生活方式趋于简单化，不要那么多钩心斗角，不要那么多分别、离去，他们期望的就是一种"开心了就笑、想爱了就爱"的简单生活。当然，这种生活比较难以获得，但正因为难以获得，才更加引发人们的渴望。想要回归"简单生活"，就是人们饮用江小白这种酒的深层次原因，也是江小白的口号。于是，在"我是谁"这个问题上，江小白的答案是："我是江小白，生活很简单。"江小白的促销文案（2）如图 2-42 所示。

最后，要弄清楚第三个问题：给你什么？

所谓"给你什么"，就是要给消费者一个"终极利益点"，也就是消费者喜欢产品的情感因素是什么。比如，人们喜欢可乐并不是因为可乐好喝，而是它象征的年轻和正能量；人们喜欢耐克也并不是因为它的质量好，而是它象征的拼搏精神。

那么，江小白的终极利益点（情感因素）是什么呢？就是"我懂你"。为什么很多人喜欢江小白的文案，就是因为江小白文案始终在替年轻人表达内心的情感，表达消费者没能说出的感受。所以，江小白文案才能引发消费者共鸣，让消费者产生"懂我"的感觉。

江小白的传播定位如图 2-43 所示。但是，这里有一点需要注意，江小白在表达年轻人内心情感时，并不是五花八门、漫无边际的，而是一直有一个设定：向往简单生活的年轻人。它表达的都是简单的爱情、亲情、友情、情绪，因为"生活很简单"是江小白存在的深层意义。江小白的促销文案（3）如图 2-44 所示。

图 2-42　江小白的促销文案（2）

图 2-43　江小白的传播定位

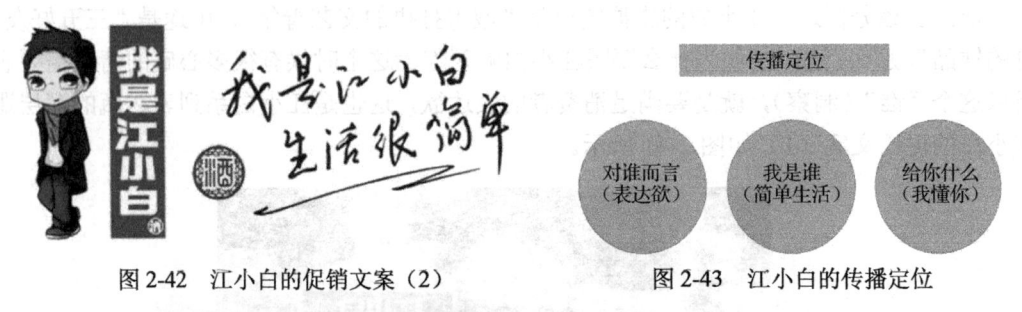

图 2-44　江小白的促销文案（3）

5. 常见的定位方法

每个企业在竞争中地位不同，扮演的角色也不一样，给消费者的感觉也不同。一般来说，企业在竞争中有五种角色：领导者、挑战者、追随者、补缺者和后进者。

不同角色的企业，其定位方法也有区别，如图 2-45 所示。

项目 2 确定营销目标

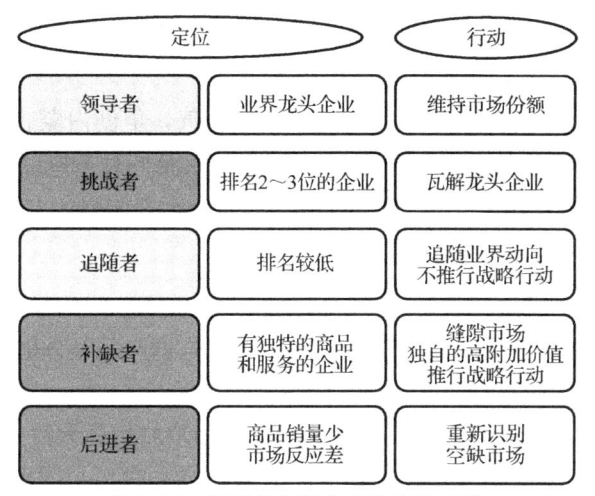

定位		行动
领导者	业界龙头企业	维持市场份额
挑战者	排名2~3位的企业	瓦解龙头企业
追随者	排名较低	追随业界动向 不推行战略行动
补缺者	有独特的商品和服务的企业	缝隙市场 独自的高附加价值 推行战略行动
后进者	商品销量少 市场反应差	重新识别 空缺市场

图 2-45　不同角色的企业的定位方法

1）领导者定位法：领先定位法

领先定位法，即成为某个领域的第一。历史表明，第一个进入人们心智的品牌所占据的长期市场份额通常是第二个品牌的两倍，是第三个品牌的四倍，而且这个比例不会轻易改变。

领先定位法要注意措辞。例如，定位于"二手车行业领军者"的某二手车直卖网在2018年销售被对手超赶时，因"遥遥领先"的宣传用语不当，被罚款1250万元。

2）挑战者定位法：对立定位法

对立定位法是一种强竞争性导向（非用户需求导向）的方法，是一种与对手有着显著差异化的定位方法，适合市场已经相对饱和、后发创业的品牌。

这种定位的逻辑必须有一个能够对标的竞品，最好是行业里规模最大、知名度最高的竞品，这样你的对立才有价值，才能被用户马上感受到，才能跳出同质化竞争。针对这个竞品，你认为你的产品最与众不同的优势是什么？要么人无我有，即拥有对手还不具备的优势；要么人有我强，即拥有对手还没有重点强化的特点，你准备做到最好。

例如，"七喜"汽水突出宣传自己不含咖啡因的特点，成为非可乐型饮料的领先者；滴滴和优步已经成了快车、专车的代名词，神州作为后发者，以滴滴为对标，提出了"更安全的专车"，让对手被间接联想成为"不安全的专车"，这个是人无我有；原来认为喝酒是男人的事，如今研发出适合女生喝的酒；原来认为喝酒是中老年人的事，如今白酒行业争相推出青春小酒，如江小白。江小白的促销文案（4）如图 2-46 所示。

图 2-46　江小白的促销文案（4）

3）追随者定位法：关联定位法

关联定位法，即借助对手在消费者心智中的高大地标，加强顾客对自身品牌的认识，成为顾客心智中的第二选择,也就是成为不了第一,就占据第二的位置。这里的关联定位,既可以是同行关联,也可以是跨界比附。

例如,蒙牛的口号"向伊利学习,为民族工业争气,争创内蒙古乳业第二品牌",艾维斯(Avis)租车的"我们是第二,所以我们更努力",这是同行关联;碧桂园的"给你一个五星级的家",江小白说自己是"小酒中的战斗机",这是跨界比附。

4)补缺者定位法:USP 定位法

20 世纪 50 年代初,美国的罗瑟·里夫斯提出 USP(Unique Selling Proposition)理论,即向消费者说一个"独特的销售主张"。USP 理论更集中强调产品具体的特殊功效和利益,是一种物理型定位。

例如,"农夫山泉有点甜","甜"是一个 USP,让用户联想到天然泉水;OPPO 手机的"充电 5 分钟,通话两小时",又是一个功能明确的 USP 定位,突出了闪充功能;劲酒广告语"劲酒虽好,可不要贪杯","健康"是劲酒的 USP,既突出了其保健酒的属性,又凸显了其健康饮酒的主张。

5)后进者定位法:重新定位

重新定位,是对销量少、市场反应差的产品进行二次定位。重新定位旨在摆脱困境,重新获得增长与活力。这种困境可能是企业决策失误引起的,也可能是对手有力反击或出现新的强有力竞争对手而造成的。

重新定位是通过识别市场中尚未被占据的市场空缺,然后占据这个市场空缺的定位方法。

例如,王老吉在产品再定位时就采取了重新定位的方法,王老吉通过开创"预防上火饮料"这种新产品品类,占据了市场空缺并取得了巨大的成功。

2.2.5 STP 战略实施流程

一个好的定位既能立足现在,又可以放眼未来。前面讲解了 STP 理论具体是什么,下面讲述具体的操作流程。

第一步,市场细分,根据购买者对产品或营销组合的不同需要,将市场分为若干不同的顾客群体,并勾画细分市场轮廓。

第二步,确定目标市场,选择要进入的一个或多个细分市场。

第三步,市场定位,在目标市场顾客群中形成一个印象,这个印象即为定位。

STP 的战略实施流程如图 2-47 所示。

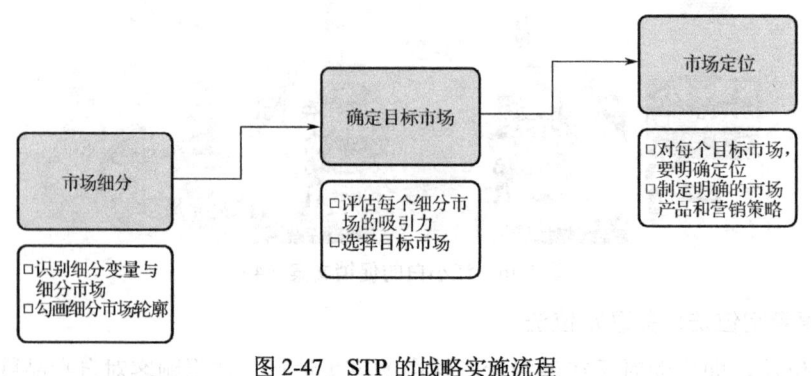

图 2-47 STP 的战略实施流程

项目 2　确定营销目标

这里拿"小红书"作为案例进行说明。小红书目前是分享社群，定位记录生活，同时具备商城功能，即小红书的市场范围有记录生活和商城。

1．市场细分

进行市场细分时需要确定产品的市场范围，列出潜在用户的需求，并分析需求是否为痛点需求，而非伪需求。而且市场细分的结果必须具备可衡量性、可盈利性和可进入性。

小红书的用户需求定位——记录生活和购物。在现有的产品上，记录生活通常使用微信朋友圈，为什么不在微信朋友圈记录而要来小红书呢？购物平台那么多，为什么选择小红书呢？这是小红书解决市场细分的关键问题，是小红书的潜在需求，但同时也是它的差异化竞争优势。

记录生活算痛点吗？不算！但晒优越感是痛点！通过对用户的潜在需求分析，得出如下结论：从人性的角度，小红书的潜在需求是羡慕嫉妒恨。正是激发了这种潜在痛点需求，"白富美"记录生活，"普通女"羡慕这种生活，即小红书的主要定位为女性用户。同时，女性用户可根据年龄进行细分，将用户年龄分为 16～20 岁、21～25 岁、26～30 岁，如图 2-48 所示。再将用户按照地理位置细分，即主要分布在一线城市。

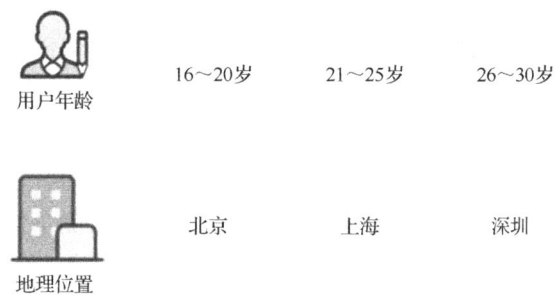

图 2-48　用户年龄与地理位置

在进行市场细分时，我们还可以根据人口细分、消费者心理细分、行为细分、生活方式细分和利益细分等。

女性用户群体庞大，经过对产品市场范围的分析，我们可得出小红书的最后细分市场属性：女性用户、一线城市、具备良好消费能力、年龄在 20～30 岁、主要活跃城市为北上广深。

2．确定目标市场

在确定目标市场时，我们可使用差异化市场策略、无差异市场策略和集中化市场策略中的一种。在分析出细分市场的不同维度时，抽取变量因素，根据产品事实匹配，形成最后目标市场。

拿小红书来说，在进行了用户年龄细分、地理位置细分、社会阶层细分、行为习惯细分后，我们也会有一个目标市场的心理预期。小红书的目标市场细分如图 2-49 所示。

小红书的产品定位于消费和分享，初期是以买手社群的形态，到后期有了自己的平台商城。且商城内的消费不算低，那就必须要求目标用户有一定的消费能力，而一线城市的"白富美"和白领用户群才是小红书的主要目标市场。

小红书的目标市场策略使用的是差异化市场策略。在进行用户细分时，通过不同维度验证小红书的用户为一线城市，且是具备一定消费能力的女性用户。在不同地区的用户，其行为习惯也不相同，而消费能力也是重要的衡量标准。

用户年龄	16~20岁	21~25岁	26~30岁
地理位置	北京	上海	深圳
社会阶层	中等家庭	收入固定	消费能力佳
行为习惯	有钱	有时间	有消费需求

图 2-49 小红书的目标市场细分

3．市场定位

市场定位是指我们的产品将确定为哪些用户提供服务，你的产品给什么样的人提供什么样的服务。确定目标市场后，我们需要分析目标市场现状，并确定我们现有产品的竞争优势。根据产品的优势分析，确定产品的使用场景和用户利益。

小红书在最开始时就积累了大批核心粉丝，即种子用户，而且这些种子用户均是海外买手类和网红类用户，自带"吸粉"属性，这也是小红书的核心竞争优势。小红书在一开始就确定了产品目标，从种子用户到现在的网红类用户、明星类用户，做的都是"吸粉"的工作。有了流量，就足够支撑小红书的商城闭环链。

小红书的市场定位不仅在于供，还在于求。通过网红分享生活，普通人有了一个看得到、摸得着的与网红近距离接触的机会。

小红书在"记录生活"时，内容生产频繁，这对普通用户还是很有吸引力的。各种名牌包包、汽车、护肤品、化妆品等，对于普通用户无疑是敞开了新世界。而普通用户也纷纷效仿，从而促进了小红书的用户活跃度。网红用户想获得更多粉丝和知名度，普通用户观察网红用户的生活并输出自己的生活记录，两者之间形成了互补效应。小红书的产品范围与市场定位如图 2-50 所示。

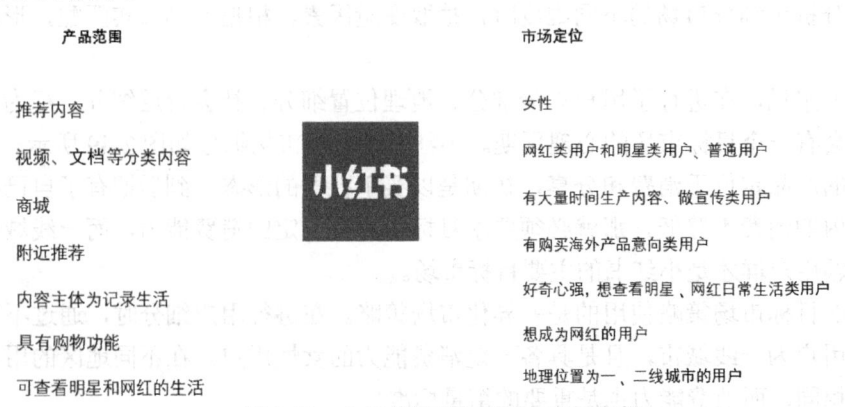

产品范围		市场定位
推荐内容		女性
视频、文档等分类内容		网红类用户和明星类用户、普通用户
商城	小红书	有大量时间生产内容、做宣传类用户
附近推荐		有购买海外产品意向类用户
内容主体为记录生活		好奇心强，想查看明星、网红日常生活类用户
具有购物功能		想成为网红的用户
可查看明星和网红的生活		地理位置为一、二线城市的用户

图 2-50 小红书的产品范围与市场定位

项目 2　确定营销目标

实施 STP 战略，需要明确的是用户定位从来不是想当然的，而是要基于产品深入目标市场群体，真正去了解他们的刚需到底是什么。

STP 战略适用多种市场的市场定位，但最后的输出结果仍需要反复验证。STP 战略是引导的一种思考方式，并不等同于最后的结果一定无误。每一种战略模型都具有边界性，而 STP 战略的边界性在于无法在产品市场模糊的情况下得出结论。在产品范围和公司目标资源等不清晰的情况下，即使最后得出结论，也会因为产品与用户的不匹配而导致结论被推翻。

任务实训

【实训 1】 从市场细分要素的角度，对下述案例进行分析。

■ **实训案例**

在 20 世纪 60 年代末，米勒啤酒公司在美国啤酒业排名第八，市场份额仅为 8%，与百威、蓝带等知名品牌相距甚远。为了改变这种现状，米勒啤酒公司决定采取积极进攻的市场战略。

他们首先进行了市场调查。通过调查发现，若按使用率对啤酒市场进行细分，啤酒饮用者可细分为轻度饮用者和重度饮用者，而前者人数虽多，但饮用量却只有后者的 1/8。

他们还发现，重度饮用者有以下特征：多是蓝领阶层；每天看电视 3 个小时以上；爱好体育运动。米勒啤酒公司决定把目标市场定在重度使用者身上，并果断决定对"海雷夫"牌啤酒进行重新定位。

重新定位从广告开始。他们首先在电视台特约了一个"米勒天地"的栏目，广告主题变成了"你有多少时间，我们就有多少啤酒"，以吸引那些"啤酒坛子"。广告画面中出现的尽是些激动人心的场面，如船员们神情专注地在迷雾中驾驶轮船，年轻人骑着摩托冲下陡坡，钻井工人奋力止住井喷等。

结果，"海雷夫"牌啤酒的重新定位战略取得了很大的成功。到了 1978 年，这个牌子的啤酒年销售量达 2000 万箱，仅次于 AB 公司的百威啤酒，当时在美国名列第二。

请对照如表 2-4 所示的市场细分的标准，分析米勒啤酒公司采用了哪几种市场细分方法，至少列举三种。

【实训 2】 扫描二维码并阅读《OPPO 的市场定位准确吗？为什么要争取年轻人市场？》一文，对比华为、小米手机，分析 OPPO 手机的 STP 战略实施过程。

阅读材料 2.2
OPPO 的市场定位准确吗？
为什么要争取年轻人市场？

项目 3

制定营销策略

项目导入

在完成制订部门年度营销计划后,君鹏需要通过制定各种营销策略,以保证计划的顺利进行。

项目分析

本项目通过学习和了解事件营销、饥饿营销、口碑营销、病毒营销、免费营销五种营销思维模式的特点,完成制定营销策略的过程。

事件营销是指企业通过策划、组织和利用具有新闻价值、社会影响及名人效应的人物或事件,吸引媒体、社会团体和消费者的兴趣与关注,以求提高企业或产品的知名度、美誉度,树立良好品牌形象,并最终促成产品或服务的销售的手段和方式。

饥饿营销是指商品提供者有意降低产量,以期达到调控供求关系、制造供不应求"假象"、维持商品较高售价、获取较高收益和维护品牌形象的目的。

口碑营销是指由生产者以外的个人通过明示或暗示的方法,不经过第三方处理、加工,传递关于某一特定或某一种类的产品、品牌、厂商、销售者,以及能够使人联想到上述对象的任何组织或个人信息,从而导致受众获得信息、改变态度,甚至影响购买行为的一种双向互动传播行为。

病毒营销是通过类似病理和计算机方面的病毒的传播方式,即自我复制的病毒式的传播过程,利用已有的社交网络去提升品牌知名度,或者达到其他营销目的营销方式。

免费营销是指商家通过提供各种免费产品或资源的形式来获得用户或流量的一种营销方式。

任务 3.1 事件营销

任务导入

登高而招，臂非加长也，而见者远；顺风而呼，声非加疾也，而闻者彰。假舆马者，非利足也，而致千里；假舟楫者，非能水也，而绝江河。君子生非异也，善假于物也。

——荀子《劝学》

任务导图

事件营销
- 什么是事件营销
  - 事件营销的概念
  - 事件营销的作用
  - 事件营销与网络炒作
- 事件营销的两种模式
  - 借势营销
  - 造势营销
- 事件营销的八种内容策略
  - 爱美牌、情感牌、热点牌、争议牌
  - 公益牌、名人牌、新奇牌、反常牌
- 事件营销的操作要点
  - "三不"原则（不能盲目跟风、不能违反法律法规、不能急功近利）
  - "五要"原则（要与品牌相关、要有曲折故事、要多方借力、要控制好风险、要不断尝试）

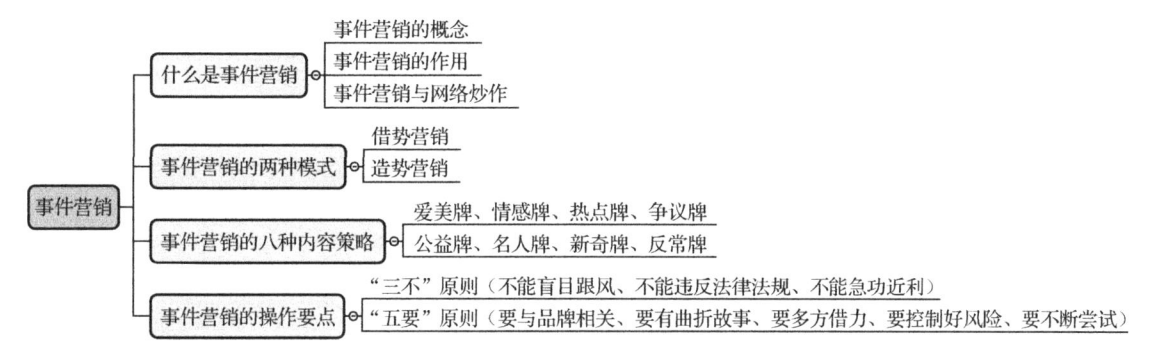

学习目标

知识目标	熟悉事件营销的概念、特点
	掌握事件营销的两种模式与八种内容策略
	掌握事件营销的操作要点
能力目标	能够辨别事件营销内容策略的类型
	能够策划一个事件营销方案

任务实施

3.1.1 什么是事件营销

1. 事件营销的概念

事件营销是指企业通过策划、组织和利用具有新闻价值、社会影响及名人效应的人物或事件，吸引媒体、社会团体和消费者的兴趣与关注，以求提高企业或产品的知名度、美誉度，树立良好品牌形象，并最终促成产品或服务的销售的手段和方式。

简单地说，事件营销就是通过把握新闻的规律，制造具有新闻价值的事件，并通过具体操作，让这一新闻事件得以传播，从而达到广告的效果。

事件营销是企业行为，是有目标的企业行为。这个目标，可以是提高企业或产品的知名度、美誉度，也可以是树立良好的品牌形象，还可以是促进产品或服务的销售。

这里有三个要点:

(1) 事件营销的实施办法是制造具有新闻价值的事件。新闻价值五要素是时新性、接近性、趣味性、重要性和显著性。策划事件营销时,新闻价值要素越多,事件营销的效果就越好。

(2) 事件营销的实施过程是通过制造有新闻价值的事件,引起媒体、社会团体和目标消费者的兴趣与关注。

(3) 事件营销的营销目标是通过提升品牌的知名度、美誉度,塑造品牌,从而达到实现销售的目的。

事件营销的三个要点如图 3-1 所示。

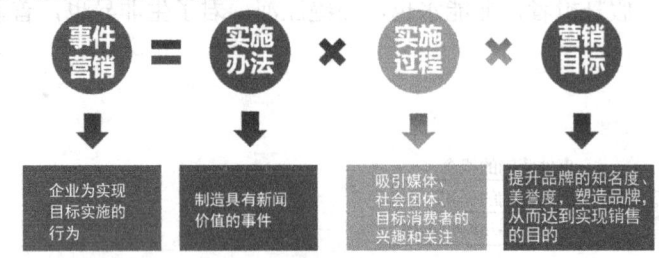

图 3-1 事件营销的三个要点

2. 事件营销的作用

事件营销的作用如图 3-2 所示。

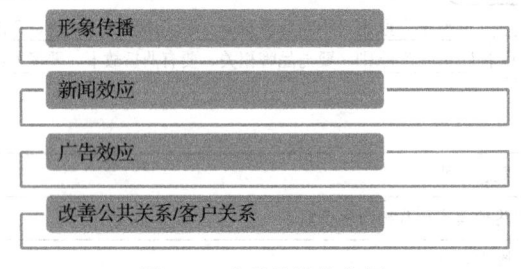

图 3-2 事件营销的作用

1) 形象传播

对于刚进入市场的企业,应通过怎样的方式在短时间内迅速建立知名度、传播品牌形象是一个较大的难题。事件营销借助互联网平台,具有传播速度快、传播力度强等特点。因此,企业可以通过事件营销来解决这个难题。

2) 新闻效应

新闻媒体是公认较好的传播工具之一,而事件营销最大的一个特点是能够引发新闻效应。若有媒体介入,有媒体帮助传播,则营销效果是非常明显的。事件营销最主要的一个特点是由事件营销引发的新闻传播无须成本。免费营销往往是企业的第一选择。

3) 广告效应

无论采取怎样的营销方法,最主要的目的是达到广告效应。一个热门事件往往是社会关注的焦点,也会有很多人参与讨论。由于人们对事件保持了高度的关注,自然就会记住事件背后的产品和品牌。

4) 改善公共关系/客户关系

通过事件营销,可以极大地改善公共关系/客户关系。比如,王老吉通过事件营销,其正面公众形象一下子就树立起来了,用户对王老吉的认可程度达到了史无前例的高度。在用户追捧的过程中,王老吉的知名度和销售量也被推向一个新的高潮。

3. 事件营销与网络炒作

事件营销与网络炒作是两个不同的概念。网络炒作就是通过策划一个事件,然后在网络上进行炒作来吸引用户的眼球,使之达到营销和宣传的目的。但是,在事件热度退却之后,事件的消息就会消失在人们的记忆中,也没有进行继续营销。如电影在上映前期的宣传中,常常会炒作男女主角的日常生活,以吸引用户的关注。我们可以从以下几个方面对比事件营销与网络炒作的区别:

(1)事件营销更注重的是整个公司的品牌形象,不仅仅是为了获得眼球和媒体的持续报道,里面包含品牌"知名度和美誉度"指标,这个指标可以用来衡量广告或公关公司的服务是否合格;而网络炒作多数有各种各样的目的,且多数集中在"个人行为"的炒作上。

(2)事件营销的成本比较高,传播范围有限,一般仅针对目标消费人群;网络炒作的目标人群是所有网民,传播的范围越广越好。

(3)事件营销一切从产品和品牌出发,任何损害产品和品牌形象的方式都是不被许可的,有着严格的标准;网络炒作多数以倍受争议的方式进行,目的是实现口碑传播,而这些炒作更容易获得口碑传播和公众议论。

(4)事件营销的最终目标是提高产品和品牌的"知名度和美誉度",从而带动产品的销售量;网络炒作的目标一般是提高个人和机构的利益,不一定为商品服务。

3.1.2 事件营销的两种模式

事件营销有借势营销与造势营销两种模式。

1. 借势营销

借势营销也叫借力营销,是企业将组织的议题向社会热点话题靠拢,实现公众从对热点话题的关注向对组织议题的关注的转变,从而达到营销目的的一种方式。

荀子曾言:"君子生非异也,善假于物也。"意指有才能的人并非有什么高明之处,只不过善于借用外部的力量而已。例如,杜蕾斯便是这方面的"人才",可谓借势营销的"鼻祖"。该品牌几乎能将每个社会热点与自家话题紧密结合在一起。热门事件、传统节假日、知名品牌、自然现象等,都可以成为杜蕾斯借势营销的切入点。

1)借热门事件的势

例如,2011年杜蕾斯"雨夜传奇"营销案例,就是借热门事件的势。

2011年6月23日,北京连续暴雨,"来北京,带你去看海"成了当天的流行语。下午下班时,雨越下越大,新闻报道地铁站因积水而关闭。京城大堵车,意味着很多人回不了家,同时也意味着很多人在微博上消磨时间。同样困在办公室的杜蕾斯微博运营团队,开始讨论如何既能回家又不让新买的球鞋被弄脏。于是,微博运营团队开始拍照、修图、撰写博文、预测效果。其操作宗旨就是与热点结合、有趣胆大、快速反应、坚持原创。

文案发出后,原文被转发88 460次,当天把杜蕾斯送上了微博热搜第一名,这也是新浪微博第一次非明星事件、非天灾人祸、非转发文案成为周热搜榜第一名的案例,并被《中国日报》(英文版)评为"2011年最具有代表性的社交网络营销案例"之一。

2）借传统节假日的势

元旦、春节、情人节、母亲节、父亲节、七夕节、中秋节、国庆节、圣诞节……每逢节日，营销人员都会想，这次该怎么写文案呢？

借传统节假日造势即为借助节假日热点，通过精良的制作内容和新颖的表现形式达到营销推广的目的。

3）借知名品牌的势

品牌联合营销，就是营销界各品牌相互借势的典型营销方式。

2017年感恩节，杜蕾斯在微博上推出了感恩节文案，一口气借势了13个品牌，包括绿箭、德芙、士力架、宜家等，被借势的品牌们也纷纷机智回应，随后还有不少品牌主动加入，出现一场文案狂欢活动。杜蕾斯感恩节文案也成为借势营销的经典案例。

4）借自然现象的势

2019年4月10日晚上，人类首张黑洞图片被正式公布，各大品牌纷纷借势营销。

借势营销的核心是一定要找到品牌与热点事件的关联点，不能脱离品牌的核心价值，应该把品牌的诉求点、事件的核心点、公众的关注点结合在一起，形成三点一线，贯穿一致。

品牌内涵与事件关联度越高，就越能让消费者把对事件营销的热情转移给品牌。不考虑品牌内涵与事件的相关性，生拉硬拽，什么事件都想利用，什么主题都想炒作，最终只会导致品牌形象模糊。

2. 造势营销

造势营销是一种主动营销模式。所谓主动营销模式，是指组织主动设置一些结合自身发展需要的议题，通过传播使之成为公众关注的公共热点。也就是说，造势营销是企业根据自身发展来制造事件和话题本身。但是，造势营销投入较大，风险也较高，很多都可能是企业自嗨，传播效果一般。造势营销一般有以下几种方法。

1）活动造势

企业组织策划宣传活动，是为了吸引消费者和媒体眼球，从而实现推广产品或品牌的目的。比如开业庆典、企业年会、企业周年庆、新产品上市发布会、慈善捐赠、论坛讲座、路演快闪店等，都是企业策划活动，提升产品或品牌知名度、塑造企业良好形象的手法。活动造势营销案例如图3-3所示。

图3-3 活动造势营销案例

2)概念造势

企业为自身的产品或品牌设计和创造一种全新的概念,引发新时尚,引发热捧,这是通过概念进行造势的方式。比如天猫"双11"活动。

对于传统电商来说,节假日的销售并不乐观。人们更愿意在难得的假期里,和亲友一起出去旅游、逛街、吃饭的同时,在线下商场"买买买"。

■ **案例赏析**

2009年3月,加入阿里巴巴集团不足两年的张勇接手了淘宝商城(后更名为"天猫"),这是一个当时没有人愿意接管的项目。项目推出不足一年,知名度很低,团队负责人还离职了,剩下的20多名员工则满眼迷茫。

张勇仅用4个月的时间将淘宝商城带入正轨,恢复了士气,只是还差一个市场爆点。为了制造这个"爆点",他决定在国庆节后、圣诞节前搞一次促销活动,具体日期则定在11月11日。

之所以定在这一天,是因为张勇的生日是1月11日,他对"1"有一种特殊偏好。令他没想到的是,这个偶然的决定后来竟塑造了一个国家级的购物狂欢节,甚至正在向全球蔓延。

"双11"之后,各大电商平台纷纷造节,如京东"6·18"、99大聚惠、淘宝"双12"等。

3)明星造势

明星造势是指邀请明星、行业KOL、权威人物等为产品背书,增加产品的正面意义,加重产品的附加值,获得消费者对产品的追捧的现象。明星造势包括明星剪彩、明星代言、KOL背书等。

明星造势的本质是利用明星的光环效应(或称晕轮效应),将某位知名的、令人喜爱或尊敬的、权威的人物与具体产品组合、嫁接、联系起来,将前者的价值转移到后者上。

随着手机市场竞争的白热化,各个厂商更看重的是利用明星代言和铺天盖地广告的方式来营销造势,意在利用明星的粉丝效应达到提高销量和提高用户黏度的目的。如2018年OPPO在发布R15时,就一下邀请了李易峰、王俊凯、迪丽热巴、杨幂、杨洋、杨紫、郑恺等流量明星为其产品代言。为OPPO代言的明星们如图3-4所示。

图3-4 为OPPO代言的明星们

理论上，通过明星造势有三大优点：

（1）将受众对明星的关注转移到对产品的关注上，提高产品的关注度和知名度；

（2）利用受众对名人的喜爱，产生爱屋及乌的移情效果，提高品牌的喜好度；

（3）通过名人的个性和形象魅力，强化品牌的个性和形象。

通过明星造势还有难以克服的三大缺点：

（1）明星往往是"流星"，时间风险大；

（2）不可控制的明星道德和健康风险；

（3）利用明星代言需要巨额资金投入。

4）舆论造势

舆论造势是指企业结合社会存在的、大家普遍关心或忽视的问题，提出自己的主张，开展公益或慈善活动，引发大家对某个问题的关注和讨论的同时，塑造出负责任的企业形象。比如，宝洁从1996年起支持中国的希望工程活动，支付宝的蚂蚁森林活动等，都是通过舆论造势的。

3.1.3 事件营销的八种内容策略

事件营销的具体实施，往往都是需要其他营销手段和平台辅助的，如抖音、微博、公众号、贴吧、论坛等，决定事件营销成功与否的关键因素是创意。下面介绍八种事件营销的内容策略，如图3-5所示。

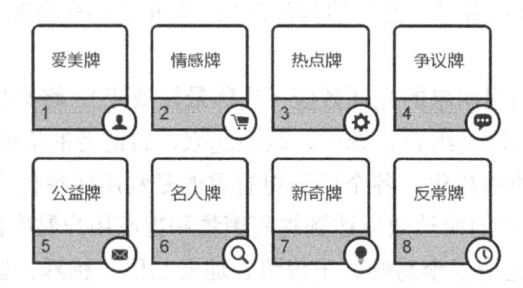

图3-5 事件营销的八种内容策略

1. 爱美牌

爱美之心，人皆有之。"爱美"是永恒的话题和热点，也是最容易策划和实施的营销元素。所以在策划事件营销时，若实在找不到好的创意点，不妨考虑打爱美牌。虽然招数有点老，但也是非常有效的。

2. 情感牌

想走量，先走心。俗话说"人心都是肉长的"，只要我们心里想着消费者，能够为消费者做一些实事，消费者一定不会无动于衷。毫无疑问，打情感牌就是利用人们的接收信息时的边缘路径倾向，从而收到良好的营销效果。

例如，2017年3月20日，网易云音乐把App上点赞数最高的数百条乐评印满了杭州市地铁1号线和整个江陵路地铁站，红底白字十分抢眼。然而万万没想到，这些乐评内容却条条扎心，网友直呼戳泪，如此走心的文案，让人无法不留下深刻印象，"论文案还得服网易云音乐啊！"情感牌的营销文案如图3-6所示。

图 3-6　情感牌的营销文案

3. 热点牌

在这个"注意力"稀缺的时代,我们能看到的信息很多,但能关注的信息却很少,能被我们当作话题来讨论的信息更少。热点话题关注度高,如果在热点当中恰好出现某个产品的信息时,该产品就会成为谈论者关注的焦点。人们在看了热闹之后,说不定会认真考虑要不要购买该产品。"蹭热点"是借势营销的一种常用手法。

■ 案例赏析

2018年世界杯期间,共有7家中国企业(包括万达、海信、蒙牛、vivo等)成为世界杯的赞助商,广告支出费用高达53.5亿元人民币,平均每家7.6亿元。但抢到世界杯在国内的营销风头,获得前所未有的热度,知名度获得了大大提升的不是这7家企业,而是华帝。

2018年3月初,华帝签约法国足球队成为官方赞助商后,策划了"法国队夺冠,华帝退全款"的促销活动。即推出了一款夺冠套餐产品,承诺活动期间,若法国队夺冠,将全额退款。最终,活动期间"夺冠退全款"指定产品销售额为7900万元。相当于华帝花了不到8000万元做了一个蹭世界杯热点的广告,而且与其他砸了几亿元的品牌相比,收到的效果更好,可谓"四两拨千斤"。华帝"夺冠退全款"活动营销文案如图3-7所示。

图 3-7　华帝"夺冠退全款"活动营销文案

华帝的营销活动之所以能成功,有三个原因:一是利益驱动,"退全款"的活动规则涉及金额最高达5000元;二是用好玩来驱动,把活动跟一个"未知"的结果联系在一起,很有悬念,就像一个大型游戏一样,显然能激发受众的参与感;三是离不开世界杯和法国队这两个热门IP的加持。

4. 争议牌

争议是永恒的热点,也是最容易引发大众关注和传播的手段。在策划事件营销时同样如此,争议越大,事件营销就越成功。比如,某涂料经历过"喝涂料"事件后,打出"真猫真狗喝涂料"的广告,以证明公司产品无毒无害。此举引起社会巨大反响,争议四起。但是,此次事件赢得了极大的新闻效应,提升了公司品牌知名度,让该公司一跃成为国内知名品牌。争议牌营销文案如图3-8所示。

图 3-8　争议牌营销文案

5. 公益牌

公益活动是企业进行事件营销时风险最小的一种。策划公益活动，进行慈善捐赠回报社会的同时，顺便宣传一下自己的产品和品牌，实在是一举两得的美事。

■案例赏析

"5·12"汶川大地震的捐款仪式中，王老吉以1亿元人民币成为国内单笔最高的捐款。第二天，网上一篇名为《让王老吉从中国的货架上消失！封杀它！》的帖子开始疯狂流传，其中写道：

"王老吉，你够狠，捐一个亿，胆敢是王石捐的200倍！为了整治这个嚣张的企业，买光超市里的王老吉！上一罐买一罐！不买就不要顶这个帖子啦！"

这个热帖被各大论坛转载，3个小时内百度贴吧关于王老吉的发帖超过14万个。

接下来，各个地方不断出现王老吉断货的新闻，王老吉一时间红遍了大江南北，成为人尽皆知的品牌，成为凉茶界的行业领先品牌。

一个公众瞩目的企业行为（公益捐赠），一个引人关注和自愿转发的帖子，一个简单的行动号召（让王老吉下架），变成了一条广受关注的社会新闻，让王老吉实现了品牌和销量的双丰收。

6. 名人牌

名人效应的威力不可小觑，大部分消息只要被名人光环笼罩，就会成为被关注的焦点。

例如，京东霸道总裁刘强东与奶茶妹妹章泽天的爱情故事，引起了社会舆论的广泛传播，"领证门""结婚门""孕照门"等层出不穷，可以说将"商圈"打造成了一个"娱乐圈"，使京东迅速获取了大量的曝光和流量。对于京东公关团队设计的这一系列炒作事件，我们可以说这是典型的利用娱乐新闻来进行企业品牌营销的办法。

7. 新奇牌

对于新鲜的人和事，公众总是充满兴趣，保持着高度的关注，这是因为人类骨子中的"好奇心"在作怪。如果我们在策划事件营销时，能够满足人们的好奇心，自然会成为大众的焦点。

■案例赏析

"4小时后逃离北上广！"这是2016年新世相公众号推送的微信文章《我买好了30张机票在机场等你：4小时后逃离北上广》的内容，30张免费机票和酒店，未知的地点，既燃起了文艺青年"说走就走"的心，又引发了广大网友的好奇。真相是新世相与航班管家共同举办的一场营销活动,如图 3-9 所示。

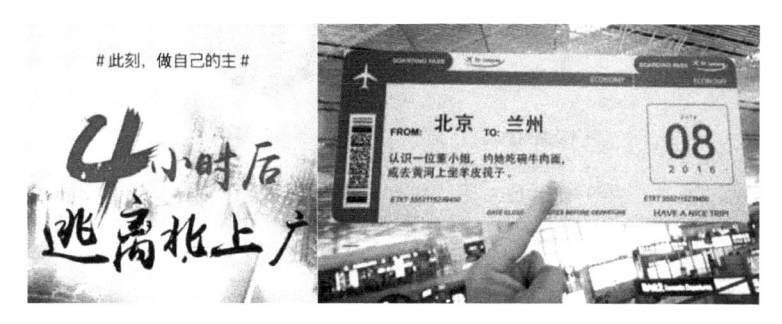

图 3-9 新世相与航班管家共同举办的营销活动

8. 反常牌

反常是指跟常情不相同,不正常的某些东西或现象。营销中,某些产品或品牌在我们认知中已经有了固定的概念,甚至成为品类的代名词。比如老干妈是辣椒酱、大白兔是奶糖、六神是花露水等。

■ 案例赏析

2019 春夏纽约时装周"中国日"第二季活动拉开帷幕,各大国牌潮流单品悉数亮相,其中最吸引国内网友的竟是一款老干妈卫衣。这是天猫联合众多中国品牌打造的"天猫国潮"概念之一。"天猫国潮"还推出了六神鸡尾酒、大白兔奶糖润唇膏、周黑鸭唇膏、泸州老窖香水、卫龙辣条粽子等跨界产品。天猫联合众多中国品牌打造的"天猫国潮"产品如图 3-10 所示。

图 3-10 天猫联合众多中国品牌打造的"天猫国潮"产品

这种违反常识常情的跨界,从品牌延伸角度来看,可能会造成品牌稀释或混淆的不良后果。但从传播角度来看,因为颠覆认知而新颖有趣,从而引发关注和讨论,让"国牌变潮牌",让越来越多的年轻人为国货"打 call"。对整体升级老字号品牌形象、吸引年轻群体、助力老字号复兴等是有效的。

3.1.4 事件营销的操作要点

事件营销的操作要点,概况来说就是"三不""五要"原则,如图 3-11 所示。

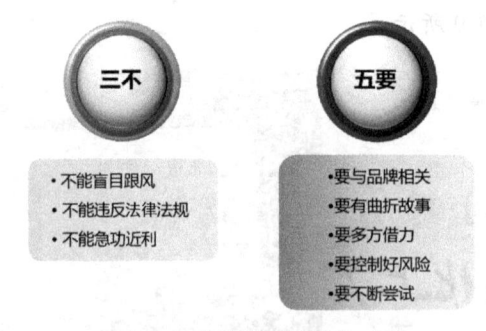

三不
- 不能盲目跟风
- 不能违反法律法规
- 不能急功近利

五要
- 要与品牌相关
- 要有曲折故事
- 要多方借力
- 要控制好风险
- 要不断尝试

图 3-11　事件营销的操作要领

1. "三不"原则

1) 不能盲目跟风

很多企业在进行事件营销的过程中，都喜欢模仿别人的成功案例或蹭一些社会热点，但结果却往往不尽如人意。最主要的原因在于盲目跟风，不是所有的事件都可以用来做事件营销的，达不到预期效果可能还会适得其反。比如，刘翔离婚、优衣库视频事件等，杜蕾斯就没有做借势营销。

一个社会热点的出现，要做如下的断定才能采取该有的动作。

- 导向是否是正面的。比如优衣库事件明显属于隐私权被侵犯的热点事件。
- 是否和品牌相关联。生硬地把热点和品牌关联到一起，不如不做。
- 是否合理合法。明星热点出现时，品牌直接用明星肖像是侵权的。比如 2015 年刘翔退役时，某电器品牌未经他同意，在官方微博上使用了他的照片。据《京华时报》消息，刘翔起诉索赔人民币近 60 万元。
- 受众的情绪如何。事件营销时，即使有些事你做得对，但由于话语上的歧义，也有可能导致一场品牌的灾难。
- 时间点很关键。虽然说互联网唯快不破，但不能因为快而降低品质。一般的热点事件，不能在六小时内关联上就没有做的必要了。

2) 不能违反法律法规

事件营销无论怎样策划，都要始终遵循相关的法律法规，一定不能越位。2013 年中国互联网大会发出倡议：全国互联网从业人员、网络名人和广大网民，都应共守"七条底线"，即法律法规底线、社会主义制度底线、国家利益底线、公民合法权益底线、社会公共秩序底线、道德风尚底线、信息真实性底线，如图 3-12 所示。

例如，某主播为拥有 200 万订阅量的网红主播，为了吸引粉丝的关注，竟然用国歌做自己所谓的"网络音乐节"的开幕曲，更为荒诞的是居然对国歌大肆地进行修改。最终，该主播的直播账号被封。

3) 不能急功近利

很多企业，视事件营销为灵丹妙药，寄希望于策划一个事件就能让品牌扬名天下，或者出现销量暴涨的奇迹。

图 3-12　中国互联网大会倡议共守"七条底线"

■ 案例赏析

2018 年 3 月，策划了"逃离北上广""丢书大作战"等成功案例的新世相公司，推出了"新世相营销课"海报。它以微课裂变方式，推广其课程，在朋友圈形成了刷屏。营销课一级分销提成比例为 40%，二级分销提成比例为 10%。很快，因带有诱导转发的性质，微信对此进行了封禁限流。"新世相营销课"海报如图 3-13 所示。

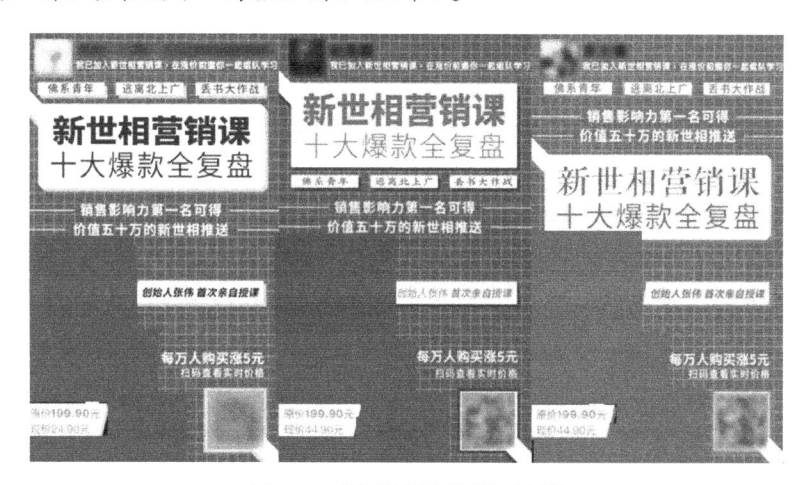

图 3-13　"新世相营销课"海报

创始人张伟在提到"新世相营销课"事件时认为，这是一次包含若干错误决定的尝试，他对这件事的反思一直持续到现在："即便内容价值足够，但拔苗助长、急功近利，能带来短期效果，也不再符合我们的核心利益。"

2. "五要"原则

1）要与品牌相关

在策划事件营销时，不能生拉硬扯，方向一定要与品牌相关联，最终才有可能达到宣传品牌的目的。例如，海尔厂长砸冰箱、杜蕾斯借势营销等案例，无一不是与品牌诉求关联在一起的。

2015 年"飞人"刘翔退役时，各大品牌争相蹭此热点做事件营销。请读者思考一下，在如图 3-14 所示的品牌关联事件的营销案例中，雪碧、长安汽车、QQ 浏览器哪个品牌展现的关联性最强？

图 3-14 品牌关联事件营销案例

2）要有曲折故事

好的故事才能做营销。好的事件营销，应该像讲故事一样，一波三折，让人们看了大呼过瘾，看了还想看，这样做出来的事件营销时效才能更持久。

■ 案例赏析

2018 年国庆节放假前，为了迎接七天长假，支付宝 9 月 29 日在微博上发起了一个抽奖活动，要抽取一位幸运儿，送上超级大礼包。活动上线 6 个小时，微博转发破百万次，成为微博史上转发量最快破百万的企业微博账号。最终，这条微博收获 400 多万次的点赞，2 亿次的曝光量。

一个很多企业都用过的微博抽奖活动，为什么"支付宝中国锦鲤"营销活动能成为 2018 年较成功的营销案例？除丰厚的奖品以外，在各个节点设置话题，引发网民的持续关注和讨论，也是本次活动成功的重要原因之一。"支付宝中国锦鲤"营销活动如图 3-15 所示。

图 3-15 "支付宝中国锦鲤"营销活动

分析"支付宝中国锦鲤"营销活动的各个阶段，不难总结出其取得成功的原因：
- 冷启动阶段，要求各大品牌商添加奖品、转发活动，发布奖品长图清单，以较低的参与门槛或成本+极高的利益诱惑，引发消费者互动。
- 造势阶段，引导用户晒免单截图，邀请大V助阵，用"生双胞胎""被雷劈"做对比，突出三百万分之一概率。
- 高潮抽奖阶段，没有公示抽奖过程，获奖者"信小呆"太像网红，引发"内定"的猜测和质疑。
- 收官阶段，平息内定质疑，绘制全球移动支付好运图。

3) 要多方借力

除媒体以外，员工、商业伙伴、名人明星、达官政要，都可以是传播工具。成功的事件营销，除内容的新奇和创意以外，传播辐射范围也是成功的要素之一。

■ 案例赏析

2018年天猫"双11"，它的宣传推广包括自媒体营销、社会化媒体营销、线上线下的广告投放等。

自媒体营销以天猫微博为主战场，联合阿里集团旗下邀请的上百位当红明星，参与"天猫'双11'全球潮流盛典""天猫'双11'狂欢夜"两场晚会，以"预热—预售—售卖"为节点，引导消费者"看晚会—抢红包—买买买"。晚会期间，泰国副总理、卢旺达总统、印度尼西亚总统等达官政要，通过视频送上祝福，如图3-16所示。

图3-16 多方借力案例

社会化媒体营销以抖音、各大视频网站为主战场，除明星代言以外，天猫还在抖音平台上线了4款用户红包贴纸，联合100多位抖音KOL，结合视频派发红包，引导用户进入天猫主会场。

广告投放，除线上的PC端、移动端互联网广告，线下的楼宇、电梯、公交地铁广告以外，全球户外广告投放是亮点。天猫联合各品牌商家，在美国时代广场、巴黎埃菲尔铁塔等全球多个国家的多个地标为"天猫'双11'"打call。

4) 要控制好风险

策划一个营销方案之前，一定要充分考虑风险因素。要控制好风险，不能因为事件营销而对企业造成负面影响，所有的推广活动都应该是为品牌做加法的。

如何控制风险？可以从下述十个方面着手：
- 事件营销不能触犯国家的法律法规。
- 事件营销不能降低品牌的档次。
- 事件营销不能破坏品牌的美誉度。
- 事件营销不能与实际情况不符（信任危机）。
- 事件营销应有应急预案。
- 事件营销应考虑具体的环境。
- 事件营销应符合地方的文化风俗。
- 对事件营销中的每一个环节都要进行准确定位。
- 应有专门的人做包括媒体在内的舆情监控工作。
- 要定期进行总结与检讨。

■ **案例赏析**

2019年4月10日，人类首张黑洞照片面世。次日中午，有网民发现视觉中国（这是一家自称"国际知名的以视觉内容生产、传播和版权交易为核心"的互联网科技文创公司，2014年成功在深圳A股上市）网站上，黑洞图片被列入视觉中国的"编辑图片"，并且标明：此图片是编辑图片，如用于商业用途，请致电或咨询客服代表。

随后，视觉中国创始人在微信朋友圈中表示，"黑洞"照片属于Event Horizon Telescope（EHT）组织，视觉中国通过合作伙伴获得编辑类的使用授权。

15点后，共青团中央微博"国旗、国徽的版权也是贵公司的？"的质疑，使视觉中国舆情出现了第一个高峰。与此同时，各大知名企业也发现自己的Logo和商标被视觉中国贴上了"版权所有"的标签。

12日上午，天津网信办连夜依法约谈视觉中国公司。国家版权局发布公告称"图片版权保护将纳入专项行动。

律师分析：视觉中国以自己根本不具有版权的图片作为事实基础进行所谓"维权"的行为，可能涉嫌诈骗罪或敲诈勒索罪。

5) 要不断尝试

在实施事件营销过程中，不要把事件营销认为是临时战术，要当成一项长期工程来实施，不要随意停止，并且要与品牌保持持续的长期战略关系。

任务实训

【实训1】 扫描二维码并阅读《2018年十大刷屏级营销案例》一文，指出哪些案例是借势营销，哪些案例是造势营销。

借势营销的案例有：＿＿＿＿＿＿＿＿＿＿＿＿＿＿＿＿＿＿＿＿

造势营销的案例有：＿＿＿＿＿＿＿＿＿＿＿＿＿＿＿＿＿＿＿＿

阅读材料3.1
2018年十大刷屏级营销案例

【实训2】 请从文档中找出相关案例并指出属于事件营销的哪种策略（若没有，请列举你印象深刻的事件营销案例，每种列举两个）。

爱美牌：＿＿＿＿＿＿＿＿＿＿＿＿＿＿＿＿＿＿＿＿＿＿＿＿＿＿＿＿＿＿＿＿＿＿＿＿＿＿＿
情感牌：＿＿＿＿＿＿＿＿＿＿＿＿＿＿＿＿＿＿＿＿＿＿＿＿＿＿＿＿＿＿＿＿＿＿＿＿＿＿＿
热点牌：＿＿＿＿＿＿＿＿＿＿＿＿＿＿＿＿＿＿＿＿＿＿＿＿＿＿＿＿＿＿＿＿＿＿＿＿＿＿＿
争议牌：＿＿＿＿＿＿＿＿＿＿＿＿＿＿＿＿＿＿＿＿＿＿＿＿＿＿＿＿＿＿＿＿＿＿＿＿＿＿＿
公益牌：＿＿＿＿＿＿＿＿＿＿＿＿＿＿＿＿＿＿＿＿＿＿＿＿＿＿＿＿＿＿＿＿＿＿＿＿＿＿＿
名人牌：＿＿＿＿＿＿＿＿＿＿＿＿＿＿＿＿＿＿＿＿＿＿＿＿＿＿＿＿＿＿＿＿＿＿＿＿＿＿＿
新奇牌：＿＿＿＿＿＿＿＿＿＿＿＿＿＿＿＿＿＿＿＿＿＿＿＿＿＿＿＿＿＿＿＿＿＿＿＿＿＿＿
反常牌：＿＿＿＿＿＿＿＿＿＿＿＿＿＿＿＿＿＿＿＿＿＿＿＿＿＿＿＿＿＿＿＿＿＿＿＿＿＿＿

【实训 3】 利用近期热门事件，参考网上相关海报，为你们学校、社团或正在运营的项目，创意一个借势营销的海报。

任务 3.2　饥饿营销

📝 任务导入

饥饿营销是把双刃剑,是一种对顾客心理极致把握的营销方式,也是一种道德界限模糊的营销方式。

📝 任务导图

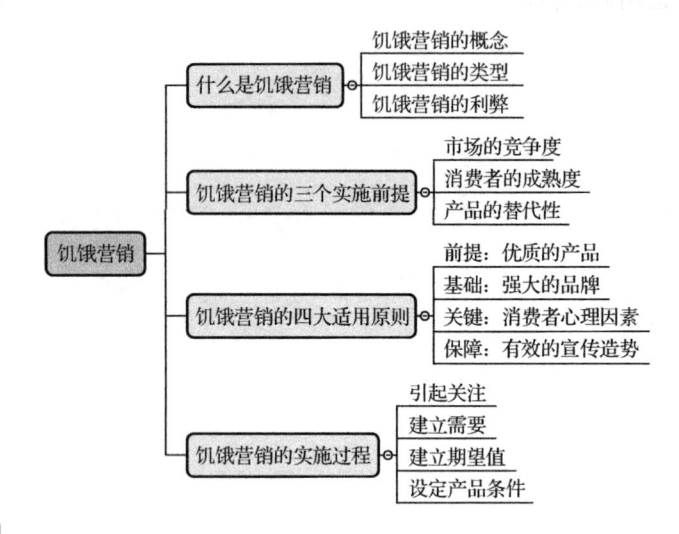

```
                           ┌─ 什么是饥饿营销 ─┬─ 饥饿营销的概念
                           │                 ├─ 饥饿营销的类型
                           │                 └─ 饥饿营销的利弊
                           │
                           ├─ 饥饿营销的三个实施前提 ─┬─ 市场的竞争度
                           │                         ├─ 消费者的成熟度
                           │                         └─ 产品的替代性
          饥饿营销 ────────┤
                           │                         ┌─ 前提:优质的产品
                           ├─ 饥饿营销的四大适用原则 ─┼─ 基础:强大的品牌
                           │                         ├─ 关键:消费者心理因素
                           │                         └─ 保障:有效的宣传造势
                           │
                           │                       ┌─ 引起关注
                           └─ 饥饿营销的实施过程 ──┼─ 建立需要
                                                   ├─ 建立期望值
                                                   └─ 设定产品条件
```

📝 学习目标

知识目标	了解饥饿营销的概念及类型
	掌握饥饿营销实施的三个前提
	掌握饥饿营销的四大适用原则
	了解饥饿营销的四个实施步骤
能力目标	能够分辨哪些行业或产品适合做饥饿营销
	能够策划一场饥饿营销活动

📝 任务实施

3.2.1　什么是饥饿营销

■ 案例赏析

提起饥饿营销,大家第一反应就是小米手机。但自始至终,雷军都不承认小米手机是在实施饥饿营销。为什么雷军不承认小米手机在做饥饿营销呢?

为了孩子能上好的幼儿园,家长们通宵排队;春节期间无论线上线下,都是一票难求,售票处始终人山人海。幼儿园和交通部门,是在做饥饿营销吗?

奢侈品推出限量版、房地产捂盘惜售、星巴克猫爪杯被哄抢,这些商家是在做饥饿营

项目 3 制定营销策略

销吗?

回答这些问题之前,我们先来了解饥饿营销的概念。

1. 饥饿营销的概念

在市场营销学中,饥饿营销是指商品提供者有意降低产量,以期达到调控供求关系、制造供不应求的假象、维持商品较高售价、获取较高收益和维护品牌形象的目的。

这里有三个关键词:有意、假象、目的。饥饿营销是指企业有意识地把自己的产品在已占领的市场上保持供不应求的紧张局面,而这主要不是靠对产品限产来达到的,而是以限制销量来刺激消费需求达到的。也就是说,饥饿营销是有意激发消费者的强烈购买欲望,不给予满足或将满足的时机拖延滞后,引发消费者更为强烈的购买动机,形成供不应求的抢购现象,从而达到稳定商品价格、获取较高收益、维护品牌形象等目的的营销手段。饥饿营销的定义如图 3-17 所示。

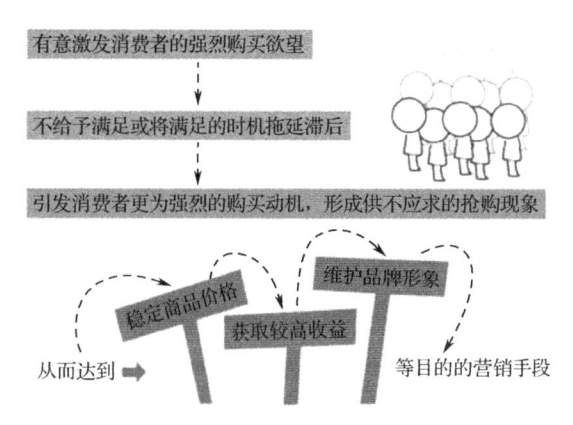

图 3-17 饥饿营销的定义

像好的幼儿园、春节期间的火车票,属于真实产品供不应求的状况,并不是幼儿园或交通部门有意而为之,所以不是饥饿营销。我们判断一个活动是否是饥饿营销,可以看它的真实供求状况,看运营者的初衷。不是所有排队都是饥饿营销。

■**案例赏析**

小米手机到底是不是在实施饥饿营销?

早在 2013 年,雷军就表示:饥饿营销就是一个伪命题。"有货压着不卖意味着什么?一台小米手机售价 2000 元,50 万台就是 10 亿元。频繁断货,还会给消费者带来不好的体验,对哪个公司来说都是违反商业逻辑的。一般来说,小米手机的供货周期是 3~4 个月。也就是说,在一台手机制造好的前 4 个月,就要把货款支付给零件供应商。为了缓解资金压力,货流通得越快越好。""主要是 CPU 供应商高通的产能有限。"小米的饥饿营销案例如图 3-18 所示。

有记者问:小米故意饥饿营销吗?我当时回答:这是表象,实质是小米供不应求。我们一直在优化供应链,小米今年目标,产能将翻番达到1500万台!高端手机就是海鲜,任何厂商不会,也不敢囤货不卖!希望媒体朋友和米粉理解。

3月6日13:23 来自小米手机2 👍(227) | 转发(2083) | 收藏 | 评论(1710)

图 3-18 小米的饥饿营销案例

在小米召开的2018年度业绩发布会上，雷军表示："米9的需求远远超出了小米的预期，供货并不是小米故意搞饥饿营销，小米从来没有也永远不会故意饥饿营销，没有任何一家手机品牌会饥饿营销，小米手机是'海鲜生意'，不是房子，需要新鲜，我敢饥饿营销吗？我敢捂盘吗？"

小米的竞争对手华为、vivo、OPPO，都拥有自己的手机制造工厂，而小米手机的生产是依靠富士康及比亚迪来代加工的。小米的营销模式堪称典范，但生产加工始终是它的薄弱环节。

2. 饥饿营销的类型

饥饿营销按照其实施方式，可以分为品牌饥饿、人群/行为饥饿、数量饥饿和价格饥饿四种，如图3-19所示。

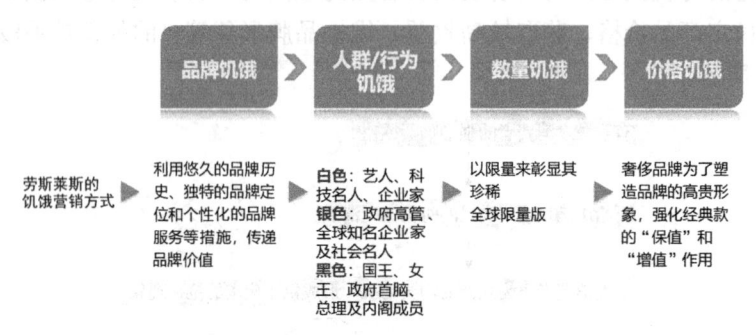

图3-19 饥饿营销的四种方式

（1）品牌饥饿。比如，爱马仕是世界著名的奢侈品品牌，1837年创立于法国巴黎，早年以制造高级马具起家，迄今已有180多年的悠久历史，其饥饿营销的方式可以归类为品牌饥饿营销。

（2）人群/行为饥饿。比如，某些俱乐部并不是有钱就可以参加的，号称"中国最牛的商学院"的湖畔大学，以"发现并训练有企业家精神的创业者"为宗旨，由柳传志、马云、冯仑、郭广昌、史玉柱等九位企业家和著名学者于2015年发起创办。每年招收学员36～50人，入学条件有四个，即创业满三年、年营收超过3000万人民币、三年完税证明和三位推荐人。

（3）数量饥饿。比如商家推出的全球限量版。2019年星巴克推出粉色猫爪双层玻璃杯，全球限量3000个，造成"全世界都在排队抢杯子，甚至有人为此大打出手"的场景，即使售价199元每个的杯子炒到2500元每个，但星巴克仍然坚持不再补货。

（4）价格饥饿。高价格的奢侈品品牌是为了塑造品牌的高贵形象，强化经典款的"保值""增值"作用。比如，金银珠宝普遍认为有保值、增值作用。

3. 饥饿营销的利弊

饥饿营销的主要原则就是物以稀为贵，充分利用了消费者"得不到更想要"的心理，吊足消费者的胃口。任何一种营销方式都存在利与弊，饥饿营销也不例外。饥饿营销的利与弊如图3-20所示。

1）饥饿营销的好处

（1）强化消费者购买欲望。饥饿营销是指通过实施欲擒故纵的策略，调控产品供求，引发供不应求的假象的一种营销方式。消费者都有一种好奇和逆反心理，越是得不到的东西越想得到。于是，企业的策略对消费者的欲望进行了强化，而这种强化会加剧供不应求的抢购气氛，使饥饿营销呈现更强烈的戏剧性和影响力。

图 3-20 饥饿营销的利与弊

曾经有一位社会心理学家做过一个实验，他把完全相同的饼干放到两个罐子里，一个罐子里装十块，另一个罐子里装两块。然后他找了两批人，分别试吃两个罐子里的饼干，并让试吃的人对饼干的味道做出评价。结果，试吃罐子里装两块饼干的人给出的评价更高，为什么会这样呢？

其实，这背后就是稀缺效应造成的影响。对我们来说，任何事物越稀少、越不容易得到，它的价值就会越高、吸引力就会越大。我们把这种稀缺效应用在营销上就是：限量供应的产品可以提高消费者对产品价值的感知，增加产品吸引力，从而强化消费者的购买欲望。

例如，网红品牌喜茶，绝大多数人知道它，应该都是通过看到喜茶店外的顾客排队现象，或者看过排队的照片。喜茶的产品并不便宜，奶茶的价格基本与星巴克的齐平，但消费者似乎很享受排队的过程。喜茶的饥饿营销案例如图 3-21 所示。

图 3-21 喜茶的饥饿营销案例

（2）扩大产品品牌号召力。当消费者看到周围的人整天在排队抢购、谈论甚至组成粉丝团与竞争对手的粉丝"掐架"时，这种宣传的感染力是不可估量的。首先，这是消费者自发的传播；其次，这是无成本且持久进行的传播。于是，消费者就会被周围的人感染，进而采取与他们一致的行动——也开始关注这种商品或品牌。

"如果你没有在 Waiting List（等候名单）上排过队，就不能算是一个合格的奢侈品粉丝"，这是奢侈品行业的一句经典名言，如图 3-22 所示。

"三年等一包"的现象其实就是饥饿营销法，这是奢侈品行业较为常见的一种营销模式，除一些产品确因销量少、生产周期长外，厂商运用这种营销方法主要目的是彰显资源的稀缺性，从而扩大商品或品牌的号召力。

图 3-22　奢侈品行业的经典名言

（3）稳定企业收益。一般商品从上市到退市，基本上都是价格越卖越低，而饥饿营销通过调控市场供求关系，将产品分批、分期投放市场，保持市场适度的饥饿状态。通过客户关系维护，将购买欲望持续地转化为产品生命周期内的购买力。这样就使企业可以保持商品价格的稳定，牢牢控制商品价格，维持商品较高的售价和利润率。

例如，房地产行业的销售流程大致是：楼盘在开盘前后，开发商先大量进行广告宣传，吸引人看楼，请看楼者登记、交诚意金、登记 VIP 客户等，有的还张榜公布销售情况（实际上并不一定销售那么多），形成临时性缺货或只剩少数存量的假象，致使购买者恐慌。长长的等待名单也为楼盘作了免费广告。

房地产行业普遍存在着"捂盘惜售"现象。在楼市旺季，房地产商"捂盘惜售"制造饥饿营销的方式有两种：一是放慢销售速度，将整个销售周期拉长，一年内有好几次调价机会；二是当现有房子销售到一定程度后，开发商会停止销售，把一些房子（相对较好的）留到下一期一起卖，以便卖个高价。有的开发商一次只开卖一栋楼，或者几十套房子，如果人数不够或一次性售罄，就继续延期开盘，以制造热销气氛，形成购房者"饥饿"，这样就可以不断提价。

（4）维护品牌的形象。在消费者的传统意识里，品牌的形象与它代表的商品的价格、销量、广告宣传等密切相关。企业实施饥饿营销策略，给消费者传达的信息是：这种商品不错，不然不会缺货，买这种商品可靠，价格不会跳水。于是，品牌形象就得到了有效的维护。

意大利奢侈品品牌 GUCCI 总裁帕特里齐奥·迪马可批评一些奢侈品品牌卖天价提包，不仅点名批评 LV 帆布包的材料成本是 1 米 11 欧元，同时自曝 GUCCI 的材料成本是 0.305 米 50 欧元。

"通货膨胀、原材料及人工成本上涨都是客观原因，更重要的是提价对于奢侈品品牌而言是一种策略，以维持其高端形象。"业内人士认为，奢侈品涨价的真正原因在于价格策略。品牌价值是定价的核心，高价策略始终是奢侈品维护其高端地位的一种方式。

奢侈品是高端、身价、品位的象征，其客户对象直指高端人士、富豪阶层，而不是大众消费者。因此，保持高端的价格，甚至每年都采用提价策略，正是为了要保持品牌的稀缺性及对富豪阶层的吸引。正是因为这样，奢侈品的价格都会呈现稳定上涨的趋势，从而给人们保值、增值的错觉。

2) 饥饿营销的坏处

饥饿营销实施不当,或者营销过度,都有可能造成客户流失、品牌伤害、市场衰退等严重后果。

(1) 客户流失。饥饿营销属于短期策略,而品牌运营是长期战略。如果每次都让消费者费尽千辛万苦才能买到梦寐以求的产品,他们就会对品牌进行消极评价。饥饿营销之所以能运作下去,是因为消费者对品牌有认同感、有忠诚度,但更多的是一种无奈和忍受,这种无奈和忍受会慢慢消耗弥足珍贵的品牌忠诚度。当消费者有了更多选择的时候,他们会毫不犹豫地选择离开,这时候饥饿营销的副作用就会集中体现。这也是小米雷军反反复复强调,小米手机没有、不会实施饥饿营销的原因。

■案例赏析

某品牌登上了网络热搜,却给消费者留下了不愉快的体验。

风波起因于位于山东济宁的一家经销店,该店在售卖前张贴了一张名为"发售预警"的海报。海报上要求消费者除带上身份证件以外,还需同时身穿该品牌的鞋和服装,以表示对品牌的尊重,只有这样才有资格进入店铺参与现场排队摇号。其不合理的着装要求立刻引发网友的不满和质疑,认为品牌有意进行饥饿营销。某品牌的饥饿营销案例如图3-23所示。

图3-23 某品牌的饥饿营销案例

该品牌实行了"排队抽号购买""身份证登记"等要求进行过度的饥饿营销,这也是导致消费者对品牌纷纷吐槽的原因。

(2) 品牌伤害。企业在实施饥饿营销过程中必须始终贯穿"品牌"这个因素,其运作的前提也是基于品牌号召力的,如果饥饿营销用不好,则会对品牌造成伤害,降低其附加值。

■案例赏析

2016年,某明星的上海演唱会于12月30日开唱。演唱会门票价格分为1800、5800、7800元三个档次,每人限购2张。

12月5日，演唱会门票在大麦网上发售时，状况是"秒杀"（后来证实大麦网仅销售800张票）。没抢到的粉丝转而求助各种"黄牛"，依然是一票难求，据说最好的位置已经被炒到几十万元。

然而半个月后，某著名电台DJ在微博及朋友圈连发消息，称"×××的演唱会还有几天，目前大部分票还压在经销商手里，之前炒到几十万元的说法已成笑话，现在原价卖都卖不掉"。

（3）市场衰退。从产品生命周期的角度看，无论什么调整方法，都无法避免市场的衰退。饥饿营销本质上是拉长了销售周期。所以，还须在衰退前用新的产品或服务代替。例如，苹果手机从iPhone 4开始到iPhone XS，更新换代的速度非常快，从以前的一年推出一次新机，到最近的一年推出两次，手机存储容量也从以往最大64G到如今的512G。苹果作为最擅长饥饿营销的企业之一，能把控消费者的消费习惯，从小屏幕到大屏幕，从密码解锁到指纹解锁，再到人脸识别，无一不是应对市场衰退的举措。

3.2.2 饥饿营销的三个实施前提

饥饿营销作为一种手段，同样受着市场的竞争度、消费者的成熟度和产品的替代性三个因素的影响。市场的竞争度与产品的替代性直接影响品牌商对该领域商品的垄断程度。市场竞争越激烈，可替代的产品越多，消费者的选择就越多，饥饿营销就越难以奏效。而目标消费者的心理越成熟，则越难受到"饥饿"的鼓动，更少地受到饥饿营销的影响。饥饿营销的三个实施前提如图3-24所示。

图3-24 饥饿营销的三个实施前提

1. 市场的竞争度

为什么饮料行业不适合做饥饿营销？为什么苹果手机的饥饿营销效果越来越不好？

如果市场竞争比较激烈，同类产品中我们的产品不占优势，那么饥饿营销的结果只有一个，就是会赶走我们现在拥有的一些客户，因此，饮料行业就不适合做饥饿营销；苹果手队排队盛况不再，是因为市场上其他智能手机品牌的产品品质提升巨大，消费者拥有了更多的选择。

2. 消费者的成熟度

"卖肾买苹果""攒一年的工资，买LV包包去挤地铁"，这些是典型的消费者不成熟行为。为什么上述案例中明星演唱会门票，最后出现原价都卖不出去的情况？主办方没有预估到的是，该明星的粉丝主要是"70后""80后"，他们不像"90后"一样有大把时间，同时为了偶像可以倾其所有。该明星的粉丝已经足够成熟，时间比金钱更宝贵，他们纵使愿意支付门票价格，但不一定有时间，在"一票难求"的炒作声中，提高了粉丝的行动成本，不少成熟的消费者会理性选择放弃。

3. 产品的替代性

饥饿营销，大多建立在产品独一无二、不可替代的基础上，同质化的产品无法实施饥饿营销。饥饿营销之所以集中在房地产、奢侈品、电子产品等高单价低频率的行业，是因为产品有无可替代性和稀缺性。要么是品牌形象的无可替代性，要么是产品功能的独一无二性，要么是地理位置的稀缺性。如果没有，商家也会想办法制造出来。

■ 案例赏析

街头潮流品牌 Supreme，之所以出现"每周四固定发售时店铺外总是排着长队，官网商品更是秒间售罄"的现象，可以用饥饿营销三个前提来分析。

第一，市场的竞争度。目前还没有出现一个和能 Supreme 一样"独当一面"的品牌，包括 Palace、Kith 及更多新生品牌还有很长的路要走，短期之内也不太容易去取代 Supreme 的地位，最多是给消费者多一个购物选择的机会。

第二，消费者心智的非理性。年轻人总是想把自己弄得更酷，就连挑件衣服也是一样。一个品牌如果不掺杂些酷炫的理念，就显得没什么内涵。而用小众的标签去取悦大众，Supreme 的做法得到了青睐。在中国，Supreme 消费者的年龄层差不多是在 18~35 岁。

第三，产品具有不可替代性。Supreme 是街头潮牌的象征，创始人 James 觉得街头文化的滋生和普及是一个全球化的趋势，每个国家的年轻人都在创造他们的地下文化并通过网络交流和传播。"想要在潮流届入门，你需要知道 Supreme；想要进阶，那么理所当然地，你要拥有一件 Supreme 单品"；"如果你是滑板和其他街头文化的信奉者，就不可能会错过 Supreme；买到 Supreme，是进入那个圈子的准入证"。连余文乐、鹿晗、吴亦凡等独具个性的明星，都自愿免费为 Supreme 代言。

Supreme 的火爆，靠的是它的限量、Logo 的高识别度，以及饥饿营销与花式联名的合作。Supreme 饥饿营销的火爆场面如图 3-25 所示。

图 3-25 Supreme 饥饿营销的火爆场面

3.2.3 饥饿营销的四大适用原则

什么样的产品或行业适合做饥饿营销？我们认为需要满足以下四大适用原则，饥饿营销成功的概率才会比较高。饥饿营销的四大适用原则如图 3-26 所示。

1. 前提：优质的产品

产品要在同类产品中具有独特的优势，而且短期内无法被模仿。比如，智能手机推出前期的苹果、顶级的奢侈品牌、某些房地产楼盘、喜茶占卜茶等，因特色突出而引发消费者的追捧。消费者再冲动，也不会为了一个没有实际用处或无明显优势的产品去等待、抢购。

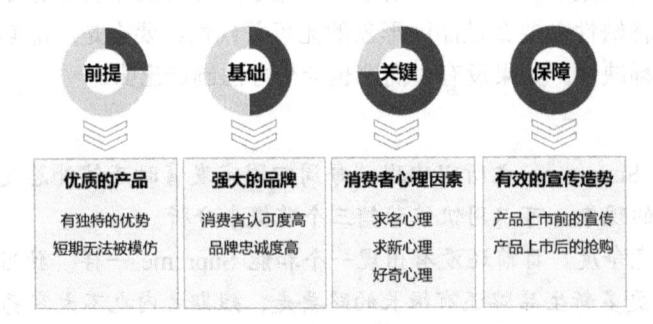

```
前提              基础              关键              保障
优质的产品        强大的品牌        消费者心理因素    有效的宣传造势
有独特的优势      消费者认可度高    求名心理          产品上市前的宣传
短期无法被模仿    品牌忠诚度高      求新心理          产品上市后的抢购
                                    好奇心理
```

图 3-26　饥饿营销的四大适用原则

2．基础：强大的品牌

知名品牌的消费者认可度和品牌忠诚度较高，企业制造供不应求的抢购气氛，消费者容易接受，从而加入排队抢购的队伍，陷入饥饿营销的模式中。

3．关键：消费者心理因素

目前市场中，完全理性的消费者较少，消费者或多或少受一些心理因素的影响，要么求名，要么求新，要么是好奇心理在起作用。

求名心理：促使消费者追逐名牌产品，哪怕预订或排队等待也心甘情愿。

求新心理：导致消费者高度关注的新产品，不惜花费大量金钱和精力去获得。

好奇心理：强化消费者的购买欲望，越是得不到的，越是想得到。

4．保障：有效的宣传造势

饥饿营销效果好不好，跟宣传媒体的选择、时机的选择、方式的选择密切相关。

产品上市前：通过自身活动、媒体宣传，把消费者的胃口吊起来。

产品上市后：实况转播排队抢购和产品缺货等供不应求的现象。

此外，要注意信息传播力度，过多则产品无秘密可言，过少则激不起消费者的兴奋点。而在吊消费者胃口时也要把握力度，太小达不到企业目标，太大则使消费者产生畏惧。

3.2.4　饥饿营销的实施过程

如何实施饥饿营销？一般来说，可以按照下述四个步骤来实施，如图 3-27 所示。

```
引起关注 ▶ 建立需要 ▶ 建立期望值 ▶ 设定产品条件
```

图 3-27　饥饿营销的实施的四个步骤

1．引起关注

想成功实施饥饿营销，首先是要引起用户的关注。如果用户对你的产品一点兴趣都没有，何来饥饿一说？让大家对产品关注，建立初步的认识是第一步。如何引起关注呢？做好线上线下的宣传造势，制造产品话题，让产品本身就带有某些话题性。

例如，2016 年 10 月中旬，微博、微信各大社交媒体，甚至 QQ 空间都被 YSL 星辰唇膏霸屏了，几个如"叫男朋友送 YSL 星辰，他是什么反应""YSL 星辰所有色号买齐就答应和你在一起"等各种口吻一致的营销号在做宣传,瞬间掀起讨论高潮,引起各大网友对 YSL 星辰的关注。在此期间,YSL 星辰在百度奢侈品品牌风云榜荣登榜首,微博上超过 1000 万的话题就有好几个。YSL 星辰在微博上的宣传页面如图 3-28 所示。

图 3-28 YSL 星辰在微博上的宣传页面

2. 建立需要

仅仅是引起用户的关注还不够,还要让用户发现自己对产品有需要。如果大家只是关注,自身却没有需要,不想拥有,那还是达不到目的。

例如,一篇《叫男朋友送 YSL 星辰,他是什么反应?》的文章火爆后,网友们各种"秀恩爱、找男友、抵制前两者"的帖子铺天盖地。在很多人一头雾水开始搜索什么是 YSL 星辰的时候,"断货""难买"的声音进一步让更多消费者产生迫切的购买欲望。利用人们扎堆购买热卖单品的心理,营造出一种"不买 YSL 星辰不配做口红党"的氛围。建立产品需要的案例如图 3-29 所示。

图 3-29 建立产品需要的案例

3. 建立期望值

引起用户关注后,还需要再加一把火,帮助用户建立一定的期望值,让用户对产品的兴趣和拥有欲越来越强烈。如果大家只是关注,自身有需求,但期望值不高,那么目的还是达不到。

这一步,YSL 公司的品牌宣传文案传达这样一个理念:"幸福的女孩有男朋友送口红,优秀的女孩能自己给自己买口红,无论怎样,爱自己最重要。"充满人文关怀的宣传策略,既吻合品牌的市场定位,又拓展了商品背后的文化价值,给消费者一个"堂而皇之"的消费理由。此处的口红不仅仅是一个商品,而更像一个爱的符号,象征着良好的生活品质和浪漫的生活情调。这样一来，消费者在购买产品时所收获的不仅仅是商品的使用价值，还有一种"心愿被满足"的愉悦感。建立期望值的营销案例如图3-30所示。

图3-30 建立期望值的营销案例

4．设定产品条件

前面做的铺垫已经很到位了，就差最后一步，即设定得到产品需要的条件。这个方法其实每个商家都会采用。大家最熟悉的场景是：一个活动做到最后，主持人就会说，"想要得到免费产品的请举手，大家会很踊跃地举手。"主持人接下来会说，"我们的产品只有20份，可是现场却有100多人举手，怎么办？"现场就会有人说我花钱买。在他的带领下，很多人就会附和，那么经销商的目的就达到了。在设定的条件下，有人又掉进了经销商圈套，那么，其预期效果就达到了。

饥饿营销产品条件的设定，可以有如下方法。

- 设定底线（最后期限）。例如："优惠活动8月21日结束。"很老的套路，但魅力依旧不减。
- "数量有限，先到先得"。例如："大屏高清互联网电视，前50位买家享受10%的折扣价。"
- 设定优惠时段。例如："12:00—13:00在本店购买家具的顾客，享受20%的折扣，仅限本周内购买的顾客。"
- 设定具体日期。例如："明日起至本周五下午5:00，凡在本店消费的顾客均享受15%的折扣价优惠，消费额度不限。"
- 针对特殊消费群体。例如："本年度最后一周光临本店就餐的军属、警属，我们将提供半价优惠，作为圣诞礼物奉送给这些社会的守护神。"
- 进一步限制优惠范围，降低活动成本。例如："新客户将有机会获得半价优惠。"
- 未上架产品优惠承诺。例如："因缺货暂停优惠，敬请广大客户关注本店经营动态，等待下一次机会。"

■案例赏析

一起来看看当年乔布斯是如何通过实施饥饿营销策略把苹果产品推向全世界的。

在iPhone即将面世时，苹果公司对新产品研发先是避而不谈，只告诉市场，将有新产品iPhone面世，之后很长一段时间iPhone的信息几乎没有；等到市场极端渴望从各种途径获得iPhone的产品信息时，乔布斯突然现身，对iPhone进行简单介绍；等到iPhone正式上市之后，其广告便铺天盖地，通过各种形形色色的途径让你天天看到，处处看到。这种极度的反差，让消费者犹如久旱逢甘露，突然间对iPhone产生极大的购买冲动。2010年，从iPhone 4到iPad 2，再到 iPhone 4s，苹果产品全球上市呈现出独特的传播曲线：发布会→上市日期公布→等待→上市新闻报道→通宵排队→正式开卖→全线缺货→"黄牛"涨价。消费者通宵排队抢尝"苹果"的画面如图 3-31 所示。

图 3-31 消费者通宵排队抢尝"苹果"的画面

"产能不足、饥饿营销、'黄牛'囤货"，使得苹果在中国市场的份额一步步加速。从苹果高级营销经理位置上卸任的 John Martellaro 曾发文指出，苹果一直在执行一项名为"可控泄露"的营销策略，即有计划、有目的地放出未发布新产品的信息。

苹果公司对其产品的营销并非简单的饥饿营销，而是极端的饥饿营销。

从苹果公司实施的饥饿营销过程中可以看到，实施饥饿营销的条件如图 3-32 所示。

品牌 ＋ 产品 ＋ 营销 ＝ 饥饿营销

图 3-32 实施饥饿营销的条件

总之，从心理学的角度看，饥饿营销是一种对顾客心理极致把握的营销方式；从道德角度看，饥饿营销是道德界限模糊的一种营销方式。无论如何，饥饿营销仅仅是一种营销策略，并不是所有行业、所有产品都适合饥饿营销。

任务实训

【实训 1】 扫描二维码并阅读《潮牌 Supreme 值得借鉴的六个营销法则》一文，从饥饿营销利弊来分析 Supreme 实施饥饿营销有什么好处，存在什么风险。

阅读材料 3.2
潮牌 Supreme
值得借鉴的
六个营销法则

【实训 2】 从饥饿营销三个实施前提和四个适用原则的角度，分析苹果手机饥饿营销成功的原因，以及为什么现在没有以前有效了。

【实训 3】 广东岭南教育集团与华南师范大学合作，以"更中国，更世界"为教学理念，在广州天河校区开办了华南师范大学附属外国语学校，初中生年学费 7 万元起。请从饥饿营销适用四原则的角度进行分析，你认为该校适合做饥饿营销吗？请按照饥饿营销的四个实施步骤，为其策划一场饥饿营销活动。

任务 3.3　口碑营销

📓 任务导入

要认真做好产品，要相信口碑，口碑是信仰的一部分。口碑的核心是超越用户的预期。

——雷军

📓 任务导图

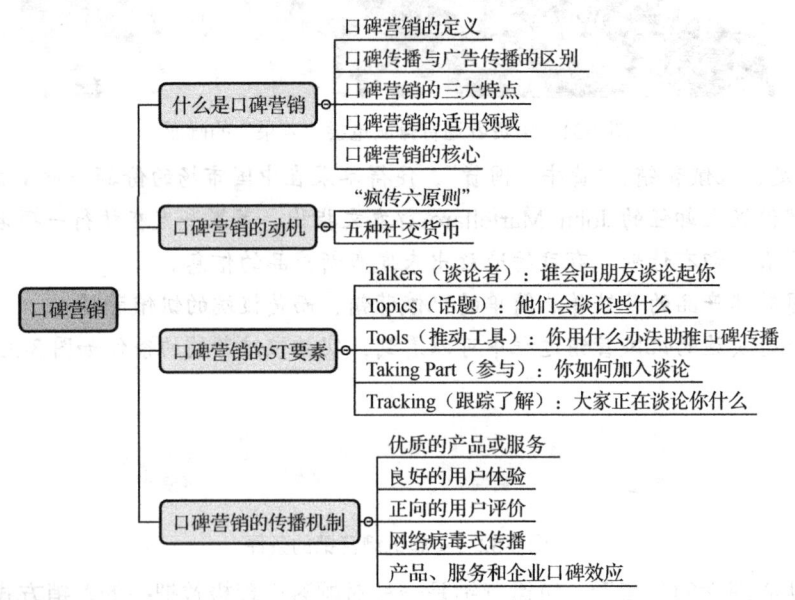

```
                        ┌── 口碑营销的定义
                        ├── 口碑传播与广告传播的区别
          ┌ 什么是口碑营销 ┼── 口碑营销的三大特点
          │             ├── 口碑营销的适用领域
          │             └── 口碑营销的核心
          │
          │             ┌── "疯传六原则"
          ├ 口碑营销的动机 ┤
          │             └── 五种社交货币
          │
          │             ┌── Talkers（谈论者）：谁会向朋友谈论起你
口碑营销 ──┤             ├── Topics（话题）：他们会谈论些什么
          ├ 口碑营销的5T要素┼── Tools（推动工具）：你用什么办法助推口碑传播
          │             ├── Taking Part（参与）：你如何加入谈论
          │             └── Tracking（跟踪了解）：大家正在谈论你什么
          │
          │                ┌── 优质的产品或服务
          │                ├── 良好的用户体验
          └ 口碑营销的传播机制┼── 正向的用户评价
                           ├── 网络病毒式传播
                           └── 产品、服务和企业口碑效应
```

📓 学习目标

知识 目标	了解口碑营销的定义
	掌握口碑营销的动机
	掌握口碑营销的5T要素
能力 目标	掌握口碑营销的实施要点
	能够策划一个口碑营销方案

📓 任务实施

3.3.1　什么是口碑营销

■ 案例赏析

雷军一直不承认小米手机实施的是饥饿营销。那么，小米手机的营销策略是什么？

2008年，雷军提出了互联思维七字诀：专注、极致、口碑、快。

2014年，雷军在联想集团内部的一次演讲中说："在创办小米之前，联想的东西就已经在我的 DNA 里了。做小米的时候，我真正学习的是同仁堂、海底捞、沃尔玛和 Costco 这几家公司。像同仁堂一样做产品，货真价实，有信仰；向海底捞学用户服务，做超预期的口碑；向沃尔玛、Costco 这样的公司学运作效率。"

2014 年，小米联合创始人黎万强出版了《参与感：小米口碑营销内部手册》一书，明确提出："互联网思维就是口碑为王。"小米的营销是口碑营销。小米出版的书籍及提出的口碑营销示意图如图 3-33 所示。

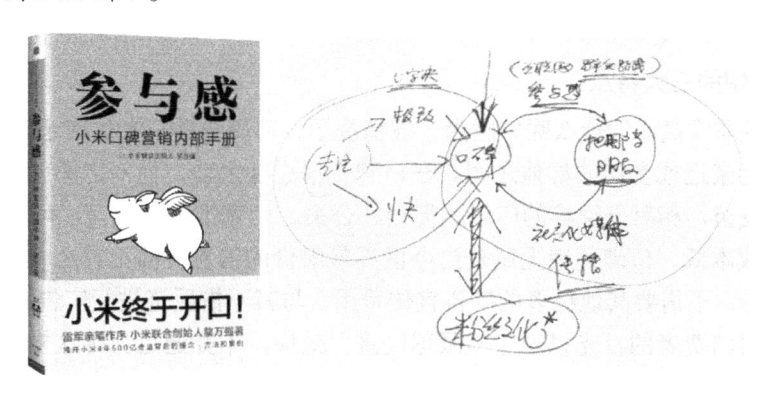

图 3-33　小米出版的书籍及提出的口碑营销示意图

那么，什么是口碑营销？小米和海底捞是如何实施口碑营销的呢？

1. 口碑营销的定义

口碑营销是由除生产者以外的个人通过明示或暗示的方法，不经过第三方处理、加工，传递关于某一特定或某一种类的产品、品牌、厂商，以及能够使人联想到上述对象的任何组织或个人信息，从而导致受众获得信息、改变态度，甚至影响购买行为的一种双向互动的传播行为。

2. 口碑传播与广告传播的区别

我们可以借助拉斯韦尔的传播五要素，将口碑传播与广告传播进行对比，从而进一步了解口碑营销。口碑传播与广告传播的区别如图 3-34 所示。

传播五要素	口碑传播	广告传播
1 传播者	第三方	广告主
2 传播内容	未经处理加工	精心加工
3 传播媒介	口头为主，文字为辅	文字、音频、视频等
4 传播对象	亲戚、朋友、粉丝等	目标消费者
5 传播效果	无意识改变对方购物行为	有意改变对方购物行为

图 3-34　口碑传播与广告传播的区别

从传播者来看，口碑传播是除广告主以外的第三方传播者自发传播的活动。

从传播内容来看，口碑传播是未经处理加工的信息。

从传播媒介来看，口碑传播源于熟人之间的口口相传。在社会化媒体背景下，口碑传播辐射到文字。

从传播对象来看，口碑传播主要是亲戚、朋友和粉丝之间。

从传播效果来看，口碑传播可能是为了社交或话题的需要，无意识改变对方的购物行为。

口碑（Word of Mouth）源于传播学，由于被市场营销领域广泛应用，所以有了口碑营销。口碑营销在古代就存在，"老字号"在人们心里根深蒂固，从来不是靠广告和媒介，而是靠口口相传，从而让老品牌不胫而走。而在当代，信息爆炸、产品和媒体暴增、广告泛滥等，致使广告效果减弱。消费者宁愿相信朋友的一句不经意的点评，也不相信销售员的100句"专业"与"真心"的介绍。

3．口碑营销的三大特点

（1）可信性非常高。为什么呢？因为一般情况下，口碑传播都发生在亲戚、朋友、同事、同学等关系较为亲近或密切的群体之间。在口碑传播进行之前，他们之间就已经建立了一种特殊的关系和友谊，相对于纯粹的广告、促销、公关、商家推荐等而言，可信度要高许多。

（2）传播成本低。口碑营销无疑是当今世界最廉价的信息传播工具之一，基本上只需要企业的智力支持，不需要其他更多的广告宣传费用。与其不惜巨资进行广告宣传、促销活动、公关活动来吸引消费者的目光以产生"眼球经济"效应，不如通过口碑这样廉价而简单有效的方式来达到这个目的。

（3）具有团队性。不同的消费群体之间有不同的话题与关注焦点，因此各个消费群体构成了一个个攻之不破的小阵营，甚至是某类目标市场。他们有相近的消费取向、相似的品牌偏好，只要影响了其中的一个或几个人，在这个沟通手段与途径无限多样化的时代，信息马上会以几何级数的增长速度传播开来。

4．口碑营销的适用领域

在什么样的情况下，我们会主动征求朋友或熟人的意见呢？

我们看电影购票之前，会有什么样的动作？一般会上豆瓣看看其评分，或者询问看过的朋友，是否值得一看。

我们在外出就餐或看牙医时，也会有意识地听取朋友的意见。

我们在买房子、汽车、数码产品等高单价产品时，会上论坛看网友评价，问使用者的感受。

但是，我们买牙膏、牙刷、洗发水时，会不会征询朋友的看法呢？

一般来说，像餐饮、娱乐、教育、医疗等类别具有体验性质的产品，产品属性并不像其他类别的产品一样易于描述与评价，并且具备极强的主观性。消费者的个性化需求使得他们对同一个产品能做出千差万别的评价，这种不确定性使得消费者的感知风险增加。搜集相关信息是减少消费者感知风险的有效手段。因此，这类产品的口碑营销效果显著。

另外，像房子、汽车、数码产品等类别的高单价耐用品，由于信息不对称、购物风险大，所以消费者愿意多花时间和精力进行信息收集。因此，这类产品使用者的口碑作用显著。

对于牙膏、牙刷、洗发水等日用易耗品，由于客单价低，消费者重复购买次数多，已经形成自己的品牌偏好，一般不会主动征询第三方的意见。因此，这类产品少有口碑营销。

5．口碑营销的核心

什么是口碑营销？什么样的产品会有口碑？价格便宜的产品有口碑吗？价格便宜质量又好的产品有口碑吗？其实都不是，真正有口碑的产品是让用户有超预期的产品，即口碑营销的核心是超预期。

什么是超预期？可以从产品五层次角度，对比小米手机和海底捞来理解，如图3-35所示。

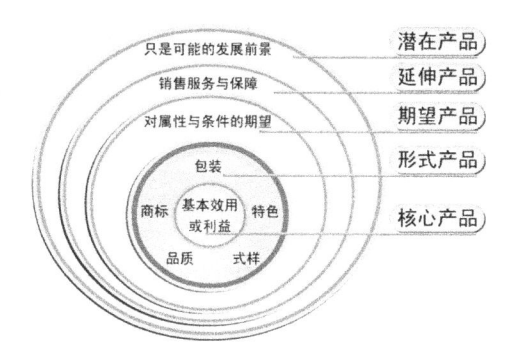

图3-35 从产品五层次角度来理解超预期

- 核心产品：比如手机是用来沟通的，餐厅是用来填饱肚子的。
- 形式产品：手机的形式产品包括品牌、样式、尺寸大小等。
  餐厅的形式产品是店内装修、菜品样式、服务员等。
- 期望产品：我们对手机的期望，可能是电池电量持久、保修三年、拍照好等。
  我们对餐厅的期望，可能是食材新鲜洁净、环境舒适、服务态度好等。
- 延伸产品：小米手机的延伸产品，可能是高性价比、美颜效果、单反功能等。
  海底捞的延伸产品，就是逆天的服务。
- 潜在产品：可以取代手机和火锅的产品。

■ 案例赏析

四川海底捞餐饮股份有限公司成立于1994年，是一家以经营川味火锅为主、融合各地火锅特色为一体的大型跨省直营餐饮品牌火锅店。海底捞因为其超乎顾客预期的服务，被称为"逆天的海底捞"。网上流传这样一个故事：吃完饭客人想把剩下的切片西瓜带走，服务员说："对不起，打开的西瓜不能打包。"于是客人作罢，但当他买完单即将离开时，服务员提来一整个西瓜："对不起，打开的西瓜不能打包，给您一个没打开的。"这个故事成了一个美谈，也造就了海底捞的口碑。海底捞的延伸服务如图3-36所示。

图3-36 海底捞的延伸服务

无论是就餐前的擦鞋、修甲，还是就餐时提供的围裙、镜布，抑或是洗手间的专人伺服（开水龙头、挤洗手液、递毛/纸巾），这些成为标配的服务也许其他餐饮店可能学到，但学不到的是海底捞员工脸上发自内心的微笑，以及自由创作、临场发挥的一个个服务细节。它变成一个个小故事，让网友们自发地在媒体上分享和传播，如图3-37所示。

图3-37 网友们自发在媒体上分享和传播海底捞的服务

顾客的预期与投入的成本有关。比如：我们花三星级酒店价格的钱住了五星级酒店，那么会觉得物超所值，有惊喜，会主动传播；但我们花了五星级酒店价格的钱住进三星级宾馆，就会失望并诸多挑剔，甚至投诉，从而对酒店形成负面印象。

3.3.2 口碑营销的动机

■案例赏析

人们分享事物可能有两个原因：一是有趣，二是有用。有趣的事物让人感到愉快，可以让分享之人脸上有光……分享有用信息可以帮助他人，也会让分享之人脸上有光……有趣的文章成为被转发的文章的概率会比一般文章高出25%，而有用的文章则会高出30%。

——美国口碑营销专家 乔纳·伯杰

为什么人们会愿意主动或被动分享商家关于产品或服务的信息呢？

1. "疯传六原则"

宾夕法尼亚大学沃顿商学院的市场营销学教授乔纳·伯杰（Jonah Berger），通过多年的调查和实验研究，提出了导致疯狂传播的六个核心要素。我们称之为"疯传六原则"，即STEPPS原则，如图3-38所示。

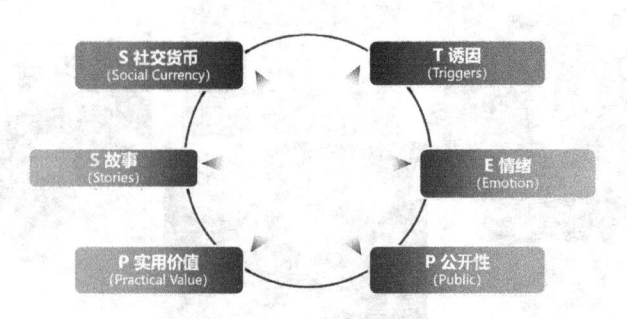

图3-38 "疯传六原则"

项目3 制定营销策略

1) 社交货币（Social Currency）：我们会分享那些让我们显得更优秀的事

为什么同样内容，有的人的朋友圈点赞无数，而有的人的无人关注？为什么同一个人的朋友圈，有的内容点赞无数，而有的内容无人关注？

如果分享某项内容，能让别人觉得自己优秀、与众不同，那这项内容就像"货币"一样，"买"回了别人对你的刮目相看。

"这些食物请不要食用""它们只想活下去！""光盘行动"，这些分享内容就是社交货币，让别人觉得你充满爱心。

朋友圈里晒对象、晒娃、晒美景、晒美食、晒旅游，这些分享内容也是社交货币，让别人觉得你很幸福。

2) 诱因（Triggers）：顶尖的记忆，风口浪尖的提醒

当你听到周杰伦的《等你下课》时，突然想起你的初恋女友，这首歌就是你想起她的诱因；情人节的巧克力、端午节的粽子、中秋节的月饼，这些是节日诱因；热天的冰激凌、冷天的火锅，这些是气候诱因；下午的咖啡、晚上的夜宵、电影院的爆米花，这些是场景诱因。

所以，想要你的内容被更多传播，就要把你的内容和常见的事情关联起来，比如周末、下雨天、早晨等，让它们成为你的诱因。

3) 情绪（Emotion）：当我们关心时，我们会去分享

分享是一个心理成本很高的动作，只有强烈的情绪，才能激发分享。有五种强烈的情绪，即惊奇、兴奋、幽默、愤怒和焦虑最容易引起分享。乔纳·伯杰甚至做了实验，他发现：幽默会提高25%的分享率；惊奇会提高30%的分享率；愤怒会降低16%的分享率。

例如，《摔跤吧，爸爸》《红海行动》《流浪地球》等爆红电影，触动了我们的情绪，我们愿意自发传播。为什么《红海行动》这部2018年春节当天排片仅有10%的影片，能以强硬的军事动作题材夺得春节档票房的冠军，最终收获36.48亿元票房，豆瓣评分8.5分呢？

电影有两大属性：一是功能属性，表现为影片的类型、明星等显性因素；二是隐性属性，即观众潜意识里的心理需求，表现为情绪、情感、情怀等方面。《红海行动》在没有大牌明星云集的背景下，所传达的"中国海军送你回家""蛟龙出海，扬我国威"等精神内涵，就是一种宏大的家国情怀。观众被这种情怀感染，会油然而生一种生为中国人的骄傲和自豪感。

4) 公开性（Public）：构建可视的、正面的事物

想让你的文章或活动被疯狂转载，就需要让更多的人看到。

耐克曾想做一个品牌公益活动，当时有两种选择：办一场公益自行车赛，邀请家人为选手捐款；做个醒目的腕带，销售金额款捐给公益事业。

耐克选择了第二种活动，大获成功，6个月就卖出了500万只腕带。为什么会取得成功？也许有很多原因，但至少有一点是肯定的：腕带戴在手上会被很多人看到。当人们发现这很有意思时，就会纷纷模仿，从而购买腕带。

公开性，即让大家都看到，对引爆和疯狂传播至关重要。

5) 实用价值（Practical Value）：如果有用，人们会情不自禁地分享

"这种食物，让失眠的人很快入睡。"看到这样的信息，是不是很想转给你一直睡眠不好的朋友呢？你的父母，是不是也时不时转发一些健康知识给你？

在互联网时代，健康和教育类的文章属于经常被转发的文章，因为有实用价值。

6) 故事（Stories）：以闲聊为幌子的信息传播

"当你吃过海底捞火锅，你就知道什么是口碑营销了。"说起海底捞，其无微不至的服务理念，甚至比它的火锅更有名。凡是去过海底捞的人，都会忍不住给海底捞打广告。而海底捞的口碑传播，也是由一个个奇葩故事组成的。以闲聊为幌子的信息传播的案例如图 3-39 所示。

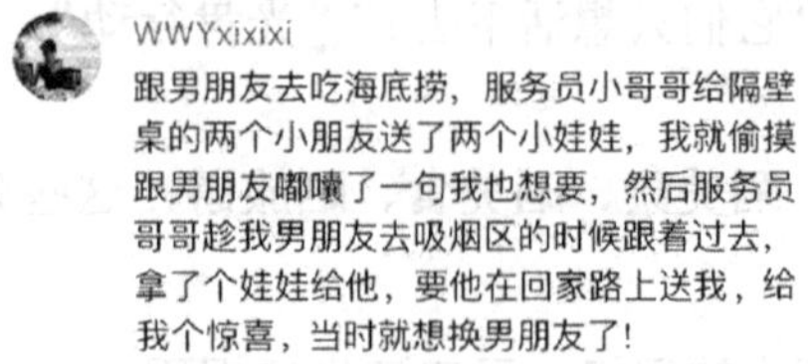

> **WWYxixixi**
> 跟男朋友去吃海底捞，服务员小哥给隔壁桌的两个小朋友送了两个小娃娃，我就偷摸跟男朋友嘟嚷了一句我也想要，然后服务员哥哥趁我男朋友去吸烟区的时候跟着过去，拿了个娃娃给他，要他在回家路上送我，给我个惊喜，当时就想换男朋友了！

图 3-39　以闲聊为幌子的信息传播的案例

海底捞的经营模式非常简单，就是将客户体验做到极致——在客户开口之前，就想到了客户的需求。为什么其他火锅店无法与之竞争？海底捞服务口碑的核心在于人。

■**案例赏析**

海底捞的极致服务如下：

排队等位期间：服务员会为客人送上小食与饮品，并提供美甲、擦鞋等服务。

用餐前：服务员会为客人送上专门的手机真空包装袋，并主动为长发的女顾客提供橡皮筋。

用餐时：服务员会帮忙剥虾、主动拿水果，抻面师傅还会一边跳舞，一边抻面，把面条甩到你眼前。

用餐后：会送上口香糖、薄荷糖，还有服务员给你主动拉门、按电梯。

这一系列的贴心服务，正是体现了海底捞无微不至的服务理念。正如一位网友所说："海底捞的服务员就差帮你付钱了。"

海底捞凭着超预期的优质服务，让顾客体验到在其他餐饮店从未遇到过的服务，内心往往会被触动，从而分享朋友圈、告知亲朋好友，邀请他们一起来享受海底捞的极致服务。海底捞通过为顾客提供超乎预期的服务，赢得了消费者的一致口碑，从而在各大社会化媒体平台上引发了大量的传播，极大地提高了海底捞的品牌影响力。这就是好故事的力量！

2. 五种社交货币

■**案例赏析**

如果买了一个普通而毫无特色的包，你是不会晒图到朋友圈让别人给你点赞的，因为它没法让你显得"与众不同"；而如果是一个精致、有特色的包，你也许会晒到朋友圈，而朋友们也会踊跃地给你点赞、评论，问你在哪里买的。这时候，一方面你的虚荣心得到了极大的满足，另一方面别人对你的态度也许确实会发生一些变化，认为你是一个有个性的人。

物质上的货币，能让你物质实力大增；而这种能让你精神实力、影响力大增的东西，我们称之为"社交货币"。

社交分享作为人们的一种基本需求，贯穿在我们日常生活的方方面面。人们总是乐于在社交平台上分享自己生活中的所想、所爱、所需来换取朋友、家人的认可和点赞，以此增强自己在社交圈子的标签形象。

简单来说，社交货币就是人们在社交圈子里分享出来的形象价值的体现，凡是能获得别人的关注、评论、点赞的行为都可以称为社交货币。

想想为什么朋友圈里大家喜欢晒娃、晒自拍、晒美食，其实这些都是社交货币。我们的每次分享都自带流量，而"网红""大V""段子手""资深自媒体"，就是高面值的社交货币，他们的穿衣、吃饭、日常活动，都能引来大批"吃瓜"观众围观。

人们分享是为了获取社交货币。看看你的朋友圈，想想你和朋友日常聊天内容，大致有如下五种：

刚才雨下得，吓死宝宝了！（寻找谈资）

知道吗？某当劳吃出苍蝇，坑爹啊！（表达想法）

"复联4"票价200多元？不用啊，参加活动有优惠呢！（帮助别人）

但愿周末不要下雨啊，我要去做马拉松志愿者呢！（塑造形象）

昨天走了一万步，微信运动才排148名。（社会比较）

口碑营销，主要是企业利用人们乐于与他人分享的特质获取社交货币的心理，使自己的产品、思想、品牌具备分享的价值，进而激发人们的分享欲望及行为，从而达到口碑传播的目的。

所以，对品牌来讲，能为消费者带来多少社交货币已成为消费者选择、分享品牌的一个重要因素。

如果你想让别人转发、分享你的内容，你必须为他们提供社交货币。

企业可以从如图3-40所示的五个方面入手，为消费者提供社交货币。

图3-40 为消费者提供社交货币的方法

1）谈资货币

社交中，谈资货币是多种多样的。比如天气、新闻、娱乐、游戏、孩子、教育、美食等。企业如何将自己的信息变成谈资货币？新奇、独特、反差、高颜值等，都是不错的选择。

比如喜茶，为什么能让无数消费者手捧茶杯，心甘情愿地拍照发朋友圈呢？从喜茶茶杯上，就能发现多个为"拍照"而考虑的细节：

（1）和咖啡杯相比，喜茶茶杯更加细高，不仅单独摆放拍照符合当今的审美品位，手握茶杯拍照更容易使女性用户的双手变得漂亮。

（2）茶杯透明，可直接看到饮品的层次感和品质感，激发消费者的饮用欲望。

（3）茶杯盖上的心形杯塞，可爱又温暖。

可以说，喜茶的包装设计细节非常丰富，也最大程度迎合了不同的拍照环境。

除包装设计以外，喜茶的店面装修也完全符合时尚定位，虽然布局风格类似星巴克，但设计风格比星巴克更适合拍照。

此外，从黑金店、PINK 店、LAB 概念店，到卡通标识、表情符号、小黄鸭卡通等，总能让消费者找到符合自己品位的高颜值视觉元素。喜茶的高颜值视觉元素如图 3-41 所示。

图 3-41　喜茶的高颜值视觉元素

除喜茶以外，还有打开新吃法的 COCO 奶茶、会占卜的答案茶、西安的摔碗酒等特色网红产品，之所以火爆，主要是因为给大家提供了社交谈资。

2）表达货币

在社交中，几乎所有的人都渴望能够表达自己的想法来影响他人。如果你的信息能够在这个过程中给他人提供帮助，他们就会转发你的信息。

■案例赏析

我们在朋友圈中经常看到公司老板们分享这些文章："致加西亚的信：全力完成任务的，才是好员工""细节决定成败：员工最让老板感动的 8 个细节""情商为王：跟客户打交道时如何压制自己的情绪？"等。

同样，我们在朋友圈中也经常看到基层员工分享这些文章："70%的优秀员工都是被平庸的中层管理者折磨走的""研究发现：过度加班反而会降低工作效率""员工更加勤奋，就能弥补高管在战略上的失误吗？"等。

老板有很多话想跟自己的员工说，但是自己并没有强大的表达能力，也没有那么多耐心慢慢解释。这时候，如果有一篇文章正好说出了他想表达的观点，他就会分享这篇文章。

同样，员工也有很多话想跟老板说，但是自己没有强大的表达逻辑，也没有勇气当面直接跟老板说。因此，这些文章的出现也帮了员工一个大忙。

提供表达货币，帮你说出你想说的话。这也是可口可乐的"昵称瓶"可以连续推广六年、江小白"表达瓶"红遍全国的原因。江小白"表达瓶"案例如图 3-42 所示。

3）帮助货币

在社交中，"你是被需要的！"我想没有什么话能够比这句话更能体现一个人的价值。

图 3-42 江小白"表达瓶"案例

在社交中,大部分人喜欢帮助别人,并且从中得到快乐,因为帮助别人可以给人提供一种"自我价值感",让自己感觉到自己是"被需要的"。

■**案例赏析**

日常生活中,我们看到有人总喜欢充当免费的媒人,撮合两个朋友在一起。

有人总喜欢转发各种实习招聘信息,以帮助朋友圈的人找到工作。

家族群里,经常出现帮好友砍价免费拿、送你现金红包等信息;你爸妈经常会给你发来鸡汤文。

朋友圈经常看到寻人启事、轻松筹等信息。

小红书上分享的各种笔记:一点点奶茶的点单攻略;COCO 奶茶点单攻略;海底捞自制锅底攻略;海底捞调料攻略等。这些攻略吸引了大批网友去奶茶店尝试这些新喝法,去海底捞尝试新吃法。

从某种意义上来说,这些信息都具有帮助货币的特质。

如果一个人能够在朋友圈中持续地提供有价值的信息,并且对别人提供了帮助,这个人的隐性地位就会上升。

如果你的信息能够在"用户帮助别人"的过程中提供帮助,他们就会转发你的信息,而你就给这些人提供了社交货币——因为你的信息让他们感觉社交更加成功了。

所以,如果看到滥发"鸡汤文"的人,不要生气,他们只不过想让别人觉得"自己是有价值的",他们想感觉到"自己是被需要的"。具有帮助货币性质的案例如图 3-43 所示。

4)形象货币

在社交中,大部分人渴望在朋友圈中塑造并且强化自己的形象。例如,我是聪明人,我是阿森纳球迷;我是自信的人,我是××大学毕业的;我是山西人,我是……如果某种信息能够强化他们的形象,他们就会转发这种信息。

图 3-43 具有帮助货币性质的案例

所以,当武汉大学樱花开放的时候,几乎周围所有的"武大人"都在转发这条信息。因为这条信息强化了"武大人"的形象和身份。

当你的产品、文章或提供的任何一种信息能够强化别人的自我形象时，就相当于在别人的社交中提供了一种社交货币，他们就更加倾向于转发和分享。

比如，英语学习课程每天打卡，相信大家的朋友圈中都有那么几位；再如炫富摔，如图 3-44 所示，都是为了提升自己的形象货币。

图 3-44　形象货币案例

5）比较货币

在社交中，大多数人都有比较心理。人们可以接受在平均年薪 3 万元的公司里拿 10 万元年薪，却很难接受在平均年薪 100 万元的公司里拿 30 万元年薪。

即使是没有意义的比较，人们也往往乐此不疲。比如，看谁猜硬币正反面比较准，即使所有人都知道硬币的正反面只是随机事件，与人的预测能力没有关系，但仍有很多人通过它来测试运气。

如果你的产品或信息能够帮助别人有效而且一目了然地进行比较，就相当于提供了"社交货币"，人们就会更加倾向于转发你的信息。

■案例赏析

支付宝推出了 10 年账单的功能，可以让人瞬间了解自己过去 10 年支付宝花的钱，并且可以转发朋友圈。

微信用户可以分享自己过去 1 年得到了多少个赞、送出了多少个赞。

知乎可以让用户知道自己过去一年答了多少道题、得了多少个赞，并且能生动地用语言表现出来。比如，在 2018 年，您的答案被浏览 202 万次，超过了《细菌、枪炮和钢铁》的总销量。

百度地图推出让用户可以分享自己过去一年去过哪些地方的功能。

每次微信群抢红包，大部分人都会比较一下谁抢得多。

还有各种游戏，玩了之后，告诉你打败了 94%的小伙伴……

实际上，"设计一种游戏，引发用户的比较"这种诀窍早在互联网出现之前就有了。比如，线下的各种会员卡、积分卡、贵宾卡等。

有研究发现，即使美国的航空公司设置了"航行里程数可以兑换免费机票"的优惠，大部分人也没有真正去兑换。他们只想不断地积攒里程数，而一旦被兑换了，这样的"隐性比较"就会消失。

3.3.3 口碑营销的 5T 要素

美国口碑营销专家安迪·赛诺维兹说:"有时,好的口碑得之于误打误撞;有时,又是精心策划的结果。不管怎样,都要具备一些基本的要素,以使口碑疯狂地传播开来。这些要素就是所谓的'5T 要素',即 Talkers(谈论者)、Topics(话题)、Tools(推动工具)、Taking Part(参与)和 Tracking(跟踪了解)。"口碑营销 5T 要素如图 3-45 所示。

图 3-45 口碑营销 5T 要素

1. Talkers(谈论者):谁会向朋友谈论起你

■案例赏析

2011 年大概是中国手机业最重要的一年。

2011 年 6 月,早年从步步高剥离出来的手机品牌 OPPO,请来莱昂纳多·迪卡普里奥满世界地打新手机 OPPO Find 的广告。

2011 年 8 月,雷军在北京发布了一款叫小米的手机。

2011 年 11 月,步步高本身的手机品牌 vivo 推出了自己的第一款智能手机。

2011 年 11 月,华为推出了一款叫荣耀 U8860 的手机。

秉承"为发烧而生"的产品理念,2014 年 10 月 30 日,小米公司一跃成为当时全球第三大智能手机制造商,仅次于三星公司和苹果公司。而在中国,小米手机蝉联 2014 年、2015 年度销售冠军。

小米用什么方法,让口碑在社会化媒体上快速引爆,两年多时间就做到业内第一?

小米联合创始人黎万强说:"第一是参与感;第二是参与感;第三是参与感。互联网思维核心是口碑为王,口碑的本质是用户思维,就是让用户有参与感。构建参与感,就是把做产品、做服务、做品牌、做销售的过程开放,让用户参与进来,建立一个可触碰、可拥有,和用户共同成长的品牌!我总结有三个战略和三个战术,内部称为'参与感三三法则'。"小米的"参与感三三法则"如图 3-46 所示。

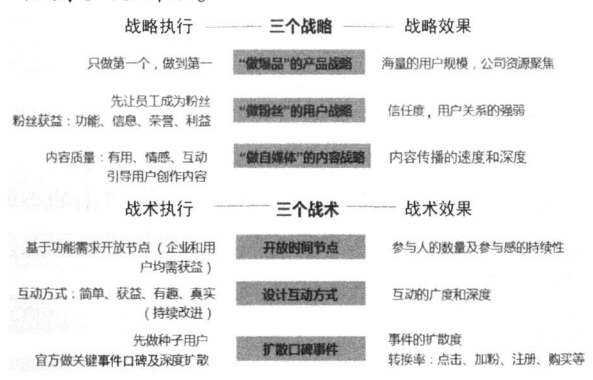

图 3-46 小米的"参与感三三法则"

小米的口碑营销谈论者，是从自身开始的。雷军说："从内部资源开始，让自己的员工成为粉丝，让粉丝成为员工，员工如果不用自己的产品、不热爱自己的产品，他很难去传达和表达出到底这个产品有多好。"小米的所有创始人都在做自媒体明星，不停地寻找让自己上头条的方法，这是公司的核心战略。

接着是寻找种子用户（小米称其为"100个梦想的赞助商"），通过手机论坛找资深用户，最后选了100位超级用户，参与小米UI的设计、研发和信息反馈。

最后，小米以"同城会"的方式跟用户交朋友，让发烧友最先体验产品。这极大地增加了用户的黏性和参与感。

在小米让口碑在社会化媒体上快速引爆的过程中，我们可以用波纹营销模型对其进行总结。波纹营销模型如图3-47所示。

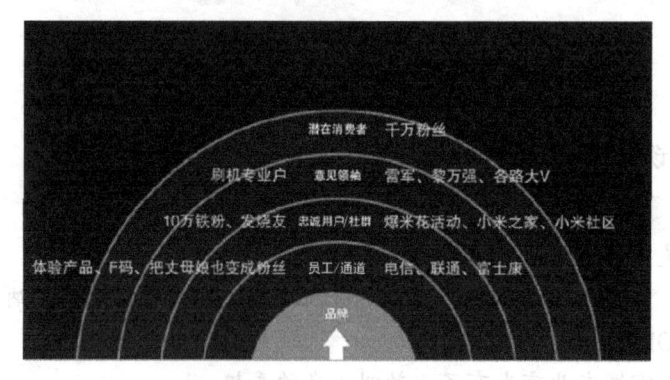

图3-47 波纹营销模型

小米的谈论者，经历了从员工到忠诚用户，再到意见领袖，然后到千万粉丝的过程。2016年"米粉节"，小米网络总销售额突破18.7亿元，累计参与人数4683万人，游戏参与次数达10.2亿次。

2. Topics（话题）：他们会谈论些什么

在传播中，要懂得把好产品输出成精彩的故事和话题，也就是给传播者创造谈资货币、表达货币、帮助货币、形象货币、比较货币。

用户更关心的是产品的故事而不是营销口号，企业只有通过碎片化的故事讲产品，产品才能一点一点渗入用户脑中。

口碑营销要想成功，就必须具有"传播性"。换句话说，必须有一个原因让人们愿意去"传播这个故事"。它可以是有趣的、感人的、有争议的，甚至可以是一个笑话。但最重要的是，它必须能够传递一个正面信息，并且是消费者自己传递的。

商家应该准备一个故事梗概，并且让消费者在故事中加入自己的体验和经历，使它成为消费者自己的故事。在中国，海尔的口碑营销就是很好的口碑营销案例。海尔在1985年当众销毁了一批有问题的冰箱，每台冰箱的价格相当于当时一个普通工人两年的工资。海尔此举的目的是向消费者传递这样一个信息：海尔是一家质量重于泰山的企业。这个故事几十年来不断流传，消费者今天还在讲述，海尔高品质的品牌形象也不断加深。不过，让故事具有传播性并不是仅制作一个在视频网上疯狂播放的视频片段，关键是它所讲述的故事与要推广的产品或服务之间有联系。

有什么理由让人们谈论你的产品或服务呢？是产品、价格、外观、活动，还是代言人？其实，口碑营销就是一个炒作和寻找话题的过程，总要发现一点合乎情理又出人意料的噱头让人们，尤其是让潜在的用户来"说三道四"。

■ 案例赏析

小米与用户的互动可以拿来当作教科书进行示范。除成立小米官方论坛（MIUI论坛）以外，小米还经常在微博上进行话题讨论和抽奖活动。2012年小米制造了一个经典案例"小米手机青春版"的微博话题，掀起了一股年轻人怀旧的浪潮。

在青春版手机发布前一个半月，小米团队开始在微博预热了一个叫"150克青春"的话题，放了一系列的插画，内容大致是大学时代的经典场景，有男生版、女生版的各种象征青春的内容，但就是不公开"150克青春"到底指的是什么，从而引发广大网民的好奇心。微博"150克青春"男生版的话题如图3-48所示。

图3-48　微博"150克青春"男生版的话题

3. Tools（推动工具）：你用什么办法助推口碑传播

好的口碑需要让更多的人更快地知道。因此，需要善用社会化媒体。社会化媒体是口碑传播的加速器。

■ 案例赏析

小米最初选择的社会化媒体是创建MIUI论坛，接着把主力放到微博上，在2011年和2012年，微博的活跃度达到了高峰。小米抓住了这次机会，将微博开辟为主战场。后来，小米也不断尝试用不同的社会化媒体进行营销。小米的营销平台如图3-49所示。

图3-49　小米的营销平台

小米在论坛、微博、微信、QQ空间和贴吧都组建了相应的运营团队，运营团队有将近70人。不同的营销平台，承担不同的任务。

自媒体：做服务，做营销，持续提供优质内容。

微博：内容以质代量，活动参与（互动活动/产品发布等），借势传播。
QQ空间：利用QQ空间用户年轻化的特征进行产品营销。
微信：利用微信"玩"的特征，增加与粉丝的互动，创新"玩"法。
论坛：明确论坛"俱乐部"性质，让用户去帮助和管理用户。

4．Taking Part（参与）：你如何加入谈论

网上流传这样一个段子：自从看了抖音，想去西安喝摔碗酒，想去厦门吃冰激凌，想去郑州喝占卜奶茶，想去海底捞吃番茄牛肉饭……为什么刷屏级的口碑营销，会从抖音流出，并且集中在餐饮、娱乐行业？因为餐饮、娱乐行业准入门槛低，易参与，易模仿，易体验，易传播。当然，商家希望达到口碑营销效果，可以创造条件，鼓励并支持用户参与。

■案例赏析

小米有个持续多年的"橙色星期五"活动，每周五发布时，论坛的点击数达到几十、几百万次。在每周发布前一两周，用户会跟产品经理、团队一起在论坛上聊天，我想要实现什么样的功能，现在有哪些功能做得好或不好。小米会发起用户投票，用户认可的功能才放到最新的版本中去。这样就让用户都参与到小米手机设计的过程中，提高了用户的参与感。小米MIUI参与感构建方式如图3-50所示。

图3-50 小米MIUI参与感构建方式

5．Tracking（跟踪了解）：大家正在谈论你什么

跟踪了解是一个事后监测的环节，目前很多公司和软件都开始提供这方面的工具和服务。通过这些工具和服务，消费者与品牌、产品的关系趋于交互和直接，很容易从中收集一些反馈和意见。但更为关键的是，知道人们已经在谈论你，或者他们即将谈论你，你会怎么办？参与他们的话题讨论？试图引导讨论？抑或置之不理？

■案例赏析

为了让工程师拥有产品经理思维，小米采取了反常规的办法。和许多公司禁止工程师上网聊天不同，小米公司从一开始就鼓励、要求所有工程师通过论坛、微博和QQ等渠道与用户直接取得联系，让工程师直接面对每一段代码成果在用户面前的反馈。当一项新开发的功能发布后，工程师马上就会看到用户的反馈信息。小米甚至要求工程师参加和粉丝聚会的线下活动。小米工程师与用户的互动页面如图3-51所示。

项目 3　制定营销策略

MIUI 10稳定版已支持39款小米/红米机型 更新推送持续进行中

经过一段时间的适配和对系统体验的持续优化，MIUI 10首批稳定版机型将于9月10日正式发布！其余机型也正在紧张的进行各项测试并陆续开放升级。

【小黑屋原创】411周更新解析：数字随处安放 通知自由发声
http://www.miui.com/thread-22810167-1-1.html

大家好，我是糠43，来自开发组的一员。
虽然开发组不是开发组，我们是一群友枪友，希望让MIUI更人性、更完善，要符合大家的需要。

而今天的内容包括：状态栏电池数字能自由选择外显或内显；通知支持个别调整铃声与重要程度；设置菜单整理；桌面按键调整。

图 3-51　小米工程师与用户的互动页面

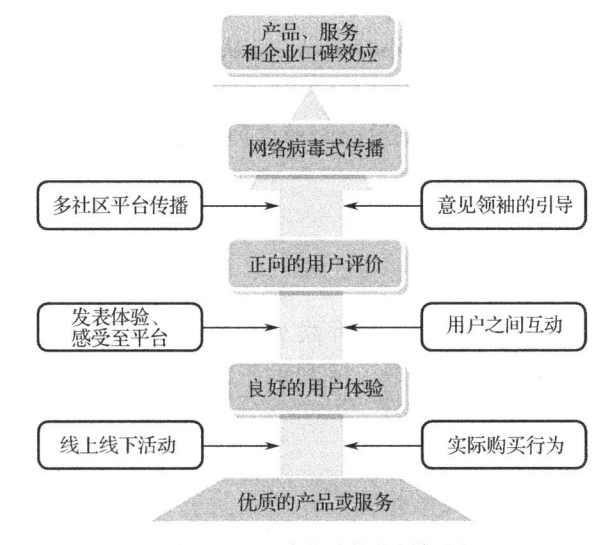

3.3.4 口碑营销的传播机制

口碑营销的传播机制如图 3-52 所示。

图 3-52　口碑营销的传播机制

1. 优质的产品或服务

■ 案例赏析

一个企业想拥有好口碑，好产品就是口碑的发动机，是所有基础的基础。产品品质是1，品牌营销是它身后的0，没有前者，后者全无意义。而如果产品给力，哪怕营销做得差一点，也不会太难看。小米营销是口碑传播，口碑的本源是产品。所以基于产品的卖点和表达卖点的基本素材是传播的生命线。

——小米科技联合创始人　黎万强

小米的营销是口碑营销，由产品、用户关系和社会化媒体三部分组成：好产品是好口碑的基石，是推动整个口碑传播的发动机；和用户肩并肩地站在一起，和用户一起玩，是口碑传播的关系链；社交媒体是当下口碑传播的新渠道，是加速器。小米的口碑营销组成如图 3-53 所示。

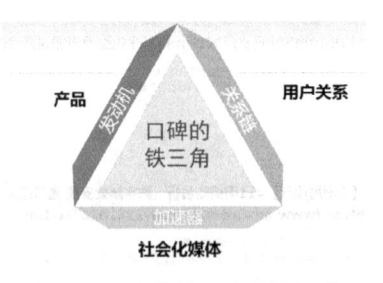

图 3-53　小米的口碑营销组成

■ 案例赏析

导演林超贤凭着《湄公河行动》《红海行动》晋升 50 亿元票房导演之列，当你听到林超贤以下这些内心话时，你就会明白《红海行动》的成功并不是偶然的。

"想拍一部真实的电影，必须场面真、故事真，还须配得上这个时代。"

"好的演员总是希望挑战自己的极限，我觉得做导演也一样。"

"演员训练和实拍时吃的苦，我通常都会去尝试一下，我也想知道我能不能撑得住。"

"他们问我，做导演而已，要不要那么拼命？可是做自己喜欢的事，不拼怎么行？"

"每一分钟的画面都需要花十几个小时来拍，我从未体验过。101 天的拍摄，很感谢你们陪我一起扛。"

"《红海行动》是一部让我有激情想要拍好的电影，也希望更多人能从中感受到力量、自豪和安全感。"

2. 良好的用户体验

■ 案例赏析

消费者选择商品的决策心理在这几十年发生了巨大的转变。用户购买一件商品，从最早的功能式消费，到后来的品牌式消费，再到近年流行起来的体验式消费，而小米发现正参与其中的是全新的"参与式消费"。

——小米科技联合创始人　黎万强

消费者选择商品的决策心理变化如图 3-54 所示。

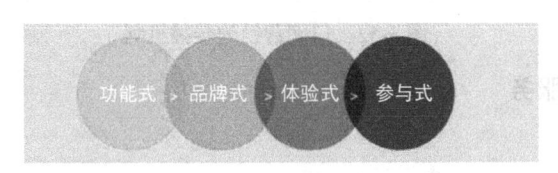

图 3-54　消费者选择商品的决策心理变化

良好的用户体验来自哪里？来自每个细节的精益求精，来自公司每个员工的用心服务，也来自客户参与式的消费。

"和用户做朋友"是小米"参与感三三法则"的服务战略，既要让员工有参与感，也要让用户有参与感。只要在制度面前更重视人的因素，不断提升良好的用户体验，就会带来更好的回报。

《海底捞你学不会》一书中说："你对人家好，人家也就对你好；只要想办法让员工把公司当成家，员工就会把心放在顾客身上。"服务的本质是什么？服务的本质是一种体验，一种来源于物质与情感的双重刺激体验，二者缺一不可。在有些场合中，情感刺激会对顾客产生比物质刺激更为深远的影响，这也就会产生我们所常说的口碑效应。

3．正向的用户评价

如何形成正向的用户评价？你的产品或服务，要做到超越顾客预期。

例如，雷军说："我也去过海底捞，只有一个小地方打动了我，就是他的服务员是真的在笑，是真笑不是假笑。海底捞的服务肯定不会比五星级酒店的服务好，是'肯定不会'，那为什么有这么强的口碑呢？这个口碑的真谛是超预期。如果我们奢望的是一星级服务，我们就会觉得好；如果你在大家都是一星级服务的地方做了两星级服务，就是高口碑；如果在五星级酒店做五星级的服务就没有口碑了，因为你已经支付了服务费，你在五星级的酒店一定得做六星级和七星级的服务才有机会获得口碑，做五星级的服务是没有机会的。所以口碑的核心是超预期，就是你做的那些事情要能超越预期。"

4．网络病毒式传播

"媒体改变世界，技术改变媒体。"过去传统媒体的传播，其形式为"线式传播"，基本上主要立足媒体介质，不管是报纸、杂志、电视、广播、路牌等，都是在发布广告，只是"播"，和消费者是单向沟通，主要围绕产品性能、特点来进行传播。而在实施口碑营销过程中，所选用的大众化媒体主要是新媒体，而且主要做的是网络病毒式传播。

■案例赏析

在小米"参与感三三法则"中有一条是做自媒体。小米建立起了依托微博、微信、QQ空间、百度贴吧等全社会化媒体平台的自媒体矩阵，通过这些平台发布的不是小米的广告，而是小米作为一个自媒体所运营的内容。不做广告，做自媒体，让小米与用户更好地拉近距离。小米自媒体运营页面如图3-55所示。

图3-55　小米自媒体运营页面

5．产品、服务和企业口碑效应

一个企业的核心就是产品和服务，所以想要营造良好的口碑不是一时冲动，需要持之以恒的坚持、良好的客户服务和产品。建立良好的产品、服务和企业口碑效应时，需要注意以下几个问题：

（1）选取有传播潜力的产品做口碑营销。

（2）提供负责到底的服务。

（3）引导顾客进行体验式消费。

（4）找准传播与沟通的重点对象。

（5）关注自己的每个细节。

（6）借故事进行口碑传播。

任务实训

【实训 1】 扫描二维码并阅读《社交货币，我们真的很缺钱》一文，说出五种社交货币并各举两例进行说明。

阅读材料 3.3 社交货币，我们真的很缺钱

【实训 2】 扫描二维码并阅读《餐饮业如何在抖音上做口碑营销》一文，搜索相关资料并回答下面问题。

（1）通过"答案茶"的口碑营销，说明进行口碑营销是如何起作用的。

（2）"答案茶"是怎样获取用户、刷爆朋友圈进入大众视线的？

（3）请用口碑营销中的 5T 要素分析"答案茶"的口碑营销策略。

阅读材料 3.4 餐饮业如何在抖音上做口碑营销

【实训 3】 从口碑营销的 5T 要素及五种社交货币角度，帮助学校制定招生策划案。

（1）请从口碑营销 5T 要素角度，给出学校招生建议。

（2）请从口碑营销五种社交货币角度，策划招生口碑营销活动。

任务 3.4　病毒营销

📋 任务导入

病毒营销、事件营销、数字营销、体验营销、精准营销、整合营销……都是通过人进行的营销！

📋 任务导图

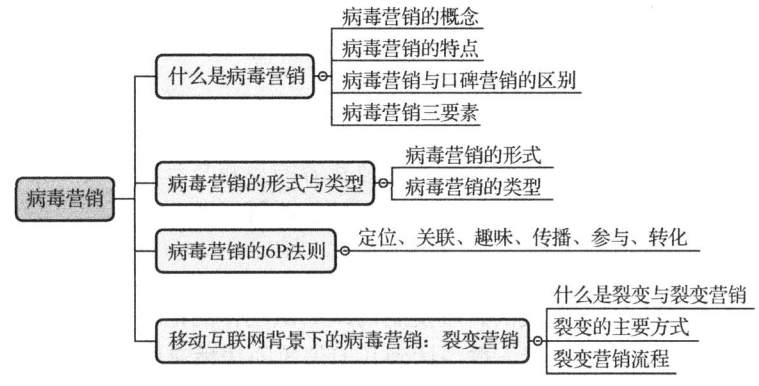

```
                    ┌─ 病毒营销的概念
         ┌─ 什么是病毒营销 ─┤─ 病毒营销的特点
         │                ├─ 病毒营销与口碑营销的区别
         │                └─ 病毒营销三要素
         │
         │                ┌─ 病毒营销的形式
病毒营销 ─┼─ 病毒营销的形式与类型 ─┤
         │                └─ 病毒营销的类型
         │
         ├─ 病毒营销的6P法则 ── 定位、关联、趣味、传播、参与、转化
         │
         │                        ┌─ 什么是裂变与裂变营销
         └─ 移动互联网背景下的病毒营销：裂变营销 ─┤─ 裂变的主要方式
                                  └─ 裂变营销流程
```

📋 学习目标

知识 目标	了解病毒营销的三要素
	辨别病毒营销与口碑营销的区别
	掌握病毒营销的 6P 法则
	了解裂变营销的实施流程
能力 目标	能够按照裂变海报模板设计裂变海报
	能够策划一场裂变营销活动

📋 任务实施

3.4.1　什么是病毒营销

1. 病毒营销的概念

病毒（Virus）是由一种核酸分子（DNA 或 RNA）与蛋白质构成的、非细胞形态的、靠寄生生活的生命体，是一类不具细胞结构，具有遗传、复制等生命特征的微生物。

病毒营销（Viral Marketing）是通过类似病理和计算机方面的病毒的传播方式，即自我复制的病毒式的传播过程，利用已有的社交网络去提升品牌知名度或达到其他营销目的营销方式。简单来说，病毒营销就是在短时间内快速地让受众知道并了解内容，能让受众自主转发内容的营销方式。

病毒营销是通过提供有价值的产品或服务"让大家告诉大家"，通过他们的自我复制，自发传播，实现营销杠杆的作用。典型案例有"冰桶挑战""吃垮必胜客""支付宝赏金红包"等。

2．病毒营销的特点

病毒营销的特点如图 3-56 所示。

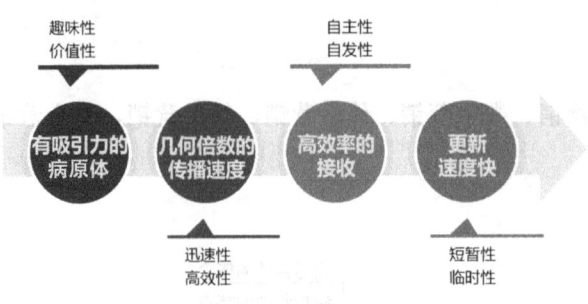

图 3-56　病毒营销的特点

1）有吸引力的病原体

病原体只有具备足够的吸引力，才能引起消费者的自我复制和自发传播。有吸引力的病原体必须与消费者相关，要么有用，要么有趣，要么有利。

2）几何倍数的传播速度

病毒式营销是自发的、可裂变的、可复制的或二次创作的信息传播。通过群体传播，产品和品牌信息更容易在相似的目标人群中达到几何倍数的传播速度。

3）高效率的接收

那些从熟悉的人那里获得或是主动搜索而来的"病毒"，在接收过程中自然会有积极的心态。传播渠道与传播内容多种多样，使病毒营销能尽可能地克服信息传播中的噪声影响，从而增强了传播的效果。

4）更新速度快

病毒营销像感冒病毒一样，来得快，去得也快。病毒营销的传播过程通常是呈 S 形曲线的，即在开始时很慢，当其扩大至受众的一半时速度加快，而接近最大饱和点时速度又慢了下来。

3．病毒营销与口碑营销的区别

有的营销人员把病毒营销与口碑营销混为一谈。从传播五要素来看，它们之间既有共同点，也有不同之处。病毒营销与口碑营销的区别如图 3-57 所示。

传播五要素	口碑营销	病毒营销
传播者	第三方，非商家	第三方，非商家
传播内容	未经处理加工	传播者自由创作、自我复制
传播媒介	口头为主，社会化媒体为辅	社会化媒体为主
传播对象	亲戚、朋友、粉丝	所有网民
传播效果	长期的、持续性行为	短期的、病毒式裂变行为

图 3-57　病毒营销与口碑营销的区别

项目 3　制定营销策略

病毒营销不等于口碑营销，不是所有的口碑营销都能达到病毒式传播的效果，也不是所有病毒营销都能拥有好的体验、正向的评价或良好的口碑。比如，某些拼团式的病毒营销、培训课程的营销，有些受众就明显反感。

病毒营销与口碑营销最大的区别是它的传播效果。口碑营销是长期的、持续性的行为，如海底捞的故事讲了十多年，如今消费者还是津津乐道地在传播，不会过时；病毒营销是短期的、爆炸性行为，来得快，去得也快。如果我们今天再来做"冰桶挑战"或"吃垮必胜客"活动，就会被认为是不合时宜的行为。

此外，病毒营销与口碑营销传播的内容是有差别的。病毒营销传播的最大特点是大众的"自我复制"，大众积极参与，可再次创作，可二次传播，网民的模仿参与是关键；口碑传播可能就是一个好评或一个故事。

4．病毒营销三要素

■案例赏析

我们先来看一个病毒营销的经典案例：冰桶挑战。

ALS 冰桶挑战赛（ALS Ice Bucket Challenge）简称冰桶挑战赛或冰桶挑战，要求参与者在网络上发布自己被冰水浇遍全身的视频内容，然后该参与者便可以邀请其他人来参与这一活动。活动规定：被邀请者要么在 24 小时内接受挑战，要么选择为对抗"肌肉萎缩性侧索硬化症"捐出 100 美元。比尔·盖茨、威尔·林肯、里拉·扎克伯格、乔丹、雷军、周鸿祎、张学友等各界名人都争相迎战。

小米董事长雷军 2014 年 8 月 18 日下午通过微博表示，已经接受 DST 老板 Yuri 对他的挑战，并于当天完成冰桶挑战后上传了视频，然后@了刘德华、李彦宏参与。小米冰桶挑战活动如图 3-58 所示。

图 3-58　小米冰桶挑战活动

该活动仅在美国就有 170 万人参与，共有 250 万人捐款，总金额达 1.15 亿美元。

病毒营销包含三个要素：病原体、易感群体和传播方式。病原体即被推广的产品或事物，它依靠对目标群体的个人利益、嗜好、数据接收方法等的研究制造传播噱头，从而吸引关注；易感群体是可能接收数据并将数据再传递、继续的群体；传播方式即传播媒介与活动规则。

1）病原体

"冰桶挑战"活动的病原体并非明确的产品，而是以慈善为目标，期望引起大众对"肌肉萎缩性侧索硬化症"的关注，募集捐款，对其病原体并没有刻意设计和制造。

病毒营销中，病原体既可以是比赛类、公益类、互动类等的活动，也可以是游戏或测试、占卜等，病原体的类型如图3-59所示。

病原体的类型
- 活动
  - 比赛类："健康宝宝"评选、"最佳社团"评选、"风采个人"评选、"美腿"比赛、"画胡子"比赛等
  - 公益类：为盲人读书
  - 互动类：耐克"人人都是摄影师"微信活动；滴滴"打车参与成诗"活动；加多宝"微信好声音"活动等
  - 挑战类：天猫"层层考验拿红包"活动
  - 游戏类：拼色块、拼图、赫莲娜"开年贺礼"活动
- 游戏：围住神经猫、打飞机
- 测试、占卜：测试你被爱的5个理由、靠什么找到另一半

图3-59 病原体的类型

2) 易感人群

有号召力的易感人群的参与，是病毒营销成功的关键要素之一。"冰桶挑战"活动中，全世界政、商、娱乐等各界人物纷纷被点名参与，他们拥有的发言权与知名度，本身就是一种极大的传播力量。

3) 传播方式

传播方式和比赛规则的设计是病毒营销成功的架构。"冰桶挑战"活动中，倒冰水的情景，让大众看到衣着平常的名人们被浇冰水时的"慌忙"一刻，满足了围观者的好奇心，在与众乐乐中，慈善活动一改往昔的温情脉脉与煽情催泪，收到了意想不到的效果。

接力点名并限时挑战的比赛规则是较慢培植"病毒"的器具。"冰桶挑战"活动的病毒式传播正是借助了这种关系资源，以慈善的名义点名，既让参与者站在了理性的阵地上，又使被点名者"被迫"应战。

微博、视频网站为"冰桶挑战"提供了高效的传播途径，其传播的廉价、开放性、时效性、趣味性，为名人和大众的参与提供了平台。

3.4.2 病毒营销的形式与类型

1. 病毒营销的形式

病毒营销的形式有多种多样，如文字类、图片图表类、音频视频类、H5游戏小程序类等。

1) 文字类

国产科幻电影《流浪地球》之所以能获得2019年春节档电影市场、口碑双赢的局面是与电影中文字类的经典台词分不开的。例如，电影中反复出现的安全提示"道路千万条，安全第一条。行车不规范，亲人两行泪"的台词从网络上传播开来，开启了《流浪地球》造句大赛。

■案例赏析

《流浪地球》造句大赛作品精选

1. 政务微博的作品

@共青团中央：道路千万条，学习第一条。作业写不完，开学泪两行。
@领事之声：提醒千万条，安全第一条。出国不注意，亲人两行泪。
@平安江苏：工作千万种，守法第一条。方法不规矩，亲人泪两行。
@人民法院报：道路千万条，守法第一条。拒执有风险，亲人两行泪。

@中国消防:火苗千万条,安全第一条。用火不规范,亲人两行泪。

2. 网友的作品

@我就是胖不了:吃饭千万次,变胖就一次。零食吃不停,上秤两行泪。

@佟四郎:养生千万条,枸杞第一条。四十不进补,五十两行泪。

2)图片图表类

支付宝年度账单、各类测试结果(测一测我的心理属性、测一测我像哪种动物、测一测我人生的关键词、提前揭秘你的 20××年运势)、课程裂变海报等,都可以自动生成图片图表类的样式,方便网民分享到各种媒体平台。图片图表类病毒营销案例如图 3-60 所示。

图 3-60　图片图表类病毒营销案例

■案例赏析

某必胜客餐厅发布一篇题目为《教你如何吃垮必胜客》的帖子,里面介绍了盛取自助沙拉的好办法,巧妙地利用胡萝卜条、黄瓜片和菠萝块搭建更宽的碗边,可一次盛到七盘沙拉,同时还配有真实照片。这个帖子在极短的时间内火遍中国,各地网友纷纷效仿,展示自创成果,使得必胜客的招牌声名大振,也给企业带来更大的收益。《教你如何吃垮必胜客》的帖子如图 3-61 所示。

图 3-61　《教你如何吃垮必胜客》的帖子

3) 音频视频类

抖音上流行的拍灰舞、海草舞、Ci 哩 Ci 哩舞、手势舞、鬼步舞等，引发年轻人自发学习、二次创造并传播的热潮。

继"海底捞网红吃法""吃垮海底捞"之后，麦当劳隐蔽吃法、COCO 网红吃法、江小白网红式喝法等也火爆抖音。

《啥是佩奇》宣传短片，被"普通网友"王思聪深夜转发之后，像病毒一样蔓延全网，仅在微博上就达到了两千多万次的播放量。

4) H5 游戏小程序类

《围住神经猫》源于 2007 年日本游戏设计师伊藤太郎制作的《黑猫》。2014 年 7 月 22 日，这款小游戏在微信朋友圈中疯传。据说上线 48 小时 PV 达 1026 万次，IP 达 241 万次。游戏小程序类营销案例如图 3-62 所示。

▲用最少的步数来圈住它！　　▲成功包围了跳来跳去的神经猫！　　▲快来看看最后能拿多少分！

图 3-62　游戏小程序类营销案例

2. 病毒营销的类型

一般来说，病毒营销要么有趣，要么有用，要么有利。

1) 趣味型（有趣）

测试类：测试你像哪位明星、测试你古代的名字、测试你的另一半等，测试成功后生成一个高规格的海报，当然要放到朋友圈显摆了。

创作类：裂变的发起者制造一个创作的工具，让用户自由发挥，精心制作的作品肯定要发朋友圈了。比如杜甫很忙。

逗趣类：适合朋友间逗乐、整蛊等。比如，趣拍卖，拍卖一下我的晚餐时间；匿名聊聊，你有什么悄悄话想偷偷对我说？

2) 帮助型（有用）

求助类：抢火车票，请朋友帮忙加速；游戏玩死了，请朋友帮忙复活。

认领养成类：让用户认领一个宠物或其他独特的东西，在养成的过程中，用户倾注了感情和心血，也会把相关的内容发到朋友圈。例如，《旅行青蛙》和《恋与制作人》、蚂蚁森林等，都是异曲同工的玩法，甚至当年刷屏的腾讯公益画，也是这个道理。

投票拉票类：这是求助的变相玩法。你还记得那些微信群里求投票的好友吗？

福利任务类：例如，有个厉害的课程可以免费领，不过你要完成任务——先关注，再发海报。

3) 利益型（有利）

利益型包括拼团式（如拼多多）、分销式（如某些刷屏课程）、红包式（如支付宝集五福红包、春节红包大战）等。

支付宝通过撒币 15 亿元，用利益捆绑方式，让用户疯狂地进行二次创作，达到病毒式裂变传播的效果。不得不承认，该案例是非常成功的病毒营销案例。

■ 案例赏析

2018 年 12 月 1 日，支付宝拿出 15 亿元奖金来推广新一轮的线下支付活动，一句"支付宝发红包，你赚赏金"，让一个个红蓝色的二维码，疯狂刷屏社交媒体。其活动规则如下：

首先，参与支付宝的"立即赚赏金"活动，即可生成你的红包二维码/搜索码；其次，当支付宝用户通过你的二维码/搜索码领取红包时，你便可以获得一份"潜在奖金"；最后，当支付宝用户进行线下支付、使用红包时，你便可以获得赏金。"支付宝发红包，你赚赏金"活动页面如图 3-63 所示。

图 3-63 "支付宝发红包，你赚赏金"活动页面

为了拿赏金红包，一则则网民自发创作，充满故事性和感染力的文案，在 QQ 空间、论坛、微信群、微信朋友圈等社会化媒体中传播，掀起全民狂欢的热潮。

这些充满故事性和感染力的文案，主要有以下类别。

体贴问候类：

"我国每年都有很多人得胃炎、胃癌，很大一部分原因是没有及时吃早餐。阿里巴巴早餐计划，每年发放 20 亿元早餐补贴来鼓励您及时吃早餐。支付宝扫码领取补贴，搜索 591×××074，用于早餐消费，答应我，好好照顾自己。"

励志故事类：

"我在阿富汗做雇佣兵，随时都有生命危险，我不奢求什么，只希望你能打开支付宝首页搜索'6×××68'，为我助力。"

情感小说类：

"她是农家女，却爱上了身家万亿的富家公子，为他投入感情，可换来的是一句'我从没爱过你'。5 年后她摇身一变，成为海外归来的女富豪，女版'基督山伯爵恩仇录'，想继续看她的故事请打开支付宝首页搜索 66×××35。"

受人之托类：

"女，24 岁，未婚，身高 167cm，体重 50kg，杭州人。目前就职于阿里巴巴集团，负责支付宝相关业务。漂亮大方，爱好读书、健身、游泳。父母退休，不拜金，人务实，一直没有合适的男朋友。她本人要求不高，只要对她真心就好。请大家发动亲戚朋友给介绍一个，复制工号591×××074，支付宝搜索即可见照片。"

反套路类：

"真是太讨厌了！支付宝这种薅羊毛式的牛皮癣广告模式，真是一点办法都没有！特别恶心，朋友圈微博全部都是，看见就好烦！气死人！我的搜索码是57×××941。"

更有甚者，自发到线下摆摊，推广支付宝活动。摊主薅到羊毛，消费者得到实惠，支付宝实现拉新的目标。一举三得，实现多赢。推广支付宝活动页面如图3-64所示。

图3-64 推广支付宝活动页面

3.4.3 病毒营销的6P法则

■**案例赏析**

"心中有沙哪里都是马尔代夫"是途牛网策划的一次营销活动的宣传文案。目标是18~38岁爱旅游、有旅游意愿的年轻人。这些人接触媒介的习惯是爱刷朋友圈、刷微博、看短片或视频。该活动的营销目标是让目标人群关注途牛网的马尔代夫旅游项目，巩固和扩大其海外旅行市场的行业领先地位。途牛网策划的营销活动如图3-65所示。

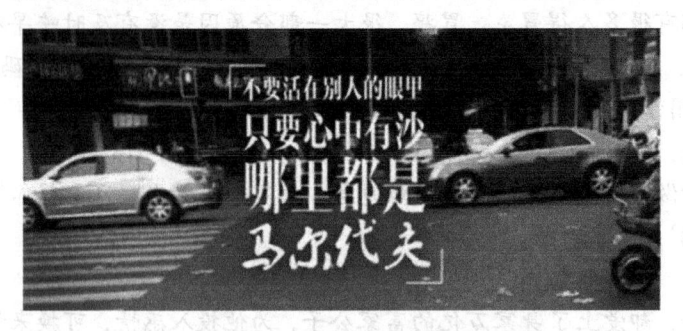

图3-65 途牛网策划的营销活动

病毒营销实施过程的6P法则，即定位、关联、趣味、传播、参与和转化，如图3-66所示。

项目 3 制定营销策略

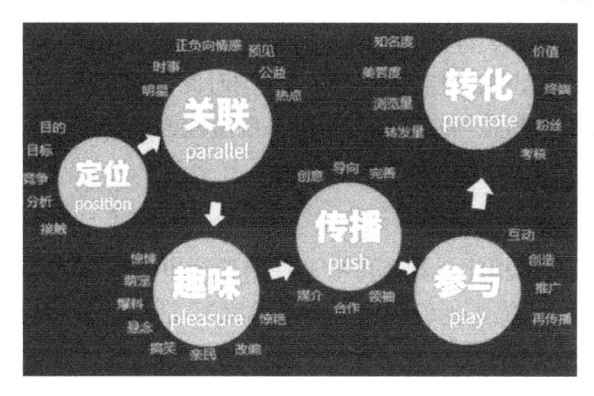

图 3-66 病毒营销实施过程的 6P 法则

1．定位（Position）

定位即明确市场营销活动要解决的短期或长期营销问题，找到易感人群。找到易感人群需要考虑的因素有目标人群（收入、兴趣、年龄、情感、性别、星座、血型、地理位置、偏好）、营销目的（遇到的问题、改变什么现状、促进什么）、消费行为分析、媒介接触分析、竞争者分析等。

2．关联（Parallel）

关联是指你的营销活动手段是否能够与消费者心理紧密相关。我们可以从新闻价值五要素方面来进行关联。

时新性：指从时事热点、预知热点、流行和流行语、纪念日、比赛、热门综艺等方面进行关联。

接近性：指从地域关联性、家乡或生活地的事情，有共鸣的（奋斗、励志）、关联人群的正负向情感认同（亲情感动的、经典的、伤感的、回忆的、爱国的、民族尊严的、激励人心的、伟大爱情的、漠视的、恐怖的）等方面进行关联。

趣味性：关联人群的兴趣爱好和生活方式等。

重要性：指从影响的程度方面进行关联，如影响哪些人，影响多少人，影响的时间有多长，影响人们的实际利益有多大。

显著性：关联名人、明星、名胜古迹、著名事件等。

例如，"心中有沙哪里都是马尔代夫"活动推出时间是 8 月初，这时全国大部分地区天气异常炎热，也是暑假旅游高峰。活动关联了时新性、接近性和显著性法则。

3．趣味（Pleasure）

营销活动是否具有趣味性？在互联网时代，趣味性强的活动往往更加具有可传播性。

如何体现趣味性？可以从前后对比（如草根的逆袭）、搞笑幽默、音乐节奏、惊艳有才、惊悚悬念、反差（如水上弹钢琴、老人跳街舞）、互动方式（如凡客体、陈欧体）、经典改编、萌宠可爱等方面着手。

例如，"心中有沙哪里都是马尔代夫"活动中，采用前后对比（如草根的逆袭），经典改编（如沙滩拍照，同一动作可以多地方取景）等方式，多重趣味吸引眼球。

4．传播（Push）

传播需要考虑的因素包括内容、时间、传播策略、传播路径、传播媒介（付费媒体、自媒体）、推广红利（转发有奖、能帮助别人、能创意表达自己、获得任务勋章、免费 WiFi 上网）、换量合作、意见领袖、舆情监控与导向（根据时间发展调整）等。

例如，"心中有沙哪里都是马尔代夫"活动，明星沙溢、张歆艺的加入，舆论领袖、媒体等参与互动，使得品牌不断借势，再掀活动高潮。

5. 参与（Play）

与传统的硬推送式广告相比，具有可参与性的活动更加能够将卖点传达给消费者（降低消费者对产品的抵触情绪，提高他们对品牌的认可度）。活动的参与门槛要低，从而可以降低用户的参与成本。需要考虑的因素包括互动创造与再传播、推广方式（洗脑神曲、流浪地球安全提示体、性格测试、我画你猜）。

例如，"心中有沙哪里都是马尔代夫"活动中，参与的媒体包括微博（自媒体、草根大号转发）、纸媒（《京华时报》等）、TV（成都电视台等）。

6. 转化（Promote）

转化是指运用可视化的工具分析活动转化率，并分析活动每个转化指标背后的原因。需要考虑的因素包括知名度、美誉度、浏览量、新媒体粉丝增长量和评论转发量、考核销售终端和电商平台的销售额、消费者终生价值、终端物料互动（宣传单、POP、App）、包装创意等。

例如，"心中有沙哪里都是马尔代夫"活动中，活动视频短片揭晓答案，引出途牛网马尔代夫旅行，突出了"每四个中国人去马尔代夫，就有一个通过途牛网预订"的主题。视频网络播放量达千万次。

同样，我们可以用 6P 法则来分析前面提到的"冰桶挑战"活动，如图 3-67 所示。

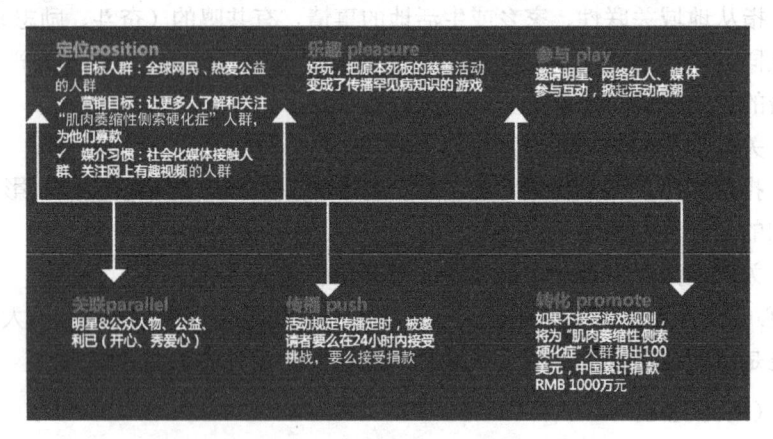

图 3-67 用 6P 法则来分析"冰桶挑战"活动

3.4.4 移动互联网背景下的病毒营销：裂变营销

1. 什么是裂变与裂变营销

裂变的本质是分享，是利用他人的影响力和社交圈来实现企业目标的一种分享。裂变营销是通过用户的分享获利心理，实现一传十、十传百的传播效果，达成拉新、涨粉、品牌曝光、销售转化等一系列的营销目的的营销方式，它具有增长迅速、流量精准、成本较低及可复制性等独特优势。

裂变营销是病毒营销在移动互联网上的运用。

按传播动机来划分，裂变可以分为两大类：品牌传播型裂变和销售转化型裂变。

1) 品牌传播型裂变

品牌传播型裂变主要集中在精神层面，要么用户可以帮助他人（提供帮助货币），要么可以让用户凸显自我形象（形象货币）、增加谈资（谈资货币）。裂变营销精神层面的动机又可以分为两类：利他动机和利己动机。

利他动机很好理解，即通过分享实用或有趣的东西来达到自己帮助他人的目的，比如海底捞网红吃法、占卜茶等。

利己动机则较为复杂，大体可分成如下几类。

标榜：树立形象，凸显个性，告诉别人自己拥有某种特质，寻求认同。

谈资：寻找话题并对其发表观点，达到影响他人的目的，形成社交货币。

维护：有目的地分享有价值的东西，以维持现有的人际关系或拓展新关系。

实现：分享内容能帮助自己达到预期目标，体现自我价值，即分享给自己看。

2) 销售转化型裂变

销售转化型裂变，主要集中在物质层面。传播动机简单明了，就四个字：有利可图。这就要求给出的利益足够撬动用户的社交价值。

"三人成团，团长免单"这种裂变套路，就是给用户提供了利益动机的裂变模式。教育培训行业最喜欢的裂变套路就是利用标榜、维护等动机，或者加上一些利益分配。裂变营销的传播动机如图 3-68 所示。

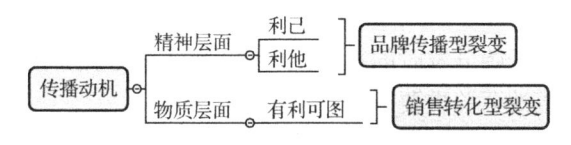

图 3-68 裂变营销的传播动机

2. 裂变的主要方式

目前大部分裂变增长方式是基于微信生态圈的，主要方式有以下几种。

1) 公众号裂变

通过奖品吸引用户，用户完成指定任务即可领取奖品。具体活动流程为：策划活动奖品→设置领取规则→引导用户分享裂变海报→用户带来新用户。通过用户影响用户的金字塔模式，获得源源不断的新用户。

2) 个人客服号裂变

个人客服号裂变原理与公众号裂变原理类似，都是通过奖品吸引用户的，用户完成指定任务即可领取奖品。有所区别的是，在裂变海报上个人服务号裂变添加的用户识别二维码是个人客服号，用户之间的助力关系是通过向个人客服号发送数字码而产生关联关系。这种方法既能够保证用户新增到个人客服号上，又能将最新活动进度实时反馈给用户。

3) 社群裂变

社群裂变的原理是借助社群的群体效应，引导用户进行线上分享转发的方式。通常以线上免费课程、资料礼包、优惠福利等为活动噱头，利用用户的获利心理，使用户成为利益共同体，进行自发式的传播和扩散。社群最神奇的地方在于社群用户是具有共同标签、去中心化、可组织这三大特征的利益共同体。因此，抓住社群内的用户心理，满足他们的获利需求，将会产生意想不到的裂变效果。

4）小程序裂变

大部分小程序裂变的增长与 App 应用程序的增长逻辑类似。例如，拼团类小程序、抽奖类小程序、助力类小程序、个人海报生成分享小程序等。

3. 裂变营销流程

裂变营销流程包括选择种子用户、确定裂变福利、制作裂变海报、规划裂变流程及实施，如图 3-69 所示。

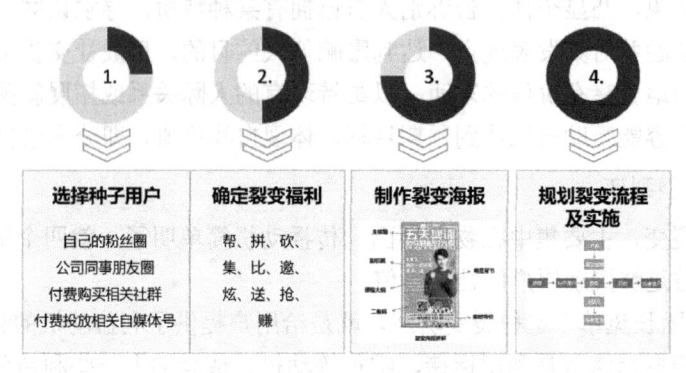

图 3-69　裂变营销流程

1）选择种子用户

种子用户即裂变活动开始分发时的第一批用户。这批种子用户要求需求精准、社交活跃，对整个裂变活动的最终成效至关重要。

种子用户可以在自己的粉丝圈、公司同事的朋友圈、付费购买的相关社群、付费投放的相关自媒体号中寻找。

以抖音为例，用户可以分为三大类，即网红型用户、追随型用户和浏览型用户，如图 3-70 所示。

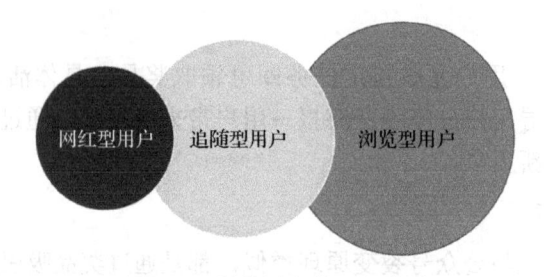

图 3-70　抖单用户的三大类型

（1）网红型用户。这类用户是内容生产者。抖音前期招募了 300 人左右的网红型种子用户，统一培训视频内容创作，并吸引有强烈自我表达意愿的网红参与，他们对音乐和创意视频制作、剪辑有着极高的热情，希望自己的作品可以曝光给更多的人。这种方式类似于网红培养的模式，创作者每天只要生产内容，有专业的经纪团队进行平台维护和推广。

（2）追随型用户。这类用户是内容次生产者，他们欣赏网红达人的精彩作品，也渴望自己能够拍摄出同样炫酷的视频。所以，他们需要在平台寻找他们心中的"明星"，追随他们，向他们学习参与抖音的挑战话题。

（3）浏览型用户。这类用户是内容消费者。他们大部分是"吃瓜"群众，主要是内容的消费者和分享者，上平台只是想寻找、看看精彩的作品，丰富自己的碎片时间，与朋友有社交话题可聊。这类用户可以为平台带来大部分的 DAU（日活跃用户数量），并且也是前两种类型用户的广大群众基础。

2）确定裂变福利

裂变福利也是病毒营销的病原体。在微信生态圈里，裂变福利有三种类型、十种办法，如图 3-71 所示。

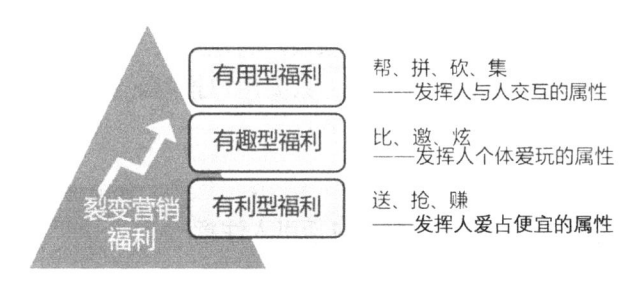

图 3-71 裂变营销福利

（1）有用型福利：帮、拼、砍、集——发挥人与人交互的属性。

"帮"，这个字背后是互惠，也可以增进双方的友谊。比如抢火车票的"帮我加速"，朋友圈的投票、拉票。

"拼"，团购拼单的"拼"，拼多多的"拼"。用户可以呼朋引伴一起拼，以更低的价格购买商品。

"砍"，是砍价的"砍"。仔细琢磨这个字和"帮"有些类似，比如拼多多的"帮我砍一刀"。砍价这个动作天生有很强的利益驱动，容易使人的神经产生快感。每砍一刀立马可以便宜几块钱，随时可见，除了刺激就是刺激！

"集"，这个用得最好的就是"马爸爸"的支付宝集五福。大家从小就知道玩集合游戏，如干脆面里的水浒英雄卡，味全每日 C 的集合瓶。

（2）有趣型福利：比、邀、炫——发挥人个体爱玩的属性。

"比"，比较的"比"，比拼的"比"。腾讯大部分产品都有排行榜功能，或者引导用户之间进行 PK。如曾经风靡微信的打飞机、微信读书、微信运动，都有比较和 PK 功能。引起小程序高潮的跳一跳亦是如此。

"邀"，我们在线下办大型会议也好，做活动也好，最喜欢给 KOL、嘉宾发邀请函！"邀"代表着被重视、代表着荣耀感、代表着"我们不一样"。比如诚邀您参加×××大会、诚邀您参加×××活动、诚邀您成为×××代言人、诚邀您参与×××内测。

"炫"，比较容易在测试型裂变活动中被运用。比如火爆朋友圈的西瓜足迹、支付宝年度账单，无论是哭穷、炫富，还是从众等心理，都促使消费者将自己的测试结果分享出来，引导用户炫耀真实或不那么真实的自己。

(3) 有利型福利：送、抢、赚——发挥人爱占便宜的属性。

"送"，是送礼的"送"，用户送给好友一些福利或利益。例如，最近连咖啡一直很火，该品牌将"送"字用到了极致。用户进来之后，只要邀请一个朋友进来就会得到一杯咖啡，而如果送新人一杯咖啡，用户自己也会免费得到一杯，即"买一赠一，赠一得一"。

"送"这个字背后另一个有名的产品是微信读书。读书市场非常难做，微信读书能够在人群中的人气迅速提升，凭借的就是"送"这个字。一本书用户可以送给某个好友，对方免费得一本，自己也可以免费得一本，依旧是"买一赠一，赠一得一"。

"抢"，现实生活中咱们"抢"不了，互联网世界可以！"抢"的概念结合红包裂变非常见效。"抢"也可换成瓜分，如抢红包、瓜分红包。教育类项目瓜分奖学金、抢奖学金，单个获客成本基本是一角钱，甚至更低。"靠谱好物"这个小程序比较有意思，每次打开都是大大的红包瓜分提醒，用户很容易被引导参与裂变。

"赚"，说白了就是赚钱，你分享我带你赚钱，利他主义，帮他赚钱！比如，知识付费课程的二级分销机制，借助金钱收入刺激裂变。只要用户推荐好友购买了课程、商品等，用户就能得到返利，一张海报一个二维码就可以了。

3) 制作裂变海报

以网络培训课程为例，裂变海报的要素包括引人注意的主标题和副标题、课纲/亮点、权威背书、主持人介绍、限时限量福利（吸引人转发）、主持人真实照片、二维码等，如图 3-72 所示。

图 3-72 裂变海报的要素

裂变海报的布局，既可以是三三式，也可以是一二一式。三三式是指：1/3 放标题引起关注；1/3 放课程大纲和主持人介绍以激发需求；1/3 放限时限量福利及二维码以引导行动。一二一式是指：1/4 引起关注；2/4 激发需求；1/4 引导行动。裂变海报拆解如图 3-73 所示。

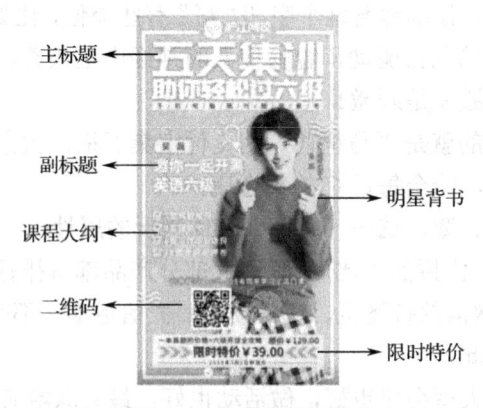

图 3-73 裂变海报拆解

4) 规划裂变流程及实施

结合做活动的经验与裂变公式，发起一场刷屏的裂变活动之前，你要准备以下内容。
- 明确活动目的：是涨粉、引流、卖课程、卖产品，还是单纯增加曝光量？
- 确定活动奖品：选择一份现有的奖品来吸引你的用户。
- 梳理活动流程：用户如何参与活动，如何分享，如何领奖等。

- 选择配合工具：是自己开发工具还是选择市场上现有的工具，如任务宝、集合派、进群宝等。
- 设计裂变海报：让你的用户看到这张海报后无法拒绝你的活动。
- 传播的种子用户：找到让你的活动裂变开的第一批种子用户。

任务实训

【实训 1】 扫描二维码并阅读《海底捞"抖音吃法"爆红背后：零成本病毒式传播》一文，参考"冰桶挑战"病毒营销的 6P 法则，用病毒营销 6P 法则解读海底捞抖音吃法的营销套路。

（1）该病毒营销采用了哪种形式（文字、图形、视频音频、游戏互动）。
（2）该病毒营销采用了哪种类型（趣味型、帮助型、利益型）。
（3）用病毒营销 6P 法则分解其营销套路。

阅读材料 3.5 海底捞"抖音吃法"爆红背后：零成本病毒式传播

【实训 2】 扫描二维码并阅读《裂变营销套路总结》一文，为你们学校或社团策划一场裂变营销活动（包括但不限于读书会），并制作裂变海报。

（1）明确活动目的：_____
（2）确定活动奖品：_____
（3）梳理活动流程：_____
（4）选择配合工具：_____
（5）设计裂变海报（截图）：_____
（6）传播的种子用户：_____

阅读材料 3.6 裂变营销套路总结

任务 3.5 免费营销

📝 任务导入

当你开展免费活动时,你应该想清楚以下几个问题:你究竟拿什么免费?这个东西会不会成为一种基础服务?通过免费能不能得到用户?在免费的基础上,增长用户后有没有机会做出新的增值服务?增值服务的用户愿意付费吗?如果你能回答清楚这些问题,免费就是一个好的商业模式。

——周鸿祎

📝 任务导图

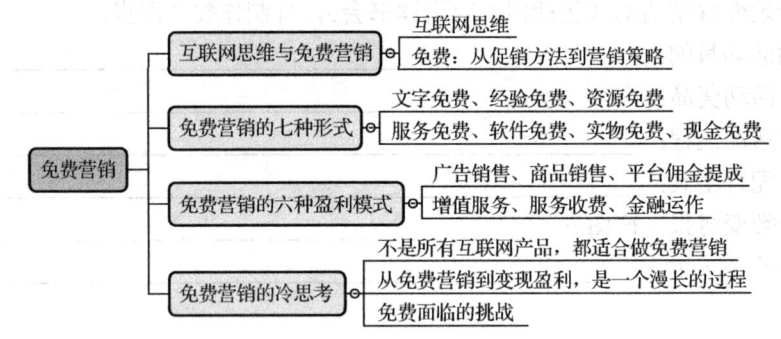

```
             ┌─ 互联网思维与免费营销 ─┬─ 互联网思维
             │                        └─ 免费:从促销方法到营销策略
             │
             ├─ 免费营销的七种形式 ───┬─ 文字免费、经验免费、资源免费
免费营销 ────┤                        └─ 服务免费、软件免费、实物免费、现金免费
             │
             ├─ 免费营销的六种盈利模式 ┬─ 广告销售、商品销售、平台佣金提成
             │                        └─ 增值服务、服务收费、金融运作
             │
             └─ 免费营销的冷思考 ─────┬─ 不是所有互联网产品,都适合做免费营销
                                      ├─ 从免费营销到变现盈利,是一个漫长的过程
                                      └─ 免费面临的挑战
```

📝 学习目标

知识 目标	了解互联网思维中关于免费的内容
	熟悉免费营销的七种形式
	理解免费营销的六种盈利模式
能力 目标	能够判断哪个行业或项目适合做免费营销
	能够为自己或公司的创业项目找到免费营销的盈利模式

📝 任务实施

3.5.1 互联网思维与免费营销

1. 互联网思维

我国较早提及互联网思维的是李彦宏,他在 2011 年"中国互联网创业的三个新机会"的演讲中说:"早晨我跟优卡网的 CEO 聊天,他把很多时尚杂志的内容集成到网站上,我就问他,为什么这些时尚杂志不自己去做一个网站,而是让你们去做呢……更主要的是他们没有互联网思维,这不是一个个案,这是在任何传统领域都存在的一个现象或者一个规律。"

2012 年,雷军在全球移动互联网大会上发表主题为"用互联网思维武装自己"的闭幕演讲,表示要用互联网思维武装自己。什么是互联网思维?雷军认为:"互联网思维是一种观念!

互联网思维其实不是技术，是一种观念，是一种方法论，你用好这种方法论就能把握住互联网的精髓……我把它总结成七字：专注、极致、口碑、快。"

赵大伟在 2014 年初出版的《互联网思维——独孤九剑》一书中认为，互联网思维是指在（移动）互联网、大数据、云计算等科技不断发展的背景下，对市场、对产品、对企业价值链乃至对整个商业生态进行重新审视的思考方式。在万物皆可互联的背景下，互联网思维的本质是商业回归人性。他将互联网思维从经营理念、品牌、产品、运营、传播等角度分为九种：用户思维、简约思维、极致思维、迭代思维、流量思维、社会化思维、大数据思维、平台思维、跨界思维，如图 3-74 所示。其中，流量思维中流量的本质是用户关注度，互联网的免费是为了获取流量，免费是为了更好地收费。

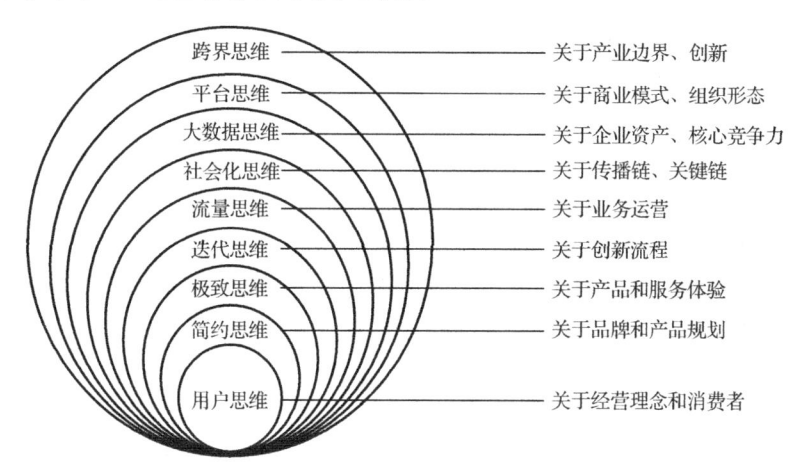

图 3-74　互联网思维的分类

2014 年 8 月，360 公司董事长周鸿祎在接受央视主持人王小丫的专访时，将互联网思维和方法论归纳为四点：用户至上、体验为王、免费的商业模式、颠覆式创新，如图 3-75 所示。

图 3-75　互联网思维和方法论

2．免费：从促销方法到营销策略

"赔本儿赚吆喝"，这句俗语可以说概括了互联网时代初期的免费形式。很多时候，商家出于拓展市场、排挤竞争对手、获得声誉和知名度等目的，宁可短时间"赔本"，以换取未来一个足以弥补这种成本的良好市场。免费，在互联网时代到来之前，是一种推销的噱头或营销的技巧。比如，商场免费停车是为了你在商场内的消费，免费试吃是为了让你购买其产品，赠品是买满多少才有的……

但是，在互联网时代，网络聊天免费、搜索免费、杀毒免费、邮箱免费、看新闻免费、看视频免费、听音乐免费、用网站购物免费……互联网时代的免费，具有把产品和服务成本降到最低的卓越能力，这意味着企业的核心服务永远不收费。比如，QQ 的聊天、百度的搜索和 360 的杀毒，就是这种模式的代表。

雷军提出了"互联网时代的免费王道"："当我们做了一款深受用户喜爱的产品，而且还是免费的时候，我们就能获得庞大的用户基数。这个时候，虽然产品是免费的，但我们就能预见赢利，这就是互联网的免费王道。"

周鸿祎说："过去商人的本质就是低买高卖，而互联网最激动人心的地方在于你花了很多钱提供了一种免费的商业模式，免费给很多人用，最后你还能因此获得巨额的财富。免费在互联网时代不仅是一种战术、一种战略，还有可能会变成一种商业模式。"

■ 案例赏析

网络时代的免费模式

"中国互联网的发展史，就是一部免费模式发展史。"

2003年淘宝网诞生时，国内C2C市场霸主是eBay易趣，占据了90%的市场，它的盈利模式有三种：交易服务费，成交以后收取2%左右的服务费，不成交不收费；登录费，在线上传的商品都涉及0.1元到8元不等的登录费；推荐位（橱窗展示位）费，置顶或排在首位等各种各样的推广费用。如何在eBay易趣的严密市场控制下突围而出？淘宝网为了抢夺用户，实行了免费模式。2003年8月17日，淘宝网对外宣布，前10万名经过身份认证并在淘宝网上有过一次买卖经历的会员，将享受3年内不收取交易服务费的优惠。

2006年，周鸿祎投资奇虎360科技有限公司出任董事长时，将奇虎核心业务从社区搜索转型为杀毒领域，推出360安全卫士。当时杀毒软件是收费的，瑞星、卡巴斯基、金山等正版软件的价格都在200元/年。360杀毒软件作为后来者，进行低价竞争，只卖25元/年，发现还是做不过别人。怎么办？周鸿祎选择"逆向操作"策略。2008年7月17日，360宣布推出免费杀毒360，并对用户承诺将提供永久的免费服务。免费策略虽然让360的第三方杀毒营业收入逐步下降，但却在较短的时间内获得了海量用户，使其在线广告和互联网增长业务收入急剧增长。免费营销也使360由单一产品转为安全平台，旗下系列产品包括了360安全卫士、360杀毒、360安全浏览器、360安全桌面、360手机卫士等。

到了移动互联网时代，免费策略被推向了更高的高度——补贴。

打车软件是一种智能手机应用，乘客可以便捷地通过手机发布打车信息，并立即和抢单司机直接沟通，大大提高了打车效率。快的和嘀嘀是其中的佼佼者，快的打车于2012年8月在杭州推出，嘀嘀打车（2014年4月因为商标问题，改名为滴滴打车，2015年9月改名滴滴出行）于2012年9月在北京上线。2014年初，滴滴出行和快的打车分别接受腾讯、阿里的投资后，展开了天价补贴烧钱大战。

2014年1月10日：滴滴出行推出乘客免10元、司机奖10元的政策；1月20日，快的打车推出同样的补贴政策。

2014年2月17日：快的打车宣布乘客返现11元，司机奖11元，并宣称永远会比竞争对手多返1元钱。

2014年2月18日：滴滴出行宣布乘客返现12元，当天，快的打车宣布乘客返现13元。

据公开消息，截至2014年5月17日，滴滴出行补贴费用超过14亿元，快的补贴费用也超过10亿元。当然，24亿元换来的是培养用户和出租车司机使用打车软件的习惯，以及培养移动支付的习惯。

易观国际发布报告显示，截至2014年6月，中国打车App累计账户规模达1.3亿元，其中快的打车占53.57%，滴滴出行占45.56%，其他打车软件占0.87%。

2014年10月11日，滴滴出行CEO程维在接受媒体采访时说："两年时间花掉15亿元，可以说我们是最烧钱的互联网初创公司。"

滴滴出行和快的打车,因补贴大战而获得打车软件"双寡头"的绝对垄断地位。

"补贴大战",主要目的是争抢市场份额。在市场拓荒期,"补贴大战"确实能够起到抢占用户、快速打开市场的效果。2015年2月14日,快的打车与滴滴出行宣布进行战略合并。2018年9月上旬,滴滴出行创始人兼CEO程维曾在内部全员邮件中透露,公司已将抽成的绝大部分返还给了司机和乘客,整体对应的成交金额毛利率只有1.6%,2018年上半年亏损达40.4亿元,公司成立6年来还没有实现过盈利。

国内打车软件的补贴硝烟刚熄,共享单车大战又拉开序幕。

摩拜单车创立于2015年1月,截至2017年10月,摩拜单车已进入全球9个国家的180多个城市,运营着超过700万辆智能共享单车,全球用户超过2亿,每天提供超过3000万次骑行,是全球较大的互联网出行服务商。

据艾瑞咨询统计的数据,2017年ofo小黄车和摩拜为吸引用户尝试共享单车出行、提升共享单车用户使用频率、培养共享单车用户使用习惯,采用了"免费骑""充值返现""限时免费"等补贴方式。

经过多轮的价格战、补贴战,截至2018年5月,ofo小黄车月活用户数达1125万人,摩拜单车月活用户数达925万人,共享单车和高铁、支付、网购一起,成为中国"新四大发明"之一。

还是2018年,有的共享单车如酷骑、小鸣进入破产清算,摩拜单车被美团收购,ofo小黄车陷入资金链困境,共享单车的运营模式遭受业界的质疑。

为什么说互联网经济是免费经济?原因有以下三点:

(1)免费摊薄了边际成本。互联网产品的开发成本大体固定,而通过互联网将产品传递到用户手里的费用非常低,接近于零。因此,一项互联网产品或服务的用户基数越大,分摊到每个用户上的成本就越低,也趋近于零。

(2)免费是最好的营销手段,因为它不需要用很多的广告去做推广,本身就能形成口碑。免费可以降低门槛,快速培养消费者使用习惯,缩短产品从导入期到成熟期的时间,"以金钱换时间"。

(3)免费也是一种有效的竞争手段。免费可以淘汰资金实力较弱的竞争对手,快速跑马圈地,形成市场垄断。

所以,美国《连线》杂志主编克里斯·安德森在2009年出版的《免费》一书中宣称:免费模式基于互联网诞生,它将击垮很多传统市场,代表数字模式的未来。

3.5.2 免费营销的七种形式

免费营销是指商家提供各种免费产品或资源的形式来获得用户或流量的一种营销方式。免费营销主要有七种形式,如图3-76所示。这里列举的免费营销形式,既包括了传统领域的产品或服务,也包括了互联网和移动互联网领域的产品或服务。

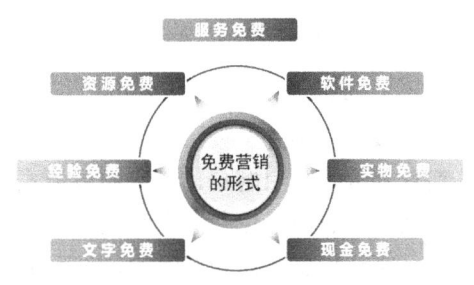

图3-76 免费营销的七种形式

1. 文字免费

以前我们看报纸、杂志，是需要花钱订阅的。但到了互联网时期，从 20 世纪 90 年代的四大门户网站（新浪、网易、搜狐、腾讯）开始，到 2000 年成立的百度，再到 2012 年成立的今日头条，提供给我们阅读的文字都是免费的。

中国互联网络信息中心发布的第 44 次《中国互联网络发展状况统计报告》数据显示，截至 2019 年 6 月，我国网站数量为 518 万个，较 2018 年底下降 1.1%。

2019 年上半年，我国网民的人均周上网时长为 27.9 小时，较 2018 年底增加 0.3 小时。各类 App 应用，比如即时通信、网络视频、短视频、网络音乐、网络文学、网络新闻等，大部分是免费的。其中，网络文学、网络新闻属于文字免费范围。各类应用的使用时长占比如图 3-77 所示。

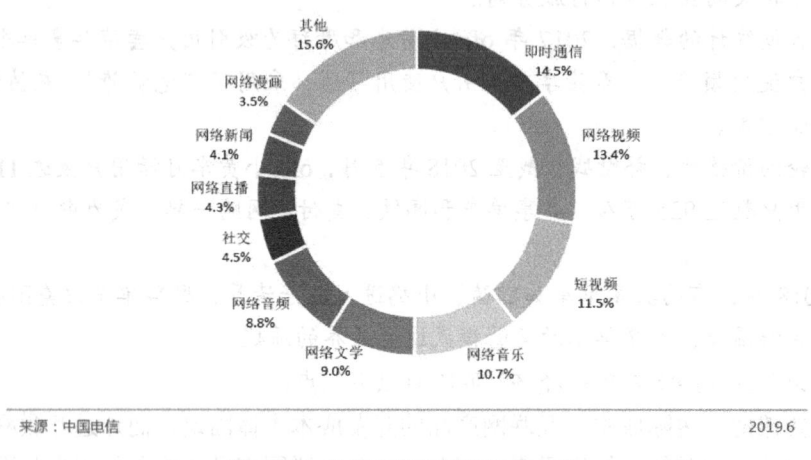

图 3-77　各类应用的使用时长占比

2. 经验免费

知乎、悟空问答、百度经验、百度问答等问答百科类平台，汇集了网友们的经验和智慧，每个人都可以提问作答，免费获取答案。

例如："一直往地下挖，会发生什么奇怪的现象？""如何用王家卫式的方式表白？""人在年轻的时候一定要奋斗吗？""哪些大事小事，要提前帮父母准备？""为什么太阳会燃烧出火焰？""减肥期间有哪些低脂、好吃又方便的食物？""如何改掉晚睡强迫症？"……

知乎说："人生的难题都藏在知乎的搜索框里。"

3. 资源免费

图片资源（千图网、昵图网、百度图库等）、音频资源（酷狗音乐、网易云音乐、喜马拉雅、荔枝 FM）、视频直播及短视频资源（腾讯视频、爱奇艺、抖音、快手）、网络课程资源（慕课网、网易云课堂、腾讯课堂），很多网站或 App 提供的资源，大部分是免费的。

4. 服务免费

线下商场为了吸引人流，提供了很多项免费服务：免费停车、免费 WiFi、免费洗手间等。海底捞为了吸引客户，免费服务形式更是多种多样，比如免费小吃、免费美甲、免费按摩、免费变脸表演、免费清洗眼镜、免费上网、免费制作视频等。

把免费服务做到极致的，非互联网莫属。互联网上几乎所有的基础服务平台都是免费的，比如阅读类（今日头条等）、娱乐类（抖音、快手等）、游戏类（腾讯游戏、盛大游戏等）、搜索类（百度搜索、搜狗搜索等）、社交类（微信、陌陌等）、购物类（天猫、京东等）、支付类（支付宝、微信支付等）等。

5. 软件免费

软件是一系列按照特定顺序组织的计算机数据和指令的集合。一般来讲软件被划分为系统软件、应用软件和介于这两者之间的中间件。系统软件由操作系统、语言编译程序和数据库管理程序组成，比如我们常说的 Windows、Linux、Unix 等。应用软件有文字处理软件、媒体播放软件、辅助设计软件、信息管理软件等。

软件渗透了大量的脑力劳动，人的逻辑思维、智能活动和技术水平是软件产品的关键，软件不会像硬件一样老化、磨损，但需要维护和版本更新，具有可复用性的特点。软件开发出来很容易被复制，从而形成多个副本。我们使用的软件特别是一些应用工具软件，绝大部分是免费的。或者说绝大多数软件的基础版本是免费的。

6. 实物免费

免费实物包括赠品、样品、试用装、商场免费试吃品、买电脑送的打印机、预存话费送的手机、买直饮水送的水桶、免费的儿童自助餐等。

7. 现金免费

现金免费在互联网和移动互联网行业成为促销标配。比如 2019 年春季的红包活动，各大互联网巨头纷纷参与，效果各异：

- 百度在央视春晚发放总额 10 亿元红包，一举登上 App 下载量排行榜第一。
- 支付宝保持了高速增长，已经养成用户"集五福"的习惯，2019 年参与人数超 4.5 亿人。
- 微信红包收发人数超过 8 亿人，其中企业红包超 2.5 亿次。
- QQ 春节游园会有 3.1 亿人参与，QQ 福袋被分享 10.6 亿次，被拆开 11.2 亿个。
- 抖音拿出 5 亿元发红包，调动了上亿用户参与集音符活动，最终超过 6114 万用户集齐。

3.5.3 免费营销的六种盈利模式

企业归根到底是以盈利为目的，所以免费模式是相对而言的。那么，实施免费营销的企业应该如何实现盈利呢？

如果我们有一个好的项目，想让这个项目的产品真正上市、赚钱。那么，有一个前提条件就是我们必须有足够多的用户，把用户服务做好；有了好的用户体验之后，投资者才会闻风而来；当我们获得投资，我们才有可能上市，赚取利润。

一般来说，免费营销有六种盈利模式，如图 3-78 所示。

1. 广告销售

卖广告是早期互联网平台原始的盈利模式之一，一直延续到现在。在互联网门户时代，四大门户网站就开始卖各种广告位，包括焦点图、通栏、弹窗等位置。随着互联网的发展，广告形式越来越多样化，大数据让目标用户的定向也越来越精准，广告业务也从供应方平台（SSP）走向了需求方平台（DSP）。

图3-78 免费营销的六种盈利模式

互联网广告的类型有网盟广告（百度网盟、阿里妈妈、其他中小网盟）、移动广告（多盟、有米、艾德思奇、点入）、搜索竞价广告（百度SEM）、信息流广告（腾讯社交广告、今日头条、新浪粉丝通、新浪扶翼、网易有道）等。

广告是百度的主要盈利模式。2018年，百度广告收入占百度整体营收的80%。但中国最大的广告公司不是百度，而是阿里巴巴。2019年3月，199IT互联网数据中心根据各家互联网上市公司披露的财务报告数据，盘点了中国16家互联网公司的广告营收情况，如图3-79所示。

单位：亿元	行业分类	2015	2016	2017	2018	份额	同比增幅	同比增速
阿里巴巴	电商消费	499	713	1,084	1,386	36%	302	28%
百度	搜索+信息流	640	645	731	819	21%	88	12%
腾讯	社交+媒体	175	270	404	581	15%	176	44%
今日头条	媒体+娱乐	30	60	150	470	12%	320	213%
新浪（含微博）	社交+媒体	47	55	88	119	3%	31	35%
小米	手机厂商	18	38	56	101	3%	45	80%
美团	生活消费	4	25	47	94	2%	47	100%
爱奇艺	娱乐	34	57	82	93	2%	12	14%
搜狐	媒体+搜索	74	70	75	83	2%	8	11%
58同城	生活消费	24	44	60	83	2%	23	39%
汽车之家	汽车	19	23	29	35	1%	6	21%
趣头条	媒体+阅读			5	28	1%	23	449%
网易	媒体+娱乐	18	22	24	25	1%	1	4%
凤凰新媒体	媒体	12	12	14	12	0%	(2)	-11%
陌陌	社交	2	4	5	5	0%	(0)	-3%
B站	社交+娱乐	0	1	2	5	0%	3	191%
广告总营收	整体	1,564	1,984	2,773	3,845	100%	1,072	39%

图3-79 16家互联网公司的广告营收情况

2. 商品销售

商品销售盈利中的商品包括实物产品和虚拟商品。

世界上最早的电子商务公司是由杰夫·贝佐斯（Jeff Bezos）于1995年创办的亚马逊（当时称为Cadabra网络书店）。中国的电子商务始于1999年的8848，当年携程网、易趣网、阿里巴巴、当当网等一批电子商务网站先后创立。1999年底是互联网高潮来临的时候，国内诞生了370多家从事B2C的电子商务公司。电子商务的类型有B2B、B2C、C2C、F2C、O2O等。

模式代表：京东商城（自营部分）、苏宁易购、唯品会（自营部分）、拼多多、小米、得到App等。

■ 案例赏析

小米的产品盈利模式

根据小米集团于2019年3月20日公布的2018全年财务报告，2018年小米实现总营收1749亿元人民币，同比增长52.6%，经调整利润为86亿元人民币，同比增长59.5%。

小米的主要业务分为智能手机、生活消费品、互联网服务及其他。2018年智能手机销售额为 1138 亿元，生活消费品（含智能电视、笔记本电脑、手环、滑板车、扫地机器人等）销售额为 438 亿元，互联网服务（含广告、游戏、互联网金融、有品电商平台等）销售额为 160 亿元。小米的主要业务收入占比（2018 年）如图 3-80 所示。

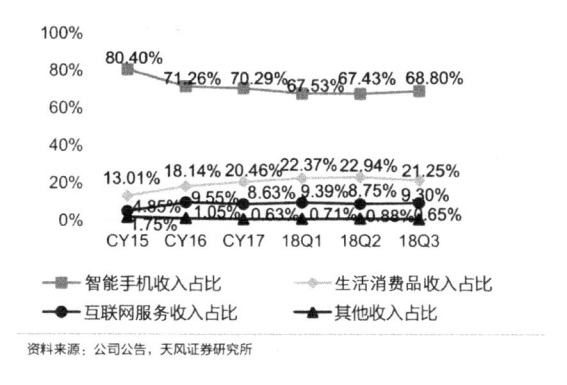

图 3-80　小米的主要业务收入占比（2018 年）

3. 平台佣金提成

平台促成交易后，向商家收取佣金，平台不直接生产产品，而是去整合资源。这种方式就像房地产中介里的链家，一头对接房东，另一头对接买房者，当交易达成时提取费用作为佣金。以在美国纽交所上市的虎牙直播为代表的直播平台，最主要的盈利模式便是提取平台上主播的粉丝打赏或礼物的收入。

网络平台的提成对象：商家、司机、威客、主播。

产品代表：天猫（商家）、美团（商家）、滴滴（司机）、八戒网（威客）、虎牙直播（主播）。

■ **案例赏析**

入驻天猫需缴纳的费用

2019 年 1 月 1 日生效的《天猫入驻标准》中规定，商家入驻天猫，需要缴纳的费用包括店铺保证金、软件服务年费和实时划扣的软件服务费三大类。

店铺保证金根据类目 1 万至 50 万元不等，比如"网游及 QQ"大类旗舰店、专卖店店铺保证金为人民币 1 万元，"网游及 QQ"大类下"手游充值"类目的专营店店铺保证金为人民币 50 万元。

软件服务年费有 3 万元和 6 万元两档，年销售达到指定标准有折扣。

实时划扣软件服务费（俗称交易佣金），按类目不同 0.5%～10% 不等。比如，服饰、鞋类、箱包为 5%，图书音像下的数字阅读则为 10%。

4. 增值服务

增值服务的一般盈利模式为基础功能免费，高级功能收费。先用免费的产品和服务去吸引用户，去抢占市场份额和用户规模，然后再通过增值服务或其他产品收费。

服务类型：更高级的功能/内容/服务、会员特权、虚拟道具。

产品代表：360 杀毒（企业服务）、QQ 会员（会员特权）、王者荣耀（虚拟道具）、WPS 办公软件（会员特权）、百度网盘（会员特权）。

■ **案例赏析**

腾讯的增值服务模式

腾讯发布的 2018 年年报显示，腾讯 2018 年全年营收为 3126.94 亿元。营收主要由增值服务（包括网络游戏和社交网络）、网络广告（包括媒体广告、社交及其他广告）及其他（包括支付相关服务和云服务）三个部分组成。据虎嗅网整理的资料，腾讯的主要收入来源，第一是增值服务（游戏类、社交类），第二是其他收入（网络支付和云服务），第三是网络广告。腾讯营收结构如图 3-81 所示。

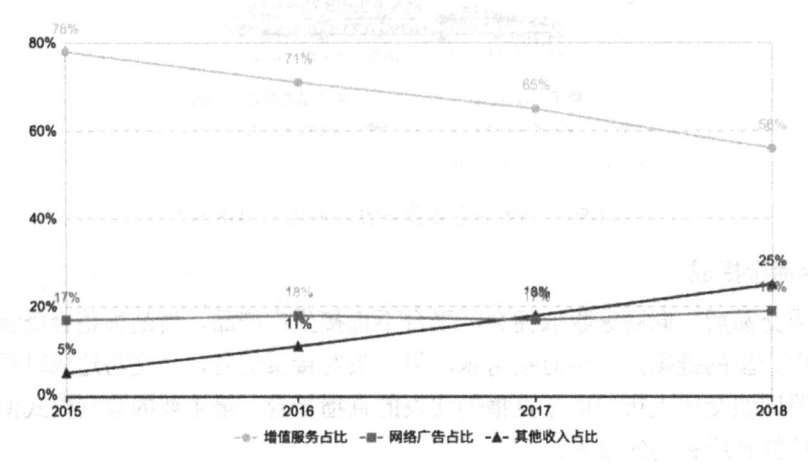

图 3-81 腾讯营收结构

5．服务收费

服务收费早已有之，例如，家政服务、家教、导游、律师咨询等，但互联网时代服务的类型变得更加多元化，比如各类知识付费节目。

服务类型：产品、信息、功能、技术、API 接口、知识、内容、经验、咨询等。

产品代表：阿里云服务器（功能）、友盟（技术/数据）、高德地图（接口）、网易云课堂（知识）、樊登读书会（内容）、分答（经验）、在行（咨询）。

例如，据艾瑞《2018 年中国在线知识付费市场研究报告》的数据，在知识付费领域，2017 年中国知识付费产业规模约 49 亿元，在人才、时长、定价等因素综合作用下，2020 年将达到 235 亿元。中国知识付费细分市场格局如图 3-82 所示。

中国知识付费细分市场格局		
细分市场	简介	市场代表
知识电商	综合或垂直内容平台，贩卖课程、有声书等产品	喜马拉雅、得到、蜻蜓
社交问答	通过交付一定费用进行提问交流	知乎、分答、微博
内容打赏	支付者对平台产生内容根据自身意愿进行付费打赏	微信、简书
社区直播	付费进行音频直播，主讲人与付费听众进行交流互动	荔枝FM
讲堂课程	精品课程学习，主要以音频和视频为主要载体渠道展示	豆瓣时间、网易读书、沪江网校
线下约见	线上预约行业专家，线下进行一对一咨询服务	在行、行行
第三方支付	为内容付费提供解决方案的第三方工具类产品	短书、格子匠
付费文档	平台上线文章或研究报告，对部分或全部内容定价，用户付费下载	百度文库、豆丁

图 3-82 中国知识付费细分市场格局

6. 金融运作

运作方式：金融借贷、账期、沉淀资金、资金池。

产品代表：花呗（借贷）、简书等平台打赏提现规则（满 100 元才能提现）、拍拍贷（资金池）。

3.5.4 免费营销的冷思考

1. 不是所有互联网产品，都适合做免费营销

尝到免费甜头的周鸿祎曾经预言，不仅只有软件和服务可以免费，将来硬件免费也有可能。他认为："无论是互联网企业做手机，还是手机企业做手机，以后一个方向应该是通过互联网增值服务赚钱，因此低成本、零成本甚至是免费手机应该是一种趋势。"2012 年 5 月，周鸿祎宣布，360 将作为一个开放平台进军智能手机领域，360 将与厂商合作，推出多款 360 用户特供手机。这意味着 360 将成为继小米科技、百度、阿里巴巴、盛大之后又一家进入手机领域的互联网企业。

2015 年 10 月 27 日，乐视发布乐视超级手机 1s，采用生态补贴硬件的定价方式，低于量产成本定价，售价为 1099 元。2016 年，乐视举办"4.14 免费硬件日"活动，在这一天，用户只要购买乐视三年会员（1470 元），就能白拿一台价值 1699 元的手机。乐视超级手机硬件免费策略如图 3-83 所示。

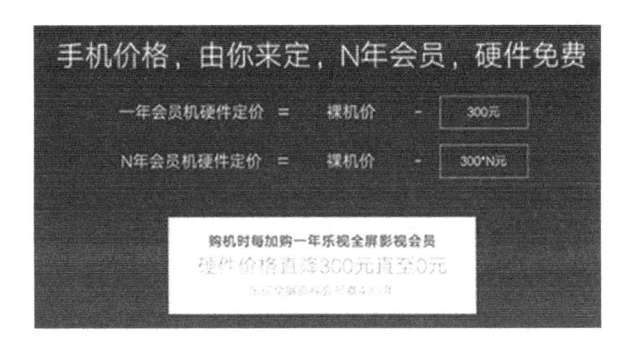

图 3-83 乐视超级手机硬件免费策略

360 手机也好、乐视超级手机也好，均寄希望于"免费营销"的武器，在竞争激烈的智能手机市场杀出一条血路。

那么，这条道路是否可行？2016 年 11 月，周鸿祎出席"2016 中国品牌论坛"时表示："并不是所有的免费都能赚钱，都会创造价值。"周鸿祎说："曾几何时，包括我自己也有这种误解，觉得硬件也可以免费，甚至有的企业更加极端，认为硬件都可以亏本。每卖一台手机，可能要亏 300～500 元钱，拼命追求销售额，拼命追求产量。但是，最后的结果……你无法真正地去建立一个可以有营收的商业模式，智能硬件产业、手机产业出现了很多企业，做得越大，亏损得越严重，这个我觉得都是对商业本质的一个违背。"

2. 从免费营销到变现盈利，是一个漫长的过程

免费营销是否就能得到用户和流量？有了流量是否就意味着能够变现，实现盈利？美图公司的案例告诉我们：互联网产品的盈利是个漫长过程。

有人说："如果没有美图秀秀，朋友圈里的自拍至少会少一半。"

美图秀秀是 2008 年 10 月 8 日由厦门美图科技有限公司研发、推出的一款免费图片处理软件。据美图公司的上市招股书介绍，截至 2016 年 6 月 30 日，美图秀秀用户达到 1.03 亿。美图公司旗下品牌用户月活跃数为：美拍 1.41 亿，美颜相机 1.13 亿，Beauty Plus 3600 万，潮自拍 2400 万，美妆相机 1700 万。加上美图秀秀的月活用户数，美图总月活用户数为 4.46 亿。作为一个工具类 App，月活跃用户 4.46 亿的流量成绩，可谓十分靓丽。美图公司各平台月活用户数（2016 年）如图 3-84 所示。

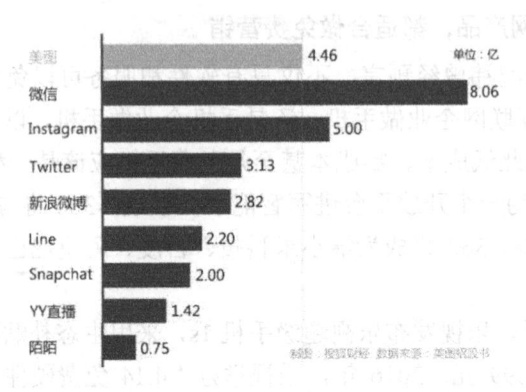

图 3-84　美图公司各平台月活用户数（2016 年）

与靓丽的用户数据相对比，它的营收数据则非常惨淡。2016 年上半年，美图公司营收为 5.855 亿元，其中 95.1%都来自手机硬件销售。美图从 2013 年开始做手机，到 2016 年上半年一共销售了 98.24 万台，对比 4.46 亿的月活跃用户，约有 0.22%的用户从使用软件的免费用户，变成了购买手机的付费用户。

美图公布的 2018 年度财报显示，美图 2018 年全年营收 27.92 亿元人民币，同比下滑 37.8%，全年净亏损 12.43 亿元，其中智能手机业务亏损达到 5 亿元人民币。年度业绩会上，美图再次确认于 2019 年到来前关闭手机业务，后续将由小米负责相关研发、生产、推广工作，美图负责按合约收取产品分成。

互联网世界一直有一条信念："先把用户规模做大，有了流量就能变现。"美图的用户规模大了，流量有了，但一直处于亏损中。

同样，摩拜单车用补贴、免费营销的方式，获得了流量和用户，但最终难逃被美团收购的命运。据美团 2018 年财报数据，自 2018 年 4 月 4 日起，由摩拜贡献的计入综合收益表的收入为 15.07 亿元人民币，同期亏损 45.5 亿元人民币。

"有流量就能变现"，这一被互联网创业者们奉为经典的定理，似乎正在失灵。

3. 免费面临的挑战

1）免费习以为常，不再那么有新鲜感

在互联网时代的初期，人们对免费模式还感到好奇和"大吃一惊"；而现在互联网经过了 20 多年的发展，各种免费模式层出不穷——可谓"只有我们想不到的，没有他们免不了的"。我们也早已经历了各种各样的免费模式的洗礼，思想上对免费产生了抵抗力。

淘宝网当年打败 eBay，360 免费杀毒脱颖而出，很大程度上是免费与付费之间的对决。当时的小卖家正苦于 eBay 收入驻费和交易费，网民正苦于杀毒软件价格太贵，所以当免费的替代品出现的时候，人们是抱着"试一试反正不会有损失"的好奇心去做的，并且淘宝网和

360 杀毒软件的体验与服务确实比 eBay 和当时的其他杀毒软件有优势，所以才成为了颠覆者。

但现在大部分互联网公司都会打出"免费"这样的标签，在互联网上免费模式可以说随处可见，且到处都是替代产品。因此，仅仅想要"靠免费来打动用户，甚至说颠覆整个行业"，这种美好单纯的时代已经一去不复返了。

2) 头部企业已形成流量垄断，能被免费颠覆的领域很少

免费模式经过长期的发展与进化，其模式在互联网上几乎随处可见。游戏、聊天、小说、新闻、音乐、短视频、日历、地图、相机等，这些早期可以通过免费快速成长的领域，基本上已经被巨头瓜分完毕，形成了流量垄断。正如"不怕别人比你优秀，怕的是优秀的人比你还努力"一样，不怕"巨头玩流量垄断，怕的是巨头玩垄断还免费"。

因此，要想再靠免费模式形成行业颠覆，一是我们要找准领域，最好是巨头还未涉足的；二是产品要有特色，形成差异化，当然最重要的是产品体验和服务一定要好，一切以用户为中心和出发点。

3) 收入增加，支付的便捷化

以前在网络上我们习惯了免费，如听免费的音乐、看免费的电影、用免费的软件、读免费的电子书、用免费相册和免费邮箱、创建自己免费的主页、享受免费开店和免费存储空间等，可以说彼时的互联网几乎都是免费的。

但到了今天，一个付费时代正全速到来，一夜之间好像什么都要钱了：下载周杰伦的歌要开通会员；看热门综艺和电影要开通会员；饿了么和美团要想免配送费也要开通会员；网上提个问题要钱。虽然我们并没有被强迫付费，但是很多人都开始接受付费了。

发生这些变化的原因，一方面是人们收入的增加，物质生活渐渐得到基本满足，开始向精神文明生活进军，人们渐渐乐意打赏几块钱或花几十块钱充个会员来满足自己的娱乐需要；另一方面是支付的便捷化，中国是目前移动支付最发达的国家，随处可见的移动支付也带动了网络付费的发展——因为人们不再需要像以前一样麻烦，充币、充值要去网吧，有时候甚至要到邮局去汇款，现在这些已经不是什么太大的负担，只需在家点几下手机，立马支付成功。

4) 思维的转变，免费影响品质

经过这么多年各种免费模式的"狂轰滥炸"，我国的网民可以说已经对各种免费套路比较反感，弹窗广告、附带安装、超长广告，可以说给用户的体验十分不友好。

当然，这里不是说免费产品就是品质不好，不受用户喜欢；很多免费产品很好用，比如微信。但这样的"良心免费产品"毕竟是少数，因为研发一个好的产品需要各种各样的成本，而如果没有在使用时收费，那势必要能在其他地方"赚钱"。

产品效益不好，那么公司效益就不好；公司效益不好，员工福利待遇就不行；员工福利待遇不行，那你觉得他还会用心去做这个产品吗？同时，随着近几年的消费升级，用户的消费观念实现了从"免费就好"到"品质、体验要好"的转变。

5) 缺乏盈利能力，产品变现难

一款产品完全且长期免费，对于用户来说是很开心的；但对于企业来说，则意味着前期投入的各种成本无法收回，且从中长期来看也缺乏变现的能力，对于财力不强的初创公司来说，是一个非常大的挑战，对于投资机构来说同样也是一个"烫手山芋"，因为资本最终都是

趋利的，如果你产生不了价值，那你也就没什么价值。

比如，拥有将近两亿用户的国内第二大云盘 360 云盘就于 2016 年宣布关闭平台。

360 为什么要关闭云盘呢？——因为在移动互联网时代，平台的流量分发能力开始下降了。

你向用户推荐了一个产品，很难同时再向他推荐另外的产品，所以按以前流量分发的老玩法根本无法获取利润，而一个长期无法盈利的产品自然成为企业很大的包袱。为了公司整体的良性发展，360 不得不把云盘扔下战车。

此外，免费模式的一个重要前提就是"通过免费能获取大量用户"，如果你产品免费了，但还是获取不了大量用户，那么这个模式本身就存在很大问题。尤其是还在幻想"用免费就可以颠覆整个行业"的思维，缺少对产品本身的思考、打磨及对用户的理解。

任务实训

【实训 1】 通过互联网，按要求搜集相关案例。

（1）免费营销有七种形式，请分别找出每种形式的两个案例。

（2）免费营销有六种盈利模式，请分别找出每种模式的两个案例。

【实训 2】 扫描二维码并阅读《周鸿祎免费是最好的营销方式》一文，周鸿祎说"免费是最好的营销方式"，对比我们学习过的另外四种营销方式，回答下面的问题。

（1）我认同/不认同"免费是最好的营销方式"，原因是什么？

（2）手机硬件免费这条路为什么走不通？

【实训 3】 扫描二维码并阅读《滴滴出行盈利模式探析》一文，请参考文中内容为美图秀秀软件设计三种以上的盈利模式。

阅读材料 3.7
周鸿祎免费是最好的营销方式

阅读材料 3.8
滴滴出行盈利模式探析

项目 4

整合营销资源

📝 项目导入

营销策略制定完成以后，如何整合各种营销资源以保证营销策略的顺利执行，是君鹏接下来需要考虑的重点问题。

📝 项目分析

整合营销传播是一个战略性的业务流程，企业利用这一流程在一定时间内针对消费者、已有客户、潜在客户及其他有针对性的内外相关受众来规划、发展、执行和评估品牌的传播活动，使之协调一致、可以衡量，并且具有说服力。

新零售是指企业以互联网为依托，通过运用大数据、人工智能等先进技术手段，对商品的生产、流通与销售过程进行升级改造，进而重塑业态结构与生态圈，并对线上服务、线下体验及现代物流进行深度融合的零售新模式。

互联网营销有一种打法叫"急功近利"，"急功"就是快速建立品牌，"近利"就是快速获取用户，这就是整个营销手段的一个套路，称之为"流量池思维"。

人仅仅是聚在一起并没有任何价值，只有当他们具备共性时，才能开始发挥价值。所以，想建立社群，一定要明确三个要素，缺一不可，那就是"有目标，有核心，有阶层"。

整合营销如何做，是本书项目 4 的主要内容。我们将重点了解整合营销实施主体之产品经理、整合渠道资源之新零售、整合促销资源之流量池、整合客户资源之社群营销。

任务 4.1　整合营销传播与产品经理

📓 任务导入

本任务着重讲解整合营销传播、整合营销的概念，整合营销的实施主体，以及整合营销的基础。

📓 任务导图

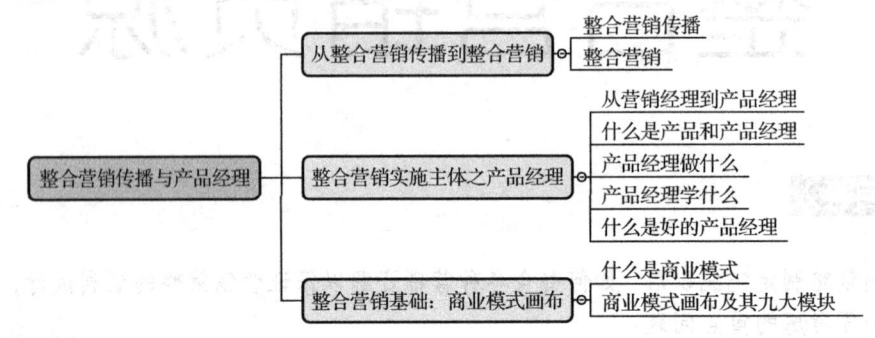

整合营销传播与产品经理	从整合营销传播到整合营销	整合营销传播
		整合营销
	整合营销实施主体之产品经理	从营销经理到产品经理
		什么是产品和产品经理
		产品经理做什么
		产品经理学什么
		什么是好的产品经理
	整合营销基础：商业模式画布	什么是商业模式
		商业模式画布及其九大模块

📓 学习目标

知识目标	熟悉整合营销传播的相关内容
	了解产品经理的岗位职责
	了解商业模式及商业模式画布的概念
	掌握商业模式画布九大模块的内容
能力目标	掌握产品经理岗位须具备的思维模式
	能够绘制项目的商业模式画布图

📓 任务实施

4.1.1　从整合营销传播到整合营销

1. 整合营销传播

《销售和营销》（*Sales and Marketing*）杂志评选出的"20 世纪全球 80 位对销售和营销最有影响力的人物"中，包括现代营销学之父菲利普·科特勒及亨利·福特、比尔·盖茨、麦克尔·戴尔、唐·舒尔茨等著名人物，也包括 20 世纪全球 80 位对销售和营销最有影响力的人物（部分）如图 4-1 所示。

唐·舒尔茨博士，1934 年 1 月 20 日出生在俄克拉何马州，美国西北大学整合营销传播教授，整合营销传播理论的开创者，也被尊称为"整合营销传播之父"。其作为第一作者的经典著作《整合营销传播》于 1992 年在美国出版。

项目4 整合营销资源

图 4-1　20 世纪全球 80 位对销售和营销最有影响力的人物（部分）

对于整合营销传播（Integrated Marketing Communications，IMC），唐·舒尔茨给出的定义是：整合营销传播是一个战略性的业务流程，企业利用这一流程在一定时间内针对消费者、已有客户、潜在客户，以及其他有针对性的内外相关受众来规划、发展、执行和评估品牌的传播活动，使之协调一致、可以衡量，并且具有说服力。

下面我们从整合营销传播概念和拉斯维尔传播 5W 模式的角度，来理解什么是整合营销传播。

1）整合营销传播，是以传播为核心的活动

在这个以传播为核心的年代，企业要以传播为核心驱动企业的整体市场营销作业，应该将重点从产品或企业内部转到整合营销传播上来。

什么是整合？整合是指将各个分散的片段组合成一个连贯的整体。

舒尔茨认为："整合营销传播是一种看待事物整体的新方式。过去我们只看到其中的各个部分，比如广告、促销、人员沟通、售点广告等，而现在它是重新编排的信息传播，使它看起来更符合消费者看待信息传播的方式，像一股从无法辨别的源泉流出的信息流。"

舒尔茨强调："有效的整合要求企业内部、各个业务单位之间、企业与外部供应商之间的人际沟通和跨职能、跨部门沟通高度顺畅。"

什么是营销？营销是需求管理，是为了向消费者、合作伙伴及所有利益相关者创造、传播、传递和交换价值的一系列过程。

什么是传播？传播是指两个相互独立的系统之间，利用一定的媒介和途径所进行的、有目的的信息传递活动，包括了人际传播和大众传播。

什么是信息？信息是能够通过文字、图像、声音、符号、数据等为人类获知的知识。人在时间维度获得的信息，是历史学；人在空间维度获得的信息，是地理学；人在物质维度获得的信息，是物理学、化学、生物学、植物学；人和人在交往中获得的信息，是哲学、社会学、新闻学；人和人在交易中获得的信息，是商品信息，属于市场营销学研究的范围。人在不同维度上获得的信息如图 4-2 所示。

传播 5W 模式是美国学者 H.拉斯维尔于 1948 年在《传播在社会中的结构与功能》论文中首次提出的。构成传播过程的五种基本要素指的是 Who（传播主体）、Say What（传播内容）、

171

In Which Channel（传播渠道）、To Whom（传播对象）、With What Effect（传播效果）。5W 模式表明传播过程是一个目的性行为过程，具有企图影响受众的目的。传播 5W 模式如图 4-3 所示。

图 4-2 人在不同维度上获得的信息

图 4-3 传播 5W 模式

2）从传播主体看，整合营销传播是企业战略行为

在整合营销传播战略的发展初期，只有具备四个必要条件，才能在商业中把整合营销传播模式的理想变成现实。这四个条件是：

- 整合营销传播必须始于高层；
- 企业必须以顾客为中心，必须践行顾客导向的营销理念；
- 传播必须成为企业可持续的竞争优势；
- 传播必须推行集中化管理。

3）从传播内容看，整合营销传播强调"传播一元化"

"传播一元化"，也叫"用一个声音说话"（Speak with One Voice）。它最容易被断章取义，不少人将一句广告语或一个形象，用在产品包装上、销售终端上、电视广告上、户外广告上、互联网和移动互联网广告上，觉得这就是"用一个声音说话"了，这是对整合营销传播的最大误解。

IMC 传播一元化的真正要求是："每一条信息都应使之整体化和相互呼应，以支持其他关于品牌的信息或印象。如果这一过程成功，它将通过向消费者传达同样的品牌信息而建立起品牌资产。"

传播信息是经过规划的一个整体，而不是单调地传播同样的形象、同样的内容。传播不分语境，就像人说话不分场合，看上去像"有病"一样。

4）从传播渠道看，整合营销传播侧重接触点传播

所谓接触点就是企业可以在某一时间、某一地点或某一场合与消费者进行沟通的点，它是 20 世纪 90 年代市场营销中一个非常重要的课题。在以往消费者自己会主动找寻产品信息

的年代里，决定"说什么"要比决定"什么时候与消费者接触"重要。然而，现在的市场由于资讯超载、媒体众多，干扰的"噪声"加大。目前，最重要的是决定"如何、何时与消费者接触"，以及采用什么样的方式与消费者接触。

IMC 观点认为，消费者与企业的所有接触点都可以作为信息传播的渠道。也就是说，所有影响消费者购买行为的方式都可以成为渠道，都可以成为 IMC 的一部分。广告界都知道奥美的"360 度品牌管家"就是基于 IMC 的所有接触点理念提出的系统品牌管理工具。所有接触点的实质是用户与产品（品牌或企业）的关系，包括用户如何接近产品、了解产品，使用经验、感受及态度等。

5）从传播对象看，整合营销传播倡导的是以顾客为中心的互动传播

舒尔茨提出的 IMC 的本质是以营销 4C 为核心，强调的是以顾客为中心，客户需求至上，实行企业与顾客之间的双向沟通。

舒尔茨将顾客进行细分，分为新客户、留住的已有顾客、发展的现有顾客、转换型顾客群体、新的潜在顾客、流失了的客户，如图 4-4 所示。要求整个公司、所有员工、所有职能部门和企业所有要素都责无旁贷，致力于开发、培植和维护来自顾客的收入，而不是只管理好产品和成本。

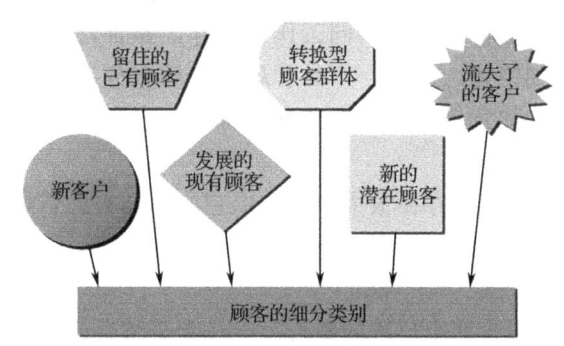

图 4-4 顾客的细分类别

消费行为研究把购买分成了三个阶段，即"认知、情感、行为"（跟大脑三层结构非常吻合），基于这三个阶段总结出不少经典的消费者反应层级模型，如图 4-5 所示。

阶段	AIDA 模型	效果层级模型	创新—采用模型	传播模型
认知阶段	注意	知晓 ↓ 了解	知晓	宣传 ↓ 接受 ↓ 认知反应
情感阶段	兴趣 ↓ 欲望	喜欢 ↓ 偏好 ↓ 信服	兴趣 ↓ 评估	态度 ↓ 意图
行为阶段	行动	购买	试用 ↓ 采用	行为

图 4-5 不同阶段消费者的反应层级模型

其中，最为人熟知的就是 AIDA 模型，即注意→兴趣→欲望→行动，在传统的营销中使用很多。而整合营销传播则创造了另一个模型——传播模型，即宣传→接受→认知反应→态度→意图→行为。从这个模型中我们可以看出，传播者和受众是互动的，企业根据消费者的反应、态度再进行下一个传播，这跟现在的互联网内容营销的底层逻辑是一样的：受众参与到传播之中，不但是传播的客体，也是传播的主体。传统的灌输式传播已经失效或效率极低，当下高效的传播方式是互动式传播。

6）从传播效果看，整合营销传播侧重品牌资产的建立

以往品牌塑造是企业的事情，大多花钱在媒体上做广告和公关，而现在的品牌塑造需要的是企业、KOL、"吃瓜"群众、媒体、销售商五方合力，共唱"一出大戏"。

2. 整合营销

营销界是先有整合营销传播概念，后有整合营销概念的。整合营销传播是唐·舒尔茨于 1992 年提出的，而整合营销是 1995 年由保斯蒂安·库德（Paustian Chude）首次提出的。保斯蒂安·库德认为，整合营销就是"根据目标设计（企业的）战略，并支配（企业的各种）资源以达到企业目标"。

菲利普·科特勒在《营销管理》一书中，从实用主义角度揭示了整合营销实施的方式，即企业里所有部门都为了顾客利益而共同工作。这样，整合营销就包括两个层次的内容：一是不同的营销功能，如销售、广告、产品管理、售后服务、市场调研等必须协调；二是部门间、内外部的协同，如营销部门与企业其他部门（生产部门、研究开发部门等）之间的协同。

尽管对整合营销的定义仍然存在很大争议，但它们的基本思想是一致的，即以顾客需求为中心，变单向诉求和灌输为双向沟通，树立产品品牌在消费者心目中的地位，建立长期关系，达到消费者和厂家的双赢（Win-Win）。

一般来说，整合营销包含两个层次的整合：一是水平整合；二是垂直整合。整合营销的层次整合如图 4-6 所示。

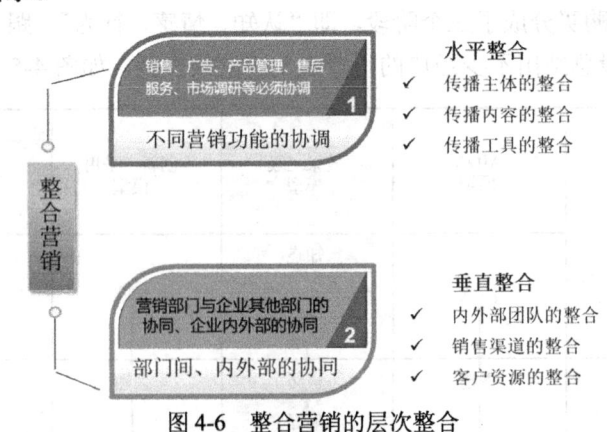

图 4-6 整合营销的层次整合

水平整合包括传播主体、传播内容、传播工具三个方面。

（1）传播主体的整合。企业的一举一动、一言一行都是在向消费者传播信息，应该说传播不仅仅是营销部门的任务，也是整个企业所要担负的责任。所以有必要对企业的所有与传播有关联的资源（人力、物力、财力）进行整合，这种整合也可以说是对接触管理的整合。

（2）传播内容的整合。企业的所有与消费者有接触的活动，无论其方式是媒体传播还是其他的营销活动，都是在向消费者传播一定的信息。企业必须对所有这些信息内容进行整合，根据企业所想要的传播目标，对消费者传播一致的信息。

（3）传播工具的整合。为达到信息传播效果的最大化，节省企业的传播成本，企业有必要对各种传播工具进行整合。

垂直整合主要指企业部门之间、内外部资源的整合。主要包括内外部团队、销售渠道、客户资源三个方面。

（1）内外部团队的整合。除企业内部各部门需要整合以外，企业外部的合作伙伴，如广告代理商、渠道加盟商、股东等，也需要纳入整合营销系统中来。

（2）销售渠道的整合。指的是自营与加盟、线上与线下的整合，也就是现在的新零售概念。

（3）客户资源的整合。指的是如何盘活企业来自各种渠道的客户资源。社群营销是一种切实可行的解决该问题的营销方式。

4.1.2　整合营销实施主体之产品经理

1. 从营销经理到产品经理

如图4-7所示的这些改变我们生活的创业者，都把自己定义为产品经理的角色。

"产品教父"	"微信之父"	奇虎360创始人	腾讯创始人
史蒂夫·乔布斯	张小龙	周鸿祎	马化腾

图4-7　把自己定义为产品经理角色的人

产品经理（Product Manager，PM），又称品牌经理、产品企划等，是指在公司中针对某一项产品进行规划和管理的人员。产品从创意到上市，所有相关的研发、调研、生产、广告、促销活动等工作，都由产品经理掌控。

在互联网行业，产品经理更是成了"明星"，乔布斯、马化腾、张小龙、周鸿祎都是产品经理。

2. 什么是产品和产品经理

在了解产品经理之前，先来了解一下什么是产品。产品存在于我们生活中的方方面面，鞋子、手机、房子、QQ软件、微博、360安全卫士……这些都是我们常见的产品。总结性地说，产品就是满足用户需求，被使用和消费的东西，包括有形的物品和无形的服务。通俗地说，产品是一个"婴儿"。

产品经理是产品的"管家"。对产品从"出生"到"终结"整个生命周期的所有事情负责。其中，最重要的是要保证产品的最大利润。

互联网产品经理，其所负责的主要是互联网产品。产品经理从传统行业中来，在互联网行业中得到了发展。那么，传统的产品经理和互联网产品经理有什么区别呢？

传统的产品经理所做的产品，其产品形态是实物，产品的市场比较成熟，而且模式比较固定，生命周期较长；商业模式主要是销售；运营模式主要是做广告，通过广告来推广产品，从而将产品销售出去。

互联网产品经理所做的产品，其产品形态主要为虚拟物。互联网的市场变化非常快，因此，在产品经理的圈子中，你会经常听到"快速迭代"这样的词。互联网产品的生命周期相对较短，而产品的不断迭代也是为了通过不断改变和完善产品，进而延长产品的生命周期。互联网产品的商业模式非常多，或许你早已听说过"羊毛出在猪身上"这样的说法了，也就是说，产品的盈利点（商业模式）并不局限于产品本身。传统产品与互联网产品对比如图 4-8 所示。

对比项	传统产品	互联网产品
产品形态	实物	虚拟
产品市场	成熟、模式固定	新兴、变化快
产品生命周期	长	短
商业模式	销售	多元
运营模式	广告	免费

图 4-8　传统产品与互联网产品对比

3．产品经理做什么

产品经理需要对产品的生命周期负责。那么，一个产品的生命周期是怎样的呢？产品的生命周期是一个不断变化、迭代的过程。首先，从定义产品开始，到设计产品、开发产品、发布产品、改进产品，在完成这样一个周期之后，继续开始定义产品、设计产品、开发产品……须经过这样多个轮回。比如，微信的安卓版本已更新到了 7.0.13（2020 年 4 月）。在我们看来，微信和微信公众平台已经比较完善了，但是它仍然在持续地改变和升级。

产品经理做什么？

产品经理需要做的事情非常多，在整个产品的生命周期中，几乎每一项工作都不能缺少产品经理。产品调研、需求文档输出、设计原型、视觉设计协调、开发进度跟踪、产品测试、产品发布准备及产品发布、数据分析、产品迭代……每个地方都会有产品经理的痕迹。因此，产品经理必须会"分身术"，这里的"分身术"其实就是产品经理需要懂得的项目管理技能。只有懂得如何更好、更优地安排各项工作，才能在自己的岗位上做到游刃有余。

4．产品经理学什么

学习能力是产品经理乃至每一个人都应该具备的能力，尤其是正处于学习阶段的"小白"。那么，想要成为一名优秀的产品经理，应该学习哪些知识？应该具备怎样的技能和能力呢？

优秀的产品经理需要具备的基本技能：首先是写文档，包括 Word、PPT、PDF 等格式，主要是写需求分析、功能用例、竞品分析、盈利分析等；产品原型作为产品最直接的表现形式，画原型几乎被默认为产品经理必备的基本技能，在这个过程中，会涉及用户流程、界面框架、交互界面等，画原型所使用的工具主要有 Axure——经典产品原型工具、Visio——流程图必备利器、MindManage——信息结构图、脑图绘制工具等；交互设计包括网页设计、移动应用设计和用户体验设计；项目管理包括开发生命周期、需求管理和团队协作；数据分析包括运营数据分析和市场分析。产品经理的基本技能如图 4-9 所示。

5．什么是好的产品经理

什么是好的产品经理？这里的"好"是一个泛概念，只是相对而言的。因此，不必拘泥于某种说法或某个硬性条件。

项目 4　整合营销资源

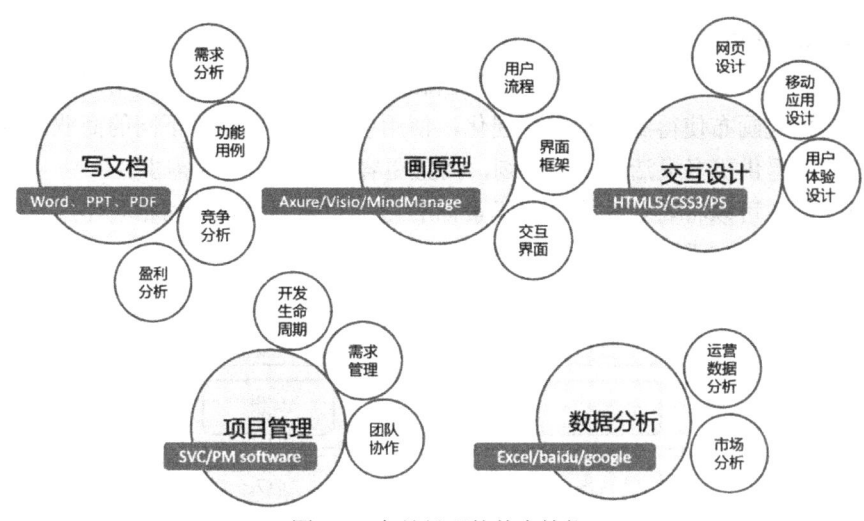

图 4-9　产品经理的基本技能

在了解什么是好的产品经理之前，先来了解一下什么是好的产品。首先，一个好的产品得有需求，一个没有需求的产品，制造出来也只能是个垃圾，能解决用户痛点、有用户需求的产品才有市场。其次，一个好的产品还需要有自身的优势，有自身的特点，千篇一律的产品将会在市场的大浪淘沙中逐渐消失。最后，一个好的产品还得有利可图，如果没有任何利益，老板绝对不会投钱让你去做，做出来对公司也没有任何好处，那还不如不做。

做出好产品的六个理念：注重用户体验和口碑；注重产品细节；保持微创新；能够快速迭代开发；功能/界面少就是多；核心需求做到完美。

评价产品经理的三个指标：市场份额、用户数和用户转化率、利润。当然，这几个指标并非是唯一标准。

4.1.3　整合营销基础：商业模式画布

一个企业里整合营销的主导者一般是产品经理。在实施整合营销之前，要让企业里的每位员工全面了解公司的使命愿景、产品、用户、收入来源、盈利模式等。这也是新员工入职第一课——公司或企业文化介绍。

如何让员工迅速了解公司，为实施整合营销打基础呢？商业模式画布是一个高效的工具。而整合营销的主导者，更应该学会用商业模式画布提炼公司的商业模式。那么，什么是商业模式？什么是商业模式画布？怎样做商业模式画布？

1. 什么是商业模式

什么是商业模式？百度百科的定义是：商业模式是一个企业满足消费者需求的系统，这个系统组织管理企业的各种资源（输入变量，包括资金、原材料、人力资源、作业方式、销售方式、信息、品牌和知识产权、企业所处的环境、创新力），形成能够提供消费者无法自力更生而必须购买的产品或服务（输出变量），因而具有自己能复制且别人不能复制，或者自己在复制中占据市场优势地位的特性。

周鸿祎说："商业模式不是盈利模式，它至少包含四个方面的内容，即产品模式、用户模式、推广模式和盈利模式。一句话，商业模式是你能提供一个什么样的产品，给什么样的用户创造什么样的价值，在创造用户价值的过程中，用什么样的方法获得商业价值。"

177

2. 商业模式画布及其九大模块

商业模式画布指一种能够帮助团队催生创意、降低猜测、找对目标用户、合理解决问题的工具。商业模式画布使得商业模式可视化，使用统一的语言讨论不同的商业领域。商业模式画布不仅能够提供更多灵活多变的计划，而且更容易满足用户的需求。

商业模式画布可以将商业模式中的元素标准化，并强调元素间的相互作用。商业模式画布的九大模块如图 4-10 所示。

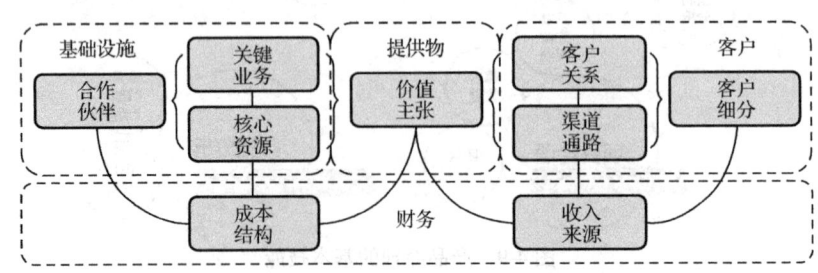

图 4-10 商业模式画布的九大模块

大致来说，这九大模块可以以价值主张为核心划分成三大部分：与企业的基础设施相关的内容包括合作伙伴、关键业务、核心资源；与客户相关的内容包括客户细分、客户关系、渠道通路；与企业的财务状况相关的内容包括成本结构、收入来源。我们以 BAT（百度、阿里、腾讯）为例，来看看每个模块的具体构成。

1）价值主张

价值主张是指为用户和客户提供什么样的产品和服务，提供什么样的价值，以及帮助客户解决什么根本性问题。商业模式画布的价值主张如图 4-11 所示。

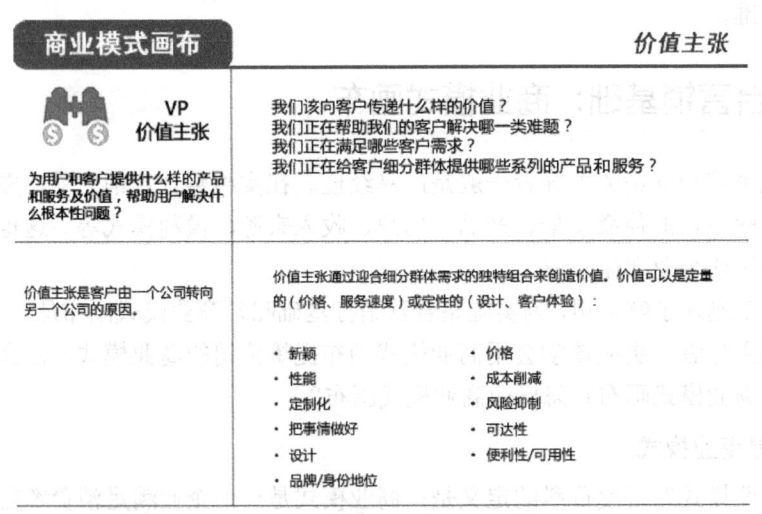

图 4-11 商业模式画布的价值主张

例如，百度的价值主张是"致力于让网民更便捷地获取信息，找到所求"；阿里的价值主张是"让天下没有难做的生意"；腾讯的价值主张是"通过互联网服务提升人类生活品质"。价值主张包括企业愿景、目标等，是一个企业的 DNA、指路标，决定了它做什么或不做什么。

2）关键合作伙伴

需要和哪些上下游重要企业进行重度合作？比如：百度的合作伙伴是广告主，截至 2019

年 5 月，有 856 000 家企业正在使用百度推广；阿里的主要合作伙伴是商家，天猫有 15 万家品牌供应商；腾讯的主要合作伙伴是上游的游戏开发商、视频音频订购客户、广告主等，腾讯 2018 年年报显示，截至当年已投资了逾 700 家公司，超过 100 家公司的估值达到 10 亿美元，其中包含 60 多家已经上市的公司。商业模式画布的合作伙伴如图 4-12 所示。

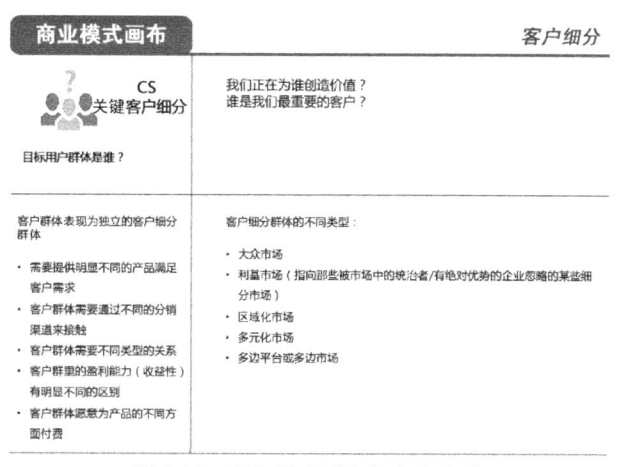

图 4-12　商业模式画布的合作伙伴

3）关键业务

需要做哪些关键性的事情才能使得产品和服务能够正常运行？比如，百度的关键业务是搜索，阿里的关键业务是交易，腾讯的关键业务是社交。商业模式画布的关键业务如图 4-13 所示。

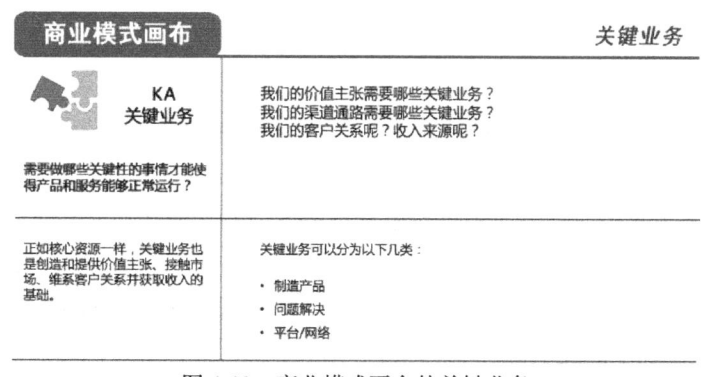

图 4-13　商业模式画布的关键业务

4）核心资源

拥有什么核心资源可以保证所有商业行为的执行和落实？比如：创业初期，百度的核心资源是技术，创始人李彦宏发明超链分析技术并获美国专利；阿里的核心技术是资源，阿里通过前期创业的中国黄页及后期的多渠道合作，拥有丰富的商务资源；腾讯的核心技术是实用软件的开发。商业模式画布的核心资源如图 4-14 所示。

5）客户细分

目标用户群体是谁？比如，百度的目标客户是有搜索或资讯需求的网民，阿里的目标客户是商人、中小微企业主，腾讯的目标客户是有社交需要的网民。商业模式画布的客户细分如图 4-15 所示。

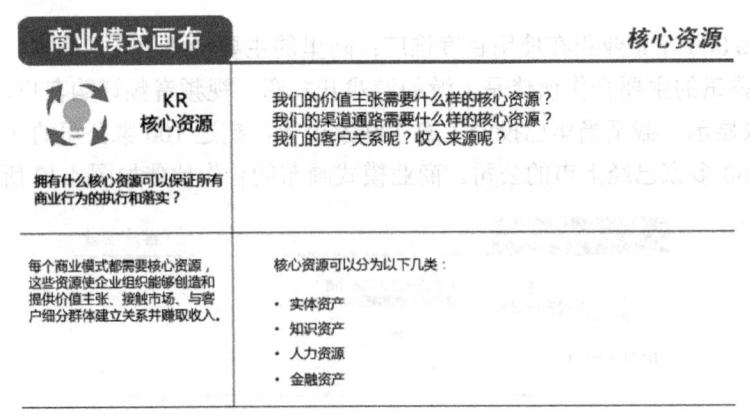

图 4-14 商业模式画布的核心资源

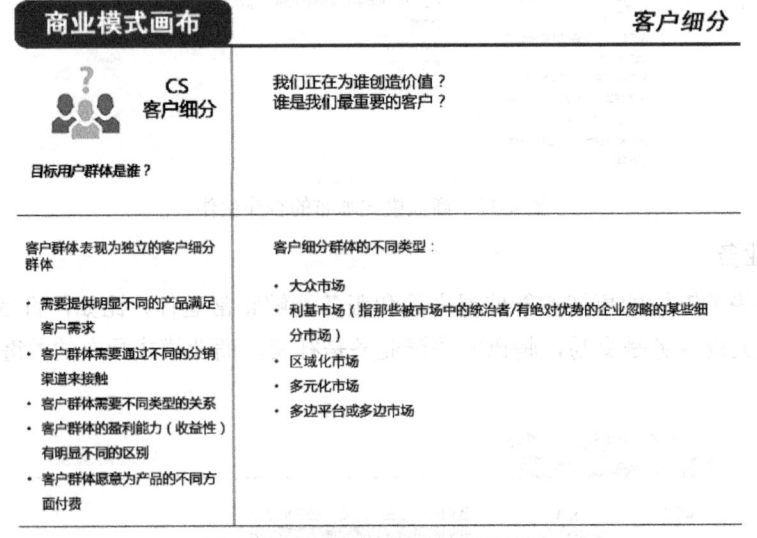

图 4-15 商业模式画布的客户细分

6) 客户关系

通过什么方式或机制可以保证产品和服务与用户拥有长期的利益关系？BAT 都是通过免费的方式获取海量用户的，然后以效果付费的方式，将广告主从传统媒介中吸引过来，或者是以更优惠的方式，将传统商家从线下转移至线上。商业模式画布的客户关系如图 4-16 所示。

图 4-16 商业模式画布的客户关系

项目 4　整合营销资源

7) 渠道通路

通过什么方式和途径将产品和服务触达用户，并使得用户能够为之买单？相比线下传统企业，BAT 触达用户的渠道都是线上的，均为自建渠道。按互联网产品分类，百度的渠道是工具型网站，阿里的渠道是平台型网站；腾讯的渠道是社交型网站。当然，在这个竞争激烈的时代，BAT 一直在拓展自己渠道通路的边界。商业模式画布的渠道通路如图 4-17 所示。

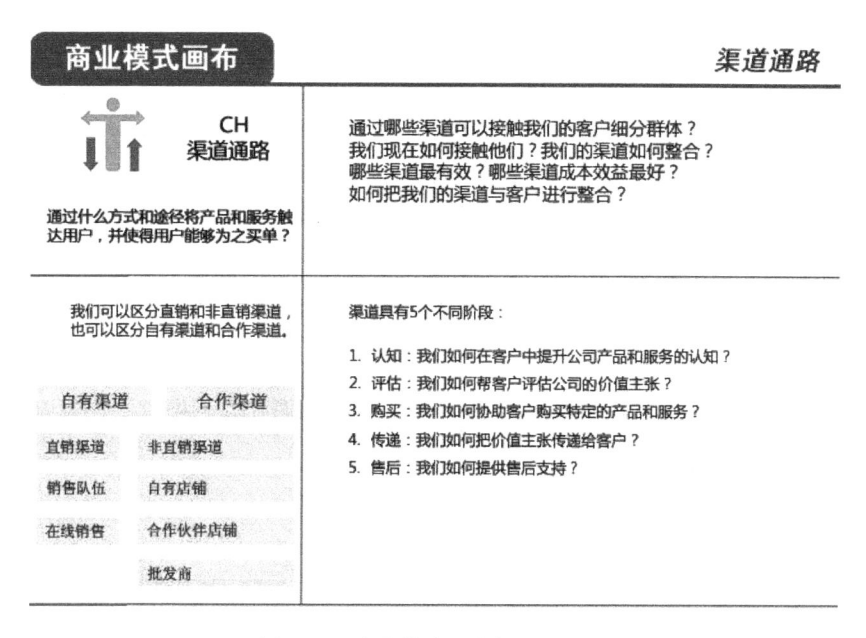

图 4-17　商业模式画布的渠道通路

8) 成本结构

是否在所有的商业运作过程中都包含成本消耗？企业成本包括了办公费用（房租等）、人力成本（员工工资等）、采购成本（商品采购等）、仓储物流成本、广告营销费用、税金、研发费用等。商业模式画布的成本结构如图 4-18 所示。

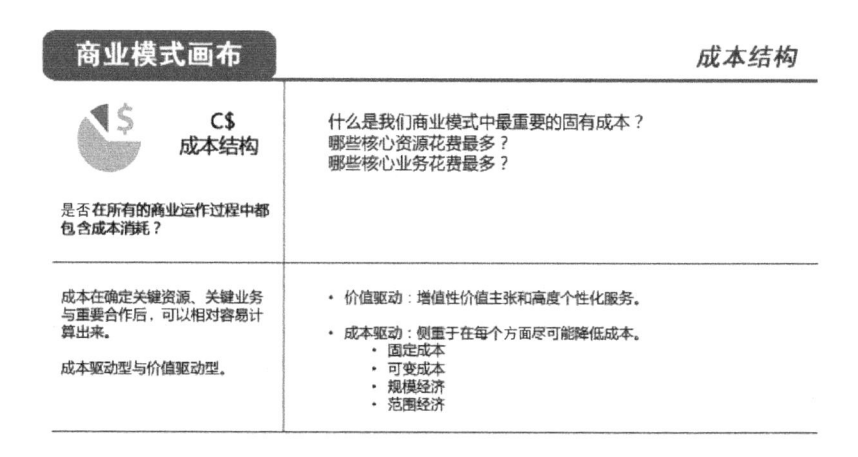

图 4-18　商业模式画布的成本结构

9) 收入来源

我们的主要收入来源是什么？我们在本书项目 3 中讲过互联网平台的六种收入来源：广

告销售、商品销售、平台佣金提成、增值服务、服务收费、金融运作。比如，百度收入的 80% 来自广告销售，阿里收入的 86%来自核心电商业务的平台佣金提成，腾讯收入的 56%来自游戏等增值业务。据网络相关数据，BAT 2018 年收入和净利润对比如图 4-19 所示。

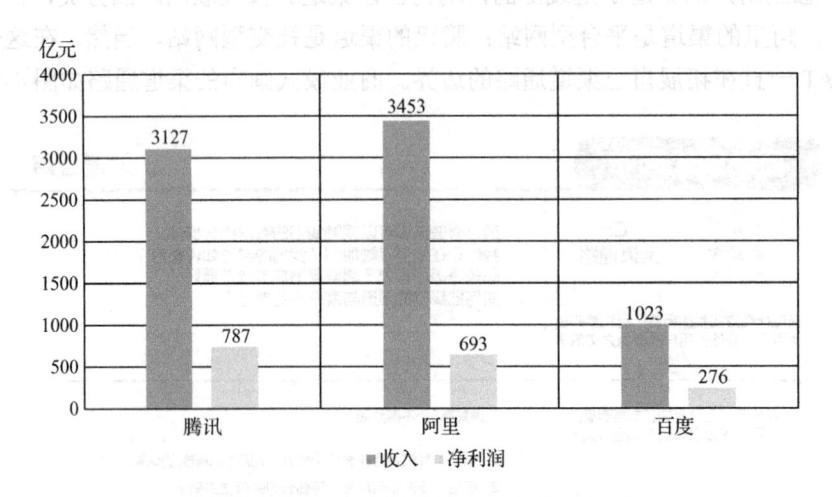

图 4-19　BAT 2018 年收入和净利润对比

商业模式画布的收入来源如图 4-20 所示。

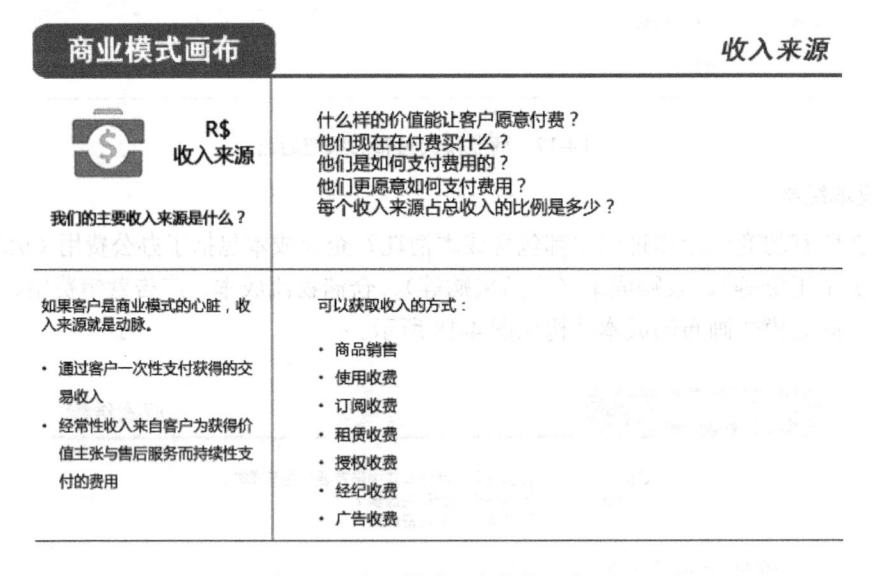

图 4-20　商业模式画布的收入来源

通过对商业模式结构的梳理，决策者可以更好地扩展产品的方方面面，深入理解和洞察产品当中的细节，从而协调各方面的资源，综合考量并形成产品形态，为企业的整合营销打好基础，实现突破。

■案例赏析

小米和小米生态链公司的商业模式分析

北京小米科技有限责任公司成立于 2010 年 3 月 3 日，是一家专注于智能硬件和电子产品研发的移动互联网公司，同时也是一家专注于智能手机、互联网电视及智能家居生态链建设的创新型科技企业。"为发烧而生"是小米的产品概念。

2019年3月19日，小米集团公布2018年全年财报，报告期内实现总营收1749亿元人民币，同比增长52.6%，净利润134.8亿元人民币。其中，小米智能手机出货量达1.19亿部，销售收入为人民币1138亿元。

小米的商业模式画布如图4-21所示。

合作伙伴	关键业务		价值主张	客户关系	客户细分
合作企业	软件+硬件+互联网		为发烧而生	用户黏度	个人用户
	核心资源			渠道通路	运营商
	软件技术			网络平台	
	电商平台				
成本结构			收入来源		
平台维护	手机硬件	软件开发	网络广告	产品服务	周边产品

图4-21 小米的商业模式画布

2013年底，小米创始人雷军看到智能硬件和IoT（物联网）的大趋势，决定用小米做手机的成功经验，计划5年复制100个"小小米"，提前布局IoT，开启小米的生态链计划。截至2017年，小米生态链拥有94家企业，其中有5家"独角兽企业"（估值超过10亿美元）。小米生态链上的龙头上市公司如图4-22所示。

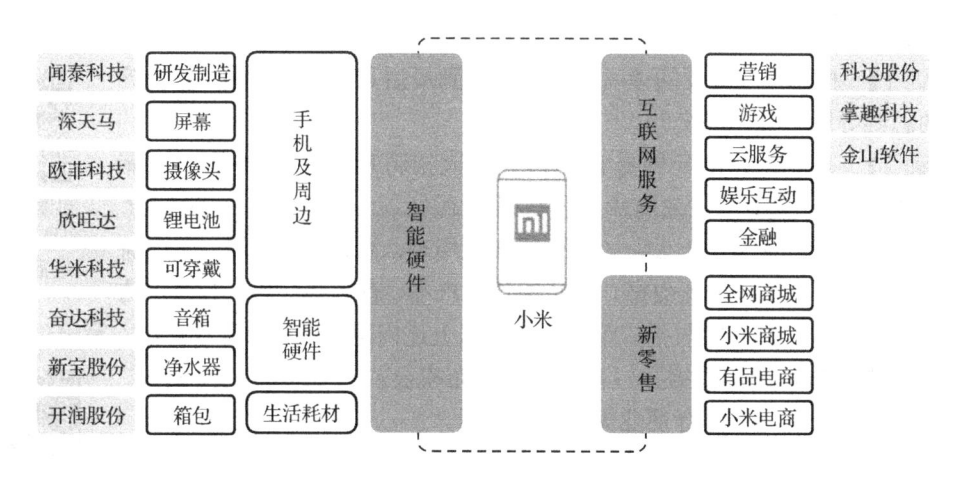

图4-22 小米生态链上的龙头上市公司

小米生态链的投资圈层，就是围绕手机及周边产品展开的。

第一圈层：手机及周边产品，比如移动电池、耳机等。

第二圈层：智能硬件，比如空气净化器、扫地机器人、电水壶、电饭煲等。

第三圈层：生活耗材，比如旅行箱、双肩包、运动鞋、牙刷、床垫等。

2018年2月8日，小米生态链旗下的华米科技，登陆美国纽交所，成为小米生态链中第一家在美上市公司。华米科技成立于2014年1月，主要产品包括小米品牌的智能手环及智能秤、自主品牌AMAZFIT米动系列的智能手环及智能手表。2016年销售额超过15亿元人民币，截至2017年9月30日，小米手环总出货量突破4000万只，是世界上最大的智能手环出货商。小米及生态链的商业模式画布如图4-23所示。

合作伙伴	关键业务	价值主张	客户关系	客户细分
1. 供应链公司：原材料供应商、生产制造商等 2. 生态链公司：华米、智米等 3. 第三方电商：京东等	1. 智能硬件制造（销售市场、设计、研发、采购、生产、库存、物流、客服） 2. 平台运营（线上网店、线下门店） 3. 生态链运营（投资、赋能）	人人都可享受科技的乐趣 以手机为核心延伸 1. 手机周边 2. 智能硬件 3. 生活耗材	1. 自助服务：官网、线上电商、客服 2. 社区：用户论坛 3. 实体门店	1. 追求品质生活的消费者 2. 以智能手机用户（小米手机、苹果手机、其他安卓手机）为核心，延伸到用户生活的方方面面
	核心资源 1. 知识性资源：知识产权、技术专利、海量用户数据等 2. 人力资源：产品经理、工业设计、供应链管理、生态链赋能等团队 3. 资本		渠道通路 1. 自有渠道：小米商城网（PC端）、小米商城App、米家商城App（手机端）、小米之家（线下门店） 2. 第三方渠道：京东等	

成本结构	收入来源
1. 研发成本 2. 采购、生产、物流成本 3. 线上平台运营成本 4. 线下门店运营成本 5. 投资并购成本	1. 销售收入 2. 广告费 3. 品牌使用费 4. 投资收入

图 4-23　小米及生态链的商业模式画布

任务实训

【实训1】 扫描二维码并阅读《产品需求挖到最后是人性》一文，做出产品分类的思维导图（截图提交）。

阅读材料4.1 产品需求挖到最后是人性

【实训2】 下面是2018年网易PM599的校园招聘笔试题中的一道：你最喜欢的漫画类App是什么？它有哪些做得好的地方，比同类产品好在哪里？有哪些不足，不足的原因是什么？如果你是产品经理，你会怎么改进？为了证明你的推断，你需要哪些佐证数据？漫画阅读类产品，有哪些让用户付费的方式或功能？请描述产品方案与推广策略。请根据上述问题，用产品经理思维，写出你的理解。

【实训3】 扫描二维码并阅读《商业模式画布模板》一文，在百度、阿里、腾讯或京东中，选择一家进行商业模式画布分析。

阅读材料4.2 商业模式画布模板

任务 4.2　整合营销渠道资源之新零售

📒 任务导入

未来的十年、二十年，没有电子商务这一说，只有新零售。

——马云（2016 年 10 月云栖大会）

走向新零售非常重要的标志，是要完成消费者的可识别、可触达、可洞察、可服务。每个企业只有走向数据公司，才有可能走向新零售。也就是说，新零售要完成对人、货、场的重构。

——阿里巴巴集团　张勇

📒 任务导图

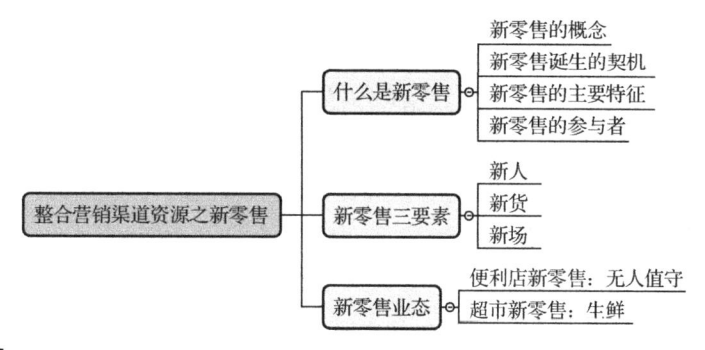

```
                          ┌─ 新零售的概念
                          ├─ 新零售诞生的契机
              ┌ 什么是新零售 ┤
              │           ├─ 新零售的主要特征
              │           └─ 新零售的参与者
              │
              │           ┌─ 新人
整合营销渠道资源之新零售 ┤ 新零售三要素 ┼─ 新货
              │           └─ 新场
              │
              │           ┌─ 便利店新零售：无人值守
              └ 新零售业态 ┤
                          └─ 超市新零售：生鲜
```

📒 学习目标

知识 目标	了解新零售的发展历史
	了解新零售的概念和特征
	掌握新零售三要素
能力 目标	能够说出五个以上新零售项目
	辨识为什么新零售的起点是便利店和超市，而非购物中心

📒 任务实施

4.2.1　什么是新零售

前面我们学习了渠道的相关知识。那么，请同学们思考下列商品分别采用了哪种分销形式：牛奶、汽车、优衣库和 ZARA 的衣服、vivo 和 OPPO 的手机。

从渠道的分级中（见图 1-41），我们可以看到在制造商和消费者中间，还有批发商、中转商和零售商的角色。那么，什么是零售商？什么是零售？

根据百度百科的定义，零售商是指将商品直接销售给最终消费者的中间商，是相对生产者和批发商而言的。零售商的基本任务是直接为最终消费者服务，它的职能包括购、销、调、存、加工、拆零、分包、传递信息、提供销售服务等。在地点、时间与服务等方面，零售更加方便消费者购买。同时，零售商又是联系生产企业、批发商与消费者的桥梁，在分销途径中具有重要作用。

零售业态经历了百货商场→超级市场→便利店、品类专业店、购物中心→电子商务→移动购物五种业态。零售业态，按照有无店铺，分为有店铺零售业态和无店铺零售业态。线上的电子商务属于无店铺零售业态的一种。零售业态的分类如图4-24所示。

有店铺零售业态			
业态		经营面积	经营商品及基本特点
食杂店		一般100平方米以内	以烟酒、饮料、休闲食品为主
便利店		一般200平方米以下	以日用小百货为主，营业时间一般约16小时以上
折扣店		一般300～500平方米	商品均价低于市场均价，重视自有品牌
仓储会员店		6000平方米以上	自有品牌约4000多种，低价、批量销售
专卖店		据商品特点定	以某一品牌系列商品为主，量小、质优、高毛利
厂家直销中心		建筑面积100～200平方米	品牌商品生产商直接设立
专业店	专业市场	据商品特点定	以经营某一类别商品为主，摊位管理
	专业超市	据商品特点定	以某一类商品为主，采用集中收款方式
百货店	高档百货店	6000～20 000平方米	高档百货商品
	时尚百货店	6000～20 000平方米	时尚百货商品
	大众百货店	6000～20 000平方米	大众百货商品
购物中心	社区购物中心	建筑面积5万平方米内	20～40个租赁店独立经营
	市区购物中心	建筑面积10万平方米内	40～100个租赁店独立经营
	城郊购物中心	建筑面积10万平方米以上	约200个租赁店独立经营
超市	便利超市	200～500平方米	以食品、日用小百货为主，营业时间一般约16小时以上
	社区超市	500～2000平方米	以生鲜食品为主，营业时间一般约12小时以上
	综合超市	2000～6000平方米	日常生活必需品，营业时间一般约12小时以上
	大型超市	6000平方米以上	大众化衣食日用品一次性购齐，设停车场

无店铺零售业态				
电视购物	邮购	网上商店	自动售货亭	直销	电话购物

图4-24 零售业态的分类

那么，到底什么是新零售呢？

1．新零售的概念

在新零售出现之前，中国零售业已经历了"百货商店→超级市场→连锁经营→电子商务"的四次变革，而新零售则带来了线上融合线下的第五次变革。

2016年10月，马云在云栖大会上说："纯电商时代很快会结束，未来的十年、二十年，没有电子商务这一说，只有新零售，也就是说线上线下和物流必须结合在一起，才能诞生真正的新零售。"马云第一次正式提出了"五新"战略——新零售、新金融、新制造、新技术、新能源。

2016年的"双11"，阿里巴巴集团CEO张勇首次系统地对新零售进行了阐述。他认为，新零售就是通过大数据和互联网重构"人、货、场"等商业要素而形成的一种新的商业业态。

2017年3月，阿里研究院在《C时代新零售——阿里研究院新零售研究报告》中，将新零售定义为：以消费者体验为中心的数据驱动的泛零售形态。新零售的形态如图4-25所示。

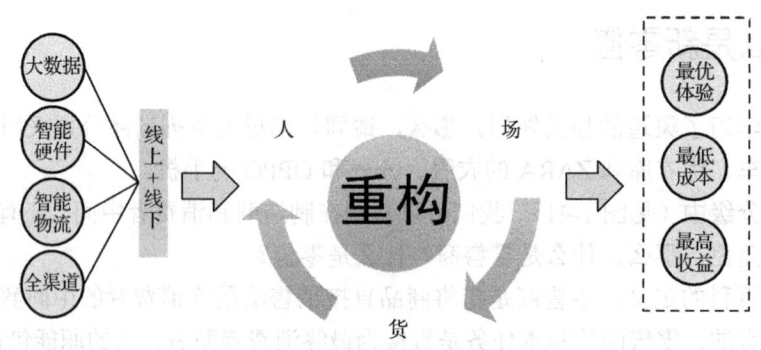

图4-25 新零售的形态

2017年4月，马云在IT领袖峰会上再次提及新零售，并对新零售进行了比较详细的阐述。他认为，未来零售将通过线下与线上的深度结合，再加上智慧物流、大数据、云计算等创新技术，构成未来新零售的概念。

2017年，业内专家杜睿云、蒋侃对新零售的解释是："企业以互联网为依托，通过运用大数据、人工智能等先进技术手段，对商品的生产、流通与销售过程进行升级改造，进而重塑业态结构与生态圈，并对线上服务、线下体验及现代物流进行深度融合的零售新模式。"

2017年9月11日，商务部流通产业促进中心发布《走进零售新时代——深度解读新零售》报告，将新零售定义为：以消费者为核心，以提升效率、降低成本为目的，以技术创新为驱动要素，全面革新进化的商品交易方式。

2．新零售诞生的契机

新零售概念的产生与当前的市场现状和背景息息相关。

（1）线上电子商务高速增长期结束，线上电商增长的天花板日益逼近。以2018年"双11"为例，天猫当天成交额的增长速度首次跌破50%，只有32.35%。天猫和京东的线上获客成本已超过200元，电商的线上流量红利见顶，网上零售市场交易规模增长量也跌破20%。线上电子商务平台的零售市场分析如图4-26所示。

图4-26 线上电子商务平台的零售市场分析

这种情况下，电商平台如果想保持持续增长，就需要找到新的增长点。电商平台可以借新零售之机，把势力范围拓展到体量更加庞大的线下商业体系，以技术服务费或佣金的形式从中获得可观的收益。

（2）线上零售两强格局已定，线下零售的市场空间却呈高度分散化，给线上零售以机会。线上电商，阿里和京东占据了91%的市场份额，集中格局已定。但线下零售业格局高度分散，单看现代渠道超市卖场，前五大连锁集团所占份额仅为9%，这与美国前三大超市份额超过40%、英国前三大超市份额近60%的格局大相径庭。线上市场与线下市场的对比如图4-27所示。

（3）技术的发展为新零售提供了土壤。近场感应终端、虚拟试衣镜等技术使丰富的线上购物体验成为可能，云计算、大数据、物联网及人工智能的发展，为零售平台提供了先进的信息分析工具。智能终端的普及，以及由此带来的移动支付、大数据、虚拟现实等技术革新，进一步开拓了线下场景和消费社交，让消费不再受时间和空间的制约。新零售线上线下融合连接的构想也就水到渠成。

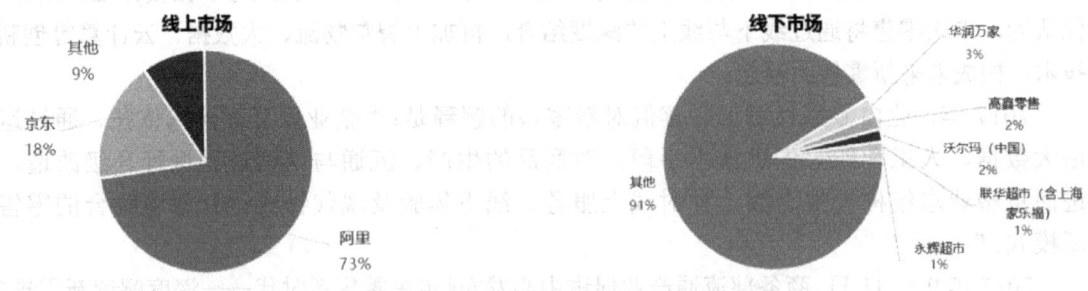

图 4-27　线上市场与线下市场的对比

（4）移动互联时代的到来，改变了用户的消费习惯和信息获取方式，用户对零售业态有了新的需求。"80 后""90 后"逐渐成为消费群体的中流砥柱，消费需求越来越多样化，这对商品和消费的匹配度提出了更高要求。它意味着以往成功的传统营销方式开始失灵，社交关系取代了传统媒体，移动社会化营销将成为主流。移动互联改变了市场，而新零售首先要完成对移动社交的适应。

3．新零售的主要特征

新零售具有新角色、新内容、新形态、新关系、新理念五大特征。新零售的特征如图 4-28 所示。

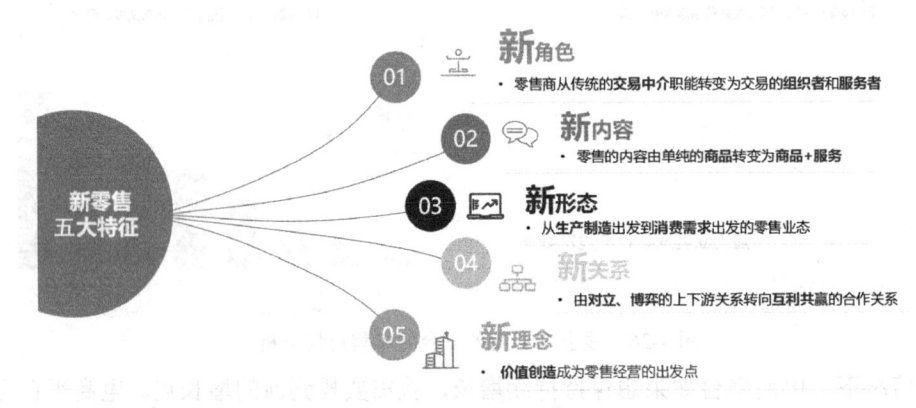

图 4-28　新零售的特征

（1）零售主体的新角色。传统零售活动中，零售商向上游供应商（品牌商或经销商）采购商品，向下游消费者销售商品，零售商赚取中间差价。新零售下，组织者和服务者成为零售主体的新角色。

（2）零售产出的新内容。传统零售活动是围绕"商品"展开的，零售商的经营活动以"商品"为核心，并通过低买高卖赚取中间利润。新零售更加关注消费者的体验，零售活动不再是简单的"商品—货币"关系，而是持续互动的"零售商—消费者"关系。

（3）零售组织的新形态。新零售中出现了复合型、集合型等满足即时购买需求的经营形态。

（4）零售活动的新关系。新零售活动中的商业关系是供需一体化的社群关系。

传统零售下，"零售商—消费者"关系是冲突的、相互博弈的；零售商与消费者的关系是独立的、单一的商品交易关系；整条供应链是由生产端至销售端层层推压式的供应链。

在新零售中，商业关系被重新构建，"商品—货币"关系转变为其背后的人与人之间的互利共赢的关系，供给与需求被重新打通，各主体之间形成了以信任为基础的供需一体化的社群关系。

（5）零售经营的新理念。新零售重构商业主体的价值排序，为消费者创造价值成为零售经营的出发点。

传统零售时代，零售的出发点是商品，核心在于如何"经济"和"效率"地将商品卖出去。新零售的出发点是消费者的需求，新零售技术的应用、零售要素的调整和变革都是为了更好地了解消费者的生活方式，从而更精准地满足消费者需求，为消费者不断创造价值。

4．新零售的参与者

新零售概念提出后，阿里巴巴、腾讯、京东、百度、小米、网易等多家企业已经开始了新零售探索之路，"新零售+"迅速成为新的风口。

2018年5月，品途集团智库发布了《2018中国新零售企业百强》，如图4-29所示。新零售榜单前五位为：阿里巴巴、京东、苏宁、小米和华为。参与新零售布局的企业，包括传统零售企业、大型商贸企业、房地产企业、互联网企业四大类型。

2018中国新零售企业100强

排名	企业名称	业态分类	排名	企业名称	业态分类	排名	企业名称	业态分类	排名	企业名称	业态分类
1	阿里巴巴	综合电商	31	阿迪达斯（中国）	体育用品	61	永旺（中国）	购物中心	91	郑州丹尼斯	商业百货
2	京东	综合电商	32	迪信通	手机连锁	62	麦德龙（中国）	连锁超市	92	人人乐	商业百货
3	苏宁	连锁、电商	33	Zara（中国）	服饰连锁	63	GAP（中国）	服饰连锁	93	银座股份	商业百货
4	小米	消费电子	34	物美	连锁超市	64	安踏	体育用品	94	潍坊百货	商业百货
5	华为	消费电子	35	屈臣氏（中国）	食品美妆	65	索菲亚	家居连锁	95	京客隆	连锁超市
6	苹果（中国）	消费电子	36	名创优品	时尚百货	66	新华都购物广场	购物中心	96	烟台振华	商业百货
7	优衣库（中国）	服饰连锁	37	亚马逊（中国）	综合电商	67	特步	体育用品	97	大参林医药	医药连锁
8	百胜（中国）	餐饮连锁	38	无印良品（中国）	时尚百货	68	利群集团	商业百货	98	首商股份	商业百货
9	华润万家	连锁超市	39	聚美优品	美妆电商	69	茂业商业	商业百货	99	友好集团	商业百货
10	国美	连锁、电商	40	尚品宅配	家居连锁	70	成都红旗连锁	连锁超市	100	宜华生活	家居连锁
11	麦当劳	餐饮连锁	41	银泰商业	购物中心	71	太古里	购物中心			
12	永辉超市	连锁超市	42	全家（中国）	便利店	72	来伊份	食品连锁			
13	当当网	综合电商	43	天虹股份	商业百货	73	大商股份	商业百货			
14	唯品会	综合电商	44	良品铺子	食品电商	74	中石化易捷	便利店			
15	高鑫零售	连锁超市	45	李宁	体育用品	75	美宜佳便利店	便利店			
16	居然之家	家居连锁	46	H&M（中国）	服饰连锁	76	南京中央商场	商业百货			
17	五星控股	连锁、电商	47	中粮大悦城	购物中心	77	百安居	家居连锁			
18	星巴克（中国）	餐饮连锁	48	石家庄北国人百	商业百货	78	有阿股份	商业百货			
19	耐克（中国）	体育用品	49	三只松鼠	食品电商	79	中百集团	商业百货			
20	万达商业	购物中心	50	7-11便利店（中国）	便利店	80	兴隆大家庭	商业百货			
21	庞大集团	汽车专营	51	百果园	生鲜电商	81	华联综超	连锁超市			
22	家乐福（中国）	连锁超市	52	步步高	商业百货	82	每日优鲜	生鲜电商			
23	宜家（中国）	家居连锁	53	辽宁成大	商业百货	83	三江购物	商业百货			
24	沃尔玛（中国）	连锁超市	54	王府井百货	商业百货	84	欧亚集团	商业百货			
25	海澜之家	服饰连锁	55	农工商银行	连锁超市	85	家家悦	连锁超市			
26	海底捞	餐饮连锁	56	卜蜂莲花（中国）	连锁超市	86	南京新百	商业百货			
27	迪卡侬（中国）	体育用品	57	万宁（中国）	食品美妆	87	昆仑好客	便利店			
28	百联集团	连锁超市	58	寺库	奢侈品电商	88	武汉武商	购物中心			
29	周大福	珠宝连锁	59	重庆商社	商业百货	89	供销大集	商业百货			
30	红星美凯龙	家居连锁	60	宏图三胞	3C连锁	90	合肥百货	商业百货			

图4-29 品途集团智库发布的《2018中国新零售企业百强》

在布局新零售市场格局时，阿里和腾讯采取了不同的策略。

阿里系新零售围绕零售主体展开，把控线下渠道入口。为此，阿里在生鲜超市业态推出"盒马鲜生"（2018年4月更名为盒马）、在便利店开创"淘咖啡"品牌。此外，阿里还通过并购和控股的方式，投资了百货业态的银泰百货和新华都、连锁业态的居然之家等。阿里系新零售的线下渠道入口如图4-30所示。

腾讯系新零售围绕社交流量展开，零售主体成为其流量出口。线上的京东、拼多多，线下的步步高、永辉超市、每日优鲜等，都有腾讯参股或投资的身影。腾讯智慧零售布局如图4-31所示。

图 4-30　阿里系新零售的线下渠道入口

图 4-31　腾讯智慧零售布局

4.2.2　新零售三要素

新零售的核心，在于运用数字和技术，完成人、货、场的重构，如图 4-32 所示。

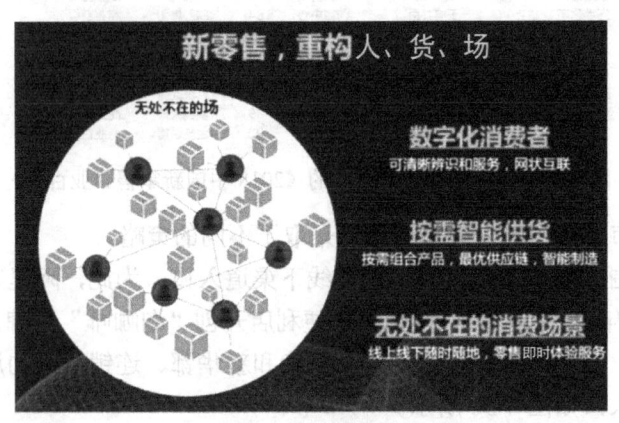

图 4-32　新零售的核心

1．新人

随着"80 后""90 后"成为消费主流，人们的消费观念发生了巨大的变化。

（1）更加注重品质。消费升级背景下，人们更注重对产品品质的诉求。从品类角度来看，智能家居快速增长，如空气净化器、净水器等近几年年均复合增长率维持在20%左右，而精致小品类如香薰、精油、烛台、酒具等的需求也在蓬勃增长。同时，消费者对高品质商品趋之若鹜，也表明消费者对更高层次的品质的追求。

（2）对产品的细分化与个性化要求更高。以"90后""95后"为代表的新一代年轻消费群体更在意时尚新潮，他们乐于尝鲜，善于分享，也更特立独行和彰显自我价值，从而激发了对产品细分化和个性化的需求。年轻消费群体呈现出喜欢奢侈品品牌和小众化品牌的特征，如追求无人机与VR穿戴设备等黑科技，追求美容仪、瘦脸仪等抗衰老细分美容产品等。

（3）追求终极便利性。随着生活节奏的加快，人们更注重全购物流程的省力省时，期望能够精准搜索、一键下单、移动支付、配送到家。互联网的普及，移动支付的发展和物流等基础设施的完善也助力便利性需求的实现。

（4）更加注重购物体验和参与感。现今消费者不再局限于商品的功能性诉求，更多关注商品所附带和传递的情感，追求购物流程中的体验和参与感。不论是售前对信息的搜索和了解，还是售后的分享和评论，都要求产品与服务合一，要求通过社交媒体与他人进行"链接"。

新零售背景下的新人，他们更愿意为技术、设计、服务、娱乐、体验而买单。

2. 新货

"新零售"下的"货"直接反映了消费者诉求的变化，消费者诉求的变化如图4-33所示。其中，最显著的变化特征为由单一的有形、实体商品，向"产品+体验""产品+服务""产品+社交"、有形与无形双重形式的"产品+"的转变。

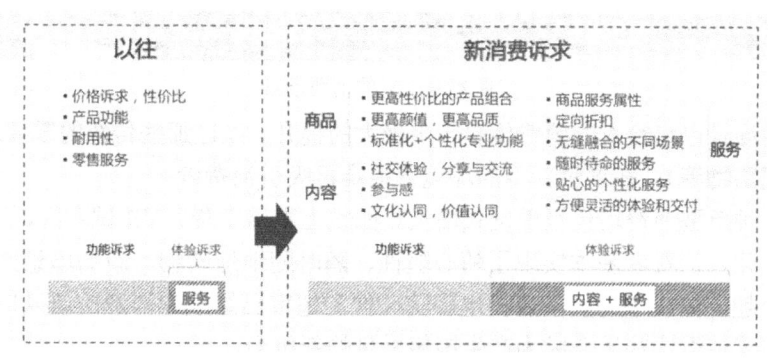

图4-33 消费者诉求的变化

（1）"产品+体验"。随着消费者越来越注重购买产品的体验，越来越多的零售商将体验元素作为软性卖点融入实体商品的销售中。例如，梦龙冰淇淋每年都会在各地开设临时性的DIY工坊，供顾客自由选择不同种类和口味的巧克力、配料、脆皮，体验个性口味冰淇淋的定制。而线上零售商也不甘示弱，通过极致的售后体验，成功地实现了客户留存，提升了客户忠诚度。以线上坚果产品"三只松鼠"为例，随包裹附赠开箱器、开口器、果壳袋，方便消费者食用坚果；提供食品袋夹，防止未能一次性吃完的食品变质。一连串举动使消费者在收货后的各个环节都能有愉悦的体验。

（2）"产品+服务"。顺应消费者追求产品和服务合一的趋势，零售商们也更注重服务水平的提升和服务范围的延展。以"盒马"生鲜零售商为代表，线上下单承诺半小时内送达，以确保产品的新鲜度；线下实体店内不仅仅售卖生鲜产品，还延展出现场切分和现场煮熟服务，并将餐厅引入超市，发展为"零售+餐饮"业态，成功地增加了顾客的消费频率及停滞时间，从而增加店铺的销售额。

（3）"产品+社交"。零售商们也更加注重将社交元素导入产品中，通过增进消费者之间的社交互动，实现提升用户黏性和增进产品在社交媒体传播推广的双重功效。例如，星巴克咖啡通过售卖礼品卡和咖啡券，一方面作为营收的补充来源，另一方面通过消费者转赠礼品卡作为人们社交情感联络的中介和品牌传播推广的手段。

总之，面对新零售，商家必须以消费者为中心，推出的商品做到：第一，健康品质；第二，简单便利；第三，让消费者快乐。

3. 新场

技术的高速发展，使得消费场景将实现真正的无处不在，所见即所得。新的消费场景如图 4-34 所示。

图 4-34 新的消费场景

新的消费场景也将给人的消费体验带来极大的提升。以往那些传统的零售场所（街边店、大卖场、电视购物等），在这种新型的环境下很难再吸引消费者。

当前，各种新型消费场景呈爆发式增长。如线上直播卖货、VR 试衣间、无人便利店等，渠道更加多元化，消费者基本实现了随心随性、随时随地地购物。新的场景比老的场景更加高效，更加有趣。如线下的奶茶店、电影院、便利超市已经成为消费的新风口。现在消费者的生活娱乐方式使得这些场合成为产生销售增量的新机会。

与此同时，通过洞察新的使用场景，可以帮助品牌和零售商激活新的购买机会。例如，凯度消费者指数进行了一项有关食品的调研，结果显示坚果和饼干是下午茶最受欢迎的产品，占下午茶使用场景的 42%。如果在零售店中的货架陈列或手机 App 中进行定时推送，按照下午茶的场景进行激活，就有可能创造新的购买机会。

4.2.3 新零售业态

最近几年，盒马、超级物种、无人货架、天猫小店、苏宁小店等"新物种"已经让我们看到了新零售先锋企业的锋芒；而传统百货商超、购物中心、便利店等在人工智能、大数据、智慧物流的改造下也焕然一新，搭上了新零售的高速列车。

据 MobData 发布的《2018 新零售研究报告》，新零售主要业态当前主要分为百货商超、零售电商、连锁专卖、无人零售四大业态，如图 4-35 所示。

图 4-35 新零售主要业态

MobData 指出，零售半径决定不同的需求与 SKU（每个产品和服务的唯一标识符），如图 4-36 所示。新零售背景下，两端业态将逐渐增多，消费需求向极端化、便捷化方向发展。下面主要对便利店、超市的新零售模式进行分析。

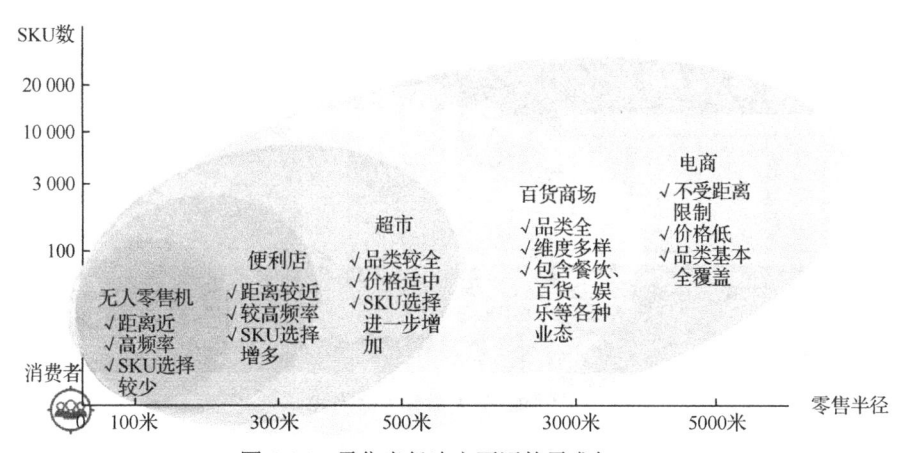

图 4-36 零售半径决定不同的需求与 SKU

1. 便利店新零售：无人值守

无人值守的新零售模式，主要集中在便利店。便利店是便捷性较高的零售业态，且受电商冲击小。较少的 SKU、快速即时服务是其特点。便利店主要以快速即时服务的方式服务顾客，定位于便利性需求较高但价格敏感度较低的客户群体。

据中国连锁经营协会 2019 年 5 月 13 日发布的《毕马威：2019 年中国便利店发展报告》的数据，2018 年中国便利店实现销售额 2264 亿元，门店数量达 12 万家，行业增速达到 19%（统计样本为 2018 中国便利店 TOP100 数据），单店日均销售额超过 5300 元人民币。

便利店分为传统型和加油站型。传统型便利店通常位于居民住宅区、学校及客流量大的繁华地区，营业面积在 50～150 平方米不等，营业时间为 15～24 小时，经营服务辐射半径 500 米左右，经营品种多为食品、饮料，以即时消费、小容量、应急性商品为主，80%的顾客是目的性购买；加油站型便利店通常指以加油站为主体开设的便利店（如易捷、昆仑好客等）。中国便利店加盟比例及 2018 年中国便利店品牌店数量前十如图 4-37 所示。

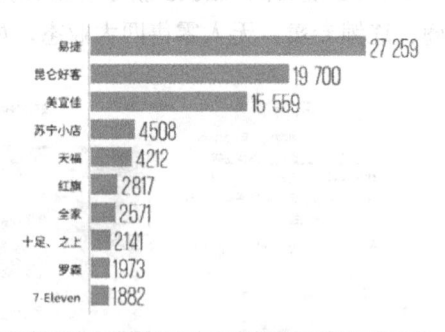

图 4-37 中国便利店加盟比例及 2018 年中国便利店品牌店数量前十

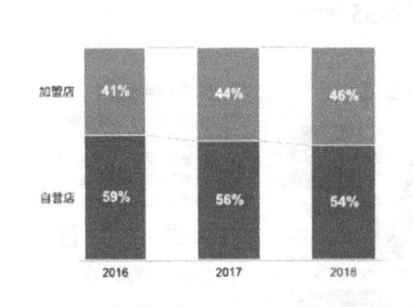

无人零售是指在没有营业员、收银员及其他商店工作人员的情况下，由消费者自助完成进店、挑选、购买、支付等全部购物活动的零售形态。广义的无人零售还包括原有零售业态中的"邮（寄）购""电话购物""电视购物""电子商务"。狭义的无人零售指的是以开放货架、自动贩卖机、无人便利店和无人超市为主的实体零售中无人值守的部分，其中无人超市目前主要处于内测阶段，尚未大规模铺开。目前无人零售主体集中在无人便利店、无人贩卖机、无人货架三类，如图 4-38 所示。

图 4-38 无人零售主体形式

除阿里巴巴、京东等互联网巨头以外，缤果盒子、F5 未来商店等无人便利店或无人货架也进驻社区、办公场所，如同毛细血管一样最大限度地触达不同场景之下的不同需求。我国无人零售业态的分类如图 4-39 所示。

	占地面积	模式	距离消费者	示例
无人货架	占地面积较小（<10平方米）	开放式	距离消费者最近	如每日优鲜便利购、猩便利、小e微店等
无人贩卖机	占地面积较小（<10平方米）	封闭式	距离消费者较近	如友宝、天使之橙、零点咖啡吧等
无人便利店	占地面积较大（10~30平方米）	模式不一	距离消费者较远	如缤果盒子、小麦铺、便利蜂、F5未来商店等
无人超市	占地面积大（100~1000平方米）	半开放式	距离消费者最远	如淘咖啡等

图 4-39 我国无人零售业态的分类

2018 年，无人化的趋势呈现两极化发展。首先，大型的传统商超大规模开始收银无人化；其次，进入办公社区等场景的小型无人货架由于缺乏管控，开始收缩；最后，无人超市、无人加油站、无人酒店等由于技术尚未成熟，零售无人化停留在探索阶段。

1)无人便利店

无人便利店始于 2016 年 Amazon Go。2016 年,亚马逊在西雅图总部附近开设了首家无人收银便利店,之后又陆续开设了三家,命名为 Amazon Go。

顾客只需下载 Amazon Go 的 App,在商店入口扫码成功后,便可进入商店开始购物。Amazon Go 的传感器会计算顾客有效的购物行为,并在顾客离开商店后,自动根据顾客的消费情况在亚马逊账户上结账收费。

在亚马逊 Amazon Go 概念店的推动下,无人便利店成为 2017 年的"新风口"。包括阿里集团淘咖啡在内的无人便利店,已经在一线等发达城市开始内测或试点,如图 4-40 所示。

| 淘咖啡 | F5未来商店 | 小麦便利店 | 缤果盒子 | 24爱购便利店 | TakeGo | EatBox | 神奇屋便利店 |

图 4-40 新兴品牌的无人便利店

2)无人贩卖机

无人贩卖机出现的时间较早,目前覆盖的品类也较多。主要以标准化产品为主,国内典型企业如友宝,主要放置在楼宇、学校、公共区域等半封闭式场景。

3)无人货架

2018 年 8 月,Trustdata 发布了《2018 上半年无人货架领域发展研究报告》。数据显示,2017 年无人货架市场规模超 3 亿元,预计 2020 年有望达 30 亿元,"天花板"足够高。该领域行业寡头化趋势日渐明显,每日优鲜便利购以 55%的市场综合占有率占据第一梯队。同时,智能货柜的应用推动行业走向 3.0 时代,购买体验升级必将适用更多的场景。无人货架行业格局的梯队分布如图 4-41 所示。

图 4-41 无人货架行业格局的梯队分布

每日优鲜是一个围绕老百姓餐桌生鲜的电商平台,覆盖了水果蔬菜、海鲜肉禽、牛奶零食等品类。每日优鲜便利购是每日优鲜的无人零售项目,以办公室白领人群为目标消费者,提供物找人、货找人的服务,将消费场景搬到离消费者更近的地方。

2. 超市新零售:生鲜

1)生鲜新零售概况

生鲜是指未经烹调、制作等深加工过程,只做必要保鲜和简单整理上架而出售的初级产品,以及面包、熟食等现场加工品类商品的统称。生鲜食品较有代表性的是"生鲜三品",即果蔬、肉类、水产品。

生鲜新零售作为新零售中的一大类，与服装鞋帽等标准产品相比，具有标准化程度低、保质期短、易腐坏、重货多、客单价低、物流成本高等劣势。这些劣势让生鲜企业近几年频出"死亡玩家"，这个被称为具有万亿元级规模的市场，仅 1%的生鲜电商实现盈利。

阅读材料 4.3
新零售案例集

但是，生鲜又以其高毛利、高复购率、高用户黏性、多为即时性需求等特征，成为新零售企业吸引消费者的抓手和建立自身壁垒的战略品类，促使各巨头纷纷布局生鲜电商这一高频刚需的品类。比如，阿里推出新物种盒马鲜生，美团成立掌鱼生鲜，京东筹划 7FRESH，腾讯受让永辉 5%股份。

iiMedia Research（艾媒咨询）数据显示，从 2016 年至 2018 年，中国生鲜电商整体市场规模稳步增长，2018 年市场规模已突破千亿元。

生鲜电商按照模式来分，包括传统网购模式和线上线下融合模式。传统网购模式包括综合电商（比如京东生鲜、天猫生鲜等）、垂直生鲜电商（比如天天果园、易果生鲜等）；线上线下融合模式，包括 O2O 模式（如每日优鲜、京东到家等）、"超市+餐饮模式"（如 7FRESH、超级物种、盒马等）。

"超市+餐饮模式"被誉为零售新物种，将超市餐饮化、生鲜餐饮化。自盒马之后，各大线上线下零售巨头以各种方式进入，成为 2018 年新零售最大风口。线上线下零售巨头进入新零售情况如图 4-42 所示。

品牌/分类	控股方	面世时间	店面面积（平方米）	App	配送
盒马	阿里巴巴	2016/01	3000～10000	盒马	3公里内30分钟送达
超级物种	永辉超市	2017/01	500	永辉生活	3公里内30分钟送达
sp@ce	天虹股份	2017/01	2000～3000	虹领巾	3公里内120分钟送达
苏鲜生	苏宁	2017/04	2000～3000	苏鲜生	3公里内30分钟送达
鲜食演义	步步高	2017/06	1000	云猴精选	3公里内90分钟送达
RISO	百联	2017/06	3000	RISO	3公里内60分钟送达
7FRESH	京东	2018/01	3000～4000	京东7FRESH	3公里内30分钟送达

图 4-42 线上线下零售巨头进入新零售情况

2）生鲜新零售案例：盒马

盒马是阿里巴巴旗下的生鲜电商超市新物种。首创"餐饮体验+超市零售+基于门店电商配送"的商业模式。公司创立于 2015 年 3 月，首店于 2016 年 1 月亮相于上海金桥。截至 2019 年 5 月，在全国包括北上广深等 22 个一、二线城市，开设了 150 家盒马门店。盒马鲜生会员店如图 4-43 所示。

盒马的门店多开在居民聚集区，单店面积多在数千平方米，共分六大区，即海鲜区、水果区、蔬菜区、肉类区、食品百货、餐饮区，打造了一个生鲜大卖场、海鲜市场和餐厅的结合体。客户可以像平时逛超市一样现场选择、打包、结账、带走商品；可以在现场选择购买海鲜后，由门店进行代加工，到堂食区现场吃；可以用手机 App 扫码下单、自助结算，然后由工作人员提供 30 分钟以内免费配送上门服务。

图 4-43 盒马鲜生会员店

早在 2015 年盒马创立之前，创始人侯毅和阿里巴巴 CEO 张勇就确定了项目的四个原则：

（1）线上收入大于线下收入。这其实就定义了盒马的主体是一个线上线下一体化的电商，而不只是线下零售，它的目标是线上收入占大头。

（2）线上每天的订单要大于 5000 单。这定义了电商必须有规模效应，电商有基础的运营成本，只有达到规模效应之后，运营才有价值。

（3）3 公里半径内，实现 30 分钟送达。3 公里半径，大概能覆盖 28 平方公里的面积，30 万户家庭。这个半径范围内，既无须冷链运输，又能及时响应，有助于用合理成本建立客户忠诚度。

（4）线上线下一盘棋，满足不同场景的消费需求。线上线下不是割裂关系，而是一盘棋。用户需求既有线上的场景，也有线下的场景，盒马要满足不同消费场景，将流量池做大才是硬道理。

我们从新零售三要素，来看盒马的新零售模式。

（1）盒马模式分析：人的角度。盒马创始人侯毅称，盒马未来主要将服务三类人群。第一，晚上大部分时间在家的家庭用户。第二，基于办公室场景（针对性便利店或轻餐）的办公人员。第三，周末会带着孩子去超市的客户。就年龄层而言，针对的是以"80 后""90 后"为主的消费群体。这些以"80 后""90 后"为主体的消费者，更加关注商品质量和服务速度，体验优先，价格是其次的。盒马的目标客户如图 4-44 所示。

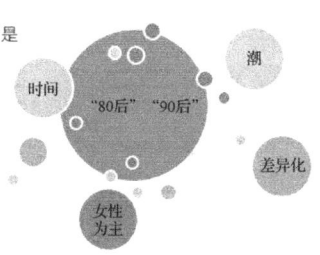

图 4-44 盒马的目标客户

（2）盒马模式分析：货的角度。盒马围绕"大厨房"概念，在 4000～6000 平方米的大店里，SKU 总量为 7800 个，其中 60%为食品，15%为生鲜，百货仅占 25%。盒马货物品类如图 4-45 所示。

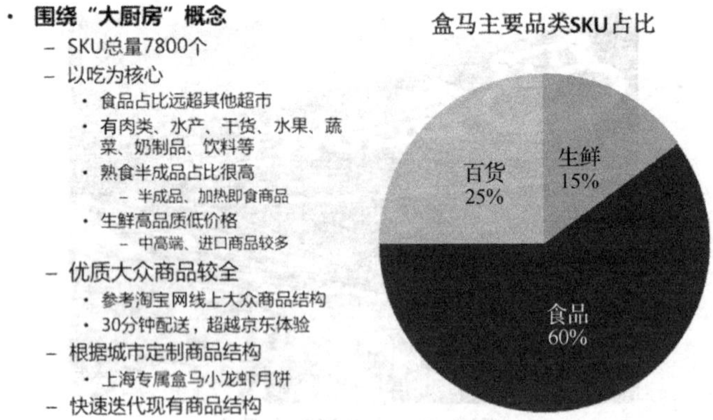

- 围绕"大厨房"概念
  - SKU总量7800个
  - 以吃为核心
    - 食品占比远超其他超市
    - 有肉类、水产、干货、水果、蔬菜、奶制品、饮料等
    - 熟食半成品占比很高
      - 半成品、加热即食商品
    - 生鲜高品质低价格
      - 中高端、进口商品较多
  - 优质大众商品较全
    - 参考淘宝网线上大众商品结构
    - 30分钟配送,超越京东体验
  - 根据城市定制商品结构
    - 上海专属盒马小龙虾月饼
  - 快速迭代现有商品结构

盒马主要品类SKU占比:百货25%、生鲜15%、食品60%

图4-45 盒马货物品类

除来自世界各地的海鲜以外,盒马自有品牌日日鲜以"不卖隔夜菜"为核心理念。无论绿叶菜、鲜猪肉还是冰鲜鸡肉,无论商品的保质期是3天、5天,还是7天,盒马日日鲜均只做1天的售卖期,确保送到消费者的产品极致新鲜。

如何做到日日鲜?首先,从外包装设计上,盒马日日鲜采用高品质的保鲜袋,每天的包装袋用7种颜色区分,醒目标注从周一到周日的7个日期,便于消费者识别;其次,从菜量上,盒马日日鲜所售绿叶菜普遍在300~350克一包,猪肉则在350~450克一包,正好满足炒一盘菜的需求;最后,在每天营业结束时,当日未售出的生鲜商品和肉类都会下架,第二天早上又会上架全新商品。

(3)盒马模式分析:场的角度。盒马的线上线下融合服务(Online-To-Offline,简称O2O)也十分吸引人:只要住在盒马门店3公里范围内,无论是在店内用手机扫描、在应用程序上订购,还是在网站上购买商品,都能保证3公里内30分钟送达。

在盒马的门店里,增加了超市所不具备的餐饮功能。餐饮种类齐全:海鲜成品、日本料理、面包西点、中餐、现烤牛排、小火锅等。堂食区还开辟了3D拍照区,除满足消费者体验需求外,还能满足分享社交需求。盒马的线上线下融合的服务场景如图4-46所示。

- 餐饮:提前准备的海鲜成品、边看边吃的日本料理、面包西点
- 食堂区:餐饮区、小火锅、吧台区
- 中餐、现烤牛排、果汁店、餐饮区附近的饮料酸奶、3D拍照区、食堂区附近的酒水

图4-46 盒马的线上线下融合的服务场景

(4)盒马模式分析:关键词。
- 线上线下一体化:顾客既可以在店内购买,也可以在App里下单。
- 近距离配送:3公里内提供配送上门服务。
- 引入新区域:在购物区外,加入餐饮区、休息区等。
- 以店为仓:以店为仓,大数据驱动配货,减少库存。

项目 4　整合营销资源

- 顾客信息收集：通过人脸识别等手段，收集顾客信息。
- 先进的物流支撑：利用现有大平台的先进体系做物流支撑。

（5）盒马模式分析：未来发展。盒马未来计划走轻资产运营模式，初步计划在全国开 2000 家店，直营和加盟并存。直营门店主要证明盒马模式能盈利，积极吸引传统零售企业加盟，盒马的任务是"输出平台+供应链+运营能力"。

如何才能做到 2000 家店的规模？2019 年，盒马开始布局"一大四小"门店体系。盒马的门店体系及模式如图 4-47 所示。

门店类型	规模	选址	模式
盒马鲜生	4000平方米以上的大店	核心商圈的购物中心	多元混合：生鲜、超市、餐饮、外卖
盒马菜市	1000~2000平方米的小店	社区菜市场	没有现制区，生鲜商品均散装销售，选品关注一日三餐
盒马F2	800平方米左右的小店	CBD写字楼	没有果蔬区，但有现制现买的海鲜区，为白领提供三餐和下午茶
盒马mini	300~500平方米的小店	郊区、城镇、县市	销售以散装非标品为主，扩大活海鲜、冰鲜比例，引入现制现买的熟食
盒马小站	300平方米以内的前置仓	城区前置仓	只提供外卖服务，填补盒马鲜生空白区

图 4-47　盒马的门店体系及模式

任务实训

【实训 1】　列出把产品（比如卫龙辣条）卖给大学生的十种方法（零售渠道）。

【实训 2】　扫描二维码并阅读《盒马的坪效为什么比同行高 5 倍》一文，思考并回答下列问题。

（1）新零售为什么是从线上开始、线上整合线下的，而非线下整合线上？

（2）新零售为什么是从便利店和超市开始的，而非购物中心或百货商场？

（3）线下购物中心、百货商场该如何面对新零售大潮？

阅读材料 4.4
盒马的坪效为什么比同行高 5 倍

【实训 3】　扫描二维码并阅读《即时便利将成为未来线下零售最主要业态》一文，思考以下问题。

（1）从人、货、场三要素分析即时便利的新零售价值。

（2）办公室无人货架有没有可能起死回生？如果能，需要具备什么样的条件？

阅读材料 4.5
即时便利将成为未来线下零售最主要业态

任务 4.3　整合促销资源之流量池

📋 任务导入

整个互联网营销的打法，我认为叫"急功近利"。"急功"就是快速建立品牌，"近利"就是快速获取用户。这是我整个营销手段的一个套路，我叫它"流量池思维"。

——杨飞《流量池》

📋 任务导图

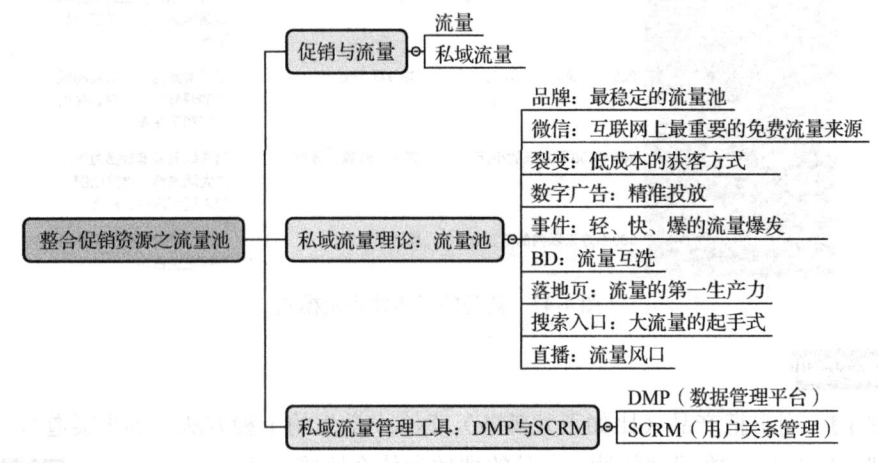

```
                            ┌─ 促销与流量 ─┬─ 流量
                            │              └─ 私域流量
                            │
                            │                    ┌─ 品牌：最稳定的流量池
                            │                    ├─ 微信：互联网上最重要的免费流量来源
                            │                    ├─ 裂变：低成本的获客方式
                            │                    ├─ 数字广告：精准投放
整合促销资源之流量池 ───────┼─ 私域流量理论：流量池 ─┼─ 事件：轻、快、爆的流量爆发
                            │                    ├─ BD：流量互洗
                            │                    ├─ 落地页：流量的第一生产力
                            │                    ├─ 搜索入口：大流量的起手式
                            │                    └─ 直播：流量风口
                            │
                            └─ 私域流量管理工具：DMP与SCRM ─┬─ DMP（数据管理平台）
                                                            └─ SCRM（用户关系管理）
```

📋 学习目标

知识目标	熟悉流量与私域流量的概念
	能够辨别公域流量和私域流量
	掌握流量的九种主要来源
能力目标	了解 DMP 与 SCRM
	能够针对业内成功案例，指出其私域流量池的打造方法

📋 任务实施

4.3.1　促销与流量

我们在本书项目 1 的"任务 1.4　从促销到用户增长"中，提出了企业做促销的最终目的是实现用户增长，并且介绍了增长黑客及用户增长模型（AARRR 模型、海盗法则）。

AARRR 模型总结了互联网时代获取用户、激活用户、留存用户的方法。介绍了 12 种获取用户的方法、七种激活用户的方法、八种提升用户留存率的武器。

关于如何实现用户增长，除增长黑客理论以外，互联网营销界还有一个相对较为成熟的理论：流量池思维。本项目从流量的角度，来探讨互联网时代促销的营销理论。

1. 流量

流量一词，在我们生活中时常提及：河水流量、车辆流量、商场流量、手机流量、网站流量、电商流量等。那么，什么是流量呢？

流量是指在规定期间内通过一指定点的车辆或行人数量，网络上是指在一定时间内打开网站地址的人数，互联网时代指的是网站的访问量，常用的指标是 PV 和 UV。

互联网主体流量经历了四个阶段，如图 4-48 所示。

门户流量 ▶ 搜索流量 ▶ 社交流量 ▶ 内容流量

2000年前后
四大门户网站
新浪、网易、搜狐、腾讯

2006年起
百度连续多年
日均IP量排名占据榜首

2009年起
微博出现
微博、微信

2017年起
人口红利结束
抖音/快手/小红书/微信公号等内容渠道

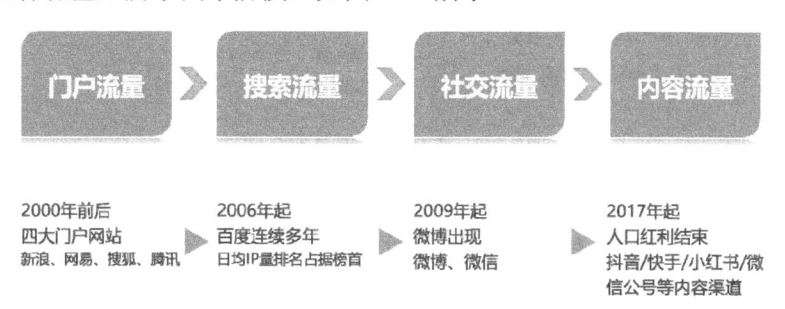

图 4-48　互联网主体流量经历的四个阶段

在门户时代，门户网站是最大的流量入口，四大门户网站是流量的主干道。

随着信息过剩，大家开始依赖搜索引擎。2006 年开始，百度连续多年日均 IP 量排名占据榜首。

2009 年微博出现，微博之后出现微信，互联网流量集中在社交领域。

2017 年起，人口红利结束，流量市场的主导者由社交产品转向内容产品，搜索流量、社交流量、内容流量并存。

抖音、快手、小红书、微信公号等内容渠道的流量快速增长，大家不再盲目追求增量，而如何进行存量运营成为电商商家的必备技能，倒逼商家具备精细化流量的获取能力及运营能力。

"得流量者得天下"，电商万能公式表明，影响销售额的三个因素是流量、转化率和客单价。其中，流量既包括免费流量，也包括付费流量。影响销售额的三个因素如图 4-49 所示。

流量 × 转化率 × 客单价 ＝ 销售额

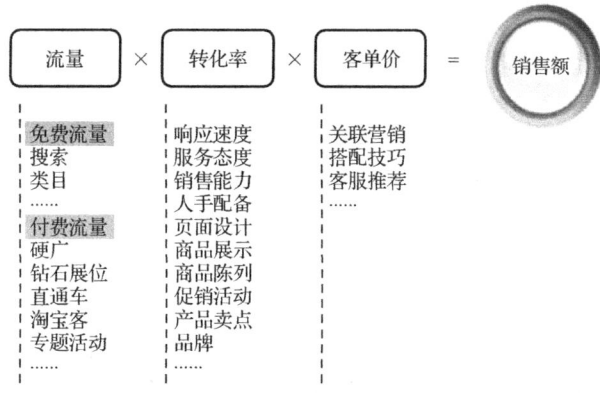

免费流量
搜索
类目
……
付费流量
硬广
钻石展位
直通车
淘宝客
专题活动
……

响应速度
服务态度
销售能力
人手配备
页面设计
商品展示
商品陈列
促销活动
产品卖点
品牌

关联营销
搭配技巧
客服推荐
……

图 4-49　影响销售额的三个因素

从电商角度来看，流量分类除免费流量和付费流量以外，还分为站内流量和站外流量。流量来源的四维分解如图 4-50 所示。

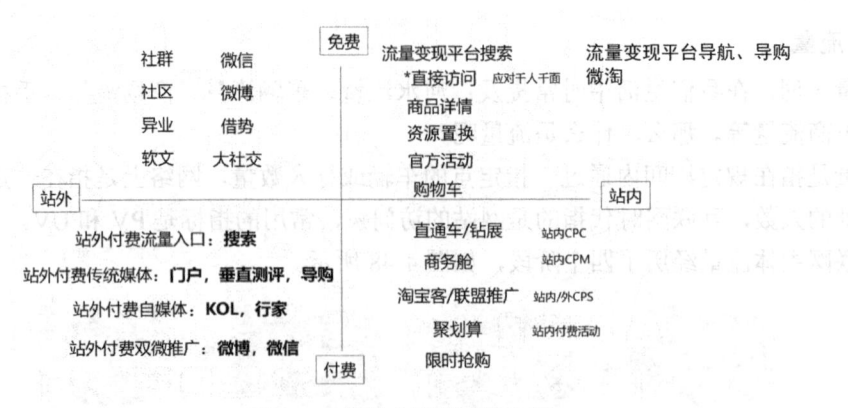

```
                          免费
    社群    微信        流量变现平台搜索        流量变现平台导航、导购
    社区    微博        *直接访问  应对千人千面    微淘
    异业    借势        商品详情
    软文    大社交       资源置换
                        官方活动
站外                    购物车                              站内
            站外付费流量入口：搜索
                                 直通车/钻展      站内CPC
        站外付费传统媒体：门户，垂直测评，导购
                                 商务舱          站内CPM
        站外付费自媒体：KOL，行家
                                 淘宝客/联盟推广   站内/外CPS
        站外付费双微推广：微博，微信
                                 聚划算          站内付费活动
                          付费   限时抢购
```

图 4-50　流量来源的四维分解

2. 私域流量

互联网行业，关于流量还有两个经常提及的名词：私域流量和公域流量。

私域流量的概念最早起源于淘宝网，意思是品牌或个人自主拥有的、可以自由控制的、免费的、多次利用的流量。每一个流量都是一个用户，他们沉淀在微信公众号、微信群、微信个人号、微博等平台。

与私域流量相对的是公域流量，如百度、淘宝网和京东这些大的流量平台，所有的流量都是要花钱购买的，而且越来越贵。常见的公域流量可分为四大板块：电商平台（淘宝网、京东、拼多多等）、信息分发平台（今日头条、百家号等）、社区平台（映客、斗鱼等）、短视频平台（抖音、微视等）。公域流量与私域流量的对比如图 4-51 所示。

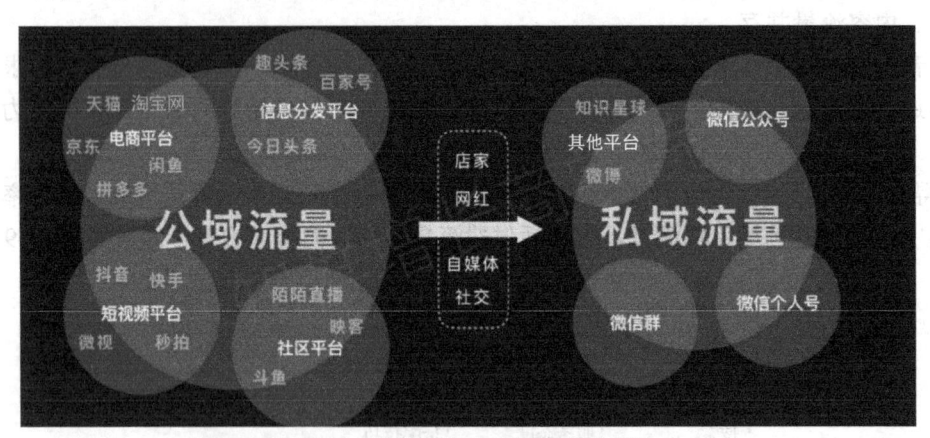

图 4-51　公域流量与私域流量的对比

简单地说，公域流量是大海，私域流量是自家小池塘。

私域流量最大的特点是直接触达用户，无须付费，无限流。这种直接触达用户的方式，同时有利于增强用户的信任感。另外，私域流量可以反复利用，并更适合于复购属性强的产品，有利于增加复购率，但并不是所有行业都适合做私域流量的。

例如，卖电视机的就不太适合做私域流量，因为没有人去频繁地购买电视机。但服装、美妆、日化、食品、餐饮、特色农产品、教育培训、玩具、电子产品、文化旅游、日用百货及生活服务类等面向消费者的产品或服务，都可以尝试做私域流量。

私域流量基本会应用到微信群、微信个人号和微信公众号，而根据市场模式和产品属性的不同，也会有企业运用到 App、小程序，甚至会利用电话、短信、邮件等方式辅助整体的运营和管理。目前，私域流量的开展主要集中在如下几个领域。

- 电子商务：已经在天猫、京东等公域流量平台上开设门店的品牌企业。
- 知识教育：在面向C端市场的教育培训类企业。
- 品牌打造：如KOL、IP、网红的打造，以及品牌服务商等。
- 母婴产孕：母婴行业，尤其是具有面向产孕领域渗透需求的企业。

在"流量红利衰减""流量红利不再""流量红利消失""流量红利将尽"的背景下，争夺用户时间和深耕用户体验更为关键，具有持续原创能力、传播能力和影响力的原创内容的商家，建立私域流量池并进行精细化运营，会变得越来越重要。

那么，怎样才能建立私域流量池？如何管理私域流量池呢？

4.3.2 私域流量理论：流量池

"流量池"理论提出者、瑞幸首席营销官杨飞在他所著的《流量池》一书中说："整个互联网营销的打法，我认为叫'急功近利'。'急功'就是快速建立品牌，'近利'就是快速获取用户。这是我整个营销手段的一个套路，我叫它'流量池思维'。"

流量思维和流量池思维是两个不同的概念。流量思维指获取流量，实现流量变现；流量池思维是要获取流量，通过流量的存续运营，再获得更多的流量。因此，流量思维和流量池思维最大的区别就是流量获取之后的后续行为，后者更强调如何用一批用户找到更多新的用户。流量池理论模型如图4-52所示。

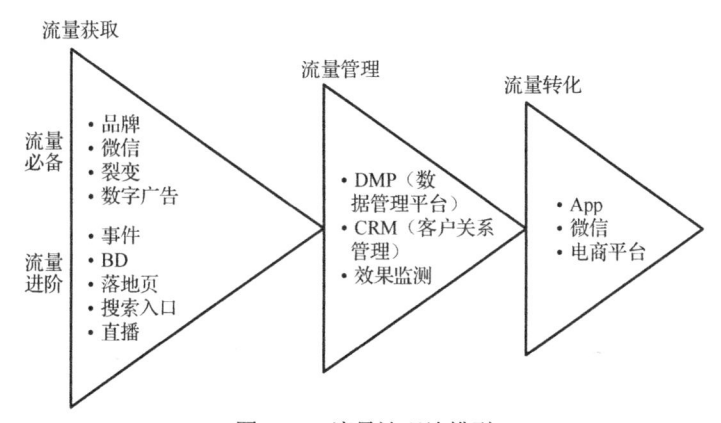

图4-52 流量池理论模型

流量池理论，包括流量获取、流量管理、流量转化三个阶段。流量获取包括流量必备玩法和流量进阶玩法，流量必备玩法包括品牌、微信、裂变、数字广告，流量进阶玩法包括事件、BD、落地页、搜索入口、直播；流量管理是使用DMP、CRM、效果监测等系统工具进行的管理；流量转化包括了App、微信、电商平台等转化手段。

1. 品牌：最稳定的流量池

品牌是最稳定的流量池。不要以为只有娱乐明星才有所谓的粉丝，实际上很多品牌通过潜移默化的渗透，都让我们无形中成为其粉丝。即使口头上不会承认，但在实际消费时，品牌对心智的占领也会起作用，使我们不仅在第一时间会联想到该品牌，而且还会自发地主动推荐。

这样的例子很多，比如买家电及数码产品，我们想到的是京东；买服饰箱包，我们想到的是天猫；想要吃汉堡包时，脑海里出现的是肯德基、麦当劳；买家居用品，会想到宜家；想要吃火锅时，会去找海底捞；想要买手机时，脑海里就有苹果、华为或小米……

在商业高度发达的社会，我们其实已经沦为品牌的"粉丝"（这一现象的专业说法叫"品牌心智占有"）。我们在第一时间的品牌联想指导下实现购买动作，以及告诉他人的冲动，都是典型的粉丝行为，这些会为品牌带来稳定的流量。这就是我们要做品牌的原因。

品牌即流量。通过关注和粉丝效应，品牌可以获得源源不断的流量。从短期看，可能做品牌付出的成本很高，但基于品牌的持续性记忆、粉丝的口口相传及明星品牌的社会关注，品牌成本会边际递减，甚至归零。到了那时，企业即使减少大量的品牌广告投放，流量也可以有稳步上升的趋势，从而使品牌成功、成熟、到达收获期。

阅读材料 4.6
品牌定位案例

2. 微信：互联网上最重要的免费流量来源

我们都知道社交流量是移动互联网上最重要的免费流量。流量只是结果，最主要的是恰当地利用好用户关系和关系链。

腾讯之所以能够稳坐互联网三巨头之一的位置，靠的不是工具应用的垄断，而是通过QQ、微信等社交产品，打通和绑定用户关系链。这种绑定带来的最大的商业价值，就是不需要通过传统的广告和营销模式去告知用户，只需要通过充分的"社交吸引"，就能让用户追随朋友的喜好，从而去接受一个新产品，比如"你的朋友正在干吗，你要不要跟他一起来？"。

阅读材料 4.7
品牌拉新案例

3. 裂变：低成本的获客方式

裂变是一种低成本的获客方式。广告的费用是在实际营销结果未知的情况下就把钱付给了广告公司，但是裂变是在已知的情况下，把广告的费用变成了用户福利，是在已经获得用户的情况下再给他补贴和福利，这个钱是非常划算的，成本非常低。

怎样做裂变营销呢？可以归纳为"存量找增量，高频带高频"。

（1）存量找增量，即利用已有的用户去发展新增用户。这里有两层意思：首先，你得发展第一批老用户（即种子用户），这个不可能靠裂变，主要依赖广告投放、产品试用及前期其他推广方式；其次，存量用户基数越大，裂变分享的数量才会越大。因此，存量基础是裂变成功的关键。

"会玩"的企业，往往同时两手抓：一手抓广告拉新，通过补贴迅速扩大存量用户；一手抓老客户裂变，降低整体获客成本。在存量和增量的不断转化中，一个新创品牌可以迅速引爆市场，甚至成为现象级产品。

（2）高频带高频。

如果产品本身是一个高频使用的产品，比如出行、外卖、社交、直播、热门游戏、大平台电商等，那么用户和你接触的机会就多。使用频次多，裂变福利的可能性就大。

企业往往只需要给一些比较少的福利（如发电子券、免费视听、游戏道具等），就可能有大量用户裂变分享，带来新增用户。从这一点来看，高频带高频是很容易实现的。

裂变成功的三个要素是种子用户的选择、福利补贴、分享趣味的满足，如图 4-53 所示。

图 4-53 裂变成功的三个要素

（1）种子用户的选择。裂变的目的是通过分享的方式获得新用户。因此，必须选择有影响力、活跃度高的产品忠实用户作为种子用户。有了存量用户之后，才有裂变的基础。我们可以通过广告、地推、体验营销等方式，把基础用户量积累起来。

（2）福利补贴。在当前社交媒体丰富、便捷的环境下，广告的创意成本已经大大降低，但投放成本却依然居高不下。如果企业愿意把投放广告的费用分批次回馈给用户，让用户养成领取福利的习惯，会让裂变起到强大的流量转化作用。

在福利的诱导之下，再加入一些创意作为分享催化，就会更容易撬动用户的社交关系，产生情感共鸣，从而获取社交流量。

（3）分享趣味的满足。除利益刺激外，裂变本身的趣味性是决定其发酵程度的重要一环。对于一些微商、微店来说，有些平台也给你提供裂变的机会，但这些裂变都太单调了，没有趣味性，客户不愿意分享到朋友圈。

阅读材料 4.8
品牌裂变案例

4. 数字广告：精准投放

很多人觉得品牌的广告铺天盖地没有实际效果，如在电梯、户外、公交站等各种线下场景看到的广告。但如果广告投放非常精准，比如投放在基本以门店为圆心，半径 1.5 千米的区域，就能收到好的效果。

这种做法的好处就是广告送达的是同一批品牌的潜在用户，通过多层次的媒介组合策略，实现多次重复的广告呈现和线上线下场景的全覆盖，进而达到高效转化的目的。

5. 事件：轻、快、爆的流量爆发

社交媒体不仅让事件传播迭代的速度加快，同时也让信息进入"速消"模式。企业的每次日常发声很容易就会被淹没在碎片信息的海洋中，这就需要企业做营销时跳出日常模式，利用一些话题、事件来引爆营销。

蒙牛成立之初，伊利已是乳制品行业的龙头老大。蒙牛于是便打出"为民族工业争气，向伊利学习"的口号，俨然一副行业老二的姿态，从而为其品牌成长争取到了时间。

阅读材料 4.9
引爆流量的事件营销

6. BD：流量互洗

BD（Business Development）指业务拓展或商务拓展，是寻求通过与其他行业或本行业内的大型企业合作，快速扩大自己公司的业务。其实质是以存量找增量，以高频带高频。

"流量互洗"是企业在多轮营销活动后，已经很难进行流量拓展和深度发掘的情况下，依照品牌实际需求，将双方企业自身流量互换，实现双方平台价值利用最大化。

阅读材料 4.10
流量互洗案例

7. 落地页：流量的第一生产力

获取流量，其核心技能也是转化能力。不管是用户花时间看广告或宣传单页、下载 App、

领取补贴、掏钱消费，都是一次转化，只是借助了不同的工具或载体，设定符合游戏规则的机制去获取流量和转化流量。

转化的"内功"在哪里？落地页是第一生产力。为什么很多企业投入大量资金做推广，但实际转化效果差？问题就可能出在落地页上。落地页逻辑架构六要素如图 4-54 所示。

1. 梳理核心卖点和品牌、活动信息
2. 品牌的整体印象与产品口碑
3. 消费者益处
4. 权威认证
5. 用户留存
6. 索取有效信息

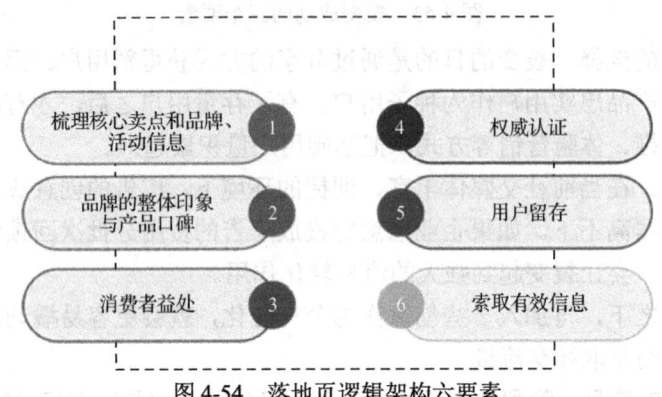

图 4-54　落地页逻辑架构六要素

（1）梳理核心卖点和品牌、活动信息。落地页首部一定要能抓住眼球，展现品牌、活动的核心卖点，简单、直接、快速、有效地告知访问者我是谁，我能提供什么，我和其他同类产品有什么不同。

（2）品牌的整体印象与产品口碑。对大部分消费者来说，落地页就是对品牌的第一认知，所以设计和构图一定要遵循简单、直白的原则，切忌页面杂乱、信息混乱、操作流程冗杂。

（3）消费者益处。做营销最大的难点就是站在消费者的角度想问题，从消费者的角度去展现卖点。消费者考虑的是"你的产品能给我什么"，而不是"你的产品的规格型号是什么"。提供额外价值、独特价值，或者给予巨大优惠，都可能促使他们完成冲动型消费。

（4）权威认证。消费者在看到并不熟悉的产品或品牌时，相关的权威认证会提升信任、降低疑虑及使用产品的心理成本。毕竟，没有任何一个消费者希望自己是新产品的"小白鼠"。

（5）用户留存。用户留存是落地页的核心作用，所有的工作目的是希望用户注册、购买或留下他们的资料，完成从流量到用户，再到销售的转化。

（6）索取有效信息。不要在落地页中索取不需要的信息。首先，额外的信息对企业来说是无用的；其次，信息索取越多，消费者就越对企业规范产生怀疑、抵触。所以，索取最关键信息即可，比如加密后的微信号、手机号码等。

阅读材料 4.11　落地页案例

8. 搜索入口：大流量的起手式

搜索入口流量包括 SEO 和 ASO，SEO 是大流量的起手式，ASO 是最后 10 米的流量拦截。

SEO（Search Engine Optimization，搜索引擎优化），是利用搜索引擎的规则提高网站在有关搜索引擎内的自然排名。

ASO（App Store Optimization）是应用商店优化的缩写，就是提升你的 App 在各类 App 应用商店、市场排行榜及搜索结果的排名。

9. 直播：流量风口

直播是线上购物中最接近线下购物的方式。在直播的过程中，消费者拥有类似于线下的真实购物体验——不仅能买商品，还能让主播讲解商品。满足了部分想在购物的同时也做社交的消费者，就像在逛街的时候和店员聊天一样。

直播营销当然是当前的流量风口。比如，2019年淘宝直播盛典排行榜中，薇娅通过排位赛，单场破了1亿元成交额，坐稳了"淘宝直播一姐"的宝座。2019年淘宝直播盛典排行榜如图4-55所示。

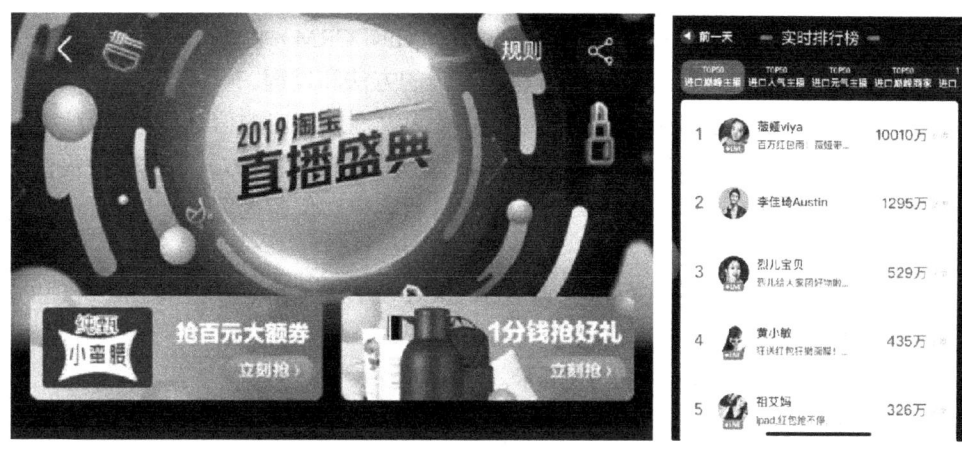

图4-55　2019年淘宝直播盛典排行榜

4.3.3　私域流量管理工具：DMP与SCRM

1. DMP

DMP（Data Management Platform）就是数据管理平台。DMP的原理很简单，包括数据源的抓取、数据的标签化和数据的使用三项功能，它支撑整个企业前方的运营和营销。DMP有企业DMP、广告技术公司DMP及数据提供商DMP三种类型，如图4-56所示。

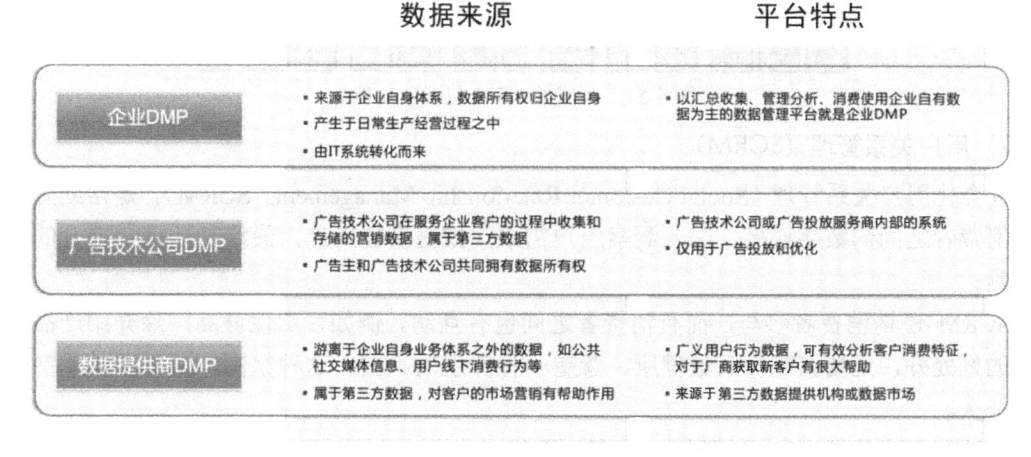

图4-56　DMP的三种类型

DMP有两个核心营销价值：

第一，提升运营效率。无论是老用户的留存、复购，还是新用户的转化，DMP都能够提升运营效率。

第二，实现营销的自动化和提高营销的精准化。

2. SCRM

SCRM 源于 CRM。在了解 SCRM 之前，我们先来了解 CRM。

1）客户关系管理（CRM）

客户关系管理（Customer Relationship Management，CRM）由 Gartner Group Inc 公司于 1999 年提出，是一个获取、保持和增加可获利客户的方法和过程。

客户关系管理的定义是：企业为提高核心竞争力，利用相应的信息技术及互联网技术协调企业与客户之间在销售、营销和服务上的交互，从而提升其管理方式，向客户提供创新式、个性化客户交互和服务的过程。其最终目标是吸引新客户、保留老客户，以及将已有客户转为忠实客户。

根据客户类型的不同，CRM 可以分为 B2B CRM 及 B2C CRM。B2B CRM 管理的客户是企业客户，而 B2C CRM 管理的客户则是个人客户。

一般的 CRM 包括的功能如图 4-57 所示。

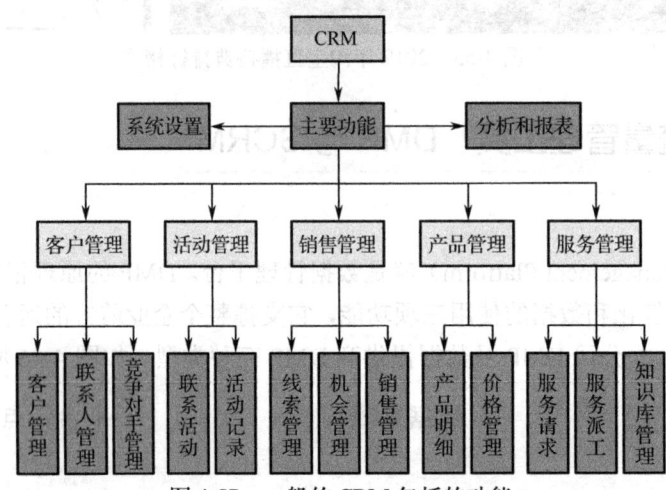

图 4-57　一般的 CRM 包括的功能

2）用户关系管理（SCRM）

社会化用户关系管理（Social Customer Relationship Management，SCRM），是帮助企业建立与消费者之间的数字连接，深入洞察用户需求，挖掘潜在用户，最终带动销量提升的软件和工具。

SCRM 邀请消费者参与，而且消费者之间也有互动。例如，卖保健品，除介绍产品对消费者的好处外，还要谈吃什么最健康，营造一种养生的氛围。这种氛围，消费者乐于参与，互动持久。

SCRM 作为传统 CRM 的延伸，具有如下特点：

（1）更加强调消费者的参与和双边互动；

（2）消费者不再以单纯的商品（服务）消费者或产权拥有者的身份静态存在，更多的是以品牌的关注者、聆听者、建议者、共同创造者的身份存在；

（3）SCRM 让用户更加拥有归属感、趣味感和成就感；

（4）互动的双边关系，让消费者的需求和想法同品牌的定位和发展紧密结合；

（5）品牌和消费者真正融为一体。

SCRM 主要功能如图 4-58 所示。

图 4-58 SCRM 主要功能

■ 案例赏析

vivo 用户关系管理

vivo 手机全国有 20 多万家门店，几十万名导购，上亿名客户。如何统一提升线上、线下门店的用户体验？如何激励导购更好地管理客户？如何提升用户转化率、复购率？vivo 选择某家 SCRM 软件后，是这样做的：

第一，"全链路"结构扁平化，使 vivo 销售管理更高效。

通过"全链路"，将品牌商、代理商、门店、导购、用户五位一体拉到 SCRM 平台上管理，打通中间环节，变立体的"纵"为扁平的"横"，企业通过钉钉或 App 与员工进行沟通，通过微信企业号与合作伙伴沟通，通过微信服务号或小程序与客户进行互动。vivo 的"全链路"结构如图 4-59 所示。

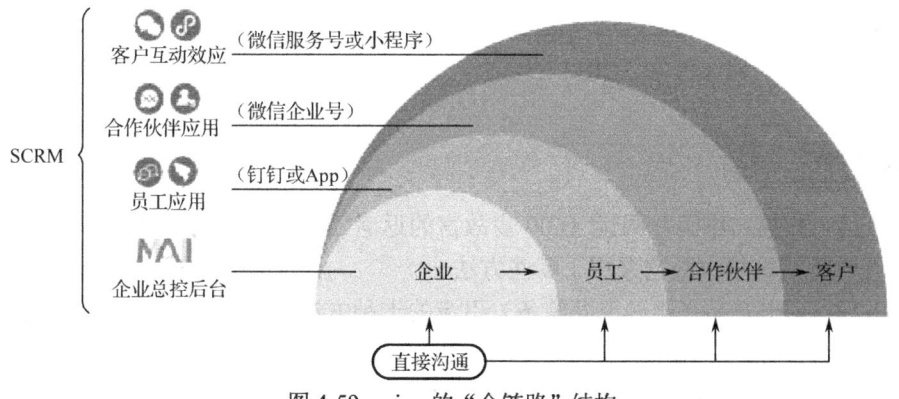

图 4-59 vivo 的"全链路"结构

SCRM 软件能够做到信息的同步传达、销售数据的实时上报与分析、自动生成销售情况排名和出报表等。

第二，整体化运营，统一品牌，呈现格调。

比如，某款手机宣传推广，从文案、设计、宣传，到终端门店怎么接待、怎么说话、怎么和顾客沟通、怎么介绍产品……均采用统一标准。通过 SCRM 软件，将模板传递给终端代理商，实现门店"用一个声音说话"的整合营销传播效果。

第三，数字化门店，智慧导购，决胜终端。

每天上万用户购机，vivo 要怎样才能实现与新用户不断互动，提高用户忠诚度呢？"智慧导购"能密切联系导购与消费者。它的操作简单，无须安装任何应用，导购只要完成微信扫码的动作，vivo 就能将导购纳入 SCRM 体系，生成"导购专属二维码"，用户扫描"导购专属二维码",将线下的客户信息线上化,"拉粉"行为融于预购和购机流程中。

第四,奖励速达,导购热情最大化。

市场越下沉,消费者对终端门店的服务就越依赖。比如,手机想贴膜、换屏或出现故障,通常默认去找门店。这时,导购热情贴心的服务往往能最大限度地提升用户的忠诚度。

如何激发导购的热情?"智慧导购"通过及时的奖励驱动购买,提升服务热情。

对消费者,扫码后立即享受一对一专属顾问,关于手机的任何问题可以在线咨询,使消费者与导购的连接更有温度。对导购,消费者"导购扫码+用户扫码"购买手机的那一刻,导购完成核销,实现奖励直达。多方获利,形成"用户愉悦购买—导购热情服务—品牌增加销售"的良性互动销售链。

vivo 的"智慧导购"如图 4-60 所示。

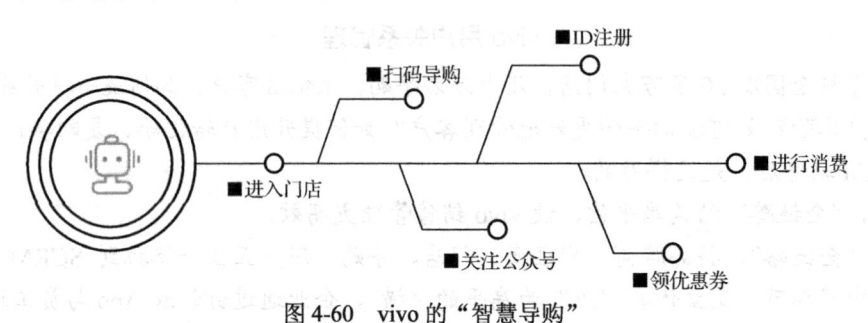

图 4-60　vivo 的"智慧导购"

第五,大数据驱动,深挖高销量背后的秘密。

品牌商、代理商、门店、导购和用户,五位一体在 SCRM 平台上交互。

消费者信息、导购与用户交互数据、终端门店销量数据、售后服务评价信息、代理商运营数据……大量的数据沉淀在 SCRM 平台上,可以用其描绘出完整的用户画像,并生成数据化报表。

任务实训

【实训 1】　扫描二维码并阅读《600 岁故宫的返老还童术》一文,对照流量池打造九种方法,指出故宫采用了哪些方法。

【实训 2】　列出产品(比如卫龙辣条)引流的十种方法,并说明分别属于流量池打造九种方法中的哪一种。

【实训 3】　扫描二维码并阅读《私域流量的本质和玩法》一文,思考如下问题:

(1) 什么是流量?私域流量的本质是什么?

(2) 从拼多多和抖音案例来看,流量红利真的消失了吗?

(3) 电子商务公司,该如何面对流量红利消失的困境?

阅读材料 4.12
600 岁故宫的返老还童术

阅读材料 4.13
私域流量的本质和玩法

任务 4.4　整合用户资源之社群运营

任务导入

他们不是什么点击量,他们是活生生的具体的用户,他们是你的衣食父母,你还胆敢大大咧咧地把他们称作"流量"?流量已死,玩法为王,商业打法已从"流量思维"转到"超级用户思维"。

——罗辑思维　罗振宇

任务导图

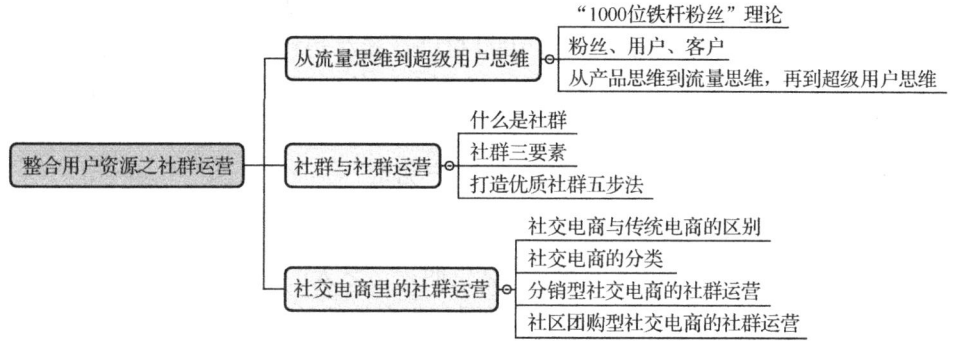

整合用户资源之社群运营
- 从流量思维到超级用户思维
  - "1000位铁杆粉丝"理论
  - 粉丝、用户、客户
  - 从产品思维到流量思维,再到超级用户思维
- 社群与社群运营
  - 什么是社群
  - 社群三要素
  - 打造优质社群五步法
- 社交电商里的社群运营
  - 社交电商与传统电商的区别
  - 社交电商的分类
  - 分销型社交电商的社群运营
  - 社区团购型社交电商的社群运营

学习目标

知识目标	了解"1000位铁杆粉丝"理论与超级用户思维
	辨识粉丝、用户、客户及社交、社区、社群的区别
	熟悉传统电商与社交电商的区别
能力目标	能够规划并实施从零开始打造社群组织
	能够运用 AARRR 模型制订社群运营计划

任务实施

4.4.1　从流量思维到超级用户思维

为什么罗永浩的"粉丝"过千万,锤子手机实际销量却十分惨淡?

为什么美图公司仅美图秀秀移动端用户总数就有 1.2 亿个,但美图月付费用户仅 13.7 万,即 1000 名美图用户中,仅 1 人成为美图客户?

为什么"营销界的标杆"江小白不是行业细分领域的销售老大?大家都说江小白文案"走心",你喝过江小白吗?

如何将粉丝变成用户?如何将用户变成超级用户?

1. "1000 位铁杆粉丝"理论

"1000 位铁杆粉丝"理论源自凯文·凯利 1994 年出版的《失控》一书,大意是:一个创作者，比如作家、设计师、音乐家，只要拥有 1000 位铁杆粉丝，就可以借此谋生了。

这个理论成了很多社群运营者的理论支柱。但"1000 位铁杆粉丝"的理论产生效果，背后有几个重要条件。

（1）"1000 位铁杆粉丝"理论的关键不在于"1000"，而在于"铁杆"。1000 和"10 万小时定律"的"10 万"一样，只是凯文·凯利大致估测的一个数字，但凯文·凯利却对"铁杆"（True Fans）这个词有着明确的定义。

铁杆粉丝被定义为："购买你任何产品的粉丝。这些忠实的粉丝会开 200 千米的车听你唱歌；会买你书的精装本和平装本及音频版本；会盲目地购买你的个人小雕像；会购买你自媒体频道的 DVD……"

（2）先有产品，后有商机。"你必须每年创造足够的产品，让你可以从每位铁杆粉丝身上平均赚取 100 美元的利润……你知道为现有客户提供更多的东西，比找到新的粉丝更容易，也更好。"也就是说，你必须先有足够好、足够多的产品，才有可能实现商业变现。

（3）和粉丝直接对话。"也就是说，他们必须直接付钱给你，而不是他们在其他中间商那里购买你的产品。话虽如此，事实上培养 1000 位铁杆粉丝是耗时的，且不是适合每个人的。"

大部分社群运营者，只干了第一件事——和粉丝直接对话，他们并没有打磨真正的产品，以及培育出最忠诚的粉丝。

那么，什么是粉丝？什么是客户？什么是用户呢？

2. 粉丝、用户、客户

粉丝（Fans）也叫追星族。意思是崇拜某位明星、艺人的一种群体。比如，谢娜微博粉丝数达 1.2 亿个，拿下吉尼斯世界纪录。互联网各平台的粉丝，是指平台账号的关注者。

用户又称使用者，在互联网行业是指使用电脑或网络服务的人，是指流量的意思，通常其拥有一个用户账号，并以用户名识别。用户数量，一般有 PV（浏览量）、UV（访客数）、DAU（日活跃用户数）、MAU（月活跃用户数）等指标。

客户是指通过购买你的产品或服务满足其某种需求的群体，也就是指与个人或企业有直接经济关系的个人或企业。

一般来说，粉丝与人或品牌相关，用户与产品或服务相关，客户与金钱相关。比如，我们是马云的粉丝，是天猫、淘宝网的用户，但不一定是阿里集团的客户。粉丝、用户、客户之间的关系如图 4-61 所示。

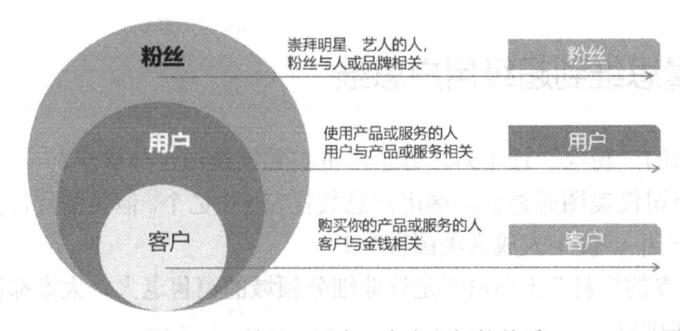

图 4-61 粉丝、用户、客户之间的关系

粉丝数量、网站流量，在 2011 年埃里克·里斯推出的"精益创业"（Lean Startup）理念中被誉为"虚荣指标"，意思是这些指标让你的产品效果看起来很好，但不能告诉你，你是在靠近营销目标，还是在远离营销目标。

与"虚荣指标"相对应的是"关键指标"。关键指标一般指运营性指标，往往是与产品和用户的切实体验相关，能够对营销目标起到有效推动作用的数字。关键指标的高低，能够直接展现出产品的实力、预估销量高低，是企业发展的监察站。

比如，对于一个网店来说，收藏量是虚荣指标，转化率和客单价才是关键指标。又如，Airbnb 的关键指标是交易总额、拼多多的关键指标是成交总额、知乎的关键指标是问答总数、简书的关键指标是文章发布总数、今日头条的关键指标是阅读总时数等。

不管是公众号的 10 万+关注量、微博的 10 万+粉丝，还是自媒体平台的百万阅读量，其实仍然只是营销的开始。如何将粉丝变成用户？如何将用户变成客户？如何激活流量池里的粉丝或用户？这些才是我们营销最需要关注的问题。

3. 从产品思维到流量思维，再到超级用户思维

产品思维就是聚焦产品，一切以产品为核心的项目思维。传统营销线下产品思维主导的是人，认为只要有好的产品，就能有很好的市场销量，比如"酒香不怕巷子深"。

流量思维是指使用大面积、多渠道的拉网手法，拉来大量的新客户的项目思维。所谓流量思维，简单理解为把网友、读者、粉丝看成流量。而流量本身是安静的，没有情绪，没有性格，也没有嬉笑怒骂。我们不会过于纠结流量是谁，来自哪里，来这里干什么。管它这么多，有流量就行！流量多了误打误撞也会有转化。

用户思维则指了解用户的痛点、心理感受、意见和建议，并将这些不断融入自己的产品设计、迭代与营销中的项目思维。在用户思维眼里，每个流量背后的用户，是鲜活的，有需求、有疑问、有价值观的。我们要做的就是认真对待每一位用户，拿出实际行动去感染用户，去服务用户。珍惜他们的到来，并让他们不愿离开。

罗辑思维创始人罗振宇在 2017 跨年演讲中说："他们不是什么点击量，他们是活生生的具体的用户，他们是你的衣食父母，你还胆敢大大咧咧地把他们称作是'流量'？流量已死，玩法为王，商业打法已从流量思维转到超级用户思维。从流量思维到超级用户思维的过程中，我们不关心有多少用户，企业更应关心有多少超级用户。"

"超级用户"概念来自美国尼尔森高管艾迪·尹的著作。我们谈论超级用户的时候，并不是在谈论社群，不是在谈论朋友圈，不是在谈论传统的流量，不是在谈论所谓的人格化，我们可能在谈论一次真正意义上基于商业所定义的用户价值。它是一次转身，是一次面向陌生人到面向熟悉人的转身，是向外扩张到向内经营和运营深耕细作的转身。

超级用户就是最富有激情的付费用户，通俗地讲就是"死忠粉"，也就是凯文·凯利眼里的"1000 位铁杆粉丝"。按照吴声的场景实验室研究的结论，10%的超级用户，却能支撑起 70%的市场增长。

超级用户有如下五个特征：

（1）超级用户愿意在某类产品上花大价钱，对产品新用法有强烈兴趣，并且主动开发和行动能力很强。

（2）每款产品都有自己的超级用户，只是他们隐藏在不同地方。

（3）他们对产品会投入感情，他们能从产品中享受真正的快乐，并伴随着产品成长。

（4）他们往往自发组织一些粉丝活动，就像明星的粉丝团。

（5）他们关注产品的每一次升级，愿意做产品的"小蜜蜂"，并介绍新的用户加入使用。

我们可以把用户的进化分为四个阶段：非付费用户、普通付费用户、超级用户和裂变用户。例如，罗辑思维订阅号、李翔知识内参的用户，我们可以叫作非付费用户；下载得到 App 并付费订阅专栏，购买其中的某门课程，或者在其实物商城购买产品，就是付费用户；成为得到大学的学员，加入其终身学习者俱乐部，即是超级用户；向身边亲友自发推荐得到 App 或其产品和服务，就是裂变用户。

在得到 App，裂变用户被冠名"得到荣誉赞助人"，指的是"在合适的时机向朋友推荐我们，为我们介绍优秀的老师"的那些人。2019 年得到拥有 8 万多位裂变用户。用户进化的四个阶段如图 4-62 所示。

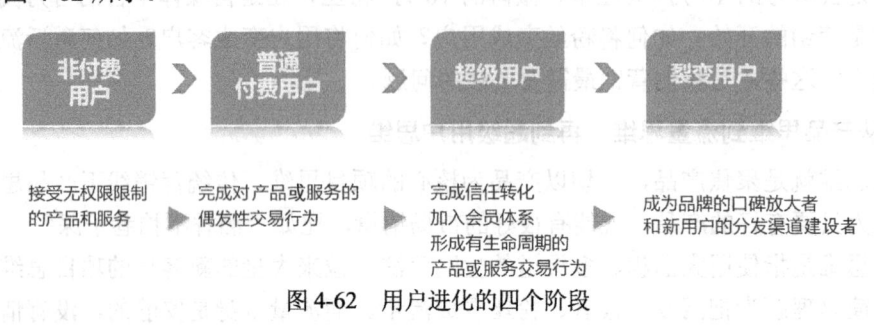

非付费用户 ▶ 普通付费用户 ▶ 超级用户 ▶ 裂变用户

接受无权限限制的产品和服务　　完成对产品或服务的偶发性交易行为　　完成信任转化 加入会员体系 形成有生命周期的产品或服务交易行为　　成为品牌的口碑放大者和新用户的分发渠道建设者

图 4-62　用户进化的四个阶段

4.4.2　社群与社群运营

从流量思维到超级用户思维，是指向外扩张的用户获取到向内而生的超级口碑运营，驱动已有用户能力的价值最大化。它是对传统社群思维的迭代。

那么，什么是社群？该如何运营社群呢？

1. 什么是社群

1）社群的定义

什么是社群？顾名思义，社群就是社交+群组。

什么是社交？人和人之间的交往叫作社交。社交整体上也可以分为两类：一是熟人社交；二是陌生人社交。熟人社交，就是朋友、兄弟、闺蜜、家人、同事等熟人之间通过见面、电话、短信、QQ、微信、电子邮件、微博等进行联系；陌生人社交中的陌生人，也就是你不认识的人，可以是朋友的朋友，可以是分公司的同事，还可以是网络上有共同兴趣爱好的网友等。

什么是群组？三个人以上的组织就是群组。为什么要组建群？可能有共同的爱好（读书群、驴友群）、共同的理念（公益群）、某种产品的用户（车友会群）等。

什么是社区？在互联网出现以前，我们说的社区是指一群居住在一起的人，是物理空间的概念。随着互联网的出现，社区变成了网络社区。这时，社区就变成了一群具有相同兴趣和共性特征的人的聚集地。比如以电影、读书等为兴趣的豆瓣，以小米产品为兴趣的小米社区，以杂谈八卦等为兴趣的天涯等。

百度百科上关于社群的定义：社群是一群具有相同价值观的人基于共同的主题或目标，形成的一个精神共同体和利益共同体。现在我们讲的社群，主要是指网络社群。

中国网络社群在十几年的发展历程中，经历了三个阶段：1.0 社交、2.0 社区、3.0 社群。从最初的以熟人社交为主的 QQ 群，到以陌生人社交为主的社区论坛，再到今天逐渐发展成以移动端为核心的、连接人与一切信息的社群。社群经历的三个阶段如图 4-63 所示。

项目4　整合营销资源

```
1.0社交 → 2.0社区 → 3.0社群
```

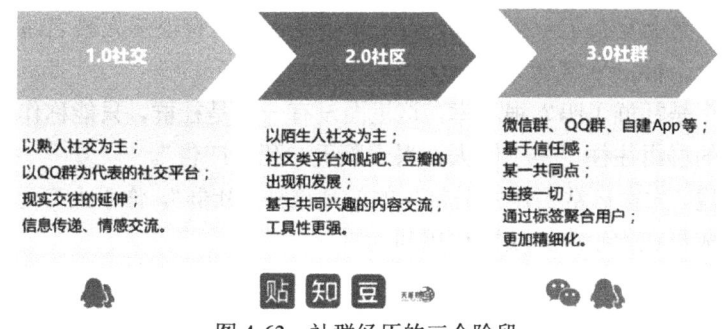

1.0社交：
以熟人社交为主；
以QQ群为代表的社交平台；
现实交往的延伸；
信息传递、情感交流。

2.0社区：
以陌生人社交为主；
社区类平台贴吧、豆瓣的出现和发展；
基于共同兴趣的内容交流；
工具性更强。

3.0社群：
微信群、QQ群、自建App等；
基于信任感；
某一共同点；
连接一切；
通过标签聚合用户；
更加精细化。

图 4-63　社群经历的三个阶段

2）社群的分类

社群可以是基于血缘关系或社会角色而聚集的圈子，如家人群、闺蜜群、同事群、同学群、宿舍群、老乡群、小区群、家乡群等；社群也可以是基于兴趣爱好、身份地位、审美观和人生价值观建立起来的圈子，如游戏群、学习考试群、兴趣爱好群、行业交流群、购物群、品牌产品群等。

每个人加群的动机不同：有的是联络的需要，比如同事群、老乡群、同学群、家长群；有的是工作的需要，比如同事群、部门群；有的是交友的需要，比如兴趣爱好群、同城群、社团群；有的是学习的需要，想寻求比自己更专业的人的帮助，比如知识付费群、读书打卡群等；有的是宣传的需要，入群是为了宣传自己公司的产品或服务，比如社区团购群、某品牌粉丝福利群、秒杀抢购群、宝妈群等；有的是为了生活的需求，比如吃饭、聚会、旅游、毕业设计等需要临时有一个圈子。

社群的发展过程包括内容吸引用户、筛选用户、产出优质内容三阶段。一般的社群成员构成包含以下角色——新手型、潜水型、领导型、厌倦型、常客型。当然，每个人在不同的网络社群里的社群角色是不一样的。比如在班级群，你是厌倦型用户；在学校社团群里，你是常客型用户；在家族群里，你是潜水型用户；在产品群里，你是领导型用户。社群成员构成如图 4-64 所示。

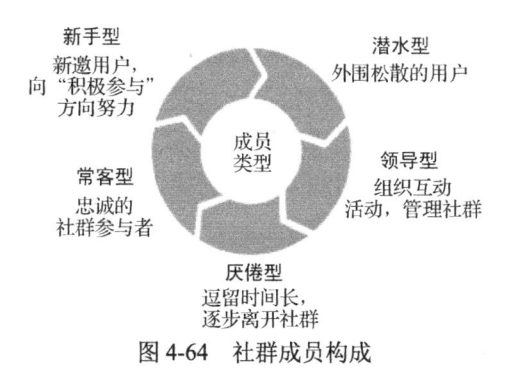

新手型：新邀用户，向"积极参与"方向努力
潜水型：外围松散的用户
领导型：组织互动活动，管理社群
厌倦型：逗留时间长，逐步离开社群
常客型：忠诚的社群参与者

图 4-64　社群成员构成

2．社群三要素

能持续发展为有价值的社群应该是什么样的呢？我们先来看以下三个场景。

场景一：你在某学校举办了一个活动，扫码入群即可领取奖品，于是你的微信群里浩浩荡荡挤进来数百人。

场景二：为了更好地收集用户反馈的产品信息，你建了一个产品功能用户反馈群，平时会有用户偶尔反馈消息。

场景三：你在网上发布了一个视频，点击率很高，然后有很多人慕名添加你为 QQ 好友，你把他们拉进了一个群，平常聊天。

你看出来哪个是社群了吗？很不幸，这里面没有一个是社群，只能称作是"聚了个人堆"而已。因为这样的群组往往"生于圈人，兴于聊天，死于广告"。

然而你会发现，大家日常工作中最常见的就是这种"社群"，你手上有无数个微信群、QQ群，成千上万的成员在你手中，实际作用却为零。

群体中的人有两个共同的特点：首先是每一个人个性的消失，其次是他们的感情与思想都在关注于同一件事（摘自《乌合之众》）。

人仅仅是聚在一起并没有任何价值，当他们在这里丧失个性、具备共性时，才能开始发挥价值。所以，想建立社群，一定要明确三个要素：有目标、有核心、有阶层。这三个要素缺一不可。社群的三要素如图 4-65 所示。

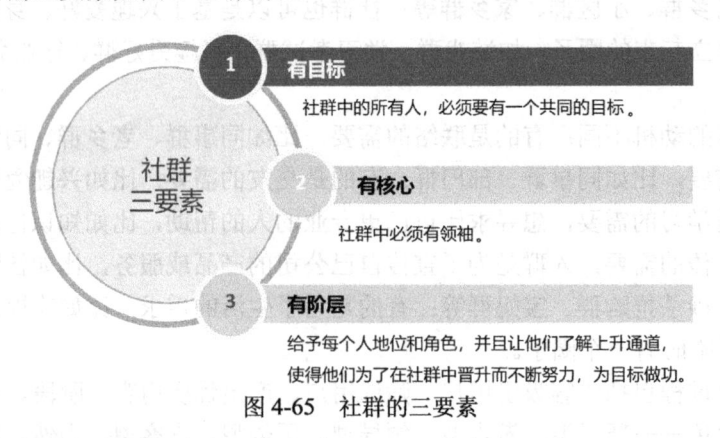

社群三要素

1 **有目标**
社群中的所有人，必须要有一个共同的目标。

2 **有核心**
社群中必须有领袖。

3 **有阶层**
给予每个人地位和角色，并且让他们了解上升通道，使得他们为了在社群中晋升而不断努力，为目标做功。

图 4-65　社群的三要素

3. 打造优质社群五步法

如何打造一个优质的社群组织？有人认为向伟大的社群组织看齐就好了。那么问题来了：哪个是伟大的社群组织？我们来列举几个例子。

儒家：社群创始人孔子，社群铁粉是孔子的七十二贤人，社群核心价值观"仁"，社群书友会的书籍是《诗经》《尚书》《仪礼》《乐经》《周易》《春秋》。

佛教：社群创始人释迦牟尼，社群铁粉是十八罗汉+二尊者，社群核心价值观"空"，社群书友会的书籍有《金刚经》《法华经》《心经》《地藏经》等。

九头蛇：漫威世界里最大的社群组织，社群创始人不详，社群价值观"夺回世界的统治权"，铁杆粉丝 Von Strucker 男爵、红骷髅等。

举这几个例子是想说明：宗教类组织其实就是最典型的社群组织。例如，佛家的释迦牟尼也是白手起家（零成本连接），靠着自己精湛的佛法修为（优质的内容产品），收割了世界各国的粉丝（打破了流量霸权），而且佛家这个社区完全是自组织（都是粉丝自行做运营），社群活跃、留存率高（每日香火不断，千百年来一直稳健运营）。

如果以宗教模式来看社群建设，那么我们很容易找到打造优质社群的方法论，我们可以把方法论总结为五个步骤，分别是：图腾、围墙、教义、法老和群贤。打造优质社群五步法如图 4-66 所示。

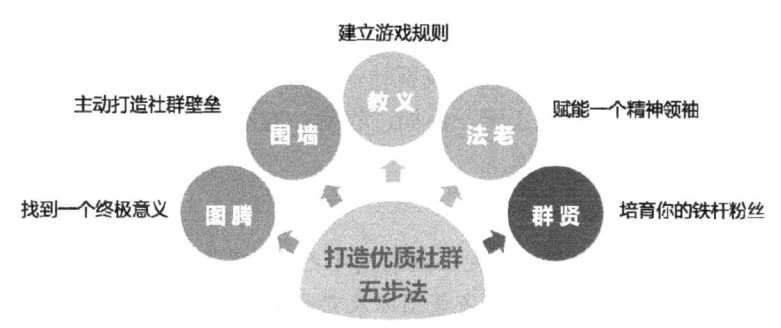

图 4-66 打造优质社群五步法

1) 图腾：找到一个终极意义

图腾代表一个社群存在的终极意义。我们在建立社群的时候，应该把社群的价值定位得更大、更远。就像谷歌公司常说的一样："Think big！"举个例子，有一个PPT分享群，下面哪个定位你认为是对的？

A．资源共享 B．职场充电 C．终身学习 D．个人进化

A、B、C、D其实指的都是一个群，但是D显然有更高层级的意义。看到"个人进化"这个层次的意义，不仅可以更容易带动粉丝，也让群主有了更大责任和担当。

罗辑思维专注于移动互联网知识付费业务，通过旗下"罗辑思维""跨年演讲""得到App""得到大学"等核心产品触达用户，为用户在时间碎片化背景下提供单位时间价值最大化的跨界、终身学习的解决方案。

■案例赏析

得到App的图腾是"让我们一起终身学习"，主要针对终身学习的用户，主打利用碎片时间学习系统的高浓度知识，通过付费专栏、精品课、大师课、每天听本书等高质量内容服务用户，最终让用户完成系统性知识的学习。得到App成立于2016年5月，上线九年来开发出一百多门课程，用户数达到3000多万人。得到App的各种标识如图4-67所示。

图 4-67 得到 App 的各种标识

得到大学旨在建设一所服务终身学习者的通识大学。通过线上线下结合的学习方式，把分散在社会分工中、正在被创造但还未被整理的知识挖掘、分享出来。线上，得到大学给学员提供一套从各行各业提取的多元思维模型课程；线下，得到大学组织来自不同行业领域的学员进行面对面的集体学习。

2) 围墙：主动打造社群壁垒

社群有闭合性的特点，而且对外越是闭合，对内就越发团结。所以，我们在社群创建初期，有两种方式可以打造社群的"围墙"。

(1) 可以直接切入一个小众赛道，后期再通过稀释价值理念，进行赛道的扩容。例如，小米初期是"为发烧而生"，切入手机发烧友群体，后期是卖"感动人心、价格厚道"的产品。

(2) 主动制造入群的门槛和仪式感。例如，收费、内推、考核等，通过这种方式把社群内和社群外的世界，进行人为的切割。

■**案例赏析**

2018年5月26日，在得到App正式上线两周年之际，罗振宇率团队向全体用户发出《得到团队致用户的第一封信——我们的秘密蓝图以及它和你有什么关系》。得到App团队邀请用户成为"得到赞助人"，用户可以通过留言的方式，写下真实姓名和身份，登记成为"得到赞助人"。得到App设立"赞助人专区"，专门记录所有登记为"得到赞助人"的用户。

比如，在得到大学里，为实现更好的群体学习效果，得到大学设置了严格的筛选机制，身份多元、乐于分享及高成就动机是三大核心筛选标准。得到大学既有线下面试，也有远程面试，要求是一对一，录取比例在七分之一。在得到大学学员里，可以看到"血浆站站长""医生""养老院院长""建筑设计师"，和市面上以企业家、创业者为主的商学院或训练营并不相同。

3) 教义：建立游戏规则

正如佛家子弟要有戒律一样，任何社群应该有适合自己的行为准则，但是要注意两点。

(1) 教义不等于群通告。不是"不准灌水""不许打广告"这些标准，它应该涉及每一位社群成员的生活方式，让社群的准则成为一种生活信条。

(2) 教义要简单。只有足够简单，才可以让社群成员自行运转，让社群自治而不是人治。

■**案例赏析**

得到大学的学员本身就是得到大学的共建者。得到大学倡导学员间的小组自治和自我管理，学员间的交流、碰撞，本身也是得到大学的通识产品的一部分。

得到大学具体的线下活动形式包括分享日、案例日及私董会。分享日是学员自己上台分享内容，12周的线下活动中有一半都是分享日。期中、期末会有以小组为单位进行PK的案例日。学期中段学员还可以根据需求在小组内召开私董会。

4) 法老：赋能一个精神领袖

古埃及的法老自称是"太阳神阿蒙·拉神之子"，是"神在地上的代理人"，命令臣民把他当神一样崇拜。用"法老"代指社群的精神领袖，是因为"法老"这个词有很强的魔幻色彩，对社群有着无与伦比的影响力。

人是最好的信任背书。一个合格的社群"领袖"，不仅代表了社群的价值观，还是一个活生生的案例，更是每一位学员的人格映射和精神向往。我们很难想象，没有罗振宇的罗辑思维将走向何处，没有凯叔的"凯叔讲故事"还能不能成为小朋友们的睡前之声。

■**案例赏析**

得到的"法老"当然是罗辑思维创始人罗振宇。罗振宇，本科毕业于华中科技大学新闻系，硕士毕业于北京广播学院（现中国传媒大学）电视系，博士毕业于中国传媒大学。曾担任CCTV《经济与法》《对话》栏目制片人，2012年底，开始打造知识脱口秀节目《罗辑思维》，其口号是"有种、有趣、有料"，旨在成为"身边的读书人"。2015年开始举办《时间的朋友》跨年演讲。2016年得到App上线，2018年得到大学开学。

5）群贤：培育你的铁杆粉丝

凯文·凯利说的"1000 位铁杆粉丝"，他们的作用如同小米的 100 个梦想赞助商，是社群的种子用户，是社群的星星之火。

如果说"法老"是一个社群的北极星，那么"群贤"就是一个社群的北斗七星，他们共同为社群指明方向。"群贤"不仅是找来的，更是"培育"出来的。一旦发现了铁杆粉丝，社群运营者要做的是：赋予这个人额外的特权，给予最真诚的关照，让他成为社群的"产销者"。

得到 App 依靠罗振宇及逻辑思维的品牌能力，获取了很多行业内大咖的入驻，这些行业大咖就是得到的"群贤"，他们以优秀的内容输出吸引了更多用户的关注。

社群运营在知识付费领域及在小米手机等实体领域，运用得较为成功且被大众所熟悉。

4.4.3 社交电商里的社群运营

按照亿欧智库在《2019 中国社交电商生态解读研究报告》中的定义，社交电商是与传统平台型货架电商相对应，基于社交媒介功能，建立在社交关系基础上，通过社交活动、内容分享等方式低成本获取流量，最终实现商业变现的创新型电商模式。

社交电商依托的是社交媒体，如微信、QQ、今日头条、快手、抖音、各种 App 应用等。

社交关系指的是人与人之间的交际往来，如"宝妈"、邻里、大 V、KOL、明星、自媒体等。

社交电商源于 2009 年的美丽说，在经历了萌芽期、探索期后，模式相对清晰成熟，开始进入成熟期，并已出现了多家上市公司，如有赞、拼多多、蘑菇街、微盟、云集等。

社交电商的发展历程如图 4-68 所示。

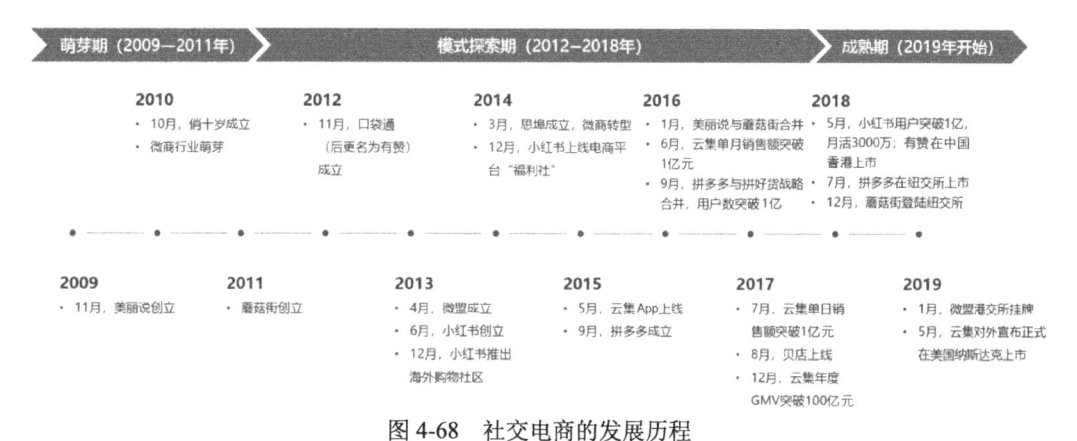

图 4-68 社交电商的发展历程

1. 社交电商与传统电商的区别

根据指数增长实验室《2018 社交电商行业分析报告》，社交电商在经营对象、成本结构、流量模型、用户生命周期等方面，与传统电商存在区别。

传统电商与社交电商的区别如下：

（1）经营对象不同。传统电商经营产品；社交电商经营用户。传统电商的核心是把 1 件货物卖给 1000 个人；社交电商的核心是给 1 个人卖 1000 遍货。

（2）成本结构不同。传统电商的成本主要由营销成本和渠道成本构成；社交电商的成本主要是社交成本。

（3）流量模型不同。传统电商是漏斗模型，所以传统流量采买越来越贵；社交电商是裂变模型，裂变式增长降低了流量成本。传统电商与社交电商的模型如图4-69所示。

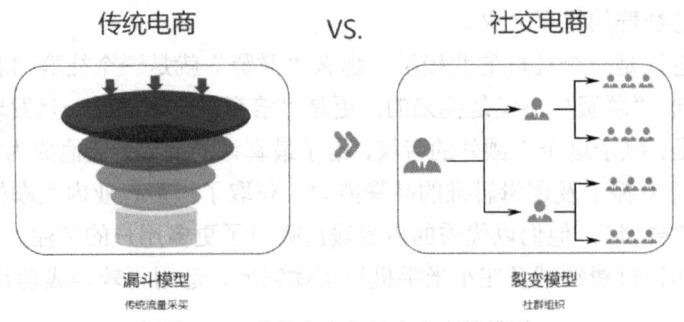

图4-69　传统电商与社交电商的模型

（4）用户转化不同。传统电商在生命周期内，用户还是用户；社交电商，用户还可以成长为合伙人。传统电商与社交电商的用户转化如图4-70所示。

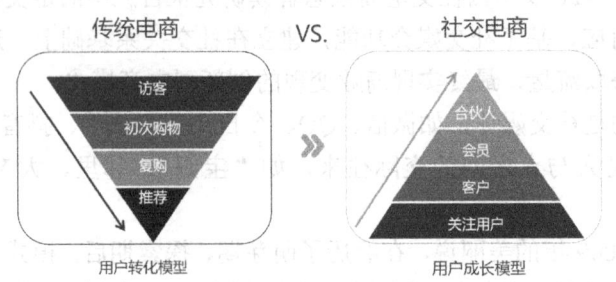

图4-70　传统电商与社交电商的用户转化

据前瞻产业研究院统计，相对传统电商，社交电商能够节省约80%的固定成本，缓解约73%的库存压力，减少约63%的推广费用，同时能提升约48%的销售周期及提高约48%的销售利润。

2. 社交电商的分类

亿欧智库在《2019中国社交电商生态解读研究报告》中，将中国电商行业分为了综合电商、跨境电商、社交电商、垂直电商、生鲜电商共五类，如图4-71所示。

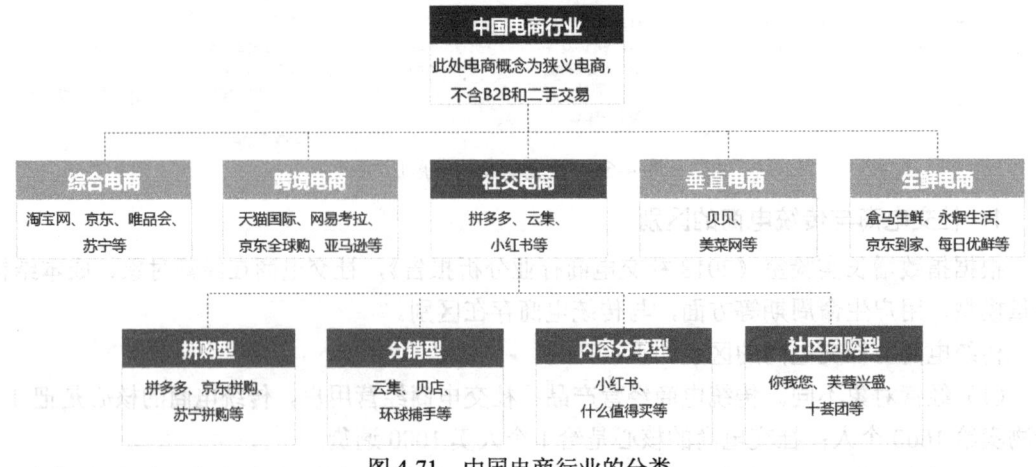

图4-71　中国电商行业的分类

按照社交对电商影响的主要环节，社交电商可以分为分销型（主要影响销售模式）、拼购型（主要影响分享传播）、社区团购型（主要影响需求获取）、内容分享型（主要影响购买决策）四种社交电商模式。

亿欧智库根据上市企业招股书及财报，测算出这四种类型社交电商的头部玩家，如图 4-72 所示。

	分销型	拼购型	社区团购型	内容分享型
选取的头部玩家	云集	拼多多	你我您	蘑菇街
2018财年营收(亿元)	130.15	131.20	10.00（估算）	9.73
预估市场份额	30.0%	60.0%	10.0%	5.0%
市场规模(亿元)	433.83	218.67	100.00	194.60

来源：招股书及财报，亿欧智库测算　　　　　亿欧（www.iyiou.com）

图 4-72　社交电商市场规模测算

下面我们重点以分销型和社区团购型电商为例，从人、货、场角度，看看它们是如何做社群运营的。

3. 分销型社交电商的社群运营

分销型社交电商是社交电商的一个细分领域，在社交的基础上，以 S2B2C 模式（一个强大的供应链平台 S，与千万个直接服务客户的商家 B，共同服务消费者 C）运作实现商品流通的新零售模式。

分销型社交电商的商业模式核心在于整合供应链，平台提供标准化的后台服务并赋能给小 B 店主，店主负责前端引流和 C 端用户的维护，形成信任关系背书的社交销售场景。创造的价值是省略经销商等中间环节，将供应商和消费者直接连接。分销型社交电商的商业模式如图 4-73 所示。

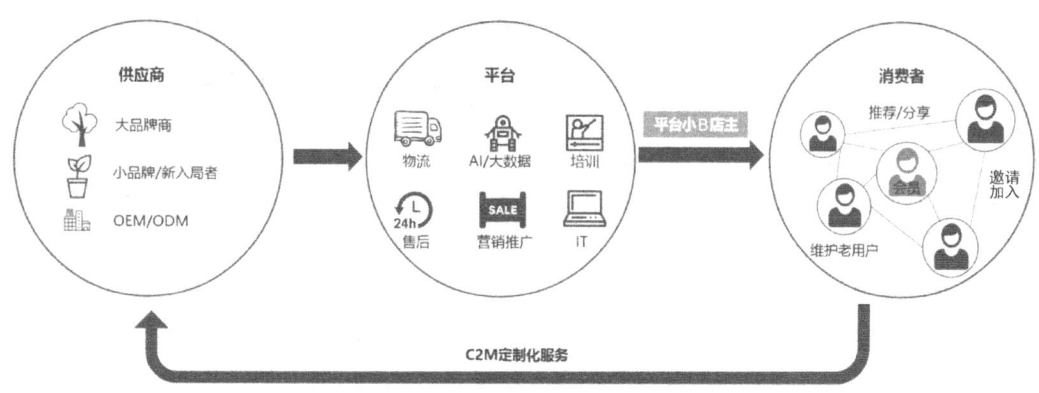

图 4-73　分销型社交电商的商业模式

分销型社交电商上一阶段的形态是微商模式，在微商经历了大起大落后，大量微商从业人员涌入社交电商行业。微商从业人员成为分销型社交电商商业模式中小 B 店主。相比于微商，分销型社交电商在产品数量上更加丰富，产品价格全国统一，产品品牌倾向大品牌，配送、仓储、宣传、售后等由供应链平台负责，小 B 店主无须囤货，大大降低了小 B 店主的创业难度。

分销型社交电商包括云集、贝店、环球捕手、花生日记、达令家、楚楚推、每日拼拼等。当然，传统平台型货架电商巨头也不愿错过社交电商风口，纷纷入场，如淘宝直播 App 独立运营、京东上线享橙App、国美上线国美美店、小米推出有品推手等。

■案例赏析

贝店的社群运营

贝店创立于2017年8月,是贝贝旗下的社交电商平台,通过社交化分享传播,实现消费者、店主及供应链三方连接。

贝店定位为消费型社交电商,采用自营和品牌直供相结合的模式,经营居家、服饰、美食、美妆、母婴、生鲜等十多个品类二十多万件商品。据第三方数据平台QuestMobile统计的数据,截至2019年3月,贝店月活跃人数达1329万人,月增速保持在30%左右。

(1) 贝店社群运营之人。

贝店社群运营中的人,包括渠道商(B端)和消费者(C端)。

贝店的渠道商叫店主,主要承担平台获客与用户运营的职责。

贝店店主主要是全职妈妈,她们本身承担着家庭日用消费品的采购任务(自购省钱),时间相对自由,又满足了她们兼职或创业的梦想(分享、赚钱)。所以,贝店在宣传推广上,它的目标是做"社交版天猫",贝店的使命与愿景是"让买家花更少的钱买到更好的商品,让店主可持续地赚到更多的钱"。贝店社群运营的开店广告如图4-74所示。

图4-74 贝店社群运营的开店广告

贝店店主获取用户的途径,主要是通过微信朋友圈,然后在微信群沉淀下来。店主每天定期发布推荐商品,进行用户激活和留存。意向用户通过识别商品图片下方的二维码,进入贝店App实现变现。

(2) 贝店社群运营之货。

贝店定位于全品类的社交电商平台。创始人兼CEO张良伦指出:"虽然是全品类,但其实还是以家庭消费场景为核心的普适性品类。你家里要买锅、榨汁机,这个我可以卖,但你让我卖手机、电视机,那可能不在我的经营范围。"

贝店产品,也并不能囊括用户百分之百的需求,但能满足用户主要的需求,是一种用户边界的扩展。比如水果,如果用户买水果不着急今天吃,那可以在贝店买,如果说买水果马上就要吃,用户还是用每日优鲜、盒马,或者去线下的百果园店里直接买。

因为社交电商可以省掉中间的流通和营销成本,直接让商品触达消费者,并可以拿到消费者数据反向建设自己的供应链。所以,贝店大部分商品的价格要低于传统电商平台的商品价格。

（3）贝店社群运营之场。

贝店促销场景，主要是店主自己沉淀下来的私域流量池：微信群。

编者高中和初中同学创建的购物群，群成员奇迹般皆为 183 人，一个叫"星贝店优惠商品分享群"，一个叫"小贝店秒杀抢购群"，每天都会产生几百条信息：发放优惠券、推荐商品、协助下单、晒单、成员互动等。贝店社群运营的场景如图 4-75 所示。

图 4-75 贝店社群运营的场景

贝店的销售，通过贝店 App 完成。消费者有三种购物方式：

① 对单品感兴趣，可以通过长按含二维码的图片，选择"识别图中二维码"选项，点击"立即购买"按钮，即可下单。

② 下载贝店 App，进入 App 挑选购买。

③ 委托店主帮忙下单（确实很多人通过这种方式，完成人生的第一次网络购物）。

4. 社区团购型社交电商的社群运营

社区团购型社交电商是社交电商的一个细分领域，是以生鲜等高频消费品类切入，在社交的基础上，依靠社区和团长资源实现商品流通的新零售模式，其本质是线下交易通过微信或小程序转到线上快速获取流量的过程。

社区团购是围绕团长进行的"人、货、场"的重构。社区团购平台雇用团长，部分为全职员工，并为团长提供商品、物流、系统、运营、品牌、售后等全方位支持。团长基于社区邻里关系，维护社区居民用户，负责建群运营、推荐产品、售后服务。社区团购的流程如图 4-76 所示。

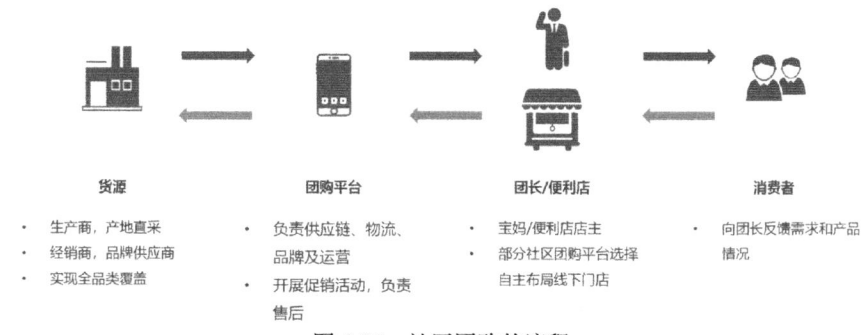

图 4-76 社区团购的流程

团购缘于 2010—2014 年的千团大战，当时代表企业有拉手、美团、窝窝团、许鲜等。社区团购在 2016 年起源于长沙，在二、三线城市以生鲜产品为切入点，围绕家庭消费场景，通过微信和 QQ 群展示产品。社区团购无须实体门店，团长负责末端仓储和配送，通过线上团购与线下社群融合的模式逐渐形成商业体系。因为模式简单、可复制性强、容易快速形成规模,在资本助推下快速进入爆发期。

社区生鲜近年来备受关注,因其具有立足社区、贴近顾客、高频消费、市场容量大的特点。这一领域内,既有叮咚买菜、每日优鲜的前置仓、到家模式,又有诸如生鲜传奇的到店模式,还有类似于你我您、邻邻壹的社区团购模式。

■ 案例赏析

你我您社区团购模式的社群运营

你我您社区是湖南谋定生态农业科技有限公司旗下品牌,一直专注于社区团购领域。2011年,在QQ群卖水果;2016年9月,用社区微信群团购;2017年3月,你我您年净利润达到1000万元;2018年上线小程序工具,小程序上线带动平台月销售额同比增长40%。截至2019年3月,你我您社区已覆盖的七个省份的二十多个城市、3万个小区,日均订单30多万份,累计服务逾1000万用户。其中一线城市只有广州和深圳,其他则是二、三线城市。

(1)社区团购电商社群运营之人。

你我您社区团购平台,承担平台获客、用户运营、货品分发职责的人,叫作小区团长。小区团长要求是小区业主,所在小区住户人数800人以上,全职妈妈或在家待业者。

你我您以小区为单位招募小区业主或小区店主成为团长,创建公司控群的小区业主微信群。团长在群内发布和推广团购商品,用户通过小程序下单。公司次日根据订单量配送至小区团长处,用户到提货点取货,团长根据销售额获得佣金。如出现售后问题,团长根据售后标准进行秒赔,再由平台集中处理。你我您社区团购的招聘广告如图4-77所示。

(2)社区团购电商社群运营之货。

运营前期你我您的所有品类中,生鲜和水果占比40%。前期的供应链模式是:几十人规模的采购团队常年驻扎在全国各地的农业生产基地进行源头直采;公司自建仓储、自建物流,在微信群预售,一至两天可以把所有的商品都卖空;在供应链上可以做到全行业最好的品质和最低的价格,然后以小区为单位,将商品配送到团长家,用户到团长处提货。

随着2018年小程序上线,用户购买更加方便,黏度更高。生鲜占比由80%下降到40%,并引进了毛利更高的家用百货、粮油调味、肉禽蛋饮、美妆日化等品类,甚至提供清洗空调洗衣机、干洗窗帘、清洁家居等生活服务。你我您社区团购的货物分类如图4-78所示。

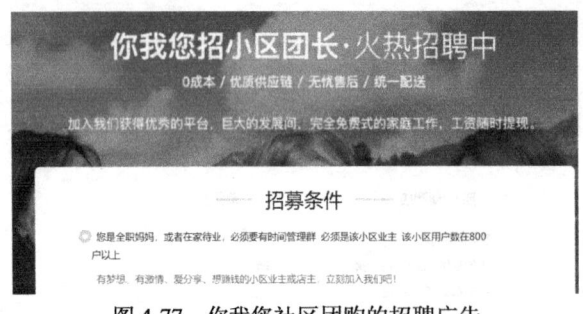

图4-77 你我您社区团购的招聘广告

图4-78 你我您社区团购的货物分类

(3)社区团购电商社群运营之场。

你我您销售场景非常简单,通过"微信群—微信小程序—微信"三步,完全在微信圈内完成。以编者所在的小区为例,团长主要业务在本栋43层楼内开展,团购群已有484名业主。团购业务流程非常简单:

第一步,团长在微信群发布明天团购信息,业主们浏览信息;

项目 4　整合营销资源

第二步，业主点击商品图片直接进入你我您小程序下单，或者浏览小程序其他产品，统一自助下单。

第三步，团长第二天中午，收到公司货品，发出取货通知。业主微信收到取货通知，在方便时，到本栋楼团长家自助提货。你我您社区团购的运营场景如图 4-79 所示。

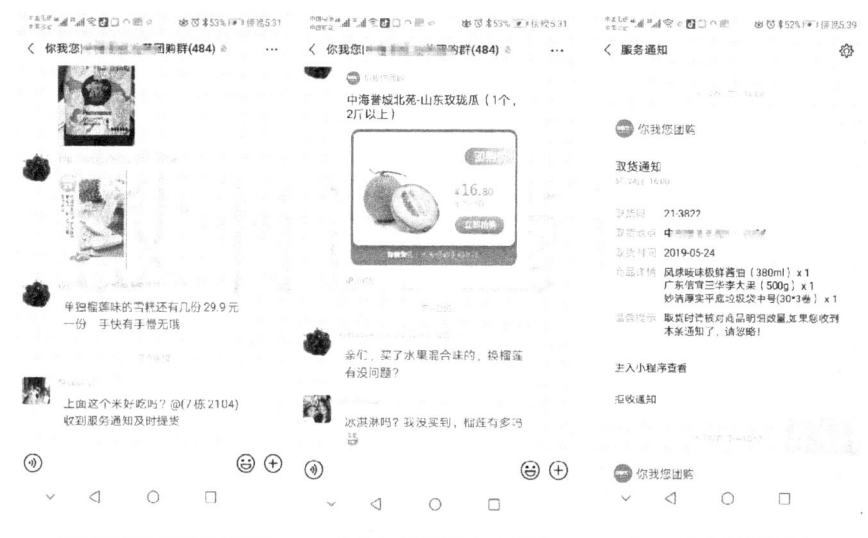

1. 团长建立微信群发布团购信息　　2. 业主点击链接进入小程序自助下单　　3. 业主微信收到到货信息

图 4-79　你我您社区团购的运营场景

尽管中国电商市场的主导地位依旧被天猫、京东、淘宝网等综合电商平台占据，但在资本助推下，基于社群运营的社交电商将会成为电商未来发展的一个方向。

任务实训

【实训 1】　打开你的 QQ 和微信，看看你参与了多少个 QQ 群，参与了多少个微信群，它们分别属于哪些类别，你在其中的成员角色是怎样的？用你认为运营最成功的一个社群，从打造优质社群五步法的角度对其进行分析。

【实训 2】　扫描二维码并阅读《从 AARRR 模型学社群运营》一文，做出社群运营的思维导图。

【实训 3】　参考阅读材料 4.14，用 AARRR 模型，为卫龙辣条或某类产品做社群运营计划。

阅读材料 4.14
从 AARRR 模型学社群运营

项目 5

执行营销计划

项目导入

本项目主要任务是学会如何撰写年度营销策划案,以及如何撰写商业/创业计划书。

项目分析

总结是面对过去的一种活动,而计划和策划是面向未来的一种活动。很多时候,计划、规划和策划是同义词,但彼此仍有细微的区别。

如何梳理创业项目?如何寻找新的创业项目?我们可以提炼五个动词:发现—找到—证明—制定—规划。对应五个步骤为发现需求或痛点、找到解决办法、证明市场规模、制定营销策略、规划项目未来。

商业计划书是创业者在融资过程中必备的商业文档,也是理清项目思路、指引团队前行的方向标。营销管理人员,都要学会为企业或自己的创业项目,撰写商业(创业)计划书。

任务 5.1　撰写年度策划案

任务导入

"谋定而后动，知止而有得"，营销人员通常在计划执行期之前，需要制订好营销计划，充分做好营销调研，做好各部门之间的协调工作。因此，营销计划是营销流程中最重要的环节之一。

任务导图

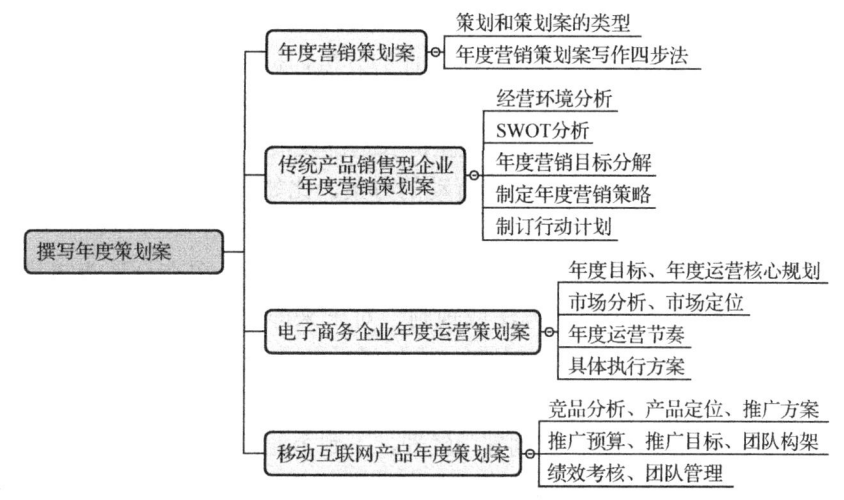

撰写年度策划案
- 年度营销策划案
  - 策划和策划案的类型
  - 年度营销策划案写作四步法
- 传统产品销售型企业年度营销策划案
  - 经营环境分析
  - SWOT 分析
  - 年度营销目标分解
  - 制定年度营销策略
  - 制订行动计划
- 电子商务企业年度运营策划案
  - 年度目标、年度运营核心规划
  - 市场分析、市场定位
  - 年度运营节奏
  - 具体执行方案
- 移动互联网产品年度策划案
  - 竞品分析、产品定位、推广方案
  - 推广预算、推广目标、团队构架
  - 绩效考核、团队管理

学习目标

知识目标	了解年度营销策划案的分类
	辨别规划、计划、策划之间的区别
	掌握年度营销策划案写作四步法
	了解移动互联网产品年度策划案的内容
能力目标	能够制定电商企业年度运营策划案
	能够制定传统产品销售型企业年度营销策划案

任务实施

5.1.1　年度营销策划案

1. 策划和策划案的类型

元旦之后，春节之前，一般公司都会做一件事情：年度总结及来年计划。也有的公司会在 10 月份开始着手第二年的年度营销策划。

那么，什么是总结？什么是策划？什么是计划？总结是面对过去的一种活动，而计划和策划是面向未来的一种活动。

策划、计划、总结的区别如图 5-1 所示。

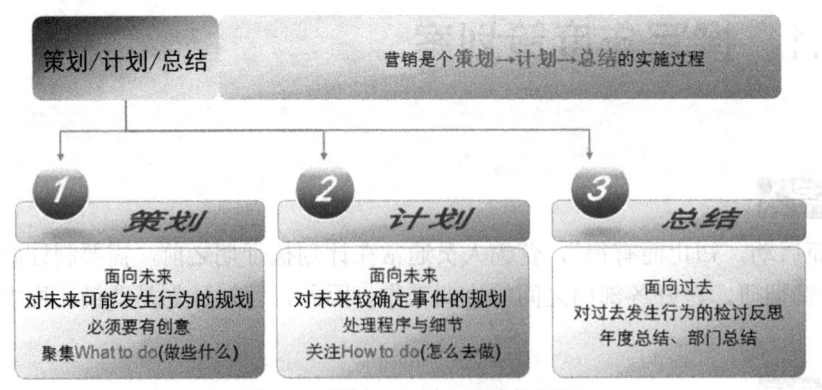

图 5-1 策划、计划、总结的区别

很多时候，计划、规划和策划是同义词，但彼此仍有细微的区别。

计划，是指根据对组织外部环境与内部条件的分析，提出在未来一定时期内要达到的组织目标及实现目标的方案途径。比如，企业五年计划、三年计划、经营计划、营销计划等。

规划，意思就是个人或组织制订的比较全面长远的发展计划，是对未来整体性、长期性、基本性问题的思考和考量，设计未来整套行动的方案。比如，国家"十三五"规划、城市规划等。

策划，是指个人、企业、组织结构为了达到一定的目的，在充分调查市场环境及相关联的环境的基础之上，遵循一定的方法或规则，对未来即将发生的事情进行系统、周密、科学的预测，并制定科学的可行性的方案。比如活动策划案、新产品上市策划案、广告策划案等。

在一家公司，上到企业总监，中到部门经理，下到企业主管或专员，都需要撰写策划/计划案。不同职级的人，撰写的策划/计划案的内容是不一样的。

企业总监级管理人员，撰写的是战略级策划案，比如商业计划书、创业计划书、企业五年规划书、年度经营计划书等；企业经理级管理人员，撰写的是部门策略级策划案，比如年度营销计划书等；企业主管或专员级人员，针对某个具体项目，撰写的是战术级策划案，比如某一个节日大促策划案等。

为什么年度经营计划是战略，年度营销计划是策略？

经营计划包括营销计划。除营销计划以外，还包括科研和新产品开发计划、企业改造和固定资产投资计划、生产能力利用计划、人才开发和职工培训计划、企业主要技术经济指标的发展计划（包括利润目标、产品质量指标、产品成本指标、劳动生产率增长指标、流动资金周转速度指标、能源消耗和材料利用指标等）、职工生活福利设施计划等。营销策划案的分类如图 5-2 所示。

2. 年度营销策划案写作四步法

营销策划案是总结营销者对市场的认识并表明公司计划如何实现营销目标的书面文件。它包含对计划期内的营销方案和资金配置的战术性指导。大多数营销策划案覆盖一年，是在年底总结过去的基础上，根据企业经营计划来制定的。

项目 5　执行营销计划

1　战略级策划案

比如商业计划书、创业计划书、企业五年规划书、年度经营计划书等，一般由营销总监级人员来撰写。

2　策略级策划案

比如年度营销计划书、渠道拓展策划案、产品年度规划案、广告投放年度计划书、网络推广年度计划书、新媒体运营年度计划书等，由企业经理级管理人员如部门经理或总监，依据公司整体年度经营计划来撰写。

3　战术级策划案

比如某一个节日大促策划案、某一款新产品上市策划案、某一场公关路演策划案、某一个订货会展览会策划案、微信公众号运营策划案、微博粉丝通淘宝直通车投放策划案，由具体责任人如企业主管或专员级人员来撰写。

营销策划案的分类（按层级分类）

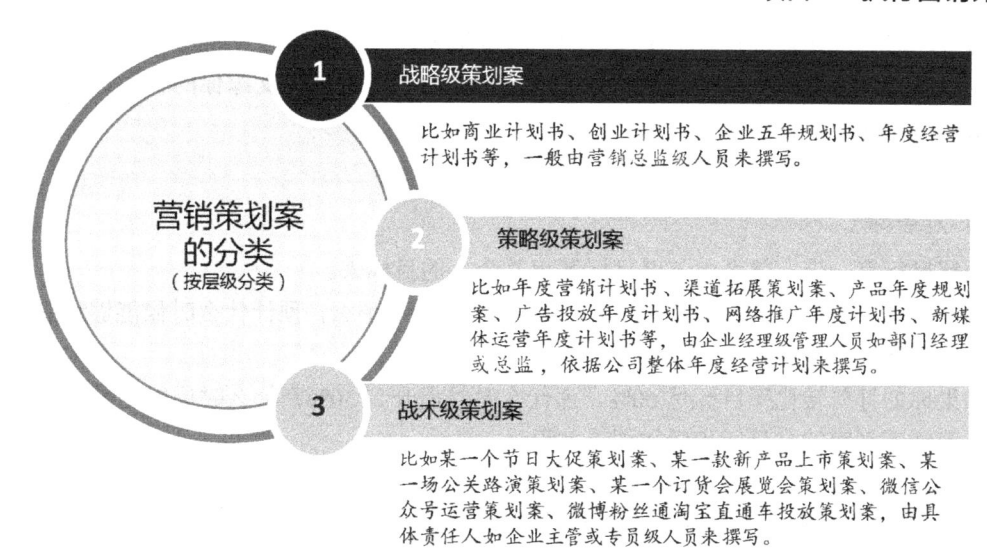

图 5-2　营销策划案的分类

如何撰写年度营销策划案？不同类型的公司，有不同的写法。比如传统的产品型公司，最好还是按照营销 4P 的方式来制定；电子商务企业，一般按照流量×转化率×客单价的方式来思考；而互联网企业的服务类产品，从用户增长逻辑来描述，这样大家容易形成共识。但是，无论从哪种角度切入，策划案的表达方式都需要做到以下几点。

- 讲大白话：不要那么"高大上"，说的都是别人看不懂的，老板看不懂也是白搭。
- 多使用图表或表格：图表或表格最大的好处就是直观，容易理解。并且精细化的图表或表格能够提升你在老板心中的印象。
- 清晰的效果预估：不要说了一大堆，最后连一个预期目标都没有，也就是说要表明使用这样一个方案能实现什么。
- 时间，时间，时间！为什么说三遍，任何方案都要有时间限制，要让老板心中有数。

我们在撰写年度营销策划案时，一般按如图 5-3 所示的四个步骤来思考。

亮目标（把明年想达到的效果换成确切的数据目标）→ 立目标（指出一年中的几个里程碑式节点）→ 解任务（任务清单，细化到每个月、每一周、每个人）→ 提需求（整理你所需要的资源）

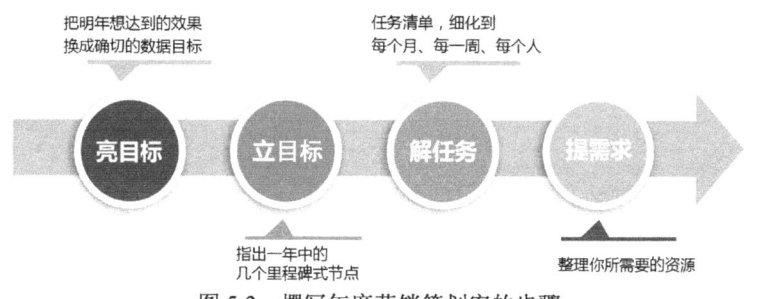

图 5-3　撰写年度营销策划案的步骤

1）亮目标

简而言之，亮目标就是把明年想达到的效果换成确切的数据目标亮出来。

例如，今年我想要加强内容运营，想要系统化进行品牌建设，想要增加几场活动（错误示范）。今年我们要达到××粉丝量，要完成××转化量，……（正确示范）。

为什么要亮出确切的数据目标呢？原因就是"结果先行"，这是职场上最好用的沟通方法。你首先得告诉老板，你负责的这块东西，明年预计达到什么样的目标。只有计划的目标数据让他感兴趣了，他才会认认真真地竖着耳朵听你后面的细节。

当然，这个目标有时候并不仅仅是一个粉丝量多少，或者一句"冲到 10 万+"就能覆盖你的业务规划。这时候需要梳理出业务流程中的几个关键数据来支撑你的目标，这样看起来才不像是信口开河。

展现了终极目标以后，就要开始分解目标了！

2）立目标

分解目标第一步，就是由年度目标解出几个小的目标来。

如果你运营的公众号目标是年底累计粉丝数 10 万，那么，预计什么时候能够达到 5 万？再往前推，什么时候达到 3 万？

如果你的订单转化率目标是 60%，那什么时候提升到 30%？什么时候能提升到 50%？撰写年度营销策划案的立目标步骤如图 5-4 所示。

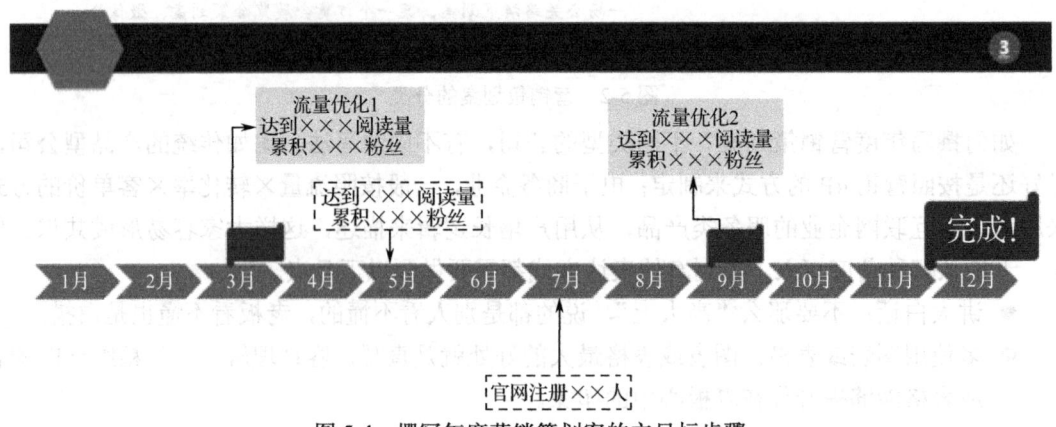

图 5-4　撰写年度营销策划案的立目标步骤

3）解任务

任务清单要细化到每个月、每一周、每个人。

如果策划案没有落实到事件、落实到时间、落实到负责人的具体任务，那么规划永远只是规划，不知道何年何月开始，也无人主动去推动，最后在岁月的流逝中，成为下一年总结中的遗憾。任务清单示例如图 5-5 所示。

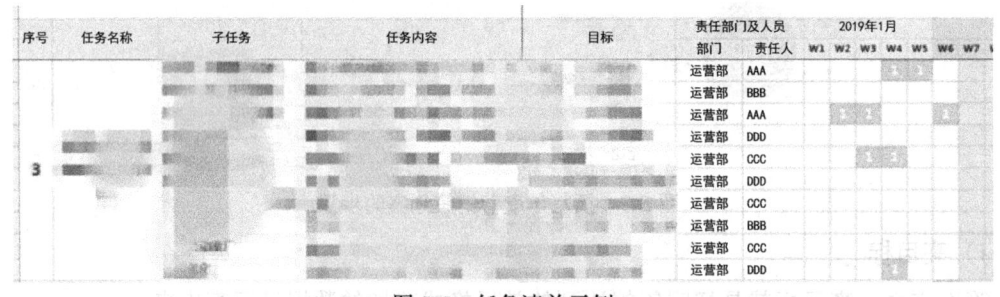

图 5-5　任务清单示例

如图 5-5 所示的任务清单是企业策划人员常用的一个表格，在做活动策划或项目管理的时候也可以制作这样的表格用于管理。

4）提需求

整理你所需要的资源，包括为了实现目标需要多少人、多少钱，何时需要。

一般来说，要完成某个销售目标，需要配备相应的推广预算费用，根据行业毛利润、产品生命周期、渠道等因素，公司会配备 8%~20% 的推广费用。

5.1.2 传统产品销售型企业年度营销策划案

传统产品销售型企业年度营销策划案，主要是按"SWOT+营销 4P+人财物配合"的框架结构来撰写的。一般分为五个部分，即经营环境分析、SWOT 分析、年度营销目标分解、制定年度营销策略、制定行动计划，如图 5-6 所示。下面以食品类企业为例，分析如何制定年度营销策划案。

图 5-6 传统产品销售型企业年度营销策划案的制定步骤

1．经营环境分析

经营环境分析包括以下几项：
- 所在行业发展态势分析；
- 关联行业发展态势分析；
- 本企业产品市场发展态势分析。

2．SWOT 分析

经过企业经营环境分析后，结合整体营销环境、营销状况对产品进行优势、劣势、机会、挑战分析，得出分析结论。

如何合理充分利用现有公司产品优势及其他渠道资源优势，正确对待成本、资金等方面的劣势，有效、快速地推广公司的产品，在竞争激烈的市场中站稳脚跟，是年度营销策划案的重要内容。

3．年度营销目标分解

1）年度营业目标

年度营业目标要求具体，并且要进行细分。比如，某公司 2019 年度总销售目标为 1500 万元，具体分解如下：

第一季度实现销售收入 200 万元；
第二季度实现销售收入 350 万元；

第三季度实现销售收入 400 万元；

第四季度实现销售收入 550 万元。

2）营销网络及拓展目标

（1）整体思路。大力建设销售网络，开发省内外一、二级市场，实现计划销量目标，力争超额完成任务。例如，某公司 2019 年度目标市场拓展计划安排：销售部将充分利用 4 月份的××大型食品招商机会，拓展更多市场。

（2）建设思路与目标。建设思路与目标如下：
- 逐步健全经销商助销系统，使市场更具可控性和有效性。
- 逐步完善营销人员薪资、绩效体系，加强人员培训，提高控制市场终端的水平。
- 加强与公司生产、物流、财务、行政等部门的协作。

（3）拟建销售组织结构。某食品公司拟建的销售组织结构如图 5-7 所示。

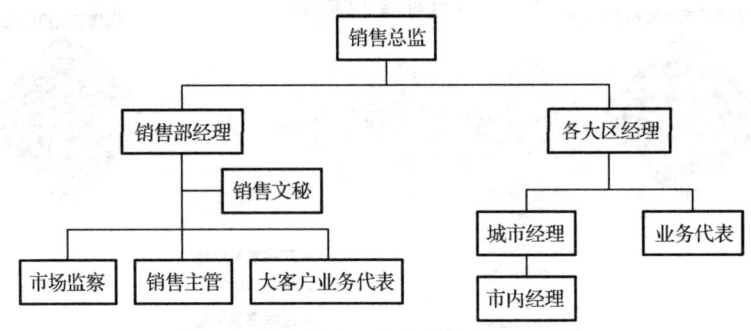

图 5-7 某食品公司拟建的销售组织结构

（4）塑造品牌形象。例如，某食品企业通过统一的形象宣传，塑造"健康、有机"的专业形象，逐步深入消费者心中，最终达成"绿色食品代表"的愿景。具体工作事项包括以下几个方面：
- 专业 CI 设计；
- 宣传用品配置；
- 微店、小程序建设。

4. 制定年度营销策略

某食品公司制定的年度营销策略如图 5-8 所示。

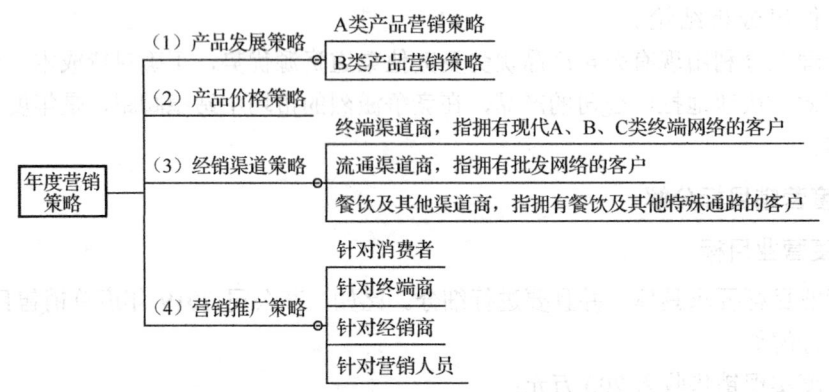

图 5-8 某食品公司制定的年度营销策略

（1）产品发展策略。将各系列产品的营销策略进行差异化，在市场上互为补充。

（2）产品价格策略。在全国统一经销价（含税价）的基础上，视具体情况给予不同的返利及市场支持，额度分别为 3%～6%、7%～10%；建议全国统一零售价，但不做硬性要求。市场监察人员要及时了解市场，避免恶意压价、降价等牟取利益的行为。

（3）经销渠道策略。结合公司实际情况，应选用可控性经销模式，以减少公司资金压力并增加市场可操控性，具体又可分为终端渠道商、流通渠道商、餐饮及其他渠道商。

（4）营销推广策略。根据企业产品特点，针对市场状况，在营销推广上灵活地做出市场反应，并落实针对消费者、终端商、经销商、营销人员四个层面展开营销推广工作。

5．制订行动计划

某食品公司制订的年度营销行动计划如图 5-9 所示。

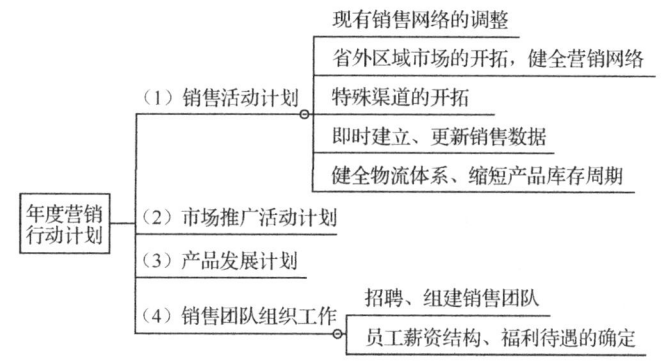

图 5-9　某食品公司制订的年度营销行动计划

5.1.3　电子商务企业年度运营策划案

电子商务企业年度运营策划案，以"流量、转化率、客单价"为核心，以时间为节点，将销售目标拆分到每个月，围绕类目销售高峰期和行业大促来展开。一般分为六个部分：年度目标、年度运营核心规划、市场分析、市场定位、年度运营节奏、具体执行方案。电商企业年度运营策划案的构成要素如图 5-10 所示。下面以大码男装为例，分析如何制定年度策划案。

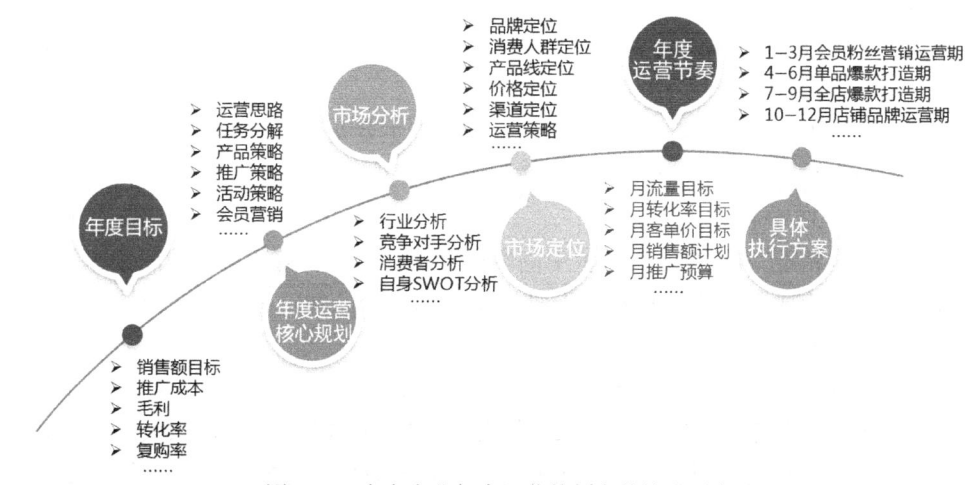

图 5-10　电商企业年度运营策划案的构成要素

1. 年度目标

年度目标包括销售额目标、推广成本、毛利、转化率、复购率等。

例如，天猫店年度销售额目标1000万元，年度推广成本控制在20%以内，毛利50%以上，转化率2%～4%左右，复购率30%左右。店铺运营体系流程清晰，团队磨合稳定，成功打造营销型运营团队，KPI考核合理。

2. 年度运营核心规划

（1）运营思路：天猫+整合流量渠道+会员营销+品牌营销+爆款打造+明星代言策划。

（2）任务分解：全年各阶段的运营规划和计划、目标与成本控制预算；运营团队磨合与稳定，任务落实到人；岗位工作流程标准化、标准作业程度规范化；确定KPI考核机制及核心指标；健全客服体系；营销推广资源共享方案。

（3）产品策略：产品定位、风格定位、拍摄图片、天猫上新、详情页制作、店铺管理、装修与视觉营销、策划文案。

（4）推广策略：店铺推广引流，主抓直通车、钻展、淘宝客、店内关联搭配与套餐优化。

（5）活动策略：活动策划、大促策划，比如明星代言活动、"双11""双12"大促活动等。

（6）会员营销：会员多层级与积分制方案、会员关怀、用户体验提升、老客户优惠活动。

（7）社会化媒体营销：社交媒体的运营，微信、微博的日常运营与推广。

（8）日常维护：日常维护管理、网店优化，通过数据监控、分析来调整运营方向。

（9）沟通协调：团队统筹协作，与各部门沟通协调；供应链的管理、梳理（产品、市场、仓储、物流等）。

3. 市场分析

（1）行业分析。例如，大码男装整体市场销售额逐年上升，全网年度销售额超过千万元的店铺一共有10家。行业整体流量及成交趋势：6—8月份进入大码男装类目淡季，9—11月是男装类目旺季。大码男装类目市场份额占比分布为T恤占比××，夹克占比××等。

（2）竞争对手分析。例如，法国某品牌月销售笔数为20 360笔，预估月销售额为610万元左右，SKU为404，品牌定位是法国大码潮牌，消费人群为25～40岁喜欢时尚、潮流的人群，价格定位……主要推广方式为直通车+钻展+淘宝客+站外。

（3）消费者分析。

地域细分：如大码男装消费人群主要来自……，原因在于北方男性相较南方男性体型更大。

人群定位：如主要消费人群为18～35岁，喜好度主要是运动一族，买家等级为新手、初级、中级，消费层次中等占比为51.8%，高等占比为31.4%，中等偏高人群合计占比为83.2%。

（4）自身SWOT分析。

优势：如定位精准，锁定28～40岁中高端微胖男性，喜欢随意自在的商务休闲风格；主打米兰设计风格，有独特的设计优势；天猫扶持原创设计品牌，有一定资源扶持；可以入驻腔调频道，获取流量扶持。

劣势：如产品线过于单薄，价格制定过高，受众群体偏少，推广不给力，流量偏低等。

机会：如大码男装市场份额不断增长，目前月销售10 000笔以上的大码男装品牌都不是商务休闲风格，商务休闲大码男装不存在强有力的竞争对手，有成为类目知名品牌的机会。

威胁：如新品牌前期拓展市场难度较高，后期供应链容易出现问题等。

4．市场定位

整体分析：目前大码男装整体市场容量较大，呈现上升趋势，商务休闲大码男装存在巨大机会；大码男装主要来自线上销售，基本都是纯电商品牌，价格以中端为主；客户消费层次较高，对产品品质和客户体验具有较高要求；竞争对手推广渠道主要是直通车、钻展、淘宝客等。

（1）品牌定位。意大利原创设计品牌，工匠精神情怀，崇尚自信、优雅、自在、从容的品牌风格，追求极致的完美细节。

（2）消费人群定位。主要客户群为28～40岁白领精英阶层。

（3）产品线定位。根据男装类目年度产品生命周期的变化，合理布局每季度的产品品类及各品类SKU数量。

（4）价格定位。价格需要有所下调，价格定位需要定位在主流价格区间，以扩大受众人群。

（5）渠道定位。以天猫店为主，淘宝店为辅，另外可以申请入驻腔调频道。

（6）运营策略。前期选择某个品类的某款产品，主做单品爆款，通过拳头产品打开知名度和销量；中期每个品类打造1～2个爆款，形成爆款群，通过各品类爆款做关联销售、店内促销活动与推广，带动其他产品热销，形成全店"大爆款+小爆款"的格局。

（7）全年运营节奏定位。严格按照男装类目产品生命周期制订合理的上新计划，控制商品库存，提升售罄率。后期注重店铺品牌营销和会员营销，逐步减少推广费用比例，提升利润率。

（8）推广方式策略。SEO、直通车、钻展、硬广、聚划算、官方其他活动、主题活动、类目活动、日常活动、会员营销、明星代言、社交媒体运营。

（9）视觉策略：店铺整体页面保持高端商务休闲的品牌风格，突出工匠精神情怀，活动页面、推广页面保持整体风格一致。

5．年度运营节奏

年度运营节奏包括店铺全年营销目标分解及活动节奏，如表5-1所示。

表5-1　某品牌店铺全年营销目标分解及活动节奏

2019年度营销目标分解（全年1000万元）													
日常推广600万元													
	月份	4月	5月	6月	7月	8月	9月	10月	11月	12月	1月	2月	3月	合计
运营目标	流量（PV）	1.7万	5万	7.5万	7.5万	7.5万	8.3万	10万	9万	9万	8万	8.3万	10万	
	转化率（%）	2	2	2	2	2	2	2	2	2	2	2	2	
	客单价（元）	300	200	200	200	300	300	300	500	500	500	300	300	
	销售额（万元）	10	20	30	30	30	50	60	90	90	80	50	60	600
	推广预算（万元）	4	7	9	9	9	12.5	15	18	18	15	7.5	9	133
日常活动400万元		夏上新	"五一"节春清仓	年中大促	秋上新	夏清仓	"99大促"	国庆冬上新	"双11"秋清仓	"双12"	年货节春上新	冬清仓	春装热销	

续表

时间	男装全年上下架节奏	投放款数
1月	冬款清仓、春节前春款第一批上架	待定
2月	春节后春款大批量上架，冬款缩减到20%以下	待定
3月	春款开始全面上架，3月下旬开始早春清仓，第一批夏款上架	待定
4月	夏款陆续上架，春款尽快下架	待定
5月	夏款继续补充	待定
6月	下旬开始夏款大规模清仓	待定
7月	清夏款，月底第一批秋款上架	待定
8月	夏款清完，秋款陆续上架	待定
9月	秋款全面上架，下旬开始清初秋款，国庆前上部分冬款	待定
10月	冬款陆续上架，秋款尽快下架	待定
11月	配合"双11"，冬款爆发	待定
12月	中旬开始陆续清冬款，持续到春节	待定

6. 具体执行方案

（1）第一阶段（1—3月）会员粉丝营销运营期。
- 产品规划。
- 视觉优化。
- 推广引流。
- 活动策划。
- 会员营销。

（2）第二阶段（4—6月）单品爆款打造期。
- 产品规划。
- 视觉优化。
- 推广引流。

爆款打造步骤如下：
- 活动策划，包括参加一次聚划算活动。
- 手机店铺活动。
- 会员营销活动。
- 渠道营销活动。入驻腔调频道，获取类目流量资源扶持。

（3）第三阶段（7—9月）全店爆款打造期。
- 产品规划。
- 视觉优化。
- 推广引流。
- 活动策划。7月份秋装上新、8月份夏装清仓、9月份"99大促"活动。
- 会员营销。建立QQ会员群，引导客户进入QQ群，建立会员管理渠道。

（4）第四阶段（10—12月）店铺品牌运营期。
- 产品规划。做好"双11""双12"备货安排，冬款上新，秋款清仓。
- 视觉优化。准备"双11""双12"的活动页面。

- 推广引流。通过直通车、钻展继续主推爆款，同时进行全店钻展推广，打造店铺品牌曝光度；"双11""双12"预热推广全面启动，制定"双11""双12"推广引流策划案。
- 活动策划。
- 会员营销。引导会员关注微信、微博，大促活动前给会员发优惠短信和优惠券。

5.1.4 移动互联网产品年度策划案

移动互联网产品年度策划案，可以从下述八个方面进行规划：竞品分析、产品定位、推广方案、推广预算、推广目标、团队构架、绩效考核和团队管理。下面以某款比价App产品为例，说明如何制定移动互联网年度策划案。

1. 竞品分析

选择竞品，做好产品定位。竞品分析选择两个产品最好，最多三个。比较全面的竞品分析要从用户、市场趋势、功能设计、运营推广策略等方面展开，重点关注市场数据及运营推广策略。通过竞品分析，可以大致得出一个比较有市场商业价值的结论。

2. 产品定位

清晰的产品定位、目标用户群定位是运营推广的基石。目标用户群分析得越透彻、越清晰，对于后期产品推广的助推作用越大。

（1）产品定位的方法。用一句话清晰描述你的产品，用什么样的产品满足用户或市场需求。例如：陌陌是一款基于地理位置的移动社交工具；QQ空间是一个异步信息分享和交流的平台，是QQ即时通信工具的补充。

（2）产品核心目标。产品目标往往表现为解决目标用户市场一个什么问题。这个问题分析得越透彻，产品核心目标就越准确。比如360安全卫士解决用户使用电脑的安全问题，微信为用户提供便捷的即时通信服务。

（3）目标用户定位。一般按照年龄段、收入、学历、地区几个维度来定位目标用户群体。

（4）目标用户特征。常用目标用户特征包括年龄、性别、出生日期、收入、职业、居住地、兴趣爱好、性格特征等。

（5）用户角色卡片。根据目标用户群体，围绕目标用户特征建立用户角色卡片。如建立如下用户角色卡片：

张三，30岁，互联网运营总监，年薪20万元，已婚，居住北京，喜欢电影、篮球、唱歌、游戏等，性格开朗、阳光，文艺青年，电脑操作熟练，精通英文。与产品相关特征有喜欢网购，喜欢上淘宝网、京东等购物网站，网购年消费额在2万元左右，经常使用信用卡支付，在家用iPad购物，在外用手机购物。

（6）用户使用场景。用户使用场景是指将目标用户群投放到实际的使用场景中。如张三某天来到了万达商场某体育用品店，看到了科比二代球鞋售价1400元，顿时心动，想入手。他用比价App进行二维码扫描，发现京东售价800元，淘宝网售价810元，App主动提示建议在京东购买。张三迅速浏览了商品的高清图片和产品说明，因为店家可以包邮，所以张三放弃了在线下购买。

3. 推广方案

移动互联网行业，需要用最小的投入把品牌效果最大化。在想到的 100 种推广方案中，不断测试出一种最有效的方案，剔除其中 99 种，集中火力把手里的资源集中在一个可能爆发的点上，不断放大，不断分析，等待爆发，最终吸引更多的注册用户，提高自己的市场份额。某比价 App 互联网推广方案如图 5-11 所示。

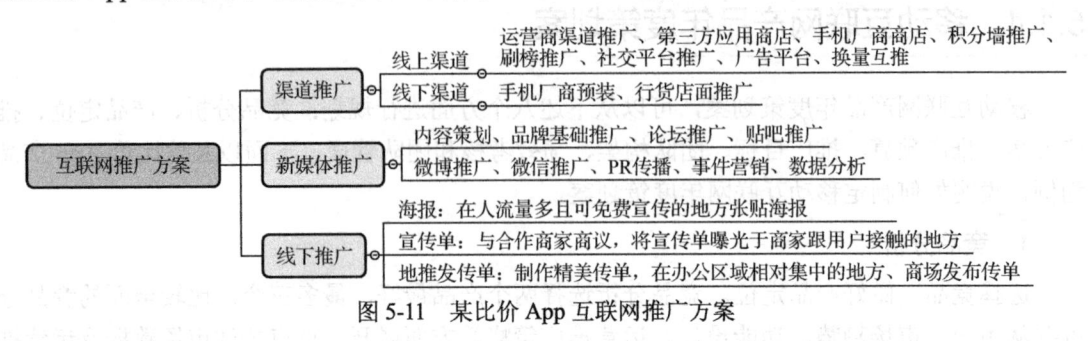

```
互联网推广方案
├─ 渠道推广
│   ├─ 线上渠道：运营商渠道推广、第三方应用商店、手机厂商商店、积分墙推广、
│   │           刷榜推广、社交平台推广、广告平台、换量互推
│   └─ 线下渠道：手机厂商预装、行货店面推广
├─ 新媒体推广
│   ├─ 内容策划、品牌基础推广、论坛推广、贴吧推广
│   └─ 微博推广、微信推广、PR传播、事件营销、数据分析
└─ 线下推广
    ├─ 海报：在人流量多且可免费宣传的地方张贴海报
    ├─ 宣传单：与合作商家商议，将宣传单曝光于商家跟用户接触的地方
    └─ 地推发传单：制作精美传单，在办公区域相对集中的地方、商场发布传单
```

图 5-11 某比价 App 互联网推广方案

4. 推广预算

根据以上推广方案对各渠道做预算配比，与老板敲定第一期推广预算。

5. 推广目标

一款 App 产品，应该主要关注用户留存率和用户活跃率这两个指标。

（1）产品运营阶段重点关注的指标。

① 种子期。主要任务是收集用户行为数据，与产品设计时的用户模型做对比，有目的性地调优。主要关注数据有页面路径转化、按钮点击数、启动次数、启动时间段、停留时长等。这个阶段数据量不求大，但求真实。用户来源可以先做免费渠道，如果能有一些首发资源就更好了。

② 推广期。主要任务是扩大影响，吸收用户。主要关注数据有新增用户数、活跃用户数、留存用户数及渠道数据。这个时期如果能够配合各种资源多管齐下，用户数量能有爆发就是最好的了。

③ 营收期。主要任务是通过各种活动运营、增值服务创造营收。主要关注的数据有付费用户数、付费金额、付费路径转化、ARPU 值等。

（2）不同产品类型重点关注的指标。如工具类，启动次数很重要；社区类，活跃用户和 UGC 很重要；游戏类，在线人数和 ARPU 值是关键；移动电商类，主要关注成交转化率，包括订单转化率和金额转化率。

根据 App 产品类型及所处运营阶段，制定 App 数据指标考核表。

App 获得一定用户以后，刚开始用户会比较多，随着时间的推移会不断有用户流失，留存率随着时间推移逐步下降，一般在 3~5 个月后达到稳定期。其中，阅读资讯、社交沟通、系统工具是留存率最高的三类应用，在 4 个月以后的留存率稳定在 10% 左右。留存率提高了，才会有更多的用户留下来，真正使用 App 的用户才会越来越多。

用户活跃率是指活跃用户数/总用户数，通过这个比值可以了解你的用户的整体活跃度。但是，随着时间的推移，用户活跃率总是在逐渐下降的。所以，经过一个长生命周期（3 个月或半年）的沉淀，如果用户活跃率还能稳定在 5%~10%，则是一个非常好的用户活跃表现。

6. 团队构架

总体来说，市场运营部门团队架构包括市场运营总监、渠道经理、新媒体推广、文案策划等，再辅助一些业务助理即可。某公司市场运营部门职务及职责如表 5-2 所示。

表 5-2　某公司市场运营部门职务及职责

职　务	职　责
市场运营总监	负责规划市场运营内容，撰写运营策略及计划，构建和监督渠道运营，实施跟踪新媒体推广，分析 App 运营数据，建设和管理团队
渠道经理	制订渠道拓展计划，带领 BD 专员拓展各种市场，分析数据，完成运营总监制定的流量指标
新媒体推广	配合文案玩转各种社交媒体渠道，策划各种营销活动
文案策划	撰写各种有创意的活动文案

7. 绩效考核

某公司市场运营部门的考核指标如表 5-3 所示。

表 5-3　某公司市场运营部门的考核指标

职　务	考核指标
市场运营总监	App 运营数据指标，销售指标
渠道经理	下载量、每日新增用户数、留存率、活跃用户数、平均用户收益（ARPU 使用时间）
新媒体推广	送达率、图文阅读率、原文页阅读率、转发率、收藏率
文案策划	文案撰写能力、创意能力、对接能力

8. 团队管理

互联网运营团队管理应重点关注三个方面：执行力、目标管理、团队凝聚力。

以下分享几个运营团队管理的小技巧：

（1）年度目标、季度目标、月目标、周工作任务表。将这些目标数据表张贴在显眼的地方，让自己心中有数。

（2）周一早会。每周一定期开早会，分配本周各团队成员的工作任务，并记录项目运营过程中的问题。

（3）周三培训。周三组织各个岗位的培训课程，提高团队成员的业务能力。

（4）周工作总结。周五下班前定期总结一周工作进展及目标实现状况。

任务实训

【实训】　某出口欧美的女装品牌，开始拓展国内电商零售市场。现已入驻天猫平台，计划 2020 年天猫销售额为 1000 万元。假设你是该品牌天猫店店长，要求参考阅读材料 5.1《某品牌大码男装天猫店运营策划方案》（可扫描二维码阅读），做出该品牌的年度营销策划案。

阅读材料 5.1
某品牌大码男装天猫店运营策划方案

任务 5.2　撰写商业计划书

📝 任务导入

商业计划书的作用是帮助投资人快速了解你的项目，并且做出投资决策。所以，我们在写商业计划书的时候，就要把关于你项目的这些相关信息都呈现出来，同时又要凸显你的优势所在。

——《共享经济大趋势》倪云华

📝 任务导图

```
                            ┌─ 投融资市场概况
            ┌─ 融资流程与商业计划书 ─┼─ 企业获得融资的流程
            │                      └─ 商业计划书的几种形式
            │
撰写商业计划书 ┼─ 如何制作PPT版商业计划书 ┬─ 撰写商业计划书思路五步法
            │                          ├─ 商业计划书的10页内容
            │                          └─ 商业计划书撰写及演示时的注意事项
            │
            └─ 如何撰写文字版商业计划书
```

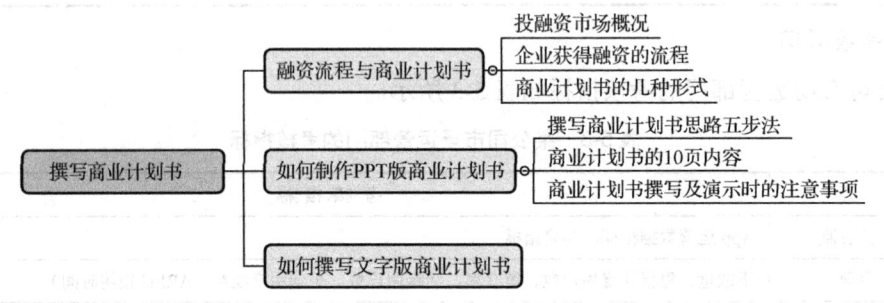

📝 学习目标

知识目标	了解投融资市场的基本情况
	熟悉企业获得融资的流程
	掌握撰写商业计划书思路五步法
	了解 PPT 版和 Word 版商业计划书的不同用途及撰写方法
能力目标	能够按照撰写商业计划书思路五步法，撰写商业计划书
	能够制作不同版本的商业计划书

📝 任务实施

5.2.1　融资流程与商业计划书

商业计划书（Business Plan，BP，又称创业计划书）是创业者在融资过程中必备的商业文档，也是理清项目思路、指引团队前行的方向标。营销管理人员，都要学会为企业或自己的创业项目撰写商业（创业）计划书。下面我们先了解融资市场概况，然后再探讨商业计划书的撰写。

1. 投融资市场概况

一般来说，创业型企业成功上市前，需要经历天使投资、风险投资、私募股权投资等几轮融资。

天使投资（Angle）是指由个人出资协助具有专门技术或独特概念的原创项目、小型初创企业进行一次性的不超过 500 万元的前期投资。

风险投资（Venture Capital，VC）又称风投、创业投资，主要是为初创企业提供资金支持并取得该公司股份的一种融资方式。风险投资的投资对象为处于创业期（Start-Up）的中小型企业，而且多为高新技术企业。

私募股权投资（Private Equity，PE），是指投资非上市股权，或者上市公司非公开交易股权的一种投资方式。PE 是通过私募基金对处于成长与扩张阶段非上市公司进行的权益性投资。创业型企业不同成长时期的融资方式如图 5-12 所示。

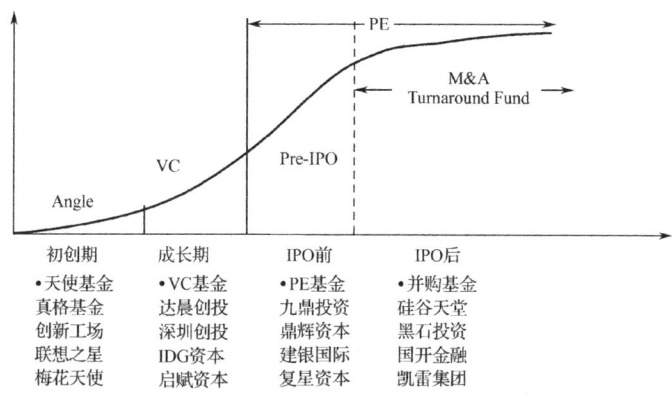

图 5-12　创业型企业不同成长时期的融资方式

我国风投机构有哪些呢？2019 年 1—6 月，最活跃的前 10 名投融资企业为腾讯投资、IDG 资本、红杉资本中国、深创投、经纬中国、真格基金、GGV 纪源资本、顺为资本、阿里巴巴、高瓴资本。

风投机构喜欢投哪些行业或领域呢？2019 年上半年，国内各行业投资前五位是医疗健康（374 起）、企业服务（343 起）、生产制造（236 起）、教育培训（184 起）、电子商务（162 起）。

2．企业获得融资的流程

■案例赏析

一个典型的风险投资公司会收到许多项目建议书。如美国"新企业协进公司"（New Enterprise Associates Inc）每年收到 2000～3000 份项目建议书，经过初审筛选出 200～300 份后，再经过严格审查，最终挑出 20～30 个项目进行投资，可谓百里挑一。这些项目最终每 10 个平均有 5 个会以失败告终，3 个不赔不赚，2 个能够成功。成功的项目为风险资本家赚取年均不低于 35% 的回报（按复利计算）。换句话说，这家风险投资公司接到的每一个项目，平均只有 1% 的可能性能得到认可，最终成功机会只有 0.2%。

从创业公司角度来看，要想获得风险投资，一般会经历以下六个步骤，即将创业计划书简版 PPT 发至风投邮箱→风投约见，演示详细版 PPT→提供 Word 版商业计划书→财务至公司进行财务调查→团队尽职调查→签订协议，如图 5-13 所示。

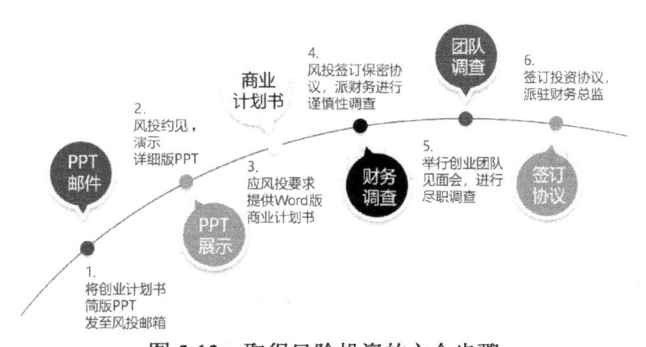

图 5-13　取得风险投资的六个步骤

3. 商业计划书的几种形式

1) 商业计划书简版 PPT

一个风险投资公司每月都要收到数以百计的商业计划书，一位风险投资家每天都要阅读几份甚至几十份商业计书，而其中仅仅有几份能够引起他的阅读兴趣。所以，为了确保你的商业计划书能够引起风险投资家足够的注意力，你的商业计划书 PPT 需要足够精简和具有吸引力。重点告诉他"我这里有个好的商业模式"。简版 PPT 不能将所有核心信息通盘展示，最好留有一些悬念，为单独面谈创造机会。一般而言，PPT 页面在 15 页以内为佳。

当然，也可以通过毛遂自荐或熟人介绍等方式将融资商业计划书递送到投资人手中，也有的初创企业或创始团队会参加某些知名的早期投资机构举办的"创业大赛"或"融资路演"活动，借此展示与推介自己的产品与团队。

2) 商业计划书详细版 PPT

风投对你的项目感兴趣，愿意进一步了解，那么他们会主动约见你，给你一至两个小时，让你详细讲解项目内容。此时，有机会解答风险投资公司的疑问。详细版 PPT 可以做到 40~60 页。

如果说简版商业计划书是为了告诉风投"我这里有个好的商业模式"，那么详细版商业计划书 PPT 是为了告诉风投"这个商业模式是靠谱的，是有巨大发展前景的，是可以由我们团队来完成的"。

3) Word 版商业计划书

风投通过面谈对创业项目有了详细了解后，如果仍然对项目感兴趣，才要求提供 Word 版商业计划书。Word 版商业计划书，除商业模式介绍、市场前景分析以外，更应该侧重告诉风投为什么这是个好的商业模式，以及公司发展历程、团队成员介绍、企业财务数据等详细情况。

假若我们把项目看作是一个销售给风投的商品，按照消费者对商品的接受过程 AIDA 模型来分析，简版 PPT、详细版 PPT、Word 版商业计划书各自承担的责任、实现的目标和要求如图 5-14 所示。

Attention 吸引注意	Interest 引发兴趣	Desire 激发欲望	Action 促使行动
简版PPT 有个好商业模式 精练、突出亮点 15页以内	**详细版PPT** 该模式是靠谱的 市场前景、盈利模式 40~60页	**Word版** 我们可以实现的 财务数据、团队分工 40~60页	保密协定 尽职调查 交易谈判 文件签署

图 5-14 不同形式的商业计划书承担的责任、实现的目标和要求

5.2.2 如何制作 PPT 版商业计划书

1. 撰写商业计划书思路五步法

在撰写商业计划书之前，我们先要对自己的项目有个系统的梳理，有了清晰的思路后，再按商业计划书的具体格式和要求来制作 PPT，这样能达到事半功倍的效果。

项目 5 执行营销计划

如何梳理创业项目？如何寻找新的创业项目？我们可以用五个词概括：发现—找到—证明—制定—规划。五个步骤对应目标为发现市场需求和痛点、找到解决办法、证明市场规模的存在、制定营销策略、规划项目未来，如图 5-15 所示。

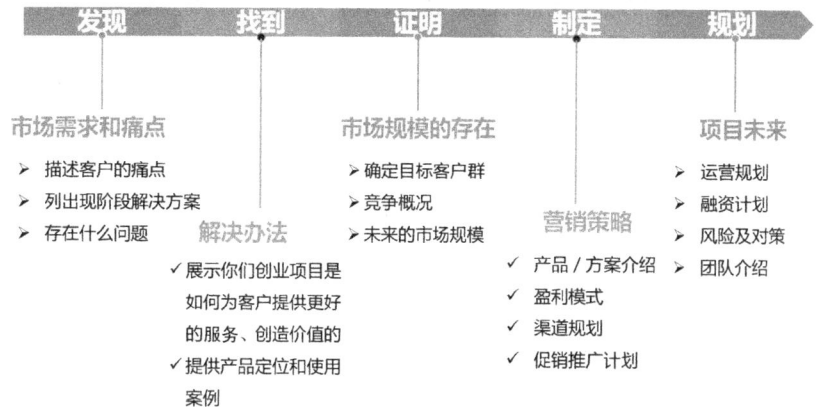

图 5-15 撰写商业计划书思路五步法

1）发现市场需求和痛点

（1）需要、欲望和需求。

在了解用户需求及痛点之前，我们先来看什么是需要、欲望和需求。需要、欲望和需求在营销学上是三个不同的概念。

需要指没有得到某些基本满足的感受状态。人类对空气、食物、水、穿着和居所有基本需要，对休闲、教育、娱乐有强烈的需要。

欲望是指想得到这些满足的具体产品的愿望。以"宵夜"为例，晚自习下课后肚子饿了，这时你就产生了吃东西的需要。吃什么？你的脑海里出现了曾经吃过的海鲜大餐、比萨汉堡、寿司火锅、湘菜粤菜，这就是你的欲望。

需求是指对有能力购买并且愿意购买的某个具体产品的欲望。比如晚上肚子饿，可是兜里只有 5 块钱，所以方便面或面包才是你真实的需求。

什么是需求？需求有四个要点：特定的群体、特定的场景、特定的问题和问题可被解决。需求来源总结为两点：一点是来自用户的痛点，产生刚性需求；一点是来自用户的兴奋点，产生非刚性需求。

例如，在沙漠中口渴想喝水，不喝就会危及生命安全，这就是刚性需求；徒步的过程中有人卖烧饼，卖得很贵，但是你自己还有其他的干粮，你想吃烧饼但是不愿意为它花钱，所以就没有买，也许心里会失落，但结果并不会对你的生命造成威胁，所以烧饼对此时的你来说是非刚性需求。

（2）用户痛点。

痛点，就是刚性的、可以量化的需要。它是带给消费者困扰，消费者愿意花钱解决的问题。

例如，在美图秀秀之前，大部分图像处理软件（比如 PS）都专注于提高处理图像的性能，这个时候，让用户使用图像处理软件的最大阻碍是什么呢？可能并不是图像处理的性能——对大多数人来说，PS 的性能已经足够好。这时，让用户使用图像处理软件最大的阻碍可能是易用性。因此，易用性可能就是痛点。抓住这一痛点，专注于提高易用性的美图秀秀就取得了初期的成功。

需求来源于痛点，但是痛点不等于需求。可解决的痛点才是我们所要挖掘的需求。

生活中的痛点无处不在，但并不是所有的痛点都值得我们去深度挖掘。当我们发现一个痛点时，首先要做的就是对这个痛点进行判断。如何判断？依照下面四个标准：是否是迫切的？是否是必须解决的？出现的频率是否高？持续的时间是否长？

当痛点具备迫切又必须解决、出现频率高、持续时间很长等特征时，这个痛点必然是高价值的，反之就是低价值的。

例如，作为经常外出的销售工作者，由于经常使用手机联系、跟进客户，大都会面临的问题就是手机耗电飞快，每天下午两三点电量就已经超低了，但是又没有地方和时间让你及时充电，以致很多事情都被耽误了。此时，手机无法及时充电是你的痛点。既然是痛点，我们就用上面四个判断标准来分析这个痛点的价值如何。

- 是否是迫切的？是的，如果解决不了，客户联系不上，订单可能就无法交易。不仅如此，上网、线上支付等功能都不能用。
- 是否是必须解决的？是的，除非你要换手机，不然就得给这部手机充电。
- 出现的频率是否高？高啊，每天都来一两次。
- 持续的时间是否长？长啊，只有有电源的地方才可以充电，在外面真心不好找。

通过四个标准判断，这是个价值很高的痛点。实际运用中，我们可以分析一下OPPO手机是如何利用这个痛点的。"充电5分钟，通话两小时"，正中用户痛点，从OPPO居高不下的销售额就可以看出，这个痛点抓得非常准。

既然是高价值的痛点，我们就可以想办法来解决。还有很多痛点位于高价值和低价值之间，如何取舍就需要结合多方面的因素综合考虑。

例如，人们想长生不老，生命短暂是人们的一个痛点，但是这个痛点是无法解决的，意味着它只是一个待解决的问题而不是需求。再者说，如果我们的目标转换为让人类的寿命延长，而不是长生不老，那么这个痛点就是需求。因为我们可以通过各种方式来延长寿命，这是完全可以解决的问题。

所以，痛点是不是需求，取决于消费者是否愿意花钱解决这个痛点，取决于我们是否有能力解决这个痛点。

（3）如何寻找用户需求及痛点。

寻找痛点需要做到以下两点。

① 对自己和竞争对手的产品或服务有充分的了解。这方面的了解是用来做产品差异化定位的，以便通过细分市场找到痛点。

② 对消费者的消费心理有充分的解读。对消费者的了解是非常重要的，因为购物的主体就是消费者，只有知道他们的真正需求并满足他们，你的产品或服务才是成功的，否则就是失败的。

痛点是一个长期观察和挖掘的过程，不可能一蹴而就。从马斯洛的需求原理去分析消费者的心理，也许会更容易发现用户的痛点。

2）找到解决办法

一切发明、创造，以及新兴的行业，其实都是伴随着人们的痛点而来的。比如：人们抱怨豪华酒店太贵，而普通小旅店不安全、不卫生，所以就有了如家、汉庭；人们抱怨下班打不到车，所以有了滴滴出行；人们抱怨开车太累，所以有了特斯拉的自动驾驶技术。

发现需求、痛点后，如何找到解决方案？我们可以从四个角度切入：帮用户省钱；帮用户省时间；帮用户"省脑细胞"；帮用户省力气。

我们在创业时要考虑的第一个痛点：怎样帮用户省钱。如果你的创业项目能够满足这一点，那么对你的用户来说，就是福音；很多免费工具和服务的推出，比如电子商务、沟通工具、在线教育培训等，都在帮用户省钱。

能帮用户节省时间，消除用户等候时的痛苦，一定是今后创业的一个方向。网上贷款、社区团购、滴滴出行等，都在帮用户节省时间。

有时候用户根本不知道自己要什么，你帮他做决策，用你的专业性去帮他做精选，他反而会很高兴。这也是很多网红、KOL 的推荐深受大家欢迎的原因。小红书、网易云音乐、得到 App、十点读书、凯叔讲故事等，都在帮用户"省脑细胞"。

"懒人经济"能够创造市场商机，促进社会经济发展，如保姆家政、各类代跑腿业务、机器人等智能电子设备。未来将是"得懒人者得天下"。

创业团队如何找到解决方案？一般来说有三种方法：

（1）头脑风暴法。头脑风暴往往是定义用户痛点和解决方案的基本起点。初创小组带着强烈的同理心去进行头脑风暴，将自己代入用户的角色，从而定义用户痛点和解决方案。

（2）深度访谈和参与式观察。即真正地、面对面地去接触客户，把自己变成用户之一去获得用户痛点假设和解决方案假设。

（3）从别人的失败中总结经验。即在获取认知的过程中，不但自己亲身拓展认知，同时也积极地总结别人的失败教训，以低成本的方式来获取认知。

3）证明市场规模的存在

市场分析中的市场，包括行业市场、竞争市场、供应商市场、消费者市场。

我们在考察一个项目是否值得投入，一个新产品是否有发展前景，一家公司是否值得加入时，可以从五个角度来考量，叫项目五看。这项目五看也是我们做营销调研的内容和方向。

项目五看从宏观到微观，从抽象到具体，分别是一看政府，二看行业，三看竞争对手，四看消费者，五看自身，如图 5-16 所示。

图 5-16　项目五看

一看政府。指的是我们做的事情，政府是鼓励支持的，还是禁止反对的，比如你现在去做 P2P 金融，政策风险就会很大。二看行业，指的是我们做的事情，处于行业生命周期的哪个阶段，是导入期？成长期？成熟期？衰退期？一般来说，做成长期和成熟期的事情，成功的概率比较高。三看竞争对手，我们要看这个项目，竞争对手多不多，强不强大。比如我们现在去做搜索网站，成功的概率就不会太高。四看消费者，在消费者心目中，有没有强势品牌？你的产品品牌，挤进他心中的概率大不大？五看自身，我们做一件事情，当政府支持、行业前景很好、竞争对手不多，消费者又有可能接受你时，就是蓝海市场吗？不一定，还得看你的人财物是否能跟得上。

项目五看的具体内容如图 5-17 所示。

图 5-17 项目五看的具体内容

一看政府，我们可以看政策发文，关注国家最新政策动向，看新闻联播。例如，看新闻联播是很多成功企业家每天必修的功课。二看行业，可以看知识库，看艾瑞咨询等行业数据。三看竞争对手，可以看对方官网、官微、公众号，可以看它的网店、旗舰店，也可以实地考察。四看消费者，可以看百度指数，可以做营销调研。五看自身，可以看财务报表，看人才储备，看企业的发展历史。

营销调研也是我们常说的市场调研、消费者调研。一般是分五步开展：做什么、怎么做、过程监控、结果分析、形成结论。营销调研包括但不限于问卷调查、在线访问，这里就不详细展开。营销调研五步法如图 5-18 所示。

图 5-18 营销调研五步法

营销调研是一个系统的思考过程。市场调研的结果，一般需要在商业计划书中展现如下内容：

市场规模到底有多大？当然，在商业计划书中，我们倾向于向风投展现的是其广阔的市场前景，充满想象的市场空间。

竞争对手是谁？要列举的竞争对手包括直接竞争对手、间接竞争对手和潜在竞争对手。

把竞争对手列出来，把各自的侧重点和业务方向描述清楚，让投资人了解在这样一个竞争环境里，为什么你还能有立足点，这也有助于分析产品的差异性。

4）制定营销策略

制定营销策略，我们通常按照STP+4P来考虑。

市场细分（S）：对于初创企业来说，找准切入点很关键。

确定细分市场（T）：即谁在使用产品，使用的目的是什么，为何购买。列出产品的前三大客户类型，以及他们的购买力。

进行定位（P）：针对潜在顾客的心理进行营销设计，创立产品、品牌或企业在目标顾客心目中的某种形象或某种个性特征，保留深刻的印象和独特的位置，从而取得竞争优势。

产品：商业模式部分主要说明你的企业是怎样赚钱的。主要包括你向谁提供产品或服务，你的产品或服务主要内容是什么，你怎样收钱，以及你的产品或服务是如何制作与提供的。

价格：即盈利模式。这一部分最好简单明了，让所有人一看就知道你是怎样赚钱的。

渠道：在哪个节点与目标人群接触，是将潜在买家变成带来利润的顾客？是批发、零售，还是加盟？是线下渠道、线上渠道，还是线上和线下相融合的渠道？

促销：这个产品做出来以后，怎样推广，打算用多长时间做到多少用户量？公司会怎样去扩展，希望占有多少的市场份额？这一步做好以后，下一步会怎么做？公司长远的发展是怎样的？毕竟投资人投资的不只是产品，而是这家公司，需要了解这家公司长远的发展。

5）规划项目未来

（1）未来发展计划。项目近期目标和长期目标是什么。制定出一个3～5年规划。可以给风险投资者"既志存高远，又脚踏实地"的感觉。

比如，项目如何从个别试点市场到区域市场，再到全国市场，从单个主营产品到多元化发展，既有未来远景规划，又有近期行动计划。

（2）过去基本财务数据。列简表说明公司在过去的基本财务数据（主营收入、主营成本、主营利润、管理费用、财务费用、净利润、补贴收入、总资产、总负债和净资产，主营产品的盈亏平衡点、毛利率和净利率），并说明财务预测数据编制的依据。

在基础财务数据上，提供融资后未来3年项目盈亏平衡表、资产负债表、损益表等。说明与公司业务有关的税种和税率。公司享受哪些优惠政策，由谁提供。

（3）融投资计划。分析自己一段时间内需要用的钱，将在接下来的3～6个月时间里做哪些事。如团队如何组建、产品如何开发、营销推广如何开展、各个方面的费用开销大概是怎么样的，以及你希望融资的金额和出让的股份比例。

（4）风险及对策。创业中可能遇到的政策风险、研发风险、市场开拓风险、运营风险、财务风险、对公司关键人员依赖的风险，以及如何应对这些风险。

（5）团队介绍。突出团队项目的经历和经验，以及与当前项目的匹配程度。如果你没有合伙人，这种情况是很难融资的，先去扩充团队吧。能不能得到团队成员的信任，让他们愿意一起跟着你做事，也是对创始人的能力和魅力的考验。

■ 案例赏析

商业计划书的八个模块

《共享经济大趋势》著者倪云华（公众号：倪云华新知），在《八个模块，掌握撰写一流商业计划书的技巧》一文中，将商业计划书写作规划成八个模块。

商业计划书的目的，是帮助投资人快速了解你的项目，并且做出投资的决策。所以，我们在写商业计划书的时候，就要把关于你项目的这些相关信息都呈现出来，同时又要凸显你的优势所在。

一个标准的商业计划书，一共包括八个模块。

1. 目标用户的痛点和需求

创业的过程就是解决用户问题的过程。因此，在商业计划书的一开始要展示的是：你的这个创业项目是在试图解决什么问题？你看到了一个什么样的好机会？在这个机会当中，人们存在什么样的痛点？目前用户的需求是被怎样满足的？

举个简单的例子，你如果要开个奶茶店，那在写商业计划书的时候就需要把这个奶茶店的用户群及这个用户群有哪些未被满足的需求写出来，比如对于口味多样化的需求、价格偏好等。这部分如果用 PPT 呈现，内容 1~2 页就够了。目标客户群的痛点和需求模板如图 5-19 所示。

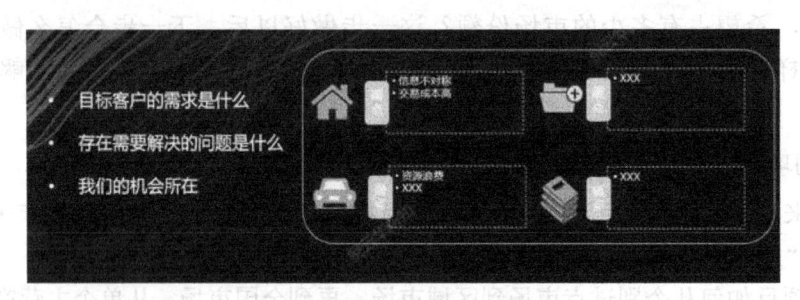

图 5-19 目标客户群的痛点和需求模板

2. 解决方案与产品分析

针对第一部分提出的用户痛点和需求，你会怎样去解决？在这一部分就要呈现你的产品或盈利模式是怎么样的，你的项目的核心价值是什么。

例如，现如今热门的喜茶品牌，其核心价值就是"网红优势"。它利用"网红模式"，通过网络+口碑+人们购买心理等因素进入大家的视野，相信你也会经常看到你的朋友圈中，有人会在购买网红奶茶之后再在朋友圈炫耀一番，那么这些可能都成为你想要排两个小时去购买的动力。

当大家对喜茶有了足够的认可和期待之后，它又加入了外卖的队伍，进一步打开了销售渠道，迅速占领了市场。

解决方案与产品分析这一部分，可以用图形矩阵的方式展示你的产品或业务模式，让投资人有直观的感受，此时 1~2 页 PPT 就可以了。解决方案与产品分析模板如图 5-20 所示。

3. 市场分析

你的项目所处的这个市场的规模到底有多大，行业前景如何？这里要展示出行业现有规模，以及未来增长趋势，只有具有相当规模和增长的市场才会引起投资人的关注。

这里需要用数据和预测来呈现的内容，可以利用一些市场分析工具，收集各种数据信息，将自己的市场分析因素罗列出来。比如,延续之前的例子,你要分析展示茶饮料市场的规模和增长有多少,这里1页PPT即可。市场分析模板如图5-21所示。

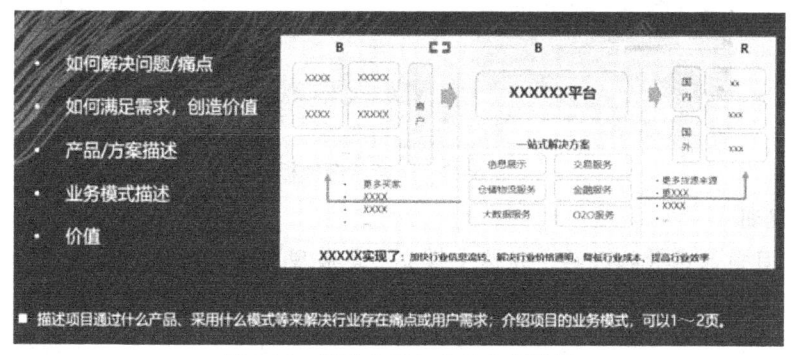

图5-20 解决方案与产品分析模板

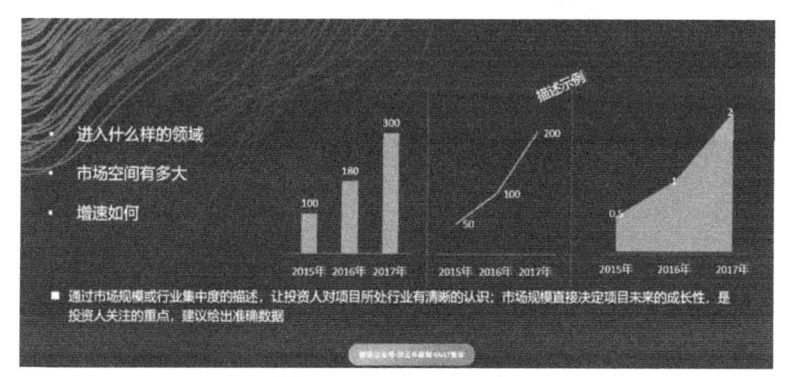

图5-21 市场分析模板

4. 竞争分析

这个模块是说,在市场中除我们外,还有哪些其他的玩家。要注意的是,这里呈现的不只是一个个竞争对手的基本情况介绍,更是要凸显和竞争对手相比,我们有哪些优势,这是投资人所关注的重点。就像和喜茶相似的茶饮品牌一点点,它被热捧的理由也是其差异化的商品,竞争分析这部分内容也仅需1页PPT。竞争分析模板如图5-22所示。

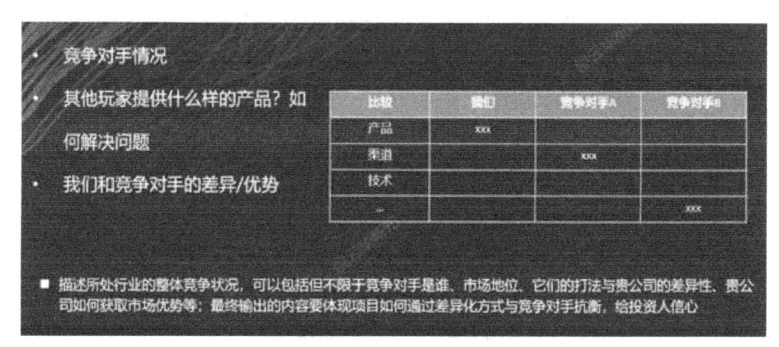

图5-22 竞争分析模板

5. 运营状况

这部分要表现出到今天为止,这个项目进展到哪个阶段了,如产品、用户数、销售额等,要用数据来呈现。这部分内容可以向投资人透露的信息是团队的运营效率,需要1~2页PPT。运营状况模板如图5-23所示。

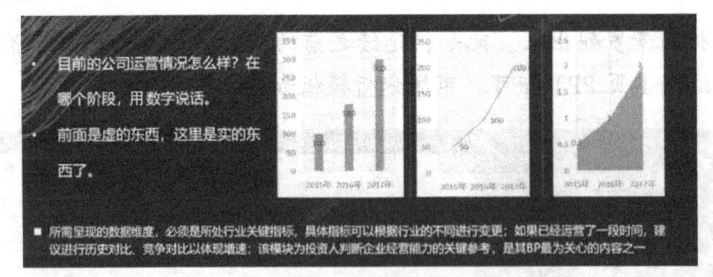

图 5-23 运营状况模板

6. 未来规划

前面讲完目前的运营状况后，在这个模块，是展现对未来的规划和想法的时候了。包括在一个时间周期当中，对用户增长数、销售收入的预期，以及对产品版本迭代的规划，可能还会包括组织或团队的未来增长情况。这个部分规划的同时也就引出了下面对资金的需要，需要 1~2 页 PPT。未来规划模板如图 5-24 所示。

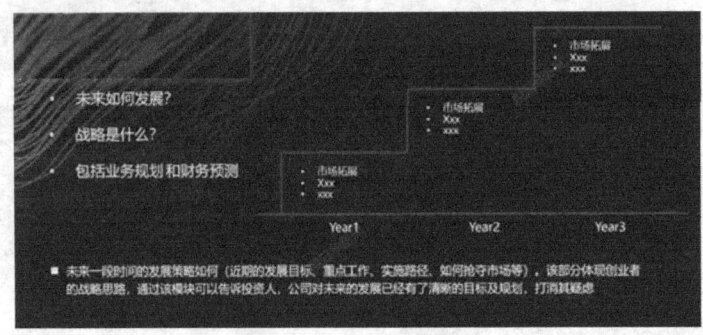

图 5-24 未来规划模板

7. 融资计划

上面提到了对未来的规划。因此，要达到未来的目标，需要资金。在融资计划模块中，要提出你希望融到多少钱，更重要的是这些钱会用在哪里，以及你愿意大概稀释多少的比例。你要做到的是，不仅仅是要钱，还要清晰地告诉投资人，这些钱接下来会用在什么地方。这一部分 1 页 PPT 即可。融资计划模板如图 5-25 所示。

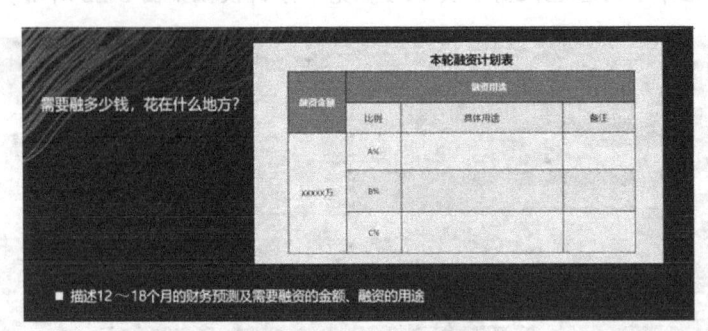

图 5-25 融资计划模板

8. 团队成员

这个部分是对团队的描述。需要介绍的是整个团队的核心人员，包括创始人或联合创始人、高管等。

这里需要表达两个重点：团队专业背景很强，和项目相关；团队互补契合，没有短板。只有具备好的团队，才会让投资人更信赖。这一部分 1 页 PPT 即可。团队成员模板如图 5-26 所示。

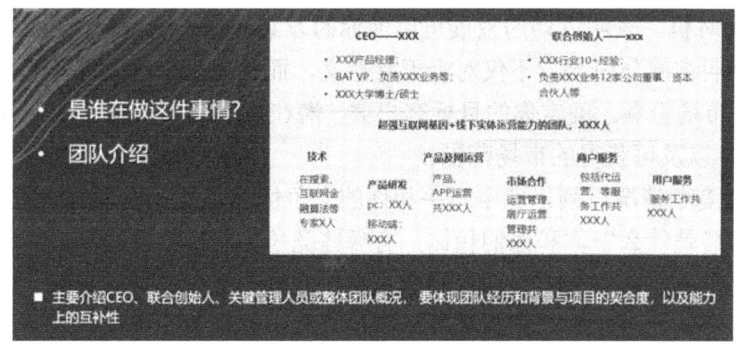

图 5-26 团队成员模板

通过上面八个模块，一个好的商业计划书就可以清晰地展示出来。对于投资人来说，通过这八个模块可以了解你整个项目的概括，从而做出投资决策。这八个模块一个都不能少。当然，这八个模块也是有先后逻辑的。有些如果你觉得是亮点，可以放到前面，以便更突出。比如，团队成员模块和运营状况模块。

以上是关于商业计划书的内容。在形式方面也要注意，比如，篇幅不要太长，15 页左右即可。避免大段文字，尽可能以图表和图形的方式来呈现。商业计划书要客观，避免夸大和不切实际。

2．商业计划书的 10 页内容

红杉资本于 1972 年在美国硅谷成立。红杉作为第一家机构投资人投资了如 Apple、Google、Cisco、Oracle、Yahoo、LinkedIn 等众多创新型公司。红杉资本中国基金是 2005 年 9 月由沈南鹏与红杉资本共同创办的，投资组合包括京东商城、阿里巴巴、蚂蚁金服、京东金融、今日头条、摩拜单车、饿了么、滴滴出行、爱奇艺、蔚来汽车、新浪、360、唯品会、拼多多等 500 余家企业。

在红杉网站上，给出了商业计划书所包含内容的建议目录，共 10 个方面的内容，包括公司目标、问题、解决方案、时机、市场份额、竞争情况、产品、商业模型、团队、资本，如图 5-27 所示。

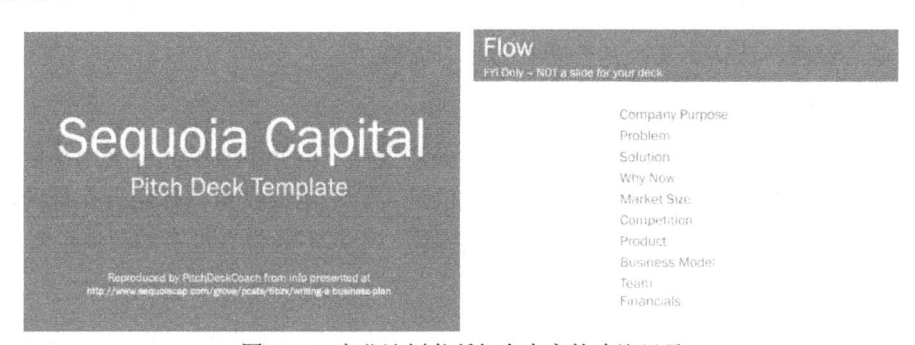

图 5-27 商业计划书所包含内容的建议目录

（1）Page 1 公司目标。用一句话描述公司是做什么的，既可以是项目介绍，也可以是公司目标或愿景。一般放在首页，让人对项目有个大致的了解。

（2）Page 2 问题。描述客户的痛点，列出现阶段客户是如何解决此类问题的。清楚阐明要解决的现存痛点。用图片或图解来展示痛点，展示时用讲故事的形式说明痛点更有效。

（3）Page 3 解决方案。展示你们的创业项目是如何为客户提供更好的服务、创造价值的；提供产品定位和使用案例。用一句话描述你的产品。关键功能是什么？是怎么样解决痛点的？

（4）Page 4 时机。表明近期的发展可以使你的方案获得市场接受。展示公司与机遇正好合拍，要清楚阐明这部分内容，不仅对今天有意义，而且在未来 3 到 5 年里仍然有意义。

（5）Page 5 市场份额。确定你的目标客户群，潜在市场范围（自上而下），可服务市场范围（自下而上），以及可获得的市场范围。

（6）Page 6 竞争情况。列出竞争对手和你的竞争优势。行业里现有或潜在的竞争对手是谁？他们的优劣势是什么？你和他们相比，有哪些竞争力和核心优势？

（7）Page 7 产品。产品/方案介绍（形成因素、功能、特点、产品结构、知识产权）、发展路径等。你准备提供什么样的产品或服务来满足需求，你是怎么解决的？

（8）Page 8 商业模型。包括盈利模型、定价、平均的客户数量/生命周期、销售和分销渠道、客户/潜在客户列表等。

（9）Page 9 团队。包括创始人/管理层、董事会/顾问委员会。一个团队要有 3~4 人，这是一个比较理想的团队。展示团队成员、经验及为什么值得给项目投资。展示曾任职过的知名公司和就读名校的 Logo；展示关键成员名字及其大头照，过往职业背景，重点突出担任角色的能力匹配度即可。

（10）Page 10 资本。包括损益表、资产负债表、现金流量表、资产构成、交易等。未来公司的盈利状况如何？是否需要融资？需要多少资金？如何用？财务计划往往需要另外一个更重要的文档支持，通常需要进行 3~5 年的财务分析。

3．商业计划书撰写及演示时的注意事项

1）清晰、简捷

想要把一个项目的要点讲清楚，就要尽可能多用图表，少用文字，少用很大的图片；颜色尽可能简单朴素、不要花哨。不必在乎排版、美术设计，正事交代清楚为重；"花里胡哨"的 BP，可能会使创始人造成误判，是不是这个团队也是这样的状态？

2）重点突出

溪不在深，有鱼则清。一份商业计划书写得好坏不在文字的多或少，即便每一个章节都写得面面俱到，但关键内容含糊其词，恐怕到头来还是白忙乎。字里行间，风投一眼就能看出你是否诚心诚意、认认真真，是否功夫做尽、佐料加足。

3）观点要客观，不要套用模板

我们学习模板的目的，是了解风投思路、关注重点，但并不鼓励完全套用模板。因为每个项目都有差异之处，核心还是要展现差异化的地方。不用太在意具体用什么样的格式或什么样的模板，少用描述性语言，多提要点和关键词。千万不能带有过多的感情色彩！

4）要自信、有说服力

一个良好的态度不仅是对自己创业的肯定，也更应该是对风投的一种尊重，尽量别用"平台""唯一""全球领先"这些"高大上"的词。

5）回归原点法

抛开商业计划书，下面是投资人喜欢问的八个问题。当你写不出商业计划书时，把这八个问题的答案写在纸上，说不定就能找到思路了。

● 验明正身，你到底是谁（一句话介绍你的项目）？

- 你的产品或服务到底有什么价值？
- 你为什么要做这件事情？
- 这件事情为什么重要？
- 你是不是有执行能力和成功的把握？
- 为什么你能做好这件事情（技术、团队、市场营销、销售、竞争、里程碑）？
- 公司的股权架构是什么样的？
- 你自己在项目中投入了多少？
- 什么时候公司能达到盈亏平衡？

5.2.3 如何撰写文字版商业计划书

相比 PPT 版的简洁商业计划书，文字版需要详尽地介绍一个公司的产品和服务、生产工艺、市场和客户、营销策略、人力资源、组织架构、对基础设施和供给的需求、财务数据、融资需求，以及资源和资金的利用。文字版商业计划书的逻辑框架如图 5-28 所示。

第一章 执行摘要 BP精华版	第七章 战略规划 显示出落地性
第二章 公司介绍 团队风貌展示	第八章 市场营销
第三章 合作资源	第九章 项目管理
第四章 市场分析 用户和竞争者洞察	第十章 融资计划 有理有据
第五章 现有业务	第十一章 财务预测 与战略规划相匹配
第六章 商业模式 必要性、可行性、优越性	第十二章 风险及控制

图 5-28 文字版商业计划书的逻辑框架

需要特别说明以下几点：

（1）封面和目录。商业计划书封面既要看起来专业，又可提供联系信息，如果对投资人递交，最好能够美观、漂亮，并附上保密说明。而准确的目录索引能够让读者迅速找到他们想看的内容。

（2）概括性总结。这是一个非常重要的纲领性前言，主要是概括性地介绍企业的来源、性质、目标和策略、产品和服务的特点、市场潜力和竞争优势、管理队伍的业绩和其他资源，以及企业预期的财政状况及融资需求等信息。

（3）结尾附录部分应附上关键人员的履历、职位，组织机构图表，预期市场信息，财务报表及商业计划书中陈述的其他数据资源等。

任务实训

【实训 1】 通过网络搜索"美术宝 1 对 1"公司相关信息，假设你是该公司的营销经理，请为该公司撰写一份商业计划书（PPT 版）。

【实训 2】 假设你要参加全国大学生电子商务"创新、创意及创业挑战赛"（官网 www.3chuang.net），请按照比赛要求，为你自己的创业项目撰写商业（创业）计划书，并在班级进行演示。

参考文献

[1] 〔美〕菲利普·科特勒,〔美〕凯文·莱恩·凯勒. 营销管理[M]. 15版. 上海：格致出版社，2016.

[2] 〔美〕唐·舒尔茨,〔美〕海蒂·舒尔茨. 整合营销传播：创造企业价值的五大关键步骤[M]. 北京：清华大学出版社，2013.

[3] 〔美〕艾·里斯,〔美〕杰克·特劳特. 定位[M]. 北京：机械工业出版社，2002.

[4] 〔美〕菲利普·科特勒,〔印度尼西亚〕何麻温·卡塔加雅,〔印度尼西亚〕伊万·塞蒂亚万. 营销革命3.0：从产品到顾客，再到人文精神[M]. 北京：机械工业出版社，2011.

[5] 范鹏. 新零售：吹响第四次零售革命的号角[M]. 北京：电子工业出版社，2018.

[6] 范冰. 增长黑客：创业公司的用户与收入增长秘籍[M]. 北京：电子工业出版社，2015.

[7] 刘涵宇. 解构产品经理：互联网产品策划入门宝典[M]. 北京：电子工业出版社，2018.

[8] 苏杰. 人人都是产品经理2.0[M]. 北京：电子工业出版社，2019.

[9] 黄有璨. 运营之光：我的互联网运营方法论与自白2.0[M]. 北京：电子工业出版社，2018.

[10] 人人都是产品经理，http://www.woshipm.com/.

[11] 知识库，http://www.useit.com.cn/.

[12] 鸟哥笔记，http://www.niaogebiji.com/.

[13] 艾瑞网，http://www.iresearch.cn.

[14] 易观网，https://www.analysys.cn/.

[15] 亿邦动力网，http://www.ebrun.com/.

[16] 梅花网，http://www.meihua.info/.

欢迎广大院校师生**免费**注册应用

华信SPOC官方公众号

www.hxspoc.cn

华信SPOC在线学习平台
专注教学

- 教学课件 师生实时同步
- 数百门精品课 数万种教学资源
- 多种在线工具 轻松翻转课堂
- 电脑端和手机端（微信）使用
- 测试、讨论、投票、弹幕…… 互动手段多样
- 一键引用，快捷开课 自主上传，个性建课
- 教学数据全记录 专业分析，便捷导出

登录 www.hxspoc.cn 检索 华信SPOC 使用教程 获取更多

华信SPOC宣传片

教学服务QQ群：1042940196
教学服务电话：010-88254578/010-88254481
教学服务邮箱：hxspoc@phei.com.cn

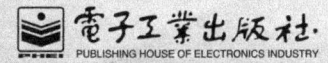

电子工业出版社　　华信教育研究所
PUBLISHING HOUSE OF ELECTRONICS INDUSTRY